Susan Jonas
Marilyn Nissenson

Laß mich deine Freundin sein

Susan Jonas
Marilyn Nissenson

Laß mich deine Freundin sein

Mütter und ihre erwachsenen Töchter

Aus dem Amerikanischen von
Andrea Stumpf
und Gabriele Werbeck

Ullstein

Die Deutsche Bibliothek – CIP-Einheitsaufnahme

Jonas, Susan:
Laß mich deine Freundin sein: Mütter und ihre erwachsenen Töchter / Susan Jonas; Marilyn Nissenson. [Aus dem Amerikan. von Andrea Stumpf]. – Berlin: Ullstein, 1999
Einheitssacht.: Friends for life ‹dt.›
ISBN 3-550-06980-4

Titel der amerikanischen Originalausgabe
Friends For Life
First published in the United States 1997
by William Morrow and Company, Inc., New York

Aus dem Amerikanischen von Andrea Stumpf
und Gabriele Werbeck

Satz: Dörlemann Satz, Lemförde
Druck und Verarbeitung:
Graphischer Großbetrieb Pößneck GmbH, Pößneck
Printed in Germany
ISBN 3 550 06980 4

Gedruckt auf alterungsbeständigem Papier
mit chlorfrei gebleichtem Zellstoff

Für Sarah und Phoebe,
Kate und Kore

Inhalt

Einleitung

Diesem Buch liegen unsere persönlichen Erfahrungen zugrunde. Jede von uns hat zwei Töchter im Alter zwischen zwanzig und achtundzwanzig Jahren. Wir sind stolz auf sie. Während der sechs Jahre, die wir als Autorinnen gemeinsam arbeiten, haben die drei Ältesten ihren Abschluß am College gemacht und sind von zu Hause ausgezogen, sie haben sich verliebt und von den Männern wieder getrennt und haben begonnen, sich ihren Platz in der Welt zu suchen. Zwei unterrichten an staatlichen Schulen, eine ist Schauspielerin. Die Jüngste geht noch aufs College und überlegt, ob sie Journalistin werden soll.

In unserer Mittagspause sprechen wir oft über unsere Töchter. Wir machen uns Sorgen wegen der Gefahren, die das Unterrichten an einer innerstädtischen Schule mit sich bringt, und über die schlechte Bezahlung in diesem Beruf, auch wenn man sagen muß, daß im Vergleich zur Schauspielerei das Unterrichten zumindest ein regelmäßiges Gehalt und Sicherheit bedeutet. Wir fragen uns, ob wir uns geschmeichelt fühlen sollen, wenn uns eine unserer Töchter wegen des Kaufs eines neuen Sofas um Rat fragt, oder ob wir uns Gedanken machen sollen, weil sie die Entscheidung nicht selbst trifft. Unsere älteren Töchter stecken gerade in den bislang wichtigsten Beziehungen ihres Lebens; wie weit dürfen wir sie ausfragen, ob es dauerhafte Bindungen sind oder nicht? Alles in allem sind unsere Gespräche über unsere Töchter eher nachdenklich als beunruhigt. Von Zeit zu Zeit erinnern wir uns daran, wie froh wir sein können, daß unsere Töchter ihr Leben, mit all seinen Mühen und

Freuden, gut im Griff zu haben scheinen, daß sie uns an vielem teilhaben lassen und unsere Gesellschaft offensichtlich genießen. Aber zwei Vorkommnisse, die sich während der Fertigstellung unseres letzten Buches ereigneten, schreckten uns aus unserer Selbstzufriedenheit auf.

SUSAN: Meine ältere Tochter Sarah und ich fuhren im Sommer letzten Jahres quer durch Amerika. Sie hatte gerade ihre vierjährige Unterrichtszeit in Los Angeles beendet und brachte ihr Auto und ihre Habseligkeiten zurück an die Ostküste, um dort ihr Studium fortzusetzen. Ich fand es toll, daß Sarah die Reise ganz allein geplant hatte. Wir fuhren die südliche Route über den Grand Canyon und Santa Fe, wo Freunde von uns leben, machten dann einen Schlenker über die Smokies und besuchten meinen Bruder in Maryland. Von da aus ging es direkt nach New York.

Wir waren die ganze Zeit über zusammen. Wir wechselten uns beim Fahren ab, teilten uns jede Nacht das Hotelzimmer und saßen uns dreimal täglich bei den Mahlzeiten gegenüber. Alles in allem war es eine wunderbare Reise. Nur daß Sarah ständig an ihren Nägeln kaute und herumzupfte.

Ich hätte es besser wissen müssen, und trotzdem langte ich einige Male, während sie am Steuer saß, zu ihr hinüber und zog ihr die Hand vom Mund weg, oder ich warf ihr während des Abendessens gelegentlich »diesen Blick« zu, wie meine beiden Kinder sagen.

Eines Tages, wir hatten gerade Memphis verlassen, konnte ich mich nicht mehr zurückhalten und sagte: »Du bist sechsundzwanzig. Du bist zu alt, um die Finger in den Mund zu stecken.« Sie bekam einen roten Kopf und brüllte mich an: »Du kannst immer nur herummeckern. Was ich mit meinen Fingern mache, ist meine Sache.«

Ich brüllte zurück: »Aber es sieht furchtbar aus. Du bist eine so hübsche junge Frau, und ich finde es unerträglich, wenn du so etwas Häßliches tust.«

Sie antwortete mir: »Das fällt außer dir keinem Menschen auf. Meine Freunde glauben jedenfalls nicht, daß mit mir etwas nicht stimmt.«

»Deine Freunde würden dir so was auch nicht sagen. Das tut nur eine Mutter.«

Die nächsten Stunden haben wir kein Wort miteinander gewechselt.

Es geht nicht darum, daß ich dachte, sie würde mir beipflichten, sich in aller Form bei mir bedanken und fortan nicht mehr an ihren Nägeln kauen. Ich dachte einfach, daß ich als ihre Mutter das Recht hätte, meine Meinung zu sagen.

MARILYN: Eines Nachts rief meine ältere Tochter aus Los Angeles bei uns an und erzählte, daß jemand in ihr nigelnagelneues Auto gefahren sei und Fahrerflucht begangen habe.

Sie war vollkommen aufgelöst. Sie wußte nicht, was sie als erstes tun sollte. Sollte sie das Auto abschleppen lassen? Wie würde sie am nächsten Tag in die Arbeit kommen? Sollte sie sich ein Auto mieten? Würde die Versicherung das bezahlen? Wie würde sich das auf ihre Versicherungsprämie auswirken? Viele ihrer Fragen konnten wir genausowenig beantworten wie sie, und das war ihr auch klar. Sie wollte nur nicht allein mit ihren Problemen sein und suchte den Trost ihrer Eltern.

Schließlich konnten wir sie beruhigen, und sie erwog ihre nächsten Schritte. Wir sagten ihr, wie gut sie mit der ganzen Angelegenheit umgehe, und sie dankte uns dafür, daß wir ihr zugehört hatten. Alles war in schönster Ordnung, bis ich einen fatalen Fehler beging.

Nachdem wir gerade so traut miteinander sprachen, dachte ich, das wäre die passende Gelegenheit, sie daran zu erinnern, daß sie noch nicht auf eine Dinner-Einladung von einem alten Freund der Familie geantwortet hatte.

Ich spürte förmlich den Eiseshauch, der die fast 5000 Kilometer durch das Telefonkabel gekrochen kam.

»Ich werde das erledigen, sobald ich dazu komme, Mom.«
Und damit war das Telefongespräch beendet.

An diesem Punkt waren wir schon öfter gewesen – ich erinnerte sie an etwas, das sie zu erledigen hatte, und sofort zog sie sich zurück. Ich hätte zu gerne gewußt, warum Kate glaubte, von uns erwarten zu können, für sie dazusein, aber umgekehrt nicht bereit war, etwas zu tun, das mir wichtig war und um das ich sie gebeten hatte?

Während wir uns über diese Erfahrungen austauschten, stellten wir fest, daß wir gar nicht genau wußten, wie die Beziehung zwischen Müttern und ihren erwachsenen Töchtern aussehen sollte. Vielleicht traten in diesen Gesprächen mit unseren Töchtern mehr ungelöste Spannungen zutage, als wir uns selbst eingestehen wollten. Was passierte da? Daß die Jugendzeit unserer Töchter turbulent sein würde, hatten wir erwartet, und sie war es auch oft genug gewesen. Abgesehen von den vorhersehbaren Streitereien über solche Probleme wie die Ausgehzeiten, ihre Kleidung und die Mithilfe im Haushalt sind uns vor allem ihre unvorhersehbaren Reaktionen auf unsere Versuche, mit ihnen zu sprechen, in Erinnerung geblieben. Eine schlichte Bemerkung von unserer Seite stieß das eine Mal auf Offenheit, das nächste Mal provozierte sie einen Rückzug, und der Zornesausbruch, der diesen Rückzug regelmäßig begleitete, schien in keinem Verhältnis zu dem Anlaß zu stehen. Aber wir waren der Meinung, daß sich die Wogen schon glätten würden, wenn sie erst einmal ihre Jugend hinter sich gebracht hätten. Inzwischen sind unsere Töchter erwachsen, und da sollte es auch leichter sein, mit ihnen zu reden. Warum gibt es dann so oft Spannungen in den Gesprächen?

SUSAN: Manchmal führe ich im stillen regelrechte Diskussionen mit mir selbst. Heute morgen zum Beispiel war mir einerseits klar, daß Phoebe, wie man so sagt, »ihren Freiraum braucht«.

Sollte ich also darauf warten, daß sie mich anruft, und dann fröhlich sein und zu allem, was sie erzählt, ja und amen sagen? Andererseits denke ich, das ist nicht normal. Schließlich ist alles ein Geben und Nehmen. Warum soll ich meine Tochter nicht anrufen, wenn ich sie anrufen will? Einen Freund würde ich anrufen. Manchmal geht mir der Gedanke durch den Kopf, daß ich nicht da bin, um immer nur zu reagieren. Ich bin auch jemand, und vielleicht möchte ja ich mal mit ihr sprechen. Muß ich das Bedürfnis, meine eigene Tochter anzurufen, unterdrükken, nur weil sie ihren Freiraum braucht?

Ich habe das Gefühl, sie hält mich auf Distanz, genau wie ich meine Mutter auf Distanz gehalten habe, und dieses Gefühl ertrage ich kaum. Das ist wohl das Schlimmste daran, weil ich mich so bemüht hatte, anders zu sein, und mich nun fragen muß: Mache ich doch letztlich alles genauso?

Als wir uns an andere Mütter unserer Generation wandten, stellten wir fest, daß viele mit denselben Problemen kämpften und sich nach einer besseren Beziehung zu ihren Töchtern sehnten. Eine Frau erzählte uns: »Gefühlsmäßig wünsche ich mir, daß unsere Beziehung – zwischen meiner Tochter und mir – noch genauso eng ist wie früher. Wir waren gerne zusammen und hatten Spaß an den gleichen Dingen, sei es, daß wir nur rumsaßen und redeten oder daß wir gemeinsam Bücher lasen. Jetzt haben wir nie mehr als diese herausgerissenen drei Tage. Bei mir bleibt da immer das Bedürfnis nach mehr zurück. Ich will gar nicht viel, aber ich habe das Gefühl, ich bekomme nie genug.«

Eine andere Mutter beschrieb ihre Erfahrungen so: »Meine Tochter will sich von mir nichts sagen lassen, sie will keinen Rat, keine Hinweise – sie will einfach nichts wissen. Sie will ihr eigenes Leben leben und sich nicht reinreden lassen. Es sei denn, sie braucht Hilfe.« Dem Wehmut und dem Zorn solcher Bemerkungen liegt das Gefühl vieler Mütter gerade erwachsen gewordener Töchter zugrunde, daß sie zur Seite geschoben werden und im Leben ihrer Töchter keinen wichtigen Platz mehr einnehmen.

Mütter und Töchter haben gemeinsame Gene, beide haben den gleichen biologischen Rhythmus des weiblichen Körpers, sie haben viele gemeinsame Erfahrungen gemacht. Eine Mutter geht davon aus, daß ihre Tochter sich um diejenigen, die sie liebt, kümmern und sorgen wird, so wie sie selbst es tut. Aufgrund jener starken biologischen und sozialen Bande glaubt eine Mutter, ihre Tochter genau zu kennen, und ist tief verletzt, wenn sich herausstellt, daß sie ihre Tochter in gewisser Hinsicht überhaupt nicht kennt.

Als wir die Literatur zu diesem Thema durchsahen, fanden wir nur wenig, was den Müttern von jungen, erwachsenen Töchtern einen verbindlichen Rahmen zur Überprüfung ihrer Rollen und Beziehungen bot. Man weiß viel über die Beziehung von Müttern zu ihren Kindern, wenn diese klein sind. In jüngster Zeit wurde ausführlich über den Zeitabschnitt geforscht, in dem die Mütter alt und gebrechlich und auf die Pflege ihrer Töchter angewiesen sind. Dagegen wurde der Beziehung während jener wichtigen Jahre vergleichbar wenig Aufmerksamkeit geschenkt, in denen sowohl Mütter wie auch Töchter mitten im Leben stehen. Falls dieses Thema erschöpfend behandelt wurde, dann nur, wenn es um dysfunktionale Familien ging oder darum, wie Töchter lernen können, ihre unausstehlichen Mütter zu ertragen. Kein einziges Buch handelte ausschließlich von den Bedürfnissen, Hoffnungen und Wünschen von Müttern in dieser ganz besonderen Beziehung, gleich ob es in ihren Geschichten um lohnende oder schwierige Erfahrungen ging. In unserer Kultur schenkt man der Stimme älterer Frauen eben nur selten Gehör.

Wir machten uns daran, dieses Buch zu schreiben, weil wir glauben, daß es entscheidend ist, die Belange von Müttern, wie wir selbst welche sind, ernst zu nehmen und Wege zu suchen, die Beziehung zwischen ihnen und ihren Töchtern zu bereichern.

Wenn man es sich genau überlegt, sollten Mütter sich nicht wundern, daß ihre Bedürfnisse nicht mit denen ihrer Töchter übereinstimmen. In dieser Lebensphase finden wesentliche Veränderungen bei beiden Generationen statt. Die Töchter wählen einen Partner, sie entscheiden sich für einen Beruf und gehen ihren eigenen Weg. Über manche ihrer Entscheidungen freuen sich die Mütter, andere werden sie nur schwerlich schlucken können. Was soll eine Mutter zu der Ankündigung ihrer Tochter sagen, daß sie weit weg ziehen möchte? Oder, im umgekehrten Fall, wieder zu Hause einziehen will? Was kann eine Mutter sagen, wenn ihre Tochter einen Mann einer anderen Religion oder Gesellschaftsschicht heiratet, wenn sie Schwierigkeiten hat, überhaupt einen Partner zu finden oder mit einer Frau zusammenlebt? Was ist, wenn die Tochter sich für einen Beruf entscheidet, der die Träume der Mutter bei weitem übersteigt oder ihre Erwartungen nicht erfüllt? Kann sich eine Mutter, die vor jeder Selbstdarstellung immer zurückgeschreckt ist, damit anfreunden, daß die größte Leidenschaft der Tochter darin besteht, teure Kleidung zu kaufen?

Mütter junger erwachsener Töchter haben ihre eigenen Probleme: Sie wechseln den Beruf oder bereiten sich auf den Ruhestand vor; sie müssen mit chronischen oder lebensbedrohlichen Krankheiten und mit dem Altern und Tod ihrer Eltern fertig werden; sie lassen sich scheiden, werden Witwen, beginnen mit einem neuen Partner ein neues Leben oder sind mit der Aussicht konfrontiert, den Rest ihres Lebens allein zu verbringen. Manchmal werden sie auch ihre Töchter beruhigen müssen, weil diese sich von einer Veränderung des bisher zwischen ihnen bestehenden Verhältnisses bedroht fühlen. Oft stehen sie vor der Frage, wie sehr sie ihre Töchter an ihrem Leben teilhaben lassen sollen, besonders wenn das bedeutet, Ängste über ihr gegenwärtiges und zukünftiges Wohlergehen zu zeigen.

Dies sind beileibe keine hypothetischen Situationen. Immer wieder fingen die Mütter an zu weinen, oder ihre Stimme bekam einen bitteren Ton, wenn sie uns von den Krisen erzählten, die durch Veränderungen in ihrem Leben oder dem der Töchter verursacht wurden.

Maris J. und ihr Mann waren wie vor den Kopf gestoßen, als ihre einundzwanzigjährige Tochter Gina eine Beziehung mit einem jungen Mann einging, der weder eine Stelle noch eine Ausbildung hatte. »Wir haben immer versucht, unseren Kindern beizubringen, nur Freundschaften und Beziehungen mit Leuten ihres Schlages einzugehen. Wenn du ein Kind haben oder eine dauerhafte Beziehung eingehen willst, dann suche dir einen Mann, der gewisse Ambitionen hat und bestimmte Werte in seinem Leben vertritt. Man kann nicht sagen, daß die Familie des Freundes von Gina nicht nett gewesen wäre, es war nur dieser eine Sohn, der aus der Art geschlagen war. Und unsere Tochter mußte sich ausgerechnet diesen Mann aussuchen.« Wir fragten Maris, wie sie in dieser Hinsicht mit Gina umgehe, und sie antwortete: »Ich sage mir, daß es ihr Leben ist, aber in meinem tiefsten Inneren weiß ich, daß früher oder später wir die Scherben aufsammeln müssen.«

Liz P.s achtundzwanzigjährige Tochter Tracy erklärte vor drei Jahren, daß sie lesbisch sei. »Sie ist schön, sehr gebildet, einfach ein außerordentlicher, ganz wunderbarer Mensch.« Liz hatte sich immer darauf gefreut, Tracy einmal als strahlende Braut zu sehen. »Es war, als müßte ich einen Traum begraben. Wir alle haben Träume, was die Zukunft unserer Kinder angeht. Für mich bedeutete das, Abschied von diesen Träumen nehmen und mich mit einer vollkommen anderen Realität auseinandersetzen zu müssen.«

Die meisten Frauen können zwischen dem Leben ihrer Mütter und dem eigenen Bezüge herstellen und erwarten, daß es diese Kontinuität auch zwischen ihrem Leben und dem ihrer Töchter gibt. Judith R. lebt schon immer im kalifornischen Marin County, inmitten einer großen Familie. Seit über zwanzig Jahren arbeitet sie für eine Sozialfürsorgeeinrichtung. Ihre siebenundzwanzigjährige Tochter Kim ist »so etwas wie eine Herumtreiberin, sie hatte noch nie einen festen Wohnsitz. Im Moment arbeitet sie als Kellnerin in Moskau, um dort mit einem Russen zusammensein zu können, den sie in Paris aufgegabelt hat. Mir ist es wichtig, daß meine Kinder beruflich etwas machen, mit dem sie in irgendeiner Form einen Beitrag für die Gesellschaft leisten. Sie tut das nicht. Sie raucht. Ich finde das nicht gut. Ich wollte eigentlich immer, daß sie in mir ein Vorbild sieht, aber das tut sie ganz sicher nicht.« Judith begreift jede von Kims Entscheidungen als persönlichen Vorwurf.

»Vor kurzem kam sie zu Besuch nach Hause. Ich ging davon aus, daß sie bei uns wohnt, und wischte den Schrank und die Kommode in ihrem Zimmer aus. Aber sie übernachtete bei Freunden. Das empfand ich als Zurückweisung. Als ich sie fragte, was sie am meisten vermißt habe, als sie weg war, hoffte ich, sie würde antworten ›meine Familie‹, auch wenn ich wußte, daß sie das nicht sagen würde – und ihr ist tatsächlich nichts Besseres eingefallen, als ›chinesisches Essen‹ zu sagen.

Ich versuche mich dazu zu bringen, nichts zu erwarten, aber ich schaffe es immer wieder, enttäuscht zu sein. Ich bin einfach kein Mensch, der keine Erwartungen hat – ich erwarte sehr viel, und meiner Meinung nach können die Leute oft mehr sein und tun, als sie glauben. Es fällt mir daher nicht leicht zu sagen, ich erwarte nichts von ihr, und ich tue es auch nur, um mich selbst zu schützen.«

Judith versucht mit einer Beziehung zurechtzukommen, die sich deutlich von ihren Erwartungen oder Hoffnungen unterscheidet. Viele Frauen, mit denen wir gesprochen haben, erzählten von einem Gefühl des Unbehagens, wenn sie auch nicht immer eine so auffällige Entfremdung von ihrer Tochter empfanden. Gay Block hatte einige Jahre lang keine wirkliche Beziehung zu ihrer Tochter Alison. Das Verhältnis wurde erst in letzter Zeit wieder enger. »Ich habe immer noch den Rest eines Schuldgefühls, das ich gegenüber meiner Mutter empfand, die nie mit mir zufrieden war. Ich fühle mich schuldig, daß ich nicht genug für Alison tue, daß ich als Mutter unzureichend bin, daß ich mehr geben müßte.« Arlen M. beschrieb die Beziehungen zu ihren beiden Töchtern als sehr unterschiedlich: »Das Verhältnis zu Martha ist eng. Ich bin ihr gegenüber offen, und ich glaube, das gleiche gilt auch für sie. Aber das Verhältnis ist nicht so entspannt wie das zu Harper. Bei Martha habe ich immer das Gefühl, etwas beweisen zu müssen. Ich habe das Bedürfnis, sie zu behüten, und das macht mich weniger frei und offen im Umgang, als es mit Harper möglich ist. Dieses Bedürfnis kenne ich gar nicht bei Harper. Jede kann die andere lassen, wie sie ist, und wir kommen prima miteinander aus.« Auch Sandy J. hat zwei Töchter, und wie Arlen klagt sie über das Fehlen einer echten emotionalen Beziehung zu ihrer älteren Tochter, auch wenn sie beide gleichermaßen liebt. »Ich würde mein Verhältnis zu meinen beiden Töchtern, Bonnie und Jeanne, als bestärkend und liebevoll beschreiben. Aber Jeanne und ich stehen einander nicht so nah. Ich versuche immer wieder, auf sie zuzugehen, aber sie bleibt auf Distanz. Es ist da eine Wut in ihr, die in die Zeit zurückreicht, als sie klein war. Ich kann nicht genau sagen, ab wann es begann schiefzugehen, und ich glaube nicht, daß es gegen diesen Schmerz ein Heilmittel gibt.«

»Das hängt mit der Vergangenheit zusammen«, hörten wir immer wieder. Megan C.s ältere Tochter ist inzwischen achtundzwanzig. »Aber wenn wir uns streiten«, erzählte uns Megan, »sagt sie mir oft, daß sie noch wegen Dingen auf mich sauer ist, die ich zu ihr sagte, als sie vierzehn war, und an die ich mich gar nicht mehr erinnere. Zum Beispiel, daß sie eines Abends ausging und ich an ihren Klamotten herumnörgelte. Für mich hatte das weiter keine Bedeutung, aber für sie offensichtlich schon. Ich erwidere ihr dann, daß ich das, was passiert ist, nicht mehr ändern kann, daß es mir leid tut, wenn ich etwas Gemeines zu ihr gesagt habe, daß ich aber auch nichts mehr tun kann, um das zu ändern. Meinen Sie, sie könnte die Entschuldigung annehmen? Nein, auf gar keinen Fall. Kinder vergessen einfach nicht!«

Wir lernten Megan C. über eine gemeinsame Bekannte kennen. Megan bot sich an, mit uns zu sprechen, als diese Freundin unser Projekt erwähnte. Das war ein ganz typisches Beispiel dafür, wie wir an die einhundertunddreizehn Frauen kamen, die wir für dieses Buch interviewten. Die Kreise zogen sich immer weiter: von Freunden über die Bekannten von Freunden bis hin zu Fremden, mit denen die Frauen, die wir schon interviewt hatten, in der Warteschlange vorm Bankschalter oder auf dem Markt plauderten. Eine Frau, die wir über solche Umwege kennenlernten, fand unsere Arbeit so interessant, daß sie wiederum fünf Frauen aus ihrer Kirchengemeinde für die Teilnahme gewann. Zwei Frauen riefen uns von sich aus an – sie hatten durch jemanden in der Erwachsenenbildung von unserem Projekt gehört.

Wir wollten, daß unser Buch die Erfahrungen von Müttern verschiedener ethnischer und religiöser Herkunft widerspiegelt, und befragten deshalb afroamerikanische, spanische, asiatischstämmige, katholische, protestantische und jüdische Frauen, wobei wir uns darüber im klaren sind, daß diese Erhebung für Forschungszwecke keinen statistischen Wert hat. Wir sprachen mit Frauen aus Kleinstädten, Vorstädten und Großstädten in ganz Amerika. Wir sprachen mit Frauen, die geschieden worden waren, als ihre Kinder noch klein oder in der Pubertät waren, Frauen, die eine oder sechs Töchter oder Töchter und Söhne haben, mit Frauen, denen es finanziell so gut wie noch nie ging, und solchen, denen das Wasser bis zum Halse stand. Wir nahmen keine Frauen auf, die aus den ärmsten Schichten dieses Landes oder aus Randgruppen stammen, weil wir es für unangemessen hielten, die Interviews mit diesen Frauen auf einen Fragenkatalog zu beschränken, der sich allein um die persönliche Beziehung zwischen Müttern und Töchtern dreht, und damit die Vielzahl gesellschaftlicher Probleme außer acht zu lassen – wie Gewalt, Rassismus, den fehlenden Zugang zu sinnvoller Arbeit –, mit denen solche Frauen oft genug konfrontiert sind.

Wir entschlossen uns auch, keine Interviews mit Frauen zu machen, deren Töchter alkohol- oder drogenabhängig sind, an Anorexie, schweren psychischen Erkrankungen oder unter einem gewalttätigen Partner leiden. Wir gingen davon aus, daß alle anderen Aspekte ihrer Beziehung zu der Tochter von diesen Schwierigkeiten überlagert wären. Es gibt Bücher, die speziell solche Themen und die damit verbundenen Probleme behandeln.

Nur sieben Frauen sagten uns ab. Sie meinten, sie steckten zu tief in einer Krise mit ihren Töchtern, um angemessen darüber zu sprechen; vielleicht hätte ein Gespräch mit uns für sie auch den Beigeschmack gehabt, daß sie ihre Töchter hintergehen würden. Für alle unsere Interviewpartnerinnen war der intime Charakter des Themas ein heikler Punkt, wir konnten sie aber mit dem Versprechen beruhigen, daß wir ihre Anonymität schützen würden, wenn sie dies wünschten. Die Authentizität des Gesagten war uns ein zentrales Anliegen, daher haben wir die einzelnen Geschichten weder zu neuen zusammengefaßt noch ihnen etwas hinzugefügt, und wir haben soweit wie möglich den Erzählfluß der Frauen zu erhalten versucht.

Die Frauen, mit denen wir gesprochen haben, sind zwischen Anfang Vierzig und Mitte Sechzig. Ihre Töchter sind meist zwischen einundzwanzig und fünfunddreißig Jahren alt. Wobei unser Auswahlkriterium weniger das tatsächliche Alter der Töchter war als vielmehr ihre Lebenserfahrung – ob sie also an dem Punkt ihrer Entwicklung stehen, an dem sie die ersten wichtigen Entscheidungen treffen, was Beruf, Partner und Lebensform angeht. Daher befragten wir auch zwei Frauen, deren noch nicht einmal zwanzigjährige Töchter selbst schon Kinder hatten. Außerdem führten wir ein Interview mit einer Frau, deren Tochter schon achtunddreißig Jahre alt war, aber, wie die Mutter erklärte, zu der Zeit keine feste Beziehung zu einem Mann hatte und im Berufsleben noch nicht Fuß gefaßt hatte. Einige der Mütter entsprechen genau dem Durchschnittsalter der von uns Befragten, sie haben aber Töchter, die älter sind und schon ein vollkommen eigenständiges Leben führen, und wie sie haben wir festgestellt, daß man aus ihrem großen Erfahrungsschatz einiges lernen kann.

Ein Grund, warum die Frauen bereitwillig an unserem Projekt teilnahmen, lag wohl darin, daß wir ihnen anboten, eine Stunde oder so lang sie wollten, mit uns über diese äußerst intensive Beziehung zu sprechen. Eine bestimmte Auswahl von Fragen wollten wir in jedem Fall ansprechen: Was eine Mutter von der Partner- und Berufswahl und der Lebensweise ihrer Tochter hält, welche Veränderungen im Leben der Mütter Einfluß auf ihre Beziehung zu den Töchtern haben und worüber und in welcher Form sie miteinander sprechen. Es liegt nahe, daß nicht jede Frage in jedem Interview das gleiche Gewicht hatte, und manchmal schien es uns wichtiger, daß eine Frau all ihre Gedanken und Empfindungen äußerte, wenn sie ausführlich über ein bestimmtes Thema sprechen wollte, statt sie zu unterbrechen, um in unserem Fragenkatalog fortzufahren. Nach Möglichkeit sprachen wir mit den Frauen, ohne daß ein anderes Familienmitglied dabei war. Mit ihrer Erlaubnis nahmen wir die Interviews auf und transkribierten sie.

Viele Frauen hatten zum ersten Mal die Gelegenheit, in eigenen Worten zu formulieren, wie nah oder fremd sie sich ihrer eigenen Mutter fühlten und wie sehr die Beziehung zu ihren Töchtern diesem Muster – zu ihrer Freude oder ihrem Leidwesen – entsprach. Sie reflektierten über ihre Träume und Hoffnungen für ihre Töchter und darüber, wie die Rolle der Mutter einer erwachsenen Tochter aussehen sollte oder könnte. Zane Kotker, eine Autorin mit einem achtundzwanzigjährigen Sohn und einer fünfundzwanzigjährigen Tochter, brachte ein allgemeines Dilemma auf den Punkt, als sie sagte: »Von einem feministischen Standpunkt aus betrachtet, glaube ich, daß die Gesellschaft von den Müttern zuviel verlangt. Man erwartet von ihnen, daß sie es jedem recht machen und sich um alles kümmern, bevor sie sich ihren eigenen Bedürfnissen zuwenden. Theoretisch kann ich sagen, damit muß Schluß sein. Männer sollten sich mehr um ihre Familie kümmern, und Frauen sollten deutlicher ihre Ansprüche geltend machen. Sie sollten imstande sein zu sagen: ›Das kann ich heute nicht machen, weil ich noch Zeit für mich brauche.‹ Und trotzdem weiß ich – und fühle mich dabei wohl –, daß ich meine Tochter in der Überzeugung aufgezogen habe, daß ich bis zu dem Tag, an dem ich sterbe, alles stehen- und liegenlassen und mich mitten in der Nacht auf den Weg zu ihr machen werde, wenn sie meine Hilfe braucht.«

Wir verstanden die Berichte der Mütter als die genaue Wiedergabe der Gedanken und Empfindungen, die sie gegenüber den Ereignissen, von denen sie erzählten, zum Zeitpunkt des Interviews hatten. Vielleicht sahen sie das Ganze einen Tag oder einen Monat später ganz anders. Uns war auch klar, daß ihre Töchter vielleicht eine andere Geschichte erzählen würden. Zu Beginn unserer Arbeit hatten wir noch vor, auch mit den Töchtern zu sprechen, bis wir feststellten, daß wir nicht Schiedsrichter spielen und entscheiden wollten, welche der beiden Versionen »wahr« ist. Wir glauben, letztendlich geht es nicht darum festzustellen, ob eine Mutter recht oder unrecht hat, sondern man sollte aufdecken, warum sie so empfindet, wie sie empfindet, und ihr gegebenenfalls dabei helfen, Strategien zu entwikkeln, um die Beziehung zu verändern.

Natürlich tragen Töchter ihren Teil zu den Konflikten bei, von denen uns Mütter erzählt haben. Beziehungen sind immer wechselseitig bedingt. Eine Tochter hat wahrscheinlich ein genauso großes Bedürfnis, die Mutter zu einer Reaktion zu veranlassen, wie die Mutter auf sie reagieren muß und umgekehrt. Mangelnde Kommunikation kann verschiedene Gründe haben. Vielleicht haben sich Mutter und Tochter nur eine bestimmte Form des Miteinander-Sprechens angewöhnt, der Konflikt kann aber auch tiefer liegen. So kann sich darin die Unsicherheit der Tochter darüber spiegeln, wo die Grenzen im Verhältnis zwischen ihr und der Mutter liegen sollten. Vielleicht mischt sich eine Mutter zu sehr ein, wenn sie ihre Meinung zu bestimmten Problemen im Leben ihrer Tochter formuliert. Die Tochter kann durch dieses Verhalten irritiert sein, akzeptiert aber bis zu einem gewissen Grad diese Einmischung der Mutter als Ausdruck der Sorge. Sowohl für die Mutter als auch für die Tochter ist letztendlich eine schlecht funktionierende Kommunikation besser als gar keine, weil sie die Beziehung zwischen beiden aufrechterhält. Auch wenn sich dieses Buch dem Thema Mutter und Tochter von der Seite der Mutter aus nähert, sind wir der Meinung, daß tatsächlich beide alte Verhaltensmuster aufbrechen können, daß es möglich ist, eine neue und bessere Beziehung herzustellen, und daß beide, Mutter wie Tochter, zu guter Letzt die Veränderung begrüßen und durch sie gewinnen werden.

Uns ist auch bewußt, daß manche Fragen der Entwicklung, Krisen und Möglichkeiten, ein Verhältnis zu verbessern, nicht nur für Mütter und Töchter, sondern auch für Mütter und Söhne gelten. Andere Überlegungen und Einsichten lassen sich genauso auf Väter und Töchter und ähnliche Beziehungskonstellationen übertragen. Da das Thema dieses Buches Mütter und ihre erwachsenen Töchter sind, haben wir alles, was wir besprechen, auf dieses Verhältnis bezogen, gleich, ob es nun ausschließlich dafür geltend zu machen ist oder nicht.

Nachdem wir die Arbeit an unserem Projekt begonnen hatten, beschlossen wir, beide ein Tagebuch zu führen. Wir wollten die

Entwicklung der Beziehungen zu unseren Töchtern unabhängig voneinander überprüfen, genauso wie unsere Beobachtungen zu den Beziehungen zwischen Müttern und Töchtern allgemein. Bald stellten wir fest, daß die Tagebücher ein entscheidender Teil unseres Projekts geworden waren; sie erlaubten eine unabhängige Darstellung unserer Reaktion auf das, was die Mütter uns erzählten. Da die verschiedenen Geschichten bei uns auch unterschiedliche Reaktionen hervorriefen, schien es uns wichtig, diese zu dokumentieren und zu durchdenken, bevor wir sie gemeinsam analysierten. Wir stellten fest, daß Probleme, über die wir uns in einem Tagebucheintrag Gedanken machten, zum Gegenstand in den folgenden Interviews wurden. Von Anfang an waren wir überzeugt, daß unsere eigenen Einsichten und Erfahrungen ihren Platz in diesem Buch haben würden, wobei wir allerdings vor dem rein technischen Problem standen, wie wir das Ich von Susan von dem Ich von Marilyn und dem Wir von uns als Autorinnen auseinanderhalten sollten. Mitten in der Arbeit kam uns die Idee, daß wir unsere individuellen Stimmen bewahren könnten, wenn wir Auszüge unserer Tagebücher in das Buch aufnähmen. Was wir dann auch mit der Erlaubnis unserer Töchter taten.

Mütter von gerade erwachsen gewordenen Töchtern finden sich regelmäßig auf unsicherem Boden wieder. Manchmal scheinen sich die Töchter eine Mutter zu wünschen, die sie umsorgt und unterstützt, manchmal scheinen sie in der Mutter eine unvoreingenommene Freundin sehen zu wollen. Bisweilen geht die Mutter auf die Tochter zu, und diese zieht sich zurück, zu anderen Zeiten ist es umgekehrt. Viele Mütter wissen nicht, wie sie die Gratwanderung zwischen Einmischung und In-Ruhe-Lassen bewerkstelligen sollen, wie es eine der Frauen einmal beschrieb. »Das ist das Problem«, sagte sie. »Man steht auf diesem Grat und darf keinen Schritt nach vorne tun, wenn man sich aber zu sehr im Hintergrund hält, verliert man den Kontakt.« Es gibt zu viele Möglichkeiten, sich mißzuverstehen, und allzuoft ist man enttäuscht oder wütend.

Die Nörgeleien und Kritteleien, die den Stoff vieler Komödien über tyrannische Mütter abgeben, führten gewöhnlich zu nichts, als die Töchter noch heranwuchsen, und sie sind noch weniger hilfreich, wenn die Töchter schon erwachsen sind. Auch wenn Mütter vielleicht meinen, daß die Schwierigkeiten zwischen ihnen und den Töchtern darin begründet liegen, daß sie ihre Meinung nicht für sich behalten können – Sie kennen das: »Oh, mein Gott, warum habe ich mir das gestern abend nicht verkneifen können. Wenn ich will, daß unser Verhältnis besser wird, muß ich wirklich mal den Mund halten« –, wollen sie nicht nur schweigend zusehen. Das sollen sie auch nicht. Das ständige Nörgeln bringt unserer Meinung nach nur deshalb nichts, weil die Mutter sich damit nicht wirklich verständlich machen kann, und nicht etwa, weil sie überhaupt etwas sagt. Statt ihre Gedanken immer nur für sich zu behalten oder sie im Ärger herausplatzen zu lassen, kann sie lernen, sie anders zu formulieren – erst sich selbst gegenüber und dann gegenüber der Tochter. Sie kann eine bestimmte Form des Denkens und Sprechens entwickeln: »So bin ich, und so denke ich, und darüber möchte ich sprechen.« Sie kann dem Gespräch eine Wendung geben, die von gegenseitigem Respekt zeugt und nicht vom Groll aufeinander.

Wie Sie sich Ihrer Tochter mitteilen und umgekehrt, beinhaltet mehr als nur Worte. Shirley Abbott, Autorin zweier Bücher über ihre Erinnerungen an ihre Eltern und Mutter zweier Töchter, erzählte uns: »Sie weiß aufgrund deines Verhaltens, deiner Entscheidungen, der Tonlage und der Gespräche, denen sie bewußt zuhört oder die sie aufschnappt, was du denkst. Die eigenen Gedanken verbergen sich in den Geschichten, die man erzählt, den Familienfesten, die man feiert oder nicht, den Drinks, die man trinkt oder derer man sich enthält, der Partei, die man wählt, und darin, über welche Kleinigkeiten man an die Decke geht und welche einen kaltlassen.« Aber solche Beispiele aus dem Alltagsleben gibt es nur noch selten, wenn Mutter und Tochter nicht mehr unter demselben Dach leben, und erst recht nicht, wenn sie in verschiedenen Städten wohnen. Sehr oft zeigt sich, daß unsere Töchter wenig über die Angelegenheiten wissen, die in unserem Leben wichtig sind. Wenn wir lernen, offener mit unseren erwachsenen Töchtern über die eigene Vergangenheit, die eigenen Interessen, Bedürfnisse und Sorgen zu sprechen, bereichern wir unsere Beziehung zu ihnen.

Wenn wir von dem Konflikt zwischen einer Mutter und ihrer Tochter hören, sind wir versucht, uns mit einer der beiden zu identifizieren, und weisen der anderen wegen ihrer fehlenden Sensibilität oder ihres Eigensinns die Schuld zu. Aber das ist nicht besonders hilfreich. Dieses Buch verurteilt nicht. Wir meinen, Mütter und Töchter müssen mit Schuldzuweisungen und Selbstbezichtigungen aufhören, um den Kreislauf von gegenseitigen Anschuldigungen und Rechtfertigungen zu durchbrechen. Unsere Kultur schreibt die Beurteilung von Müttern als »gut« oder »schlecht« ständig fort, und viele Frauen quälen sich damit ab, einem unerreichbaren Ideal zu entsprechen. Auf uns haben die Experten Eindruck gemacht, die ein anderes Paradigma vorschlagen – Mütter sind weder für alles, was im Leben ihrer Töchter passiert, verantwortlich zu machen, noch können sie alles, was schiefläuft, wiedergutmachen. Was eine Mutter zu tun vermag, ist, den Vorwürfen oder Klagen der Tochter zuzuhören, die Gültigkeit ihrer Gefühle anzuerkennen, deutlich zu machen, wie das Problem aus der Perspektive der Mutter erscheint, und die junge Frau dazu zu ermutigen, Verantwortung für ihr eigenes Leben zu übernehmen.

Die Zeitspanne, in der eine Tochter erwachsen ist und eine Mutter noch nicht unter Alterserscheinungen leidet, hat sich in den letzten Jahren um einiges vergrößert. Heute können die Mütter gerade erwachsen gewordener Töchter drei oder vier Jahrzehnten entgegensehen, in denen sie mit ihren Töchtern auskommen, oder einer ebenso langen Zeit, in denen Telefongespräche mit dem Hinknallen des Telefonhörers und Familientreffen in heillosen Zerwürfnissen enden. Wenn Mütter den Übergang schaffen – wenn sie erreichen, daß das Gespräch zwischen ihnen im Ton und dem Wesen nach von Respekt und Liebe getragen ist –, dann können sie und ihre erwachsenen Töchter Freundinnen fürs Leben sein.

Als wir beide über den Titel dieses Buchs sprachen, entschieden wir uns bewußt für das Wort Freundin. Für jede Frau, die ihre Tochter spontan als »meine beste Freundin« beschrieb, gab es eine andere, die sagte, daß dieses Wort nicht einmal ansatzweise die tiefen Gefühle, die sie für ihr Kind empfindet, ausdrücke. Manche zweifelten daran, daß Mütter und Töchter sich wirklich gegenseitigen Halt geben können; sie meinten, daß die Mutter immer die ursprüngliche Rolle derjenigen, die Zuwendung gibt, beibehalten würde und vielleicht auch sollte. Nur gibt es kein anderes Wort, das diese Mischung von Vertrauen, gegenseitigem Respekt und Toleranz gegenüber den Empfindlichkeiten des anderen ausdrückt – eine Mischung, die das Beste einer Mutter-Tochter-Beziehung ausmacht.

Wir entdeckten während unserer Arbeit, daß es ganz praktische Schritte zur Verbesserung der Beziehung gibt, und vollzogen sie auch nach und nach. So hörten wir auf, an unseren Töchtern wegen ihrer Frisuren und Fingernägel herumzumäkeln. Wir prüfen nicht länger nach, ob sie eine Einladung beantworten oder rechtzeitig ihre Rechnungen bezahlen. Wenn wir ihnen etwas sagen wollen, dann versuchen wir, es klar auszudrücken und auch zu sagen, was es uns bedeutet. Wir ermutigen sie, mit derselben Offenheit über ihre Gefühle und deren Gründe mit uns zu sprechen. Dadurch bekräftigen wir, daß wir sie als unabhängige junge Frauen begreifen.

Aber die lohnendsten Momente bei unserer Unternehmung waren die, in denen wir dazu gebracht wurden, tiefer über die Bedeutung der Mutter-Tochter-Beziehung nachzudenken, über die Rolle der Frauen allgemein und darüber, daß die Werte, die wir vertreten, über Generationen hinweg vermittelt werden. Wir hoffen, daß die Ergebnisse unserer Untersuchung ein Vermächtnis für unsere Töchter darstellen und auch für unsere Leserinnen und deren Töchter.

EIN KRITISCHER ZEITPUNKT

Mütter und Töchter – Ein schwieriges Verhältnis?

Wir trafen uns mit Maria R. an einem heißen Juliabend in Northampton, Massachusetts. Maria ist achtundvierzig Jahre und Töpferin. Sie kümmert sich um den Haushalt einer älteren Witwe und muß dafür keine Miete zahlen. Ihre Mutter, zu der sie immer ein schwieriges Verhältnis hatte, war drei Jahre zuvor gestorben, seitdem stritt sie sich mit ihrem Bruder um die kleine Erbschaft. Ein paar Tage vor unserem Interview kam ihre fünfundzwanzigjährige Tochter Erin für einen kurzen Besuch nach Hause, bevor sie ihre neue Stelle als Kellnerin in Provincetown antrat. Maria erzählte uns, daß es für sie beide, Mutter und Tochter, ein ziemlich aufreibender Besuch gewesen war.

»Erin geht es im Moment nicht gut. Sie hat vor kurzem mit ihrem Freund Schluß gemacht, ist wegen der neuen Stelle nervös und steckt gerade in einer dieser Phasen, in denen man sich fragt, was man mit seinem Leben anfangen soll. Mir geht es nicht viel anders. Die Eröffnung meiner Keramikausstellung am Tag nach ihrer Ankunft war ein Mißerfolg. Ich kam ziemlich erledigt nach Hause, und sie sagte: ›Komm, wir gehen aus, ich habe Hunger.‹ Ich antwortete, daß sie mir fünf Minuten geben solle, damit ich wieder zur Ruhe kommen könne. Aber sie bestand darauf, gleich essen zu wollen. Dann hat sie sich was zu essen gemacht und hatte keinen Hunger mehr. Da war ich dann wirklich sauer. Ich hatte mich darauf gefreut, mich ein paar Minuten auszuruhen, um dann mit ihr schön essen zu gehen. Und dann kommt sie mit so was. Sie sagte, daß sie sehr niedergeschlagen sei – sie sehe keinen Sinn im Leben. Nun ging es mir aber auch nicht gerade gut, und ich wollte einfach ausgehen und mir einen netten Abend mit ihr machen. Zuerst habe ich ihr also geantwortet, daß ich auch meine Probleme hätte. Ich bin richtig wütend geworden. Und sie sagte: ›Mom, warum hörst du mir eigentlich nicht zu? Du sollst mir einfach nur zuhören.‹ Stille. Und dann bin ich auf die Veranda gestürmt und sie in ihr Zimmer.

Das Wochenende war ganz einfach schrecklich gewesen – kein Schlaf, die furchtbare Ausstellung, die Hitze und ein unangenehmer Anruf von meinem Bruder. Ich saß da draußen auf der Veranda und hab mir gedacht, warum soll ich mich eigentlich immer um die anderen kümmern? Warum kümmert sich nicht einmal jemand um mich? Als ich mich wieder beruhigt hatte, bin ich reingegangen, in ihr Zimmer hoch und habe sie gefragt, was los sei, und gesagt, daß ich mit ihr reden möchte. Ich habe erzählt, daß ich gerade einiges durchmache und daß sie wohl auch einiges durchmache und daß ich wissen möchte, was mit ihr sei. Schließlich hat sie angefangen zu reden. Ich habe sie gefragt, ob ich was tun kann, und habe ihr den Rücken massiert und ganz ruhig mit ihr zu sprechen begonnen. ›Was fehlt dir?‹ habe ich sie gefragt. Wir haben anderthalb Stunden miteinander geredet, wir waren uns dabei sehr nah. Ich hatte das Gefühl, daß ich ihr aus ihrer Niedergeschlagenheit heraushelfen konnte. Dann sind wir in die Stadt, sie hat was getrunken, und ich habe eine Kleinigkeit gegessen. Als wir wieder zu Hause waren, haben wir ferngesehen und sind beide zur Ruhe gekommen.«

In Marias Geschichte tauchen viele der Probleme auf, mit denen Mütter und ihre jungen erwachsenen Töchter gewöhnlich zu tun haben, wenn sie sich mit der nie enden wollenden Aufgabe auseinandersetzen, ihre Beziehung neu zu definieren. Erin ist mit der Frage beschäftigt, wo und wie sie leben möchte, sie trifft Entscheidungen in der Berufs- und Partnerwahl und versucht für ihr Leben eine klare Form zu entwickeln. Maria macht sich wegen ihres beruflichen Fortkommens Sorgen und wie sie sich in Zukunft finanzieren wird und stellt sich gleichzeitig auf die emotionalen und praktischen Folgen des Todes ihrer Mutter ein. Früher hat sich Maria in erster Line durch die ihr nahestehenden Menschen definiert, jetzt merkt sie, daß sie sich darauf konzentrieren muß, ihr eigenes Potential umzusetzen. Bei dem Vorfall, den Maria uns beschrieben hat, wollten beide Frauen von der anderen umsorgt und unterstützt werden, aber sie vermochten sich nicht gegenseitig zu helfen. Die Spannung zwischen ihnen löste sich, als Maria wieder in ihre ursprüngliche Rolle der Sorgetragenden schlüpfte und ihre Erwartung aufgab, ebenfalls Zuwendung zu erhalten. Die unmittelbare Krise war damit gebannt. Auf lange Sicht wird ihre Beziehung aber auf jeden Fall davon profitieren, wenn sie eine Möglichkeit der Krisenbewältigung finden, die den Bedürfnissen beider gerecht wird.

Erwachsene Töchter müssen lernen, ihrer Fähigkeit zu vertrauen, Probleme lösen zu können, und sich bewußt sein, daß ihre Mütter eigene Probleme haben. Mütter wiederum sollten versuchen, ihre Bedürfnisse klar auszudrücken. Wenn sie wieder ihre fürsorgende Rolle annehmen und der Tochter Liebe und Interesse entgegenbringen, sollten sie sie gleichzeitig in ihrer Fähigkeit bestärken, ihre Angelegenheiten selbst in die Hand zu nehmen. Mütter und Töchter müssen in dieser Phase ihres Lebens jede für sich und gemeinsam wichtige Entwicklungsschritte vollziehen, wenn sie sich einer Beziehung der wechselseitigen Unterstützung annähern, die Erwachsenen angemessen ist.

In den letzten fünfzig Jahren haben Psychologen eine Beschreibung der Entwicklungsschritte in den verschiedenen Wachstumsphasen der Persönlichkeit weiter ausgearbeitet. Populäre Ratgeber haben Eltern gezeigt, wie sie mit den Entwicklungsschritten, die sich im Verhalten von Säuglingen, Kleinkindern, Grundschulkindern und Heranwachsenden spiegeln, umgehen können. In der neueren psychologischen Forschung ist man zu der Einsicht gelangt, daß die Entwicklung während und über das junge Erwachsenenalter hinaus anhält und – was eine noch bedeutsamere Entdeckung ist – daß auch Männer und Frauen mittleren und höheren Alters noch psychische Entwicklungsschübe haben. Aber noch immer wird der Beziehung zwischen den Entwicklungswegen junger Frauen und ihrer Mütter wenig Aufmerksamkeit zuteil, besonders jenen entscheidenden Punkten, wo diese Wege sich kreuzen oder auseinandergehen.

Als unsere Töchter klein waren, bestand unsere Aufgabe darin, daß wir uns um sie kümmerten und sie beschützten und gleichzeitig ihre ersten zaghaften Selbstbehauptungsversuche unterstützten. Kinder brauchen das Gefühl, daß die Mutter unmittelbar versteht, was in ihnen vorgeht, und ihnen beisteht, wenn sie etwas nicht selbst tun können. Diese Seite der Kindheit erscheint der Mutter rückblickend in einem goldenen Licht, wenn die Erinnerung an die Last dieser furchteinflößenden Verantwortung verblaßt. Eine Mutter erzählte uns: »Ich sah kürzlich eine Mutter mit einem achtjährigen Mädchen die Straße entlanggehen. Das Mädchen sah mit einem bewundernden Blick zu seiner Mutter hinauf, sie hing förmlich an ihr. Ich habe sie angesehen und gedacht – ja, so waren auch meine kleinen Mädchen, aber dann verändern sie sich und müssen all diese Dinge durchstehen. Als sie klein waren, habe ich mir nie überlegt, was kommen wird.«

Der Tochter helfen, die notwendigen Entwicklungsschritte des Heranwachsens zu meistern

»All diese Dinge«, die die Idylle zerstören, tauchen regelmäßig bei Heranwachsenden auf. Junge Mädchen lernen mit Widersprüchen und Mehrdeutigkeiten umzugehen, ihre sexuelle Identität festigt sich, und sie kämpfen darum, ihr Gefühlsleben in den

Griff zu bekommen. Sie üben die Fähigkeiten, die ihnen schließlich ein unabhängiges Leben ermöglichen. Obsessiv sind sie mit ihrem Aussehen und ihrem Körper beschäftigt, in dem Glauben, daß sich darin ihr Inneres offenbare. Heranwachsende Mädchen wünschen sich stärker die Anerkennung Gleichaltriger als die ihrer Mutter. Es ist die Zeit der Clique und der »besten Freundin«, in der die Mädchen sich darüber definieren, mit wem sie sich zusammentun und wen sie ausschließen.

»Sie brauchen ihre Geheimnisse, egal welche. Ich glaube, heranwachsende Mädchen müssen das Gefühl haben, da ist etwas, von dem wir keine Ahnung haben.« Anne Navasky erinnert sich an die Zeit, als ihre heute siebenundzwanzigjährige Tochter sechzehn war. »Miri machte aus allem ein Geheimnis. Sie hatte ihre Verabredungen und traf sich jeden Abend mit ihrer Freundin Margaret in einem Lokal, um Tee zu trinken. Ich sagte, daß wir alle möglichen Sorten Tee auch zu Hause hätten, aber sie meinte, das sei zu Hause nicht dasselbe. Viktor machte dann immer seine Witze, daß Tee wohl ein Kodewort für Drogen sei. Aber Miri erklärte: ›Wir wollen doch bloß dort sitzen und miteinander reden. Wir kennen den Kellner, wir unterhalten uns ...‹ Sie lud nie jemanden nach Hause ein. Das gehörte zu ihren Geheimnissen. Sie zog sich sehr zurück.«

Viele der Frauen, mit denen wir gesprochen haben, sahen auf die Jugendzeit ihrer Töchter in einer Mischung aus Wehmut und Erleichterung darüber, daß sich viele der Stürme jener Zeit gelegt hatten, zurück. Ellen Sweets erinnert sich, daß sie einmal die Anstandsdame bei einer Tanzveranstaltung in der gediegenen Privatschule ihrer Tochter gespielt hat. Die fünfzehnjährige Hannah tauchte fast zwei Stunden zu spät auf, mit orangefarbenen Haaren. »Zuerst fragte ich mich, wo sie blieb, dann machte ich mir Sorgen, und schließlich war ich richtig sauer. Andererseits«, erzählte uns Ellen, »habe ich immer versucht, ihr gegenüber meine Gelassenheit zu bewahren. Als ich in ihrem Alter war, habe ich schließlich meine Mutter mit Autorennen und Ausflügen mit den Jungs auf irgendwelchen Güterzügen zur Verzweiflung getrieben.«

Die Zeit des Heranwachsens ist durch dieses Tauziehen gekennzeichnet – wenn die notwendigen Entwicklungsschritte eines Mädchens darin bestehen, ein sicheres Selbstgefühl herauszubilden, ohne das starke Band zu der Frau, die sich um sie gekümmert und ihr zu sich selbst verholfen hat, zu zerreißen. Die entsprechende Aufgabe für die Mutter besteht darin, die Tochter in ihrem Bemühen um Autonomie zu unterstützen und es nicht als Ablehnung zu begreifen. Das wird ihr häufig durch den Umstand erschwert, daß sie die bisher in ihrem Leben getroffenen Entscheidungen noch einmal überdenkt und oft nicht mehr damit einverstanden ist.

Entwicklungsprobleme von Müttern mittleren Alters

Viele Entwicklungspsychologen haben sich damit auseinandergesetzt, daß Frauen regelmäßig mit Ende Dreißig und Anfang Vierzig beginnen, an ihrem Selbstvertrauen zu zweifeln. Ihre Ehen bekommen zwangsläufig Risse oder zerbrechen sogar. Die Aufregung um eine mögliche Karriere hat sich oft im täglichen Arbeitstrott verloren. Sie stellen fest, daß sie, anders als sie dachten, nicht alles richtig machen können und ihr Leben nicht völlig in der Hand haben.

Die Psychologin Terri Apter hat die Entwicklung erwachsener Frauen in Großbritannien und den Vereinigten Staaten untersucht. In ihrem Buch »Secret Paths« beschreibt sie die Stimmungslage in ihren Interviews mit Frauen, die in die mittlere Phase ihres Lebens eintreten: »Auf Schritt und Tritt stellten sich neue Fragen – was eine Anstrengung wert sei, welche Kompromisse akzeptiert werden konnten, wo sie sich falsch entschieden und was sie richtig gemacht hatten, was sie sein wollten, ob sie entweder sich oder die Umstände ändern sollten. Sorgen,

Wut, Bedauern, Angst, Verzweiflung brodelten unter der zur Schau getragenen Gelassenheit. Den Frauen versagte die Stimme. [...] Das Gefühl, in eine Sackgasse geraten zu sein, wurde immer stärker, als sie zwischen Selbstvorwürfen und Wut oder Verzweiflung hin und her schwankten.«[1] Es ist kein Zufall, daß diese Frauen oft mit ihren erwachsenen Töchtern haderten. Gerade zu dieser Zeit, in der die Mutter die einmal eingeschlagene Richtung überdenkt und ihre Fähigkeit zur Lösung ihrer eigenen Probleme anzweifelt, muß sie das Verhältnis zu ihrer Tochter neu definieren. Ihre Not kann sich noch vergrößern, wenn sie die Zweifel der Tochter an ihrer Autorität als eine weitere Bedrohung ihrer ohnehin schon in Frage gestellten Selbstachtung internalisiert.

Die Familientherapeutin Marianne Walters weist darauf hin, daß ein Grund für die Verletzbarkeit einer Mutter in der Zeit des Heranwachsens ihrer Tochter darin liegt, daß sie – unterstützt von der Gesellschaft – dazu neigt, die Haltung der Tochter ihr gegenüber als rebellisch, aufsässig und kritisch zu begreifen. Walters schlägt ein anderes Modell vor, das die Mütter darin bestärken soll, ihre Töchter so zu verstehen, daß sie »weniger deshalb darum kämpfen, sich aus den mütterlichen Bindungen zu befreien, weil sie diese als einengend empfinden, sondern weil sie eine eigene, selbstbestimmte, starke und autonome Position erlangen wollen«. Innerhalb dieses Rahmens kann das heranwachsende Mädchen als eine Person begriffen werden, die »ein beginnendes Vertrauen in ihre eigene Urteilskraft und Fähigkeit, eine Wahl zu treffen [erlebt]; sie ist nicht einfach wütend und aufsässig«.[2] Der Konflikt zwischen Mutter und Tochter muß dann nicht als erster Schritt zu einem notwendigen Bruch, sondern kann als Folge des Strebens zweier Menschen nach einer neuen Form der Bindung verstanden werden.

Eine Tochter kann nicht sofort das richtige Maß an Autonomie finden. Sie macht zwei Schritte von ihrer Mutter weg und einen wieder auf sie zu, und eine Mutter, die diese großen

Schwankungen im Verhalten und den Gefühlen toleriert, macht der Tochter und sich selbst diesen Übergang ins Erwachsenenleben leichter. So sagt Carol Rusoff, Mutter der fünfundzwanzigjährigen Rebecca und der einundzwanzigjährigen Annie: »Ich erinnere mich, daß meine ältere Tochter, bevor sie aufs College ging, eine Zeitlang fast jede Nacht mit Alpträumen zu mir kam: ›Letzte Nacht habe ich geträumt, du bist eine Hexe.‹ oder ›Letzte Nacht habe ich geträumt, du verfolgst mich.‹ Meine Mutter, die eine kluge Frau ist, sagte, daß dies Ablösungsträume sind. ›Sie versucht, Distanz zu dir zu bekommen. Sie liebt dich so sehr, daß sie in ihrem Unterbewußten Distanz herstellen muß.‹ Meine Tochter freute sich aufs College und hatte gleichzeitig Angst davor. Wie sollte sie ihre Mutter verlassen? Ich war glücklich und stolz, daß sie in mir einen Fels in der Brandung sah, immer für sie da. Aber es war wichtig für sie, die Ablösung zu vollziehen.«

Mit dem Begriff der »Ablösung« wird üblicherweise die wichtigste Aufgabe während des Heranwachsens beschrieben, aber in den letzten zwei Jahrzehnten geriet er immer stärker unter Beschuß. Eine Reihe von feministischen Theoretikerinnen wenden sich gegen diesen Begriff. Ihr Argument ist, daß unsere Kultur großen Wert darauf legt, daß Jungen sich emotional von ihren Müttern lösen müssen, und daß deshalb davon ausgegangen wird, diese Form der Ablösung sei auch für junge Frauen notwendig. Tatsächlich ist es aber, wie die Psychologin Carol Gilligan schreibt, weder »notwendig noch unvermeidlich, natürlich oder gut«[3] sich ganz von den Müttern loszulösen. Sie geht, wie auch Nancy Chodorow und andere feministische Wissenschaftlerinnen, davon aus, daß heranwachsende Mädchen Reife erlangen, indem sie die Bindung mit ihren Müttern aufrechterhalten, gerade in der Zeit, in der sie ihre eigene Persönlichkeit entwikkeln. Die Entwicklung der Frau zeigt doch die »Bedeutung der Bindung im menschlichen Lebenszyklus«.[4] Dieser Überlegung stimmen wir zu, und wenn wir den Begriff der Ablösung in diesem Buch gebrauchen, dann nur in dem Sinne, daß er die Aufrechterhaltung der Beziehung nicht ausschließt.

In ihrem Buch »The Mother's Voice« führt die Familientherapeutin und klinische Psychologin Kathy Weingarten aus, was diese Aufrechterhaltung der Beziehung bedeuten kann.[5] Sie nennt es »wechselseitiges Kennen«. Statt immer nur zu reagieren, wenn ihre Kinder in der schwierigen Phase des Heranwachsens stecken, sollten Eltern lernen, offen ihre eigenen Erfahrungen und Gefühle mit ihren Kindern zu teilen. Gleichzeitig sollten sie es sich zur Gewohnheit machen, aufmerksam und mit Respekt zuzuhören. Wenn sie ihre eigenen Anliegen formulieren und darauf achten, was ihre Kinder sagen, dann werden diese darin bestärkt werden, auch den Eltern gegenüber offen zu sein.

Der Tochter helfen, eine junge Erwachsene zu werden

Eine erwachsen werdende Tochter, die in ihrer Jugend ein gefestigtes Gefühl für ihre eigene Stärke gewonnen hat, kann ihre Mutter eher als eine vielschichtige Person akzeptieren, die über wertvolle Erfahrungen aus der Welt der Erwachsenen verfügt, in die sie gerade eintritt. Eine Mutter, die respektvoll ihrer heranwachsenden Tochter zugehört hat, als diese ihre Bedürfnisse, Wünsche und Gefühle formulierte, kann leichter akzeptieren, daß ihre Tochter eine unabhängige Person ist, deren Entscheidungen sie teilt oder nicht und die sie erwartet hat oder nicht.

Ständig das Gleichgewicht zwischen Ablösung und Bindung auszuhandeln ist für eine Mutter und ihre herangewachsene Tochter so entscheidend wie zu jedem anderen Zeitpunkt ihres Lebens. Unsere Töchter treffen wichtige Entscheidungen darüber, wer sie sind und wie sie leben wollen.[6] Ihre primäre Loyalität gilt nicht mehr der Ursprungsfamilie, sondern engen Freunden und dem Partner. Sie prüfen mögliche Partner und gehen gegebenenfalls eine feste Bindung ein. Sie entwickeln eine Identität im Berufsleben. Sie müssen sich jetzt soweit wie möglich auf ihr eigenes Urteil verlassen. Da ihre innere Autonomie, um die sie so gekämpft haben, immer noch etwas fragil und anfällig für Selbstzweifel ist, wenden sie sich zur Bestätigung ihrer Entscheidungen oft an ihre Mutter. Sie haben sich vielleicht Reste einer Überzeugung bewahrt, daß wir eingreifen können und alles wieder in Ordnung bringen, wenn ihnen etwas über den Kopf wächst. Aber sich an uns zu wenden, empfinden sie oft weniger als einen normalen Austausch zwischen Ebenbürtigen, sondern als eine Regression in eine frühere Phase, in der sie abhängig von uns waren und Ehrfurcht vor uns hatten.

Wie in ihrer Jugend machen Töchter auch mit Anfang Zwanzig auf ihrem Weg ins Erwachsenenleben oft zwei Schritte vor und einen zurück. Marta Guerrero sagt über ihre fünfundzwanzigjährige Tochter Yvette: »Sie ist manchmal noch wie ein kleines Mädchen. Sie will, daß ich mich um sie kümmere, daß ich ihre Rechnungen bezahle, daß ich bei ihr Händchen halte. Andererseits ist sie aber in vielen Dingen auch erwachsen. Ich weiß, daß sie an Selbstbewußtsein gewonnen hat. Und daß sie verantwortungsbewußter ist.«

Auch Mütter erkennen den Übergang nicht vollständig an. »Ich betrachte sie meistens als eine Erwachsene«, sagt Mica Winterble über ihre fünfundzwanzigjährige Tochter Sara. »Aber ich nenne sie immer noch bei den verniedlichenden Namen, mit denen ich sie gerufen habe, als sie klein war: ›Booba‹ oder ›meine Kleine‹. Sie sagt dann: ›Meine Güte, Mutter!‹ Irgendwie rutscht mir das noch automatisch so raus. Ich glaube, jeder Mutter tut es leid, wenn das eigene Kind kein Kind mehr ist. Aber ich kann ganz ehrlich sagen, daß ich es eigentlich nicht mehr will, daß das nur ein Überbleibsel aus jener Zeit ist, als wir noch wie die Kletten aneinander hingen.«

AUS SUSANS TAGEBUCH, 7. JULI 1995

Das erste Juli-Wochenende mit Sarah bei den Hawkins auf dem Land. In der Küche: Sarah, ich und drei oder vier meiner Freunde. Wir haben alle zusammen ein Festessen für den Feiertag gemacht. Ich habe Shrimps gekocht, die mit der Cocktailsauce, die einer der Gäste mitgebracht hat, serviert werden sollen. Als ich das Wasser von den Shrimps abgeseiht hatte, fragte mich Sarah, wofür sie sein sollten. Ich dachte, das erkläre sich von selbst, und antwortete, sie sind fürs Abendessen. Sie fragte, wie wir sie essen wollten. Es kam mir so vor, als frage sie das nur, um irgend etwas zu sagen (ein Tick von ihr, der mich oft nervt), und deshalb antwortete ich ihr ungeduldig: »Sarah! Als Hors d'œuvre! Mit den Fingern!« Und darauf sie: »Ich wußte nicht, was du meinst, um Himmels willen!«, und sie drehte sich auf dem Absatz um und marschierte aus der Küche. Ich war wie vor den Kopf gestoßen. Ich konnte es kaum fassen, daß sie so sauer reagierte.

Als ich später die Gelegenheit fand, mit ihr allein zu sprechen, fragte ich, immer noch aufgebracht über den Wortwechsel: »Was war denn los? Glaubst du nicht, daß du da etwas überreagiert hast?« Woraufhin sie antwortete: »Weißt du eigentlich, wie du in Gegenwart deiner Freunde mit mir sprichst? Als ob ich ein Baby wäre.«

Ich merkte, daß sie noch nicht sicher in ihrem Selbstverständnis als Erwachsene war. Während der Vorbereitung des Essens versuchte sie zu den Erwachsenen zu gehören, und bei ihren dummen Fragen ging es ihr nicht darum, Antworten zu bekommen, sondern dazuzugehören. Als ich sie dann angefahren habe, fühlte sie sich gedemütigt.

Später kam Sarah zu mir rauf und umarmte mich. Sie sagte, es tue ihr leid, weggelaufen zu sein. Ich hielt sie fest und sagte, daß es mir leid tue, sie verletzt zu haben. Wir waren beide erleichtert.

Manchmal erklärt sich eine Tochter von einem Augenblick auf den anderen für unabhängig. Diane Asselin, Mutter der dreiundzwanzigjährigen Michele, erzählte uns von einer solchen jähen Wendung. »Nach dem College war der Moment gekommen, in dem Michele das Ruder selbst in die Hand nahm. Ihr Stiefvater und ich trafen sie in Europa. Sie hatte vor, Israel zu verlassen, wo sie ein viermonatiges Praktikum bei Associated Press gemacht hatte. Zu dieser Zeit gab es in Israel schwere Unruhen mit Bombenanschlägen und so, und wir waren sehr erleichtert zu wissen, daß sie nach Hause kommen würde. Es war ein großes Abenteuer für sie gewesen, und sie hatte Erfolg gehabt, aber jetzt war es genug. Wir trafen uns also in Wien, und plötzlich wollte sie nicht nur wieder nach Israel zurückgehen, vielmehr hatte ihr AP auch eine bezahlte Stelle angeboten. Es ging gar nicht erst um die Frage, ob sie zurückgehen dürfe, sie sagte einfach: ›Ich gehe zurück‹, und dazu war sie jetzt nicht mal mehr auf unser Geld angewiesen.

Sie verstand sehr gut, daß wir uns wegen der Gefahren Sorgen machten, und rief immer sofort an, wenn wieder etwas passiert war, so daß wir wußten, daß es ihr gutging. Aber sie stand zu ihrer Entscheidung, und das war ein großer Schritt in Richtung Ablösung. Ich brachte sie um fünf Uhr morgens runter zum Taxi, das sie zum Flughafen bringen sollte, und, naja, man denkt, ich will nur hoffen, daß nichts passiert. Aber da war diese Trennung. Und wenn sie bei dieser Arbeit bleiben wird, wird sie in diesen klapprigen kleinen Maschinen herumfliegen und so. Aber so ist es nun mal, es hat nichts mit mir zu tun. Und was würde ich mir eigentlich wünschen, das sie tut?«

Die Psychologin Evelyn Bassoff schreibt, daß für die Mutter einer erwachsenen Tochter die Kunst darin liegt, »jenes empfindliche Gleichgewicht zwischen Nähe und Distanz bei den eigenen Kindern zu finden, zwischen Festhalten und Loslassen«.[7] Diane beherrscht diese Kunst. Sie hat Angst um ihre Tochter, sie sorgt sich um sie, sie bezieht zu den Entscheidungen ihrer Tochter Stellung, aber sie erwartet nicht, das Leben ihrer Tochter unter Kontrolle zu haben.

Die Entwicklungsprobleme von Müttern in der Midlife-crisis

Vor über dreißig Jahren hat die Psychologin Bernice Neugarten, die bahnbrechende Arbeit auf dem Gebiet der Erwachsenenpsychologie geleistet hat, die typischen Verhaltensmuster von Erwachsenen in einem Alter zwischen fünfundvierzig und fünfundfünfzig Jahren herausgearbeitet: Man achtet auf sich selbst, um die eigenen Lebensumstände zu verbessern; man wird sich seiner körperlichen Schwächen bewußt; man wechselt die Perspektive und geht jetzt von der verbleibenden Lebenszeit aus, nicht mehr von der, die hinter einem liegt; man beginnt, die Tatsache des eigenen Todes und des Todes derjenigen, die man liebt, zu akzeptieren; man begreift, daß man eine vorteilhafte Mittelposition zwischen der jüngeren und der älteren Generation einnimmt; man erwartet, bestimmte Ziele zu erreichen; und es wird immer wichtiger, eine Bestandsaufnahme zu machen und die bisherigen Erfahrungen zu überdenken, sie zu ordnen oder ihnen eine neue Ordnung zu geben.[8]

Terri Apter hat die Arbeit von Bernice Neugarten aufgegriffen und geht noch einen Schritt weiter, indem sie zwischen Männern und Frauen dieser Altersgruppe differenziert. Ein Mann mittleren Alters reagiert oft mit Panik oder Depressionen auf berufliche Rückschläge oder die ersten Zeichen des Nachlassens seiner körperlichen Kraft, während eine Frau auf eine Krise in ihrem Leben oft mit neuem Zutrauen in ihr Wissen und ihr Vorstellungsvermögen antwortet. »Tief in ihrem Innern macht sie vielleicht die überraschende Entdeckung, daß sie jetzt oder nie ihr eigenes Potential umsetzen muß. Sie ist bereit, wesentliche Veränderungen vorzunehmen, und erinnert sich vernachlässigter Bedürfnisse und Wünsche. Endlich fängt sie an, die Stolpersteine, die ihr bisher im Weg standen, wegzuräumen. Auf diese Leistung ist sie stolz und geht daraus mit einem stärkeren Selbstgefühl und Bewußtsein der eigenen Kräfte hervor.«[9]

Dieses Gefühl für die eigene Stärke zeichnete die meisten der Frauen aus, die wir interviewten. Immer wieder erzählten uns unsere Gesprächspartnerinnen, daß sie mehr Zutrauen denn je in ihre Fähigkeit hätten, etwas zustande zu bringen und eine Veränderung zu vollziehen. Diejenigen, die von einer ausgesprochen guten Beziehung zu ihren Töchtern berichteten, gingen davon aus, daß diese auch so bleibe; jene, die glaubten, daß es noch Spannungen in dieser Beziehung gebe, meinten, daß das nicht so bleiben müsse. Ohne sich dabei unnötig zu quälen, versuchte fast jede einen vorbehaltlosen Blick auf die Beziehung zu werfen, das eigene Verhalten zu überprüfen und die Bereitschaft zu Veränderungen zu erkennen zu geben, wenn diese angebracht erschienen. Im großen und ganzen nahmen die Mütter, mit denen wir gesprochen haben, die Entwicklung der Töchter zur Selbständigkeit nicht als Bedrohung wahr. Die Mütter waren meistens eher dann verstört, wenn sie den Eindruck hatten, daß ihre Töchter noch zu abhängig von ihnen waren.

Der Vergangenheit verhaftet

Wenn Mütter und Töchter es geschafft haben, ein angemessenes Gleichgewicht zwischen Nähe und Distanz zu halten, dann sind gelegentliche Rückfälle hinnehmbar. Aber wenn Mutter und Tochter die notwendigen Entwicklungsschritte in der Vergangenheit nicht vollzogen haben, dann ist ihre Beziehung häufig von Zorn, Spannungen und Leid gekennzeichnet.

Eine Reihe von Müttern beschrieb die Beziehung zu ihren Töchtern als »der Vergangenheit verhaftet«. Ein für die Frauen scheinbar harmloser Vorfall löste dann oft einen unerwarteten Zornesausbruch bei der Tochter aus. So erzählte Liz P., Mutter von Tracy, achtundzwanzig, und Louisa, sechsundzwanzig, folgende Episoden: »Louisa stürzt sich auf die kleinste Bemerkung von meiner Seite und wirft mir vor, ich wolle sie bevormunden, und ich sehe sie dann an und denke, wovon, zum Teufel, redet sie da eigentlich? Wenn wir unterwegs sind, und ich entdecke beispielsweise ein Bild und frage sie, ob sie es haben möchte, dann habe ich nicht das Gefühl, daß ich sie beeinflussen oder ihr vorschreiben will, wie sie ihr Schlafzimmer einzurichten hat. Was kümmert's mich, wie ihr Schlafzimmer aussieht? Tracy kann ja auch einfach sagen, daß ihr das Bild nicht gefällt.

Mit Louisa ist alles ein regelrechter Eiertanz. Ich kann schon gar nicht mehr normal reden, so passe ich auf, was ich sage. Jedes Wort wäge ich ab und überlege, ob sie sauer sein wird, wenn ich das jetzt sage. Ich gehe mit ihr viel behutsamer um als mit meiner anderen Tochter, und wenn man sich im Umgang mit jemandem so sehr an die Kandare nimmt, stört das den normalen Gang einer Beziehung. Wenn man mit jemandem zusammen ist, von dem man weiß, er wird es einem wie ein alter Freund verzeihen, wenn man mal das Falsche sagt, dann ist das sehr angenehm. Aber bei Louisa habe ich immer das Gefühl, sie geht mir jeden Augenblick an die Gurgel.

Ich hoffe, daß Louisa eines Tages soweit ist, mir nicht sofort meine Menschenwürde abzusprechen und mich als Monster hinzustellen, nur weil ich sie etwas frage, was sie von mir nicht gefragt werden möchte. Wenn sie mich so lächerlich findet, soll sie über mich lachen. Aber sie soll mich stärker akzeptieren.«

Liz erzählt, daß ihre Probleme mit Lousia begannen, als sie in der Pubertät war und sich Liz und ihr Mann scheiden ließen. »Sie stand ihrem Vater sehr nahe und hat mir nie verziehen, daß ich die Familie auseinandergerissen habe. Ich war furchtbar sauer auf meinen Exgatten, weil er zwei Häuser besaß, aber die

Kinder sich nicht einmal eine Pizza kaufen und bei den Schulausflügen mitmachen konnten. Ich mußte den Unterhalt für die Kinder vor Gericht erstreiten. Ich habe also nicht gerade in den nettesten Worten über ihn geredet. Jetzt weiß ich, daß das ein Fehler war. Aber ich konnte ihm nicht verzeihen. Ich denke, erwachsene Kinder sollten irgendwann soweit sein, einem zu vergeben, wenn man ihnen sagt: ›Ich habe getan, was ich tun konnte, etwas anderes war mir zu dieser Zeit nicht möglich.‹ Vielleicht ist das eine Ausrede, aber für mich ist das so. Ich denke, Louisa muß erwachsen werden und mir eines Tages verzeihen, daß ich ihren Vater verlassen habe und Dinge über ihn sagte, die sie nicht hören wollte.«

Kim, die siebenundzwanzigjährige Tochter von Judith R., greift ihre Mutter nicht direkt an, wie Louisa das mit Liz macht, aber seit Jahren hat sie ihre Eltern auf emotionale Distanz gehalten, wie uns Judith erzählte. Kim kam kürzlich aus Moskau, wo sie gerade lebt, zur Hochzeit ihres Bruders nach Hause. »Sie war die Nacht vor der Hochzeit und am Tag der Hochzeit bei uns, und jetzt ist sie wieder in Moskau. Ich hatte gehofft, daß wir ein bißchen Zeit zu zweit miteinander verbringen könnten, aber sie tat alles, damit das nicht passieren würde. Das ist mehr als eine Vermeidung, darin äußern sich Irritationen von ihrer Seite her. Während der kurzen Zeit, die wir zusammen waren, hatte ich den Eindruck, sie wollte unbedingt klarstellen, daß wir verschiedene Wege gehen, ob das nun meine Gegenwart, meine Wertvorstellungen oder Überlegungen waren, gegen die sie sich abgrenzte.«

Judith sagt, diese Distanzierung betreibe Kim seit ihrer Jugend. »Sie hat sich nicht gegen mich aufgelehnt. Sie tat nichts, womit ich garantiert nicht einverstanden gewesen wäre. Sie zog sich nur zurück.« Vorher hatten sie ein sehr enges Verhältnis, erinnert sich Judith. »Am liebsten war sie mit mir zusammen. Ich erinnere mich, daß sie mich als kleines Mädchen liebend gern in den Supermarkt begleitete. Wir genossen es, zusammen zu sein. Heute ist das anders. Das Verhältnis ist angespannt.«

Sich von der Vergangenheit lösen

Auch andere Frauen, die wie Liz P. und Judith R. ein angespanntes Verhältnis zu ihren Töchtern haben, erzählten uns von einer ähnlichen, scheinbar unumkehrbaren Verschlechterung der Beziehung zu ihren Töchtern in deren Jugend, wobei sie bis zu dieser Zeit gut gewesen sei, wie sie meinten. Kathy Weingarten warnt vor einer solchen Einschätzung. »Ich glaube nicht, daß die Probleme, die Mütter rückblickend auf die Jugendzeit zurückführen, dort wirklich ihren Ursprung haben. Heranwachsende haben einen kulturell sanktionierten Spielraum, innerhalb dessen sie sich ausleben können. Sie verfügen über ein gewisses Maß an Selbständigkeit und entsprechende Freiheiten und haben die Unterstützung Gleichaltriger. Ich glaube nicht, daß viele Störungen in der Beziehung, die in der Pubertät zutage treten, ihren Ursprung in den Entwicklungsschritten haben, die die Jugend mit sich bringt, sondern daß dieser in einer früheren Zeit liegt.« Vielleicht fiel es einer Mutter schon sehr viel früher nicht leicht, ihre Tochter so zu sehen, wie sie ist. Vielleicht mußte das Kind zu viele der emotionalen Bedürfnisse der Mutter befriedigen. Sowohl Mutter als auch Tochter können ihren Nutzen daraus ziehen, wenn sie ausfindig machen, wo die Familie tatsächlich aus dem Gleichgewicht geraten ist, und den vermuteten Ursprung ihrer Konflikte in einem tieferliegenden Zusammenhang festmachen können.

Jocelyn B., Mutter von Courtney, einer einundzwanzigjährigen Collegestudentin, kann mittlerweile den Zusammenhang zwischen den Schwierigkeiten, die offensichtlich in Courtneys Jugend auftraten, und dem Mißlingen ihrer Kommunikation herstellen, die schon länger nicht mehr gut funktioniert. Bis vor kurzem endete jeder Streit zwischen ihnen damit, daß Courtney eine Litanei von Klagen aus ihrer Teenagerzeit hervorkramte: »Du hast mich in dieses blöde Camp geschickt, nur weil du und deine Schwestern dort gewesen wart. Ich mußte auf eine Privatschule wechseln, als ich in der achten Klasse war. Ihr seid nie zu meinen Softball-Spielen gekommen.« Die achtundvierzigjährige Jocelyn ist in den letzten vier Jahren in einer Therapie gewesen. Was sie hier über das Verhältnis zu ihrer Mutter gelernt hat, versetzte sie in die Lage, die Beziehung zu ihrer Tochter anders beurteilen zu können. Wenn Courtney sagt, daß sie sie überredet hätte, Dinge zu tun, die sie nie tun wollte, weiß Jocelyn insgeheim, daß dieser Vorwurf zutrifft – bis vor kurzem war es ihr wichtiger, es ihrer eigenen, äußerst fordernden Mutter recht zu machen, als den Bedürfnissen Courtneys Beachtung zu schenken.

»Inzwischen weiß ich, daß schon früh in unserer Beziehung etwas schiefzulaufen begann. Wir haben uns darüber gestritten, ob sie ihre Mütze mit einem Elchgeweih und ihre geliebten verschlissenen Kordhosen gerade an dem Tag tragen muß, an dem wir mit meiner Mutter in der Stadt zum Mittagessen verabredet waren. Und statt zu sagen: ›Gut, zieh die Sachen an‹ – mir konnte es ja schließlich egal sein –, fing ich an, mit ihr herumzustreiten, weil ich nicht wollte, daß meine Mutter denkt, ich wüßte nicht, wie ich mein Kind anziehen soll, und erst recht nicht, daß sie denkt, ich hätte sie nicht im Griff. Das Ganze artete in einen regelrechten Kampf aus, und in meiner Wut sagte ich dann Dinge wie: ›Entweder du ziehst jetzt das Kleid an, oder du bleibst zu Hause!‹ Phasenweise war das richtig schlimm. Courtney war so oft zornig. Ich war damals noch nicht wirklich bereit, für mich und meine eigene Familie einzutreten. Statt mich also auf Courtneys Seite zu stellen, versuchte ich immer noch, sie dazu zu bringen, sich anzupassen, wie ich es gegenüber meinen Eltern gemacht hatte.

Meine Mutter ist eine erstaunliche Frau. Sie war schon zu einer Zeit eine erfolgreiche Geschäftsfrau, als die meisten ihrer Freundinnen zu Hause blieben und Karten spielten. Bis heute ist sie ein sehr unternehmungslustiger Mensch. Aber gleichzeitig ist sie unglaublich schnell mit einem Urteil bei der Hand. Sie will ständig alles kontrollieren. Bis vor zwei Jahren bestand sie darauf, daß ich und meine Schwestern Weihnachten nach Hause kommen, dann mußten wir alle, nicht nur die Kinder, auch die Erwachsenen diese roten Nikolausanzüge anziehen. Sie wollte uns immer helfen und alles regeln. Wenn die Kinder krank waren, stand sie vor der Tür, als ob ich mich nicht allein um sie kümmern könnte. Sie machte auch mich damit wieder zum Kind.

Und Courtney? Ich glaube, letztes Frühjahr gab es einen Wendepunkt in unserer Beziehung. Sie kam ziemlich sauer vom College nach Hause. Sie wird ohnehin schnell wütend, und damals hatte sie sich beim Skifahren den Knöchel verletzt und mußte ihre Ferien in Colorado abbrechen. Sie lag also im Bett, und ich versuchte mich wie eine Mutter zu verhalten – wie meine Mutter –, die sich um alles und jeden kümmert. Ich hatte eine Wohltätigkeitsveranstaltung organisiert und hing ständig am Telefon und rief halb Westchester an, um sicherzugehen, daß die Leute auch kämen. Dann brachte ich Courtney ein paar Zeitschriften, von denen ich dachte, sie würde sie gern lesen, und sie sah mich nicht einmal an. Und da brach ich in Tränen aus. Ich sagte, daß ich's nicht mehr aushalten würde, daß ich tun könnte, was ich wollte, sie wäre immer sauer. ›Ich verstehe ja, daß das nicht ganz leicht für dich ist, mit deinem verletzten Bein, und daß du deine Ferien verpaßt. Aber du kommst gerade dann nach Hause, wenn ich mitten in einer Sache stecke, die ich nicht einfach liegenlassen kann. Ich hab das Gefühl, als müßte ich zehn Dinge auf einmal machen.‹

Ich habe richtig geweint. Und dann kam heraus, daß sie das Gefühl hatte, ich würde mir immer mehr Gedanken um die

Anerkennung anderer Leute machen als darüber, welche Bedürfnisse sie habe. ›Du bist genervt‹, sagte ich, ›weil ich zu viele Dinge auf einmal mache, und ich bin genervt, weil ich versuche, es jedem recht zu machen.‹ Das war das erste Mal, daß wir der anderen richtig zuhörten.«

Seit diesem klärenden Vorfall versuchen Mutter und Tochter mit den Gefühlen der anderen respektvoll umzugehen. Jocelyn hat begonnen, Courtney mehr von sich und ihrer Vergangenheit zu erzählen. Da Jocelyn dabei ist, und sei es auch verspätet, die notwendigen Entwicklungsschritte zu vollziehen und Abstand zu ihrer eigenen Mutter zu gewinnen, ist es ihr auch möglich, die Tochter in ihrer Autonomiebestrebung zu unterstützen. »Letzten Sommer haben wir über den Typen geredet, mit dem sie kurz zuvor Schluß gemacht hatte. Sie hat mir nie besonders viel von sich erzählt, und daß sie es nun tat, war für mich eine Bestätigung. Dann sagte sie etwas, was für mich ziemlich vernichtend war, aber der Wahrheit entsprach: ›Du warst früher gefühlsmäßig nie offen zu mir.‹ Wir sprachen darüber, uns gegenseitig vertrauen zu wollen und daß wir akzeptierten, daß das Zeit brauchen könnte. Aber da wir es beide wollten, stellte sich dieses Vertrauen auch ein.«

Jocelyn ist überzeugt davon, daß sie sich ändern kann, genauso wie sie überzeugt ist, daß ihre Mutter es nicht kann. Wir stellten fasziniert fest, daß fast jede Frau, mit der wir sprachen, das Gefühl hatte, daß sie eher zu einer Veränderung fähig sei als ihre Mutter. Die meisten Frauen – auch viele von denen, die die Beziehung zu ihrer Mutter als eng beschrieben – glaubten, daß dieser Unterschied ausschlaggebend sei. So erzählte Jewelle Bickford, Mutter der zweiunddreißigjährigen Laura und der neunundzwanzigjährigen Emily, folgendes: »Mein Mann und ich waren sehr jung, als wir unsere Kinder bekamen – wir waren noch gar nicht in uns gefestigt. Deshalb halte ich es für wichtig, daß wir jetzt noch ein paar Dinge nachholen. Und das versuche ich auch meinen Töchtern zu vermitteln – daß man nie aufhört, sich zu verändern, nie aufhört zu lernen, sich immer noch weiterentwickeln kann. Meine Mutter hat mir etwas ganz anderes vermittelt – sie hörte schon vor langer Zeit auf, sich weiterzuentwickeln. Mir soll das nicht passieren.«

Das Leben, das wir führen sollten

Die meisten Mütter von Frauen, die wir interviewt haben, wurden mit Erwartungen großgezogen, die sich kaum von denen unterschieden, die das Leben ihrer Mütter und das von Generationen von Frauen vor ihnen beherrschten. Das Leben einer Frau wurde nach ihrem Familienstand und darüber hinaus nach ihrer Mutterrolle bemessen. Die Gesellschaft setzte voraus, daß der Höhepunkt im Leben einer Frau im Aufziehen ihrer Kinder liegt. Auch wenn einzelne Frauen eine Möglichkeit fanden, sich über ihre eigenen Bedürfnisse und Wünsche zu definieren, war das nicht der übliche Gang der Entwicklung.

Beth Currys Mutter vertrat all die traditionellen Werte ihrer Zeit. Bis heute regt sie sich über das Aussehen ihrer Tochter auf. »Sie sagt dann: ›Geh und kämm dir deine Haare und leg Lippenstift auf.‹ Früher hat mich das immer geärgert, aber seit ein paar Jahren kann ich mir das anhören, und ich weiß, daß es für sie wichtig ist. Jeden Nachmittag nahm sie um halb vier ein Bad, um fertig zu sein, wenn mein Vater nach Hause kam. Als meine Schwestern und ich im Juli zusammen waren, machten wir unsere Witze darüber, daß eine von uns am Nachmittag draußen war, um den Rasen zu mähen. Wir lachten und sagten: ›Mutter würde nicht den Rasen mähen, sie würde ein Bad nehmen!‹«

Helen Rucker wuchs in derselben Kleinstadt in Nordminnesota auf, aus der schon ihre Mutter stammte. »Meine Mutter hatte anders als viele ihrer Generation eine Ausbildung. Trotzdem traf sie Entscheidungen für ihr Leben, die sich von denen ihrer Mutter nicht sehr unterschieden. Eine Frau konnte Lehrerin werden oder Krankenschwester oder Nonne. Und wenn man sehr, sehr radikal war, dann arbeitete man in irgendeiner Firma. Vielleicht brauchte man auch einfach das Geld. Spätestens nach der Heirat blieb man aber normalerweise zu Hause. Eigentlich hatte man keine Entscheidungsmöglichkeit.«

Vielleicht haben Frauen dieser Generation von einem verwegeneren Leben geträumt, aber die meisten waren durch die Zwänge des Gesetzes, der Erziehung und der Sitte eingeschränkt. Alice Trillin erzählt von ihrer Mutter und deren Freundinnen: »Sie fügten sich fraglos in ihre Rolle, auch wenn sie ihnen eigentlich nicht entsprach. Sie dachten, sie wollten nichts anderes, aber eigentlich zerstörte es ihr Leben. Die Frauen gingen einkaufen und spielten Karten. Die Männer waren schlau und taten alles das, was interessant war. Die Frauen akzeptierten diese Rolle, und daher ist es nicht leicht zu begreifen, daß sie unzufrieden waren. Diese ganze Vorstadtgeneration hatte einfach nicht genug zu tun. Sie lebten ein sehr eingeengtes Leben und wußten es nicht.« Und wir – ihre Töchter – übernahmen ihre Erwartungen in bezug auf unser Leben.

Wir machten beide 1960 unseren Abschluß am Wellesley College. Viele unserer Kommilitoninnen heirateten ein paar Wochen nach ihrem Abschluß. Das College bot Seminare an, in denen man lernte, wie man ein Haushaltsbuch führt, wie man in einem Supermarkt einkauft, wie man seinen Mann beim Abschluß des Studiums und Eintritt ins Berufsleben unterstützen kann. Wer nicht sofort zum Altar eilte, wurde von dem Gedanken verfolgt, eine »alte Jungfer« oder ein »Blaustrumpf« zu sein. Wir gingen auch davon aus, daß eine Ehe für alle Zeiten halten müßte. »Geschieden« zu sein bedeutete sowohl ein moralisches wie ein gesetzliches Versagen.

Während uns also beigebracht wurde, uns über unseren Familienstand zu definieren, ermunterte man die jungen Männer in unserem Bekanntenkreis, sich über einen Beruf zu begreifen.

Clarissa C. erinnert sich: »Natürlich unterschieden sich in unserer Jugend die Erwartungen gegenüber den Söhnen von denen gegenüber den Töchtern. Wie zerbrach man sich in der Familie den Kopf über die Berufswahl meines Bruders! Was war das für eine Aufregung, als es so aussah, als könnte er vielleicht Universitätsprofessor werden oder sogar bei der Armee bleiben. Im nachhinein betrachtet, war es damals eigentlich schon keine Frage mehr, daß er wie mein Vater Anwalt werden würde. Ich erinnere mich, wie meine Schwester zu mir sagte: ›Gott sei Dank bin ich kein Junge und muß diesen ganzen Berufsquatsch nicht mitmachen.‹«

Die meisten Frauen, die in den fünfziger und sechziger Jahren erwachsen wurden, gingen davon aus, daß sie wie ihre Mütter arbeiten würden, bis sie Kinder bekämen, und daß von da an der Mann die Rolle des Brotverdieners übernehmen würde. Die Bedingungen mögen bei Randgruppen und Frauen aus der Arbeiterklasse anders gewesen sein, aber für alle anderen war die Vorstellung, gleichzeitig Kinder zu haben und außer Haus zu arbeiten, ungewöhnlich. Wir kannten ein paar Frauen, die Jura oder Medizin studierten, weil sie sich dazu berufen fühlten. Wir kannten auch ein paar Frauen, die arbeiteten, weil sie finanziell unabhängig sein wollten oder mußten. Aber nur wenige von uns hatten so etwas im Blick. Bestenfalls waren wir darauf vorbereitet, einem Beruf nachzugehen, um Sicherheit zu haben, wenn etwas nicht so lief, wie es sollte.

Wir sind alle zu Rücksichtnahme erzogen worden. Es wurde vorausgesetzt, daß zuerst die Bedürfnisse unserer Männer und Kinder kommen. So sagt Lorelle Phillips, Mutter von drei Söhnen und einer Tochter: »Meine frischverheirateten Freundinnen und ich dachten, daß unser Platz am Rande des Geschehens sei, und nicht auf dem Spielfeld. Als meine Kinder in die Schule kamen, wurde ich im Elternbeirat aktiv. Das wurde noch akzeptiert. Als ich mich dann aber als Kandidatin zur Wahl bei der Schulbehörde aufstellen lassen wollte, sagte mein Mann zu mir:

›Wie willst du das denn schaffen? Du hast schließlich vier Kinder.‹«

Lorelle bewarb sich trotzdem, und diese Entscheidung – auch wenn sie nicht gewählt wurde – war symptomatisch für den extremen Wandel, der in unserem Leben stattgefunden hatte. Betty Friedan brachte 1963 ihr Buch »Der Weiblichkeitswahn« heraus. Die National Organization for Women stellte in einer Erklärung aus dem Jahr 1966 fest: »Wir akzeptieren nicht, daß sich eine Frau zwischen Ehe und Mutterschaft auf der einen Seite und der aktiven Mitwirkung in der Industrie und/oder einem Beruf auf der anderen Seite entscheiden muß.« Die Erwartungen der Frauen waren gestiegen, und neben anderen sozialen Umwälzungen veränderte sich jetzt auch die Rolle der Frau in der Ehe und am Arbeitsplatz innerhalb eines Jahrzehnts. Gesellschaftliche und kulturelle Kräfte – wie die Entstehung feministischen Denkens, die steigenden Scheidungsraten und die wachsende Verbreitung freudianischer und postfreudianischer psychologischer Erkenntnisse – waren die Katalysatoren für den erstaunlichen Wandel in der Entwicklungspsychologie erwachsener Frauen.

Das Leben, das wir führten

Etwa die Hälfte der Frauen, mit denen wir sprachen, ging weiterhin ihrem Beruf nach, nachdem ihre Kinder geboren worden waren. Andere sagten, daß sie gezwungen waren, zu ihrem Arbeitsplatz zurückzukehren, da sie nach einer Scheidung für ihren Unterhalt und oft auch den ihrer Kinder sorgen mußten. Fast jede Frau, die zu Hause geblieben war, während ihre Kinder klein waren, trat schließlich wieder ins Arbeitsleben ein, entweder aus finanziellen Gründen oder weil es ihr ein Anliegen war, am Leben außerhalb des Hauses teilzunehmen.

Innerhalb der letzten Jahrzehnte hat die bezahlte Arbeit im

Leben einer Frau einen hohen Stellenwert bekommen. Die finanzielle Selbständigkeit wurde zu einem Zeichen emotionaler Unabhängigkeit. Als Verdine Jones in den fünfziger Jahren das erste Mal heiratete, war es sehr schwierig für eine Frau, auf den eigenen Namen Kredit zu bekommen. »Ich besitze eine Bullocks-Karte, die ich behalten habe, weil Mr. Herbert Jones draufsteht. Selbst wenn man arbeitete, bekam man damals keine eigene Karte. 1978 bekam ich dann meine erste Kreditkarte, und die habe ich auch behalten.«

Verdine hat zwei Töchter, die fünfundzwanzigjährige Stacy und die achtundzwanzigjährige Rhonda. Rhonda und ihre dreijährige Tochter leben bei Verdine und ihrem Mann. Verdines Mutter war Hausfrau, sie hatte acht Kinder und machte die Wäsche anderer Leute, damit die Familie über die Runden kam. Verdine arbeitete im öffentlichen Dienst, auch als ihre Töchter noch klein waren, und mühte sich ab, eine perfekte Mutter und Ehefrau zu sein. Sie ist stolz, alles in den Griff bekommen zu haben, auch wenn sie jetzt meint, daß sie der Hausarbeit viel zu großen Wert beigemessen habe. »Ich habe das Gefühl, daß ich vieles von dem, was ich getan habe, gar nicht tun wollte, und ich glaube, meine Töchter tun eher das, was sie wollen. Wenn sie keine Lust haben zu kochen oder zu putzen, dann machen sie's eben nicht. Als ich jung war, habe ich alles getan, was zu erledigen war, ob ich nun wollte oder nicht – darüber habe ich gar nicht erst nachgedacht. Ich stand normalerweise um sechs Uhr auf, habe gewischt und gewachst, das Frühstück gemacht, das Baby zum Babysitter gebracht, bin zur Arbeit gegangen und hab nach der Arbeit das Baby wieder abgeholt, kam nach Hause, hab gekocht und das Kind gebadet. Die Mädchen werden's anders machen.«

Ihre Töchter fordern sich selbst längst nicht soviel ab, und auch Verdine ist inzwischen deutlich weniger streng mit sich. »Sie verlangen viel eher von anderen, ihren Teil zu übernehmen, als ich das tue, selbst von meinem Mann. Rhonda sagt zu meinem Mann Dinge, die ich nie gesagt habe, auch wenn ich sie vielleicht sagen wollte. Die Männer meiner Generation – egal welcher Hautfarbe – waren die Herren im Haus, sie haben über uns bestimmt, und sie haben es nicht wirklich gewürdigt, wenn man aufstand, den Tisch deckte, das Abendessen machte, das Frühstück hinstellte, die Kleider wusch, das Haus putzte und dann in die Arbeit ging. Sie haben das nicht gewürdigt. Aber jetzt spüren die Frauen, daß ihre Zeit gekommen ist. Ich spiel da auch nicht mehr mit. Ich tu einfach nichts mehr! Für meinen Mann ist das nicht leicht. Ich glaube nicht, daß er weiß, wie er seine Wäsche waschen soll, aber jetzt geht's einfach mal um mich.«

Obwohl die Frauen unserer Generation anfangs ihre Ideale aufgegeben und ihre grundlegendsten Bedürfnisse unterdrückt haben, um bessere Ehefrauen und Mütter zu sein, so führt Terri Apter in ihrem Buch über die fortdauernde Entwicklung erwachsener Frauen aus, sind sie wesentlich selbstbewußter und selbstbestimmter und können daher eher ihre Ziele überdenken und ihre Identität neu formen als irgendeine Generation vorher.[10] Die Mütter mittleren Alters glauben, daß mit ihrer Generation eine ganz entscheidende Wende erfolgt ist – unser Leben sieht ganz anders aus, als es sich unsere Mütter für uns vorgestellt hatten und wie wir es anfänglich auch selbst erwartet hatten. Es mag sein, daß jede Generation die Unterschiede zu der vorhergehenden herausstreicht, aber wir glauben trotzdem, daß uns unsere Erfahrung flexibler gemacht hat; wir gehen mit unseren Töchtern weniger bestimmend um als unsere Mütter mit uns und können ihren Standpunkt eher respektieren. Daher fühlen wir uns unseren Töchtern näher, als es vermutlich unsere Mütter uns gegenüber taten.

Für sich und doch verbunden

Die vierundsechzigjährige Barbara Weene besitzt einen Schönheitssalon in Northampton, Massachusetts. Nach einer frühen, kurzen Ehe hatte Barbara mehrere Beziehungen mit Männern, die aber alle nicht gutgingen. Die für sie wichtigste Bindung war immer die zu ihrer inzwischen sechsundzwanzigjährigen Tochter Rebekah, die in Kalifornien lebt und dort als Masseurin arbeitet. Sie stehen sich so nah, wie es zwei Frauen, die die einzigen festen Mitglieder einer Familie sind, nur können. Barbara erzählte uns, daß sowohl sie als auch ihre Tochter gerade dabei sind, wichtige Entscheidungen über ihr Leben, ihre Liebesbeziehungen und ihre Arbeit zu treffen. Ihr ist klar, daß es auf ihr gemeinsames und das jeweils eigene Leben in den kommenden Jahren Einfluß haben wird, wie sie während jener Zeit der Neudefinition diese Entscheidungen treffen und sich gegenseitig unterstützen.

Barbara hat erkannt, daß sie zu viele Dinge aufgeschoben hat, die sie gerne machen würde, und zu oft ihre Bedürfnisse zugunsten anderer zurückgestellt hat. Von jetzt an will sie alles, was sie glücklich macht, entschiedener verfolgen. »Ich habe das Gefühl, daß ich lange Zeit in einer Warteposition verbracht habe – darauf wartend, genug Geld zu verdienen, zu reisen, den richtigen Partner kennenzulernen –, dieses Jahr aber habe ich beschlossen, daß ich nicht länger warten will. Deshalb habe ich auch zu dem Mann, mit dem ich zusammenlebe, gesagt: ›Es tut mir leid, aber auch wenn du in deiner Midlife-crisis steckst, kann ich nicht mehr nur dasitzen und warten, bis du weißt, was du von dieser Beziehung willst. Wir sind jetzt schon dreieinhalb Jahre zusammen. Wenn du's immer noch nicht weißt, tut es mir leid.‹ Ich muß direkter und bestimmter sein in bezug auf das, was ich im Leben will.«

Rebekah hatte schon längst erwartet, daß Barbara die Beziehung beendete, und ihre Einschätzung hat ihrer Mutter geholfen, zu einem Entschluß zu kommen. »Sie mochte ihn noch nie. Sie meinte, daß er sich nicht genügend um mich bemühe. Ich sollte ihrer Meinung nach mit jemandem zusammensein, der mich zu schätzen weiß, und das war bei diesem Mann einfach nicht der Fall. Sie sagte zu mir: ›Du nimmst zuviel hin, ich finde das nicht gut, du hast das nicht nötig.‹ Ich glaube, sie machte sich als Frau Gedanken darüber und bezog es auf ihr eigenes Leben. Sie sagt sich vielleicht: ›Ich habe das erste Mal seit langer Zeit keinen Freund und versuche, mich ohne Mann zu definieren. Was passiert mit mir, wenn ich keinen Mann habe?‹ Trotzdem meint sie, daß sie gerne einen Mann und eine Familie hätte, gerne Mutter wäre.«

Durch die Neubewertung ihres Lebens konnte Barbara auch Rebekah besser verstehen. »Wenn ich zurückblicke und mir überlege, wie es mir ging, als ich so alt war wie sie, dann finde ich, daß Sechsundzwanzig ein schwieriges Alter für eine Frau ist«, sagt Barbara. »Es ist eine echte Übergangszeit. Man ist kein Kind mehr und noch nicht erwachsen. Wo findet man einen Partner? Man überlegt sich, ob man ein Kind haben will oder nicht. Es ist ein Wendepunkt, und es ist sehr schwer, herauszukriegen, wie man zu einer eigenständigen Person werden kann.«

Rebekah lebt seit ihrem siebzehnten Lebensjahr allein, nur einmal kehrte sie für zwei Jahre zu ihrer Mutter zurück. Sie würde gern Künstlerin oder Musikerin werden, ist aber bislang nicht soweit, einen Beruf daraus machen zu können und sich davon zu ernähren. »Letzte Nacht hat sie mich angerufen«, erzählt Barbara. »Sie ist pleite und bat mich, ihr noch einmal mit der Miete auszuhelfen. Seit sie in Kalifornien ist, habe ich ihr schon öfter etwas zugeschossen. Ich stecke da aber immer in einem Dilemma: Helfe ich ihr mehr, wenn ich ihr das Gefühl gebe, daß ihr nichts passieren kann, daß immer jemand da ist, auf den sie zählen kann, oder helfe ich ihr, wenn ich einen Schritt zurücktrete, so daß sie ihren eigenen Weg finden kann?

Was ist auf die Dauer besser? Ich habe da ganz gemischte Gefühle, es war schon immer schwer für mich, festzustellen, wo die Grenzen liegen. Ich mach das mal so, mal so, aber ich habe keine Ahnung, wie sich das auf sie auswirkt. Einmal bin ich ihr Ratgeber und dann jemand, der nur zuhört, ohne ein Urteil abzugeben, und der sie ihre eigenen Entscheidungen treffen läßt.

Ich habe mit anderen Müttern darüber gesprochen, inwieweit wir unsere Töchter unterstützen sollten, ob das immer eine Hilfe ist und sie weiterbringt. Wir sagen ihnen, daß wir sie lieben, daß wir uns um sie kümmern und daß sie Rückhalt in der Welt haben, daß jemand hinter ihnen steht und sie nicht allein sind. Die Frage ist, ob wir es ihnen nicht zu leicht machen und sie dazu bringen, immer wieder zu einem zurückzukommen, statt das eigene Leben selbst in die Hand zu nehmen. Irgendwie muß beides möglich sein, man muß sich damit nur auseinandersetzen.«

Ihre Tochter macht Barbara den Vorwurf, sie wäre immer so zurückhaltend, wenn sie ihr etwas erzähle. »Ich habe darüber nachgedacht. Vermutlich hat sie recht. Aus meiner Sorge heraus fange ich immer wieder an, hin und her zu überlegen, ob das gut für sie sein wird. Wenn sie vor mir solche Luftschlösser entwirft, dann kann ich das nicht einfach so stehenlassen. Ich denke über die mögliche Umsetzung nach. Ich versuche also, vor allem interessiert zuzuhören und keine Urteile abzugeben, letztlich ist es ja ihre Entscheidung. Ich möchte, daß sie sich ihrer selbst sicher ist und daß sie imstande ist, alles in den Griff zu bekommen. Das wünsche ich mir eigentlich auch für mich.«

Barbara befindet sich gegenüber ihrer Tochter in einer verzwickten Lage, genau wie wir und viele der Frauen, mit denen wir gesprochen haben. Sie steht vor der Frage, wie wir unsere Liebe und unser Interesse äußern können, ohne unseren Töchtern das Zutrauen in die eigenen Fähigkeiten zu nehmen. Wir möchten unseren Töchtern helfen, ihr Leben selbst in die Hand zu nehmen, und ihnen gleichzeitig Unterstützung anbieten.

Wir suchen nach Möglichkeiten, die Beziehung aufrechtzuerhalten, auch wenn wir getrennte Wege gehen, so daß wir in den vor uns liegenden Jahren ein Leben jede für sich und gemeinsam führen können.

Die Bürde der Vergangenheit

Die eigene Mutter

Kurz bevor Pamelas damals sechsundzwanzigjährige Tochter Olivia New York verließ, um eine Stelle in Italien anzutreten, schlug Pamela eine gemeinsame Sitzung beim Familientherapeuten vor. »Ich sagte zu ihr: ›Du gehst nach Mailand, und ich weiß nicht, wie lange du weg sein wirst. Wir haben Schwierigkeiten, miteinander zu sprechen. Meinst du nicht, wir sollten uns jetzt noch darum bemühen, miteinander ins Gespräch zu kommen? Schließlich wird eine große Entfernung zwischen uns liegen.‹ Zunächst wollte sie nicht, dann willigte sie ein.

Wir gingen zu einer wirklich guten Therapeutin. Ich saß zwei Stunden da und hörte mir an, was für eine lausige Mutter ich war. Ich versuchte immer wieder, sie zu unterbrechen, aber die Therapeutin ließ das nicht zu, sie sagte, ich solle still sein und meine Tochter ausreden lassen. Zu guter Letzt, das muß ich zugeben, habe ich Olivia richtig bewundert, daß sie imstande war, all das zu sagen und all die Schlußfolgerungen zu ziehen. Sie sagte zu der Therapeutin: ›Wenn es mir schlechtgeht, ist meine Mutter zu 150 Prozent da, aber wenn es mir nicht schlechtgeht, höre ich nichts von ihr. Sie hat meinen sechzehnten Geburtstag vergessen, als ich im Internat war – ganz einfach vergessen.‹ Das stimmte. Die Therapeutin fragte mich, wie das Verhältnis zu meinen Eltern war, als ich aufs College ging. Ich antwortete ihr, daß ich damals nichts von ihnen hören wollte, egal wie es mir ging. Sie haben sowieso nichts anderes getan, als mir die Leviten zu lesen. Als sie mich fragte, ob es für mich eine Erleichterung gewesen sei, als ich weg von zu Hause und unabhängig war, konnte ich das nur bestätigen. Und dann sagte sie zu Olivia: ›Sie müssen sich der emotionalen Erfahrungen anderer bewußt sein. Vielleicht war das, was Ihre Mutter tat, nicht richtig, von Ihnen aus betrachtet, war es natürlich nicht richtig, aber Sie dürfen nicht vergessen, welche Erfahrungen Ihre Mutter gemacht hatte.‹

Meine Mutter hatte neun Geschwister. Ihre Eltern ließen sich 1903 scheiden. Von den zehn Kindern lebten acht bei meinem Großvater, dazu gehörte auch meine Mutter. Sie hatte überhaupt keine Beziehung zu ihrer Mutter. Sie fühlte sich ihr gegenüber immer schuldig, und gleichzeitig haßte sie sie: Von daher hatte sie keine Vorstellung von einer Eltern-Kind-Beziehung, außer der, daß sich Mütter und Töchter scheinbar nicht mögen und einander nicht vertrauen. Und tatsächlich mochten meine Mutter und ich uns nicht, genausowenig wie wir einander vertrauten. Mit diesem Ballast bin ich in meine Beziehungen gegangen. Was ich dann machte, war, mich auf Distanz zu halten, und genau das muß ich bei Olivia ändern.«

Pamela und Olivia hatten das Glück, daß sie ein Verhaltensmuster ausmachen konnten, das Pamela unbewußt aus ihrer Vergangenheit übernommen hatte und das in der Beziehung zu ihrer eigenen Mutter nützlich gewesen sein mag, aber ihr und ihrer Tochter Probleme bereitete.

Die meisten Frauen, die wir für dieses Buch interviewten, stellten einen Bezug zwischen dem Verhältnis zu ihren Müttern und dem Umgang mit ihren Töchtern her. Nahezu jede dieser Frauen ging von dem Gespräch über die Tochter nahtlos zu einer Beschreibung ihrer Mutter über. Ob man das von der Mutter etablierte Verhaltensmuster gutheißt oder nicht, ihrem Einfluß kann man sich nicht entziehen. Wie sie sich verhielt, als wir jung waren, spielt eine entscheidende Rolle bei der Prägung unserer Persönlichkeit und hat Einfluß darauf, wie wir unsere Töchter in ihrer Kinder- und Jugendzeit behandeln. Das Verhalten unserer Mutter uns gegenüber, als wir so alt waren wie unsere Töchter jetzt, beeinflußt uns bis heute.

Die Hinterlassenschaft einer liebenden Mutter

Ein paar Frauen sprachen mit Begeisterung von ihren Müttern. Mit ihr »war es immer lustig«, sie war »jemand, dem ich immer vertrauen konnte«, »sie akzeptierte alles, was ich tat«. Was diese glücklichen Frauen beschrieben, war nicht Vollkommenheit, viele wußten, daß es Themen gab, die sie ihren Müttern gegenüber nicht ansprechen durften, viele hatten das Gefühl, daß die Väter eine wesentlich wichtigere Rolle spielten, wenn es darum ging, Entscheidungen zu treffen oder die Töchter zu bestärken, sich Ziele zu setzen und diese zu verfolgen. Aber alle glaubten, daß ihre Mütter das Selbstwertgefühl ihrer Töchter stärkten, wenn sie auch manchmal fordernd oder kritisch waren. Die Mütter vermittelten ihnen immer das Gefühl, sie zu lieben und zu unterstützen.

Es überrascht nicht, daß diese Frauen fast alle von guten Beziehungen zu den eigenen Töchtern erzählten. Aber auch hier lief nicht immer alles glatt. Sei es, daß sich die Tochter in ihrer Jugend auflehnte oder als junge Erwachsene Entscheidungen traf, mit denen die Eltern nicht einverstanden waren, aber der Tenor war, daß die Mütter akzeptierten, wozu auch immer ihre Töchter sich entschieden hatten, und dem Impuls widerstanden, sie als bloße Erweiterung und Spiegelung ihrer selbst zu begreifen.

Maureen E. hat drei Töchter und zwei Söhne im Alter von neunundzwanzig bis achtunddreißig Jahren. Sie erinnert sich mit Liebe an ihre Mutter, die ihre Meinung äußern konnte und ihrer Tochter damit half. Maureen war ein Einzelkind, abgöttisch von den Eltern geliebt. Sie erzählte uns: »Meine Mutter war sehr klug. Sie war nicht gebildet, aber sie war eine sehr gescheite Frau. Ich erinnere mich daran, wie ich mich einmal mit meinem Mann gestritten hatte und Reißaus nahm – aber wohin geht man, wenn man sich mit seinem Mann streitet? Männer gehen in die Kneipe – und eine Frau? Ich fuhr jedenfalls zu meiner Mutter und saß in ihrer Küche und unterhielt mich eine Zeitlang mit ihr. Ich hatte ihr nichts von dem Streit erzählt, aber an der Art, wie sie mit mir sprach, erkannte ich, daß sie irgend etwas mitgekriegt hatte. Und plötzlich sagte sie: ›So, jetzt solltest du nach Hause gehen und dich wieder mit deinem Mann vertragen.‹ Ich fragte sie, was sie denn damit meinen würde. Und sie sagte: ›Glaubst du, ich weiß nicht, warum du hier sitzt? Du hast dich mit deinem Mann gestritten, und du willst ihm eins auswischen, indem du hier sitzt. Jetzt geh nach Hause und renk die Sache wieder ein.‹ Ich fand das gemein, und sagte es ihr. Wörtlich antwortete sie mir darauf: ›Raus jetzt!‹ Sie hatte ein sicheres Gespür für so etwas.«

Wir fragten Maureen, ob sie ihren Töchtern ihre Meinung sage. »Ja, und ich tue das, weil ich weiß, wenn ich meine Grenzen überschreite, werden sie mir sagen, ich soll meinen Mund halten.«

Maureen nimmt aber auch gerne den Rat oder die Kritik von ihren Töchtern an. Als ihre mittlere Tochter Margaret heiratete, begleiteten ihre Töchter sie beim Einkauf eines passenden Kleides für die Hochzeit. »Ich ging in die Umkleidekabine und probierte ein Kleid an. Ich fand, daß ich ganz nett darin aussah. Ich drehte mich um und fragte sie, was sie davon hielten. Schon ihre Blicke sagten mir, daß ihnen das Kleid nicht gefiel, und Patricia sagte: ›Na ja, wenn du ein Korsett anziehst und dir ein paar Pfunde runterhungerst, kannst du es anziehen.‹ Sie sagen immer ganz unverblümt, was sie denken.«

Maureen erklärt: »Wissen Sie, meine ganze Familie ist so. Vor zwei Wochen rief mich eine Tante an – sie ist jetzt zweiundachtzig – und sagte: ›Ich finde, du solltest dir deine Haare färben.‹ Auf meine Frage, warum ich das tun sollte, meinte sie: ›Du bist viel zu jung, um graue Haare zu haben.‹ Ich sagte: ›Weißt du denn nicht, daß ich zweiundsechzig bin?‹ Ich weiß, daß sie mir das gesagt hat, weil sie mich mag. Ich fragte also meinen Mann und die Mädchen, ob sie meinten, ich solle mir die Haare färben. Aber dann entschied ich selbst, daß ich's bleibenlasse, egal, was sie dazu sagen.« Dieses von Mutter und Tante übernommene Interesse und die Offenheit machen es Maureen möglich, ihren Töchtern zu sagen, was sie denkt, und gleichzeitig zu akzeptieren, was sie zu ihr sagen. Für sie ist diese Offenheit, die in einer anderen Familie vielleicht als Einmischung verstanden würde, ein Zeichen für Liebe und Teilnahme am Leben des anderen.

Belda Lindenbaum, fünfundsechzig, hat drei Söhne und zwei Töchter, die siebenundzwanzigjährige Vicky und die einundzwanzigjährige Abigail. Beldas Erzählungen über die liebevolle Beziehung zu ihrer Mutter sind um so ergreifender, als ihre Mutter bereits dreiundachtzig Jahre ist, eine Operation am offenen Herzen hinter sich hat und mehr und mehr von ihr abhängig ist. »Meine Mutter war immer für uns da. Wenn mein Mann und ich allein Urlaub machten, hat sie sich um unsere Kinder gekümmert. Jedesmal, wenn ich ein Kind bekam, kam meine Mutter zu uns, oder sie nahm die anderen Kinder zu sich. Sie ist einfach für einen da.

Es stimmt, daß sie viel von einem verlangt. Bis heute sagt sie einem, ob sie das, was man gerade anhat, mag oder nicht. Sie ist sehr entschieden, viel mehr als ich, aber so ist sie einfach, und ich komme damit zurecht. Ich versuche mich an das Gute zu erinnern, daß sie uns beigebracht hat, wie man Beziehungen führt, daß das wichtig ist. Das will ich im Auge behalten, und das, was nicht so gut war, beiseite lassen. Sie kann auch leicht verzeihen. Ich versuche, das im Gedächtnis zu behalten und es ihr darin gleichzutun, ich verzeihe nämlich nicht leicht. Meine Mutter erzählte immer, daß sie gelernt hatte, eine Mutter zu sein, indem sie das genaue Gegenteil von dem machte, was ihre Mutter getan hätte, und manches, was ich tue, ist das Gegenteil dessen, was meine Mutter getan hat, aber nicht alles. Ich will's nicht übertreiben. Ich spreche zum Beispiel jeden Tag mit meiner Mutter, aber ich spreche nicht jeden Tag mit meiner Tochter. Manchmal telefonieren wir dreimal am Tag, aber ich erwarte von Vicky nicht, daß sie anruft, und ich selbst ruf sie auch nicht jeden Tag an.

Für meine Mutter und mich ist es im Moment nicht einfach. Sie wird älter, und sie wird schwierig. Sie führt sich wie die Königinmutter auf: ›Tu dies für mich und jenes, ruf den und den für mich an, besorg dies und das für mich.‹ Aber ich glaube, man muß das Gute im Gedächtnis behalten. Ich hatte furchtbare Angst, Krebs zu haben, und meine Schwester wollte mich besuchen, bevor ich ins Krankenhaus ging, aber ich war nicht da. Sie fragte mich, wo ich gewesen sei, und ich antwortete: ›Lach nicht, aber ich war bei Mutter auf einen Kaffee.‹ Ich habe meiner Mutter nicht erzählt, daß ich krank bin, ich wollte einfach nur bei ihr sitzen und einen Kaffee mit ihr trinken. Und das taten wir dann auch, sie gab mir das Gefühl, geliebt zu sein und geschützt, und an diese Dinge erinnere ich mich.«

Carolyn Smith hat einen vierundzwanzigjährigen Sohn, William, und eine sechsundzwanzigjährige Tochter, Carrie. Sie beschreibt ihre eigene Mutter als »sehr umgänglich, sehr liebevoll, sehr freigebig« und macht es ihrer Mutter in ihrer Großzügigkeit gegenüber den eigenen Kindern nach. »Ich hoffe, ich war so selbstlos wie sie«, erzählte sie uns. »Meine Mutter hat nie gefragt, ob sie etwas zurückbekommt, wenn sie etwas für einen getan hat. Ich möchte dasselbe bei meinen Kindern tun. Wenn ich ihnen Geld schenke oder ein Auto oder Möbel, dann sollen sie damit anstellen, was sie wollen. Wenn man jemandem etwas gibt, muß man ihm vertrauen, daß er das Beste für sich daraus macht. Viele Mütter vergessen, darauf zu achten, was ihr Kind eigentlich will. Das ist auch nicht ganz einfach.« Carolyns Mutter ging nicht davon aus, daß ihre Wünsche und die ihrer Kinder dieselben sind, und Carolyn teilt diese Vorstellung und bereitet ihren Kindern damit das schönste aller Geschenke – ihre Eigenständigkeit anzuerkennen.

Die fünfundsiebzigjährige Evelyn Tang ist in China geboren und lebt heute in Pasadena, Kalifornien, wo sie Professorin für Neurologie ist. Ihre Mutter war eine berühmte Erziehungswissenschaftlerin in Taiwan. Sie versuchte ihre Tochter nicht mit ihrer beruflichen Position und hohen Ansprüchen zu belasten, und auch Evelyn verfolgte dieses Ziel bei der Erziehung ihre Tochter Frances, die inzwischen als Geburtshelferin arbeitet. »Im Umgang mit meiner Tochter denke ich immer wieder an die Beziehung, die ich zu meiner Mutter hatte. Meine Mutter stand noch voll im Berufsleben, bis sie achtzig war. Als sie starb, wollte mich eine Kollegin trösten und sagte: ›Ihre Mutter muß sehr stolz gewesen sein auf das, was Sie vollbracht haben‹, und ich antwortete: ›Da kannten Sie meine Mutter aber schlecht. Die spielte in einer ganz anderen Liga!‹ Doch um meiner Mutter gerecht zu werden – sie hat mich nie gedrängt, was meine Ausbildung oder meine Arbeit angeht. Im Gegenteil, als ich die Aufnahmeprüfung fürs College ablegen mußte, sagte sie: ›Es ist schön, wenn du es dieses Jahr schaffst, aber wenn nicht, kannst du etwas anderes machen und es nächstes Jahr noch mal versuchen.‹ Genau dasselbe sagte ich später zu Frances: ›Es gibt keinen Grund, nervös zu sein, wenn du dich bei einer Universität bewirbst. Wenn du nicht genommen wirst, dann gehörst du da vielleicht auch nicht hin.‹«

Eine Definition dessen, was eine gute Mutter ausmacht, lautet, daß sie »nicht [ihre] eigenen Bedürfnisse auf das Kind auf dessen Kosten überträgt«[1]. In der Praxis heißt das, daß sie die Punkte, in denen sich ihre Tochter von ihr unterscheidet, tolerieren und sich sogar darüber freuen kann; daß sie vielleicht Träume für ihre Tochter hat, sich aber nicht zurückgewiesen fühlt, wenn diese andere Entscheidungen trifft; daß sie ihr beisteht und es zuläßt, daß ihre Tochter Fehler macht, weil sie weiß, sie wird daraus lernen; daß sie zugeben kann, wenn sie unrecht hatte; daß sie ehrlich sein kann, ohne zu verletzen, und ihrer Tochter dasselbe Recht zuspricht; und daß sie ihre Meinung sagen kann, ohne zu fordern, daß ihre Tochter sich danach richtet. Sie weiß, wann sie ihrer Tochter die Wahrheit sagen muß – so wie sie sie sieht – und wann sie ihre Tochter bestätigen muß. Mit einem Wort, sie liebt und schätzt ihr Kind, und ihre Liebe stärkt eher das Selbstwertgefühl ihrer Tochter, als daß sie es erstickt.

Töchter ohne Mütter

Welche Auswirkungen hat es auf das Leben einer Tochter, wenn ihre Mutter nicht da ist, solange sie sie noch braucht? Letty Cottin Pogrebin hat einen achtundzwanzigjährigen Sohn und dreißigjährige Zwillingstöchter. Sie erzählte uns, daß sie nur gute Erinnerungen an ihre Mutter habe: »Was ich auch sagte oder tat, ich war in ihren Augen immer großartig. Es ist toll, wenn es so jemanden im eigenen Leben gibt. Ich bekam dadurch ein Gefühl dafür, was Familie bedeutet. Die Familie ist der Ort, wo man toll und willkommen ist. Und mehr als willkommen – man ist das Beste, was den Eltern passieren konnte. Genau das empfinde ich für meine Kinder. Aber ich habe keine Ahnung, ob ich gewußt hätte, wie man ein Kind liebt, wenn ich nicht selbst auf diese Weise geliebt worden wäre.«

Letty war fünfzehn, als ihre Mutter starb. »Als dann meine Töchter fünfzehn wurden, befand ich mich plötzlich im Blindflug. Ich war ja selbst nie eine erwachsene Tochter gewesen und habe keine Ahnung, wie es ist, eine Mutter zu haben, wenn man Mitte Zwanzig ist. Vielleicht habe ich deshalb Fehler gemacht.« Letty glaubt, daß sie zu schulmeisterlich war, zu schnell dabei, ihren Töchtern zu sagen, was sie tun sollten, als das gar nicht mehr gefragt war. »Ich hatte nichts, an das ich mich halten konnte. In mir ist nur dieser Glaube, daß meine Mutter auch später perfekt gewesen wäre und daß ich mich nicht gegen sie gewandt hätte, aber wer weiß das schon? Ich habe keine Ahnung, ob meine Mutter mit mir einverstanden gewesen wäre, wenn sie mitbekommen hätte, was für eine Revoluzzerin ich als Erwachsene geworden bin. Ich bin einen harten feministischen Kurs gefahren und auf die Barrikaden gegangen.«

Letty fehlt die Erfahrung, wie ihre Mutter auf ihre späte Jugend- und frühe Erwachsenenzeit reagiert haben würde, und hat sie daher, wie sie selbst eingesteht, auf ein Podest gestellt. Was ihre eigenen Fähigkeiten als Mutter erwachsener Töchter angeht, hat sie sich an diesem Ideal gemessen und festgestellt, daß sie ihm nicht ganz genügt. Sie ist wahrscheinlich zu streng mit sich selbst. Aber diesen Fehler begehen viele Frauen, deren Mütter früh gestorben sind.

Sechs von den Frauen, mit denen wir gesprochen haben, sagten uns, daß der frühe Verlust ihrer Mütter den Verlauf ihres ganzen Lebens stark beeinflußt habe. Lib O'Brien, einundfünfzig, unterrichtet Englisch an einer Universität in New Jersey auf einer Teilzeitstelle. »Meine Mutter starb bei meiner Geburt. Ich weiß wenig über sie, weil niemand mir etwas erzählt hat und ich so dumm war, nicht nach ihr zu fragen, bis es schon fast zu spät war. Mein Vater war im Krieg, und so zog mich meine Großmutter väterlicherseits auf. Als mein Vater zurückkehrte, lebte sie bei uns. Für mich war sie meine Mutter. Als ich acht Jahre alt war, heiratete mein Vater wieder, und das Verhältnis zwischen mir und meiner Stiefmutter war manchmal nicht unproblematisch. Bis ich vierzehn war, verbrachte ich jeden Sommer bei meiner Großmutter. Sie starb, als ich sechzehn war. Verluste gehören also zu meinem Leben, und es wird Sie nicht überraschen, zu hören, daß ich meine Doktorarbeit über das Thema Verlust im Werk von Toni Morrison schrieb.«

Lib erzählt, daß die Geburt ihrer Tochter Keri vor zweiundzwanzig Jahren Trauer und Angst in ihr ausgelöst habe. »Ich wollte, daß meine Tochter eine Mutter hat, zu der sie eine gute Beziehung haben konnte. Ich erinnere mich, daß ich an dem

Tag, an dem sie geboren wurde, weinte. Ich glaube, ich wurde an meine eigenen Verlustgefühle und an meine Trauer erinnert. Die Angst ist immer noch da. Ich bin überhaupt ein ängstlicher Typ und habe das auch weitergegeben. Keri bemüht sich sehr, das zu überwinden. Sie ist ziemlich draufgängerisch und mutig. Ich bin dagegen ein richtiges Mäuschen. Ich habe mit ihr darüber gesprochen, ihr von meinen Ängsten, als Mutter nicht gut genug zu sein, erzählt – die hatte ich, als sie geboren wurde, und habe sie noch immer. Sie kennt natürlich meine Geschichte, ich habe sie ihr erzählt. Wenn ich mich dabei ertappe, in meiner Sorge vollkommen zu übertreiben, dann erinnere ich mich daran, woher sie kommt.«

Hope Edelman befaßt sich in ihrem Buch »Die mutterlose Tochter« mit Frauen, die ihre Mutter verloren haben, bevor sie erwachsen waren.[2] Viele der Frauen, die sie beschreibt, verloren ihre Mütter in früher Kindheit, andere in ihrer Jugend. Wieder andere wurden von ihren Müttern im Stich gelassen. Wie die Umstände auch waren, sie alle berichteten, daß ihnen bei ihren eigenen Töchtern ein Vorbild gefehlt habe. Sie mußten selbst lernen, was es heißt, Mutter zu sein.

Nicht die Mutter, die du dir gewünscht hättest

Die meisten Frauen, mit denen wir gesprochen haben, beschrieben ihre Mütter nicht mit den schmeichelhaftesten Worten. Nicht, weil ihre Mütter so furchtbar oder kalt gewesen wären, aber sie waren nicht immer fähig, ihren Töchtern die Form der Liebe entgegenzubringen, die sich diese erhofft hatten. Den Töchtern erschienen ihre Mütter »aufdringlich«, »distanziert«, »kontrollierend«, »schnell urteilend«, »in sich gekehrt«, »unsensibel gegenüber dem, was ich will oder brauche«. Sie hatten beschlossen, anders als ihre Mutter zu sein.

Die Mutter von Peggy R. ist fast achtundsiebzig Jahre alt und verwitwet. Sie lebt in einer Seniorenwohnanlage. »Sie kutschiert alle ihre Freunde rum«, erzählte uns Peggy. »Sie gehört zu den wenigen Leuten ihres Alters, die noch Auto fahren können. Sie ist sehr aktiv und viel unterwegs. Diesen Sommer hat sie uns in den Ferien besucht. Wir haben aber kein besonders enges Verhältnis, nicht so wie Leigh und ich.« Leigh ist Peggys achtundzwanzigjährige Tochter. »Ich glaube, ein Grund, warum mir meine Beziehung zu Leigh so wichtig ist, liegt darin, daß ich mich meiner Mutter nie besonders nah gefühlt habe. Sie hat gut für uns gesorgt, aber die Gefühle kamen zu kurz. Auch Leigh steht meiner Mutter nicht sehr nah. Sie hatte immer das Gefühl, daß ihre Großmutter ihre Brüder vorzog und daß sie nicht sehr geliebt wurde, weil sie als Kind Übergewicht hatte. Sie weiß zwar, was sich gehört, aber ich habe nicht das Gefühl, daß sie sehr an ihrer Großmutter hängt.

Es ist kaum möglich, mit meiner Mutter ein Gespräch zu führen, das zu weit unter die Oberfläche geht. Erstens gehört sie nicht zu dieser Generation, in der man das macht, und dann ist sie Engländerin. Man spricht nicht besonders ausführlich über bestimmte Themen, vor allem nicht über seine Gefühle. Man unterdrückt sie, oder man läßt sie in der Arbeit raus oder sonstwo. Ich glaube, der Gedanke an einen Psychiater wäre für meine Eltern schockierend gewesen. Man geht vielleicht zum Pfarrer, aber ansonsten spricht man grundsätzlich nicht über persönliche Dinge.

Ich war immer eher die Tochter meines Vaters. Erst als er gestorben war, vermochte ich meine Mutter besser einzuschätzen und sie überhaupt etwas besser kennenzulernen. Ich machte ganz bewußt einen Schritt auf sie zu. Aber sie ist nicht der Mensch, zu dem ich hingehe und mich so verhalte, wie ich es bei Leigh tue und umgekehrt, sei es, daß man sich umarmt oder sich foppt. Die Kinder meines Bruders haben es leichter mit ihr. Für mich ist die Vergangenheit noch ganz gegenwärtig.«

AUS MARILYNS TAGEBUCH, 27. OKTOBER 1995

Heute hätte meine Mutter Geburtstag gehabt. Oder war es gestern? Das ist ein schlimmes Eingeständnis, daß ich mich nicht an den Tag erinnere, der ihr so wichtig war. Sie war groß im Feiern, und ich atme jeden Muttertag erleichtert auf, weil ich ihr kein Geschenk mehr schicken muß.

Was bedrückt mich daran? Ich glaube, daß sie eher in Gefühlen schwelgte, als sie tatsächlich zu empfinden. Sie hat meine Mädchen gerne »meine kleinen Engel« genannt, auch wenn sie nicht besonders viel mit ihnen zu tun hatte. Sie erwartete kindliche Ergebenheit. Sie machte immer ein großes Tamtam um Geschenke und verdarb es dann so oft, daß ich jedesmal völlig fertig war, wenn wieder eines fällig war.

Ich habe während der Arbeit an diesem Buch viel über sie nachgedacht, um mir klar darüber zu werden, was sie gut gemacht hat und was nicht so toll war. Ich kam zu dem Schluß, daß sie eine »gute« Mutter war, als ich klein war. Man wußte, woran man mit ihr war – zumindest, wenn man ein schlaues kleines Mädchen war. Ich glaube, ich habe sehr früh gemerkt, daß sie an erster Stelle kam – vielleicht damals, als ich noch ein kleines Kind war und sie ihre Depressionen hatte. Auf jeden Fall kam sie an erster Stelle, was immer man tat, zuerst mußte ihr Selbstwertgefühl befriedigt werden, und dann kamen die Menschen, die ihr wichtig waren: ihre Mutter, ihre Schwestern, mein Vater und ich – die Reihenfolge ist egal. Da meine Bedürfnisse ihren selten im Wege standen, hatte ich damit eigentlich keine Schwierigkeiten. Abgesehen davon, war es für sie sehr wichtig, vor aller Welt als gute Mutter dazustehen, und deshalb war sie es auch.

Und wir beide hatten das große Glück, daß ich ein Kind war, mit dem sie angeben konnte.

Wir bekamen erst Probleme miteinander, als ich heranwuchs. Die ständige Konkurrenz tat mir nicht gut. Wer brauchte diese Einkaufstouren schon, bei denen sie sich vor dem Spiegel drehte und wendete und sich dann, nachdem ich gebührend Beifall geklatscht hatte, alles kaufte, was sie wollte. Während ich mit meinen zwölf Jahren, einer Größe von 1,60 Meter und einem Gewicht von 40 Kilo Probleme hatte, überhaupt etwas zu finden, das nicht wie ein Sack an mir herunterhing. Schwierig war es auch, als meine bis dahin unausgegorenen Träume, hinaus in die Welt zu gehen, Gestalt annahmen. Sie wollte nicht einsehen, daß meine Lebensziele nicht mit den ihren übereinstimmten. Ich zweifle tatsächlich daran, daß sie mich jemals anders gesehen hat als etwas, das ihr zur Zierde gereichen könnte. Schließlich haben sie und ihre Geschwister sich immer nur für Anhängsel ihrer Mutter gehalten. Wir konnten also Freunde sein, wir konnten Zeit miteinander verbringen, sie hatte auf ihre Weise Schwung, war nett zu meinen Freunden, es war lustig mit ihr, aber ich konnte kaum sagen – und sie hätte das auch nie hören wollen –, daß ich mir mehr vom Leben erwartete, daß ich einen Mann heiraten wollte, der sich nicht damit begnügt, Filialleiter der örtlichen Sparkasse zu sein.

Es ist nicht so, daß wir miteinander gekämpft haben, auch wenn es natürlich Streitereien gab. Ich habe mich nur entfernt, körperlich und emotional und natürlich auch intellektuell. Ich vertraute ihr nichts an. Ich habe mich nicht auf sie verlassen. Wir haben nie über diese Dinge gesprochen. Ich frage mich, ob wir das zu gegebener Zeit getan hätten, glaube es aber nicht, weil diese Unverbindlichkeit ihr Verhalten von Anfang an prägte, so sehe ich es zumindest heute. Bei ihrer Depression angefangen, über ihren inneren Rückzug in die Trauer wegen des Todes ihrer Eltern und ihrer ältesten Schwester und die Beschäftigung mit all ihren Krankheiten während meiner Kindheit bis zu dem stillen Leiden in den späteren Jahren.

Aber das muß ich ihr lassen – weil sie so unbeirrbar war und in meiner Kindheit zweifellos aufmerksam und verfügbar, wuchs ich mit viel Selbstvertrauen auf. Als dann die Zeit gekommen war, mich zu lösen, konnte ich das, ohne daß es mir besonders schwer gefallen wäre.

Harriet B., Mutter der fünfundzwanzigjährigen Jane, erzählt: »Meine Mutter hatte zu niemandem ein besonders enges Verhältnis. Sie glaubte das vielleicht, aber das ist nicht wahr. Ich stand meinem Vater sehr viel näher. Mutter ist … sie gehört zu diesen unerschütterlich optimistischen Menschen.« Vor einigen Jahren kam es in Harriets Familie zu einer schweren Krise. Jane hatte ihr Studium abgebrochen und erklärt, daß sie an die Westküste ziehen würde. Sie wollte den Kontakt zur Familie abbrechen. »Als es so richtig schlimm war, wollte ich mit meiner Mutter sprechen, aber sie ist nicht darauf eingegangen. Ich werde nie vergessen, wie meine Mutter einen Tag, nachdem Jane abgefahren war, vorbeikam und mich fragte, wie es mir ginge, oder irgend etwas anderes Belangloses sagte. Ich wollte, daß sie wußte, daß die Sache wirklich ernst war. Wir setzten uns in die Küche, und ich habe kaum ein Wort herausgebracht. Sie sagte: ›Erzähl mir davon.‹ Ich weiß, daß sie mir in ihrem tiefsten Inneren wahrscheinlich helfen wollte. Ich fing an zu reden, und plötzlich sah sie auf ihre Uhr. Ich fragte sie, ob sie eine Verabredung habe. Und sie sagte: ›Na ja, ich hab in zehn Minuten einen Termin im Schönheitssalon.‹ Und weg war sie! Ich weiß, es würde sie verletzen, wenn sie mich das so erzählen hören würde. Weil sie sich selbst anders einschätzt.«

Jewelle Bickford ist zweiundfünfzig Jahre alt, Investmentbankerin und Mutter zweier Töchter. Sie erzählte uns: »Meine Mutter ist eine kalte Frau. Sie liebt mich, das weiß ich, aber sie kann es mir nicht zeigen. Meine Beziehung zu ihr ist ein Thema, das mich mein ganzes Leben lang begleiten wird. Sie war zu sehr mit sich und ihrem Leben beschäftigt, um sich mit uns auseinandersetzen zu können. Manchmal hatte sie Geld, und manchmal hatte sie keins, wobei ihr das Selbstvertrauen oder die Bildung oder der Hintergrund fehlte, um mit den Rückschlägen fertig zu werden. Es war, als ob sie nicht mit uns im gleichen Haus wohnte, sie war immer niedergeschlagen oder geistesabwesend.

Meine Mutter tat immer so, als ob sie sagen wolle: ›Ich bin doch vollkommen, warum hackt ihr bloß auf mir rum?‹ Ich will meinen Kindern zeigen, daß ich nicht perfekt bin. Sie haben mitbekommen, wie ich mit meiner Mutter und in meiner Ehe gekämpft habe. Sie haben mitbekommen, daß das Leben ein Prozeß ist. Meine Kinder erleben mich als jemanden, der sich darum bemüht, alles richtig zu machen.

Inzwischen bin ich mit meiner Mutter ins reine gekommen. Ich akzeptiere sie. Ich erwarte nicht von ihr, etwas anderes zu sein, als sie ist. Inzwischen kann ich mich auch gut mit ihr unterhalten. Weil ich mich geändert habe – sie kann es nicht.«

Beide Frauen sprachen in einem traurigen, resignierten Ton von der Beziehung zu ihren Müttern. Sie waren nicht wütend, daß das Verhältnis ihrer Mütter zu ihnen nicht besonders eng oder unpersönlich war, eher tat es ihnen leid. Viele Faktoren mögen zu ihrem relativen Gleichmut beigetragen haben: Zwar beklagten sie sich über den Mangel an Wärme von seiten ihrer Mütter, aber sie alle hatten das Gefühl, geliebt zu werden; ihre Mütter hatten die Tugend, beständig zu sein – eine Mutter, die in bestimmten Situationen immer auf dieselbe Weise reagiert, macht es einem Kind leichter, zu wissen, was es zu erwarten hat; und ihre Mütter waren wohl nicht so bestimmend, daß sie dem Selbstwertgefühl ihrer Töchter auf Dauer geschadet haben. Ein paar der Frauen haben die Rolle ihrer Väter hervorgehoben, die ihnen das Bewußtsein für ihre Fähigkeiten vermittelten. Wie das im Einzelfall auch ausgesehen haben mag – auch wenn die Frauen ihren Müttern vorwarfen, sie wären zu kalt oder distanziert gewesen –, so hatten sie doch ein genügend großes Selbstbewußtsein gewonnen, mit den eigenen Töchtern anders umzugehen.

AUS SUSANS TAGEBUCH, 31. JULI 1995

Ich frage mich, ob auch andere Mütter manchmal das Gefühl haben, selbst noch eine Mutter zu brauchen, vielleicht nicht genug zu wissen, um eine Mutter zu sein, immer noch ein Kind zu sein und sich noch immer zu fragen: Wie kann ich eigentlich zwei Menschen großziehen? Manchmal habe ich das Gefühl, ich weiß nicht, wie man wirklich liebt, daß ich zu kritisch bin und vorschnell über das Verhalten anderer Menschen urteile, daß ich gar nicht zur Liebe fähig bin. Andererseits kann ich sehr viel geben. Ich bin anderen gegenüber sehr sensibel und einfühlend. Ich weiß zwar nicht warum, aber ich bin mir sicher, daß diese beiden Seiten meiner Persönlichkeit auf das Verhältnis zu meiner Mutter zurückzuführen sind. Ich hatte nie das Gefühl, daß mich meine Mutter um meiner selbst willen liebte. Ich klage sie deshalb nicht an, es ist einfach nur ein trauriger Teil meiner Kindheit und Jugend.

Wenn ich mit den Frauen spreche, überkommt mich manchmal Traurigkeit wegen meiner Mutter. Ich bin mir sicher, sie hatte den Eindruck, ich hätte mich von ihr distanziert, und konnte sich mein Verhalten nicht erklären. Ich glaube nicht, daß sie mich zur Freundin haben wollte – ich sollte immer Kind sein und sie Mutter –, aber ich bin überzeugt davon, daß sie sich gewünscht hat, ich wäre ihr gegenüber offener gewesen, hätte sie mehr an meinem Leben teilhaben lassen.

Gestern abend haben Phoebe und ich zusammen gegessen; es war ein kleines Fest, da sie heute morgen mit ihrem Vater ihre Sachen in einem gemieteten Transporter nach Boston gebracht hat. Sie wird dort die nächsten zwei Jahre leben. Ich breche morgen nach Pittsburgh auf, wo ich herkomme, um ein paar

Frauen für unser Buch zu interviewen. Mit den Gedanken an dieses Buch im Kopf fragte ich sie, ob sie sich vorstellen könne, wie meine Kindheit und Erziehung gewesen seien, weil ich dachte, daß sie dadurch verstehen würde, wie ich sie und Sarah erzogen habe. Sie sagte, sie wisse ein wenig, aber vielleicht nicht genug darüber, und deshalb erzählte ich ihr von meiner Mutter und mir, von meiner stürmischen Jugend, der Distanz zu meiner Mutter, von dem Dreiecksverhältnis mit meinem Vater, der sich immer auf meine Seite stellte. Sie wollte wissen, wo mein Bruder da hineinpaßte – hat er sich mit meinen Eltern gestritten? Viele Fragen.

Ich erzählte, wie traurig ich die letzten Jahre war und besonders, seit ich an diesem Buch arbeite, daß meine Mutter und ich uns einander so entfremdet hatten, daß ich sie so bewußt aus meinem Leben ausgeklammert habe. Ich sagte ihr, daß ich überzeugt sei, meine Mutter leide darunter, daß sie so wenig von mir wußte – alles, was sie wollte, war eine nette, folgsame Tochter, die grundsätzlich mit ihr einer Meinung war. Aber was sie hatte, war ein mürrisches Mädchen, das sich ihr entzog und sie regelmäßig anbrüllte. Ich erzählte Phoebe, daß meine Mutter an vielem etwas auszusetzen hatte und sich, um sich wegen ihrer eigenen mangelhaften Bildung zu verteidigen, über Bildung im allgemeinen lustig machte und den gesunden Menschenverstand rühmte – den sie in Fülle zu haben meinte. Ich glaube, daß ich deshalb überkritisch bin. Ich versuche zwar, es bei Phoebe und ihrer Schwester besser zu machen, aber manchmal kann ich nicht anders. Ich sagte ihr, daß ich während meiner Schwangerschaft immer Angst hatte, keine gute Mutter zu werden, weil ich das Gefühl hatte, daß meine Mutter so unzureichend war. Phoebe erinnerte sich, daß ich ihr einmal von meinen Träumen während der Schwangerschaft erzählt hatte, in denen ich aus Versehen das Baby fallen gelassen oder mich draufgesetzt hatte. Ich erzählte ihr also nichts, was ihr unbekannt gewesen wäre, aber sie schien es auf eine neue Art zu hören. Ich sagte ihr auch, daß ich es schrecklich finde, sowenig über die Kindheit und Jugend meiner Mutter zu wissen.

Zum Schluß sagte ich ihr noch, daß ich hoffe, sie würde mich über mein Leben ausfragen – denn irgendwann würde es zu spät sein – und ich nicht wollte, daß sie sich so ahnungslos wie ich über das Leben meiner Eltern und meiner Großeltern fühlte. Es war ein wunderbares Gespräch, und es hätte nie stattgefunden, wenn mich nicht dieses Buch dazu angeregt hätte.

Es kann sein, daß unsere Generation besonders kritisch über die eigenen Mütter nachdenkt. Die Verbreitung psychologischen Wissens hat dazu geführt, daß sich das Ideal der Familie gewandelt hat. Wir glauben heute, daß das Verhalten der Eltern gegenüber ihren Kindern eher durch Zuwendung als durch Autorität bestimmt sein sollte. Während unsere Mütter dazu erzogen worden sind, jede Infragestellung der elterlichen Autorität und jede Kritik an den Eltern als Zeichen für mangelnden Respekt zu sehen, wurden wir darin bestärkt, unsere familiären Beziehungen mit größerer Ehrlichkeit zu betrachten. Wie Peggy R. meint, hat diese Kluft zwischen unseren Müttern und uns ernsthafte und innige Gespräche oft unmöglich gemacht. Dazu kommt, daß jede von uns, ob sie in der Frauenbewegung aktiv war oder nicht, von deren Infragestellung des gesellschaftlichen Status quo beeinflußt worden ist, der noch das Leben unserer Mütter beherrschte. Mehr oder weniger erfolgreich haben wir versucht, uns von der Vorstellung zu lösen, Anhängsel unserer Männer zu sein. Wir haben bezahlte Arbeit angenommen, und nicht nur, weil wir Geld brauchten. Wir haben uns scheiden lassen und entdeckt, wieviel Spaß es macht, eigene Entscheidungen zu treffen. Wir haben unsere Mütter vielleicht abgelehnt, weil sie uns nicht das Frauenmodell geboten haben, dem wir entsprechen wollten. Vielleicht fühlten wir uns ihnen auch entfremdet, weil sie unsere Entscheidungen nicht unterstützten.

Mütter, die seelische Narben hinterließen

Manche Frauen erzählten, daß die schlechten Erfahrungen mit ihren Müttern ihnen das ganze Leben vergällt hätten. Sie haben das Gefühl, daß ihre Mütter nicht nur mit dem, was sie taten, nicht einverstanden waren, sondern daß sie auch nicht wirklich von ihnen geliebt wurden. »Das Leben mit meiner Mutter war ein ständiger Kampf«, sagte Judy Tasanos. »Als hätte ich nie genug getan oder wäre ihr nie gut genug gewesen. Immer wenn ich mir ihre Zustimmung erhoffte, ließ sie mich abblitzen, und immer wieder versuchte ich es. Eines Tages saß ich zu Hause am Küchentisch und weinte. Ich sagte zu meinem Mann: ›Ich bin zweiunddreißig Jahre alt und schau, was sie mir antut. Wann hört das nur auf?‹, und er antwortete: ›Erst wenn sie tot ist.‹ Er hatte recht.« Es stimmt natürlich, daß eine lieblose Mutter nach dem Tod keine neuen Wunden zufügen kann. Nur leider löscht der Tod nicht das Gefühl bei der Tochter aus, mit ihr könne etwas nicht gestimmt haben, denn sonst hätte ihr die Mutter nicht ihre Liebe vorenthalten.

Parentifikation

Frauen wie Judy, die sich selbst eingestehen, daß ihre Mutter sie nicht geliebt hat oder sie geliebt hat, aber diese Liebe nur in zerstörerischer Weise ausdrückte oder aber zwischen Liebe und Zurückweisung hin und her wechselte, haben einen schwierigen, aber befreienden Schritt unternommen. Sie erkennen, daß die Mutter, an die sie sich um Liebe, Sorge und Schutz wandten, selbst wiederum unerfüllbare emotionale Forderungen an die Tochter stellte. Alice Miller behauptet in ihrem aufsehenerregenden Buch »Das Drama des begabten Kindes«, daß Kinder, die von einem Elternteil gezwungen wurden, dessen Empfindungshorizont zu akzeptieren, lernen, die Gültigkeit der eigenen Gefühle zu unterdrücken und dadurch in ihrem Selbstwertgefühl verletzt werden.[3] Sie werden bei ihren Kindern in denselben folgenreichen Kreislauf geraten und von ihnen erwarten, für die Bestätigung ihres Selbstwertgefühls zu sorgen, die ihnen von den eigenen Eltern vorenthalten wurde. Der Psychiater Ivan Boszormenyi-Nagy, ein früher Theoretiker in der Familientherapie, beschreibt dieses Phänomen als »Parentifikation«, das er als »das Bemühen, die lange zurückliegenden Beziehungen zu den eigenen Eltern in den gegenwärtigen Beziehungen zu den eigenen Kindern wieder aufleben zu lassen« definiert.[4]

Parentifikation, also die Verelterung des Kindes, muß kein pathologisches Phänomen sein. Die gelegentliche Verkehrung der Rollen, die ein Kind in den Stand setzt, sich in der Übernahme emotionaler Verantwortung zu üben, ist durchaus gesund. Hier wird es auf die Reife vorbereitet. Aber dieses Verhalten ist dann pathologisch, wie Boszormenyi-Nagy meint, wenn Eltern ständig ihre kleinen Kinder dazu mißbrauchen, ihre »besitzergreifenden, destruktiven oder sexuellen Bedürfnisse oder ihre eigene Schutzbedürftigkeit« zu befriedigen.[5] Wenn Parentifikation in »extrem schuldbelasteter Atmosphäre stattfindet, [kann sie] eine Bindung darstellen, die das Kind fixiert«[6]. Letzten Endes werden sich die Kinder einen Ausgleich zu schaffen suchen, oft mit einem Geschwister, üblicherweise aber mit ihrem eigenen Kind.

Mütterliche Verhaltensmuster, die von Generation zu Generation weitergegeben werden, wandeln sich stets. Sie können sich durch verschiedene Faktoren ändern wie das jeweilige Temperament der einzelnen Mutter und Tochter, durch die Unterstützung des Ehemanns, durch den Umstand, daß die Mutter einer Mutter noch am Leben ist und Forderungen stellt. Einige der von uns interviewten Frauen, die eine schwierige Mutter hatten, sagten uns, sie hatten das Glück, einen anderen Menschen als Ersatz für ihre Mutter gefunden zu haben – einen Vater, eine Tante, einen Lehrer oder einen Großelternteil –, von dem sie geliebt wurden und der ihnen als Vorbild dafür diente, wie sie ihre eigenen Töchter lieben konnten. Andere Frauen begannen ihre Situation durch eine Psychotherapie zu verstehen. Nichtsdestotrotz stehen Frauen, die eine schlechte Beziehung zu ihrer Mutter haben, vor einer großen Aufgabe, wie uns Kathy Weingarten sagte. »Es gibt Verletzungen, die sind viel weniger leicht zu vergessen als andere. Manche Verletzungen hinterlassen tatsächlich Defizite – ein hartes Wort –, die alle guten Absichten einer Mutter zunichte machen und die sie nicht überwinden kann.« Mütter, die selbst unter einer Mutter gelitten haben, die sie nicht oder nur bedingt geliebt hat, fügen ihren Kindern die gleiche Verletzung zu oder auch nicht, aber dieses Defizit wird seinen Tribut fordern. Es kann durchaus sein, daß sie sich an ihre Kinder wenden, um einen Ausgleich für ihr Gefühl der Bedürftigkeit zu schaffen und sie dadurch parentifizieren.

»Meine Mutter war nie zufrieden mit dem, was ich gemacht habe«

Miriam H. ist eine siebenundfünfzigjährige High-School-Lehrerin, die allein in einer Eigentumswohnung in Hallandale, Florida, lebt. Sie schien sich unsicher zu sein, ob sie mit uns sprechen wollte, und verschob das Treffen einige Male. Nachdem sie am Telefon so unentschlossen gewesen war, wußten wir nicht, ob sie bereit war, sich im Gespräch mit uns über die Beziehung zu ihren Töchtern auseinanderzusetzen. Als wir sie dann trafen, erzählte Miriam jedoch bereitwillig von ihren Erfahrungen. Sie stellte bald fest, daß ihre Geschichte eigentlich bei der eigenen Mutter begann.

»Meine Mutter war ziemlich daneben. Unerbittlich. Sie kümmerte sich von Anfang an nicht um mich. Als ich geboren wurde, bekam sie eine Brustentzündung, und sie wußten nicht, was sie tun sollten – sie war deshalb einige Wochen im Krankenhaus und hatte starke Schmerzen. Später erzählte sie mir ständig, daß ihr meine Geburt unnötige Schmerzen bereitet hatte. Ihr ganzes Leben lang erzählte sie immer diese Geschichte. Sie hatte etwas Getriebenes und Gequältes, verfluchte wildfremde Leute auf der Straße und machte irgendwelche verrückten Sachen, was mir, da ich ein schüchternes Kind war, furchtbar peinlich war. Sie stritt sich mit mir und beschimpfte mich vor meinen Freunden.

Sie war eine unglückliche Frau. Sie kam aus einer kaputten Familie, damals haben sich jüdische Frauen nicht scheiden lassen – ihr Vater verließ einfach eines Tages das Haus und kam nicht wieder. Vielleicht ist da bei ihr innen etwas blockiert. Sie war immer schwierig. Vielleicht wollte sie ja auch wirklich niemand. Ich weiß nicht, was ich für sie darstellte. Wer weiß das schon?«

Schon sehr früh versuchte sich Miriam zu schützen, indem sie sich ihrer Mutter entzog. »Ich habe als Kind sehr viel gelesen. Sie hat immer nur gebrüllt und gebrüllt, und da mußte ich mir ein Rückzugsgebiet schaffen. Deshalb habe ich gelesen. Wir hatten zu Hause keine Bücher, deshalb hat sie mich in die Bücherei mitgenommen, was ja gut war, und ich lieh mir vielleicht zehn Bücher aus und hab sie gelesen. Aber dann sagte sie wieder: ›Du mußt raus. Immer liest du!‹ Mir tut es nicht leid, daß wir kein enges Verhältnis zueinander hatten. Sie hat mir schreckliche Dinge angetan, die ich nicht verdient hatte. Ich war kein böses Kind, eher schüchtern und ein bißchen nervös. Als Erwachsene habe ich's genausowenig verdient.«

Als Miriam das College beendet hatte, wollte sie zunächst durch Europa reisen und dann auf die Universität gehen. Ihre Mutter regte sich darüber auf und verweigerte ihr jede emotionale und finanzielle Unterstützung, und auch ihr Vater schlug sich nicht auf ihre Seite. Zwanzig Jahre lang sprachen ihre Eltern nicht mit ihr. Sie kamen nicht zu ihrer Hochzeit und haben nie ihre Enkelkinder gesehen. Vor fünf Jahren, als ihr Vater auf dem Sterbebett lag, rief Miriam ihn an. »Ich sagte ihm, daß ich ihn im Krankenhaus besuchen wollte. Er rief mich zurück und sagte: ›Deine Mutter wird sauer sein deswegen.‹ Und ich sagte: ›Na und?‹ Er meinte, daß er mit ihr leben müsse und daß sie mich hier nicht sehen wolle, aber ich ging trotzdem hin. Ich sah meinen Vater schließlich noch drei Mal – einmal im Krankenhaus, einmal zu Hause und einmal bei seiner Beerdigung.«

Miriam leidet bis heute darunter, von ihrer Mutter abgelehnt worden zu sein. Sie hat nur wenige Freunde und hat seit ihrer Scheidung vor zehn Jahren keine feste Beziehung mehr mit einem Mann gehabt. Sie mag ihre Arbeit an einer großen städtischen High-School nicht und hat wenig mit ihren Kollegen zu tun. Sie erzählte uns, daß sich immer wieder ehemalige Schüler bei ihr meldeten, die die Verbindung aufrechterhalten wollten. Uns schien das ein Zeichen ihrer Bedeutung für das Leben ihrer Schüler zu sein, aber sie meinte, sie empfinde keine Genugtuung darüber. Sie liest immer noch sehr viel und unternimmt jeden Sommer eine Reise, wenn sie sonst auch bescheiden lebt. Die meiste Energie richtet sie wohl auf das Verhältnis zu ihren Kindern und ihre Bemühungen, mit ihnen anders umzugehen als ihre Mutter mit ihr. »Ich weiß, wie es ist, keine Unterstützung durch die Familie zu erfahren. Das wollte ich meinen Kindern nicht antun, weil ich es am eigenen Leib erfahren habe. Nie, niemals würde ich das wiederholen wollen.«

Miriams ältere Tochter Rachel ist vierundzwanzig. Sie lebt in Denver und arbeitet als Rechtspflegerin. Die zwanzigjährige Tochter Leah lebt im Norden von Florida, wo sie als Kellnerin arbeitet und sich durchs College kämpft. Miriam sieht die beiden zwei- oder dreimal im Jahr. Sie kann es durchaus nachvollziehen, daß sich ihre Mutter zurückgestoßen gefühlt haben muß, als sie darauf bestand, zu reisen und zu studieren, von ihrer Mutter wegzugehen. »Ich bin gegangen, aber inzwischen weiß ich, daß das für meine Mutter nicht leicht gewesen ist, weil ich jetzt selbst Töchter habe, die weit entfernt leben. Man darf nicht aufdringlich sein und muß ihnen ihr eigenes Leben zugestehen. Man muß behutsam herauskriegen, was sie wollen. Ich bin sehr vorsichtig, vermeide es, zu neugierig zu sein oder sie auszuhorchen, und versuche sie zu bestätigen: ›Das klingt interessant. Was machst du sonst?‹, denn andernfalls – ich kann mir inzwischen vorstellen, wie schlimm es meiner Mutter vorgekommen sein muß, als ich fortging.«

Da sie kein Vorbild dafür hat, wie sich eine Mutter ihrer erwachsenen Tochter gegenüber verhalten sollte, kämpft Miriam darum, die Waage zu halten zwischen der Anerkennung der Unabhängigkeitsbedürfnisse der Töchter und ihrem eigenen Wunsch, die Verbindung aufrechtzuerhalten. Manchmal kann sie ihr Bedürfnis, am Leben ihrer Töchter stärker teilzunehmen, nicht unterdrücken. Sie spricht regelmäßig mit Rachel, vier- oder fünfmal die Woche, aber dann ertappt sie sich dabei, daß sie zweimal täglich bei ihr anruft. Sie zögert, ihnen direkte Ratschläge zu geben, und bombadiert sie deshalb mit Zeitungsausschnitten über Berufsmöglichkeiten, Verwaltung der Finanzen und anderen Dingen, die sie gerne mit ihnen bereden würde. Sie sehnt sich nach einer Bestätigung von ihnen – einer Versicherung, daß das, was sie zu bieten hat, Wert hat –, die sie von ihrer Mutter nicht bekam.

Die Beziehung zu ihrer jüngeren Tochter Leah ist besonders unbeständig. Wider besseres Wissen hat sich Miriam auf eine Art der Auseinandersetzung mit Leah eingelassen, die ihr angst macht, weil sie sie an die Kämpfe erinnert, die sie mit ihrer Mutter ausgefochten hat. Sie und Leah streiten über Leahs Arbeitspensum am College, ihre Freunde und ihren Umgang mit Geld und sprechen dann tagelang nicht miteinander. »Manchmal überlege ich mir, was Leah mir gegenüber empfindet ... offensichtlich ist es nicht immer das gleiche, weil sie mich immer noch anruft ... aber sie muß wütend auf mich sein und das Gefühl haben, daß ich immer herummeckere, so wie es meine Mutter getan hat. Allerdings hat mir meine Mutter nie gesagt, daß sie mich liebt, und ich sage das Leah oft. Und meine Mutter hat nie gesagt, daß sie mich anziehend findet – eher das Gegenteil –, und ich sage Leah immer, daß sie hübsch ist. Genausowenig hat meine Mutter mir jemals gesagt, daß sie gut findet, was ich tue, und ich lobe Leah für ihre Leistungen auf dem College. Aber natürlich, dann komme ich wieder und sage ihr, daß zwölf Stunden pro Semester nicht genug sind, und sie versteht das als Kritik.« Für den Fall, daß Miriam sich dabei ertappt, sich zu sehr wie ihre Mutter zu verhalten, hat sie eine Strategie entwickelt, diese Situationen zu retten. »Wann immer ich bei einer von beiden den Punkt erreiche, an dem ich mir denke, ich ertrag's nicht mehr, mache ich etwas, damit sie wissen, daß ich an ihrem Leben Anteil nehme. Wenn Leah meint, sie halte es für besser, wir würden nicht mehr miteinander sprechen, schreibe ich ihr einen Brief, in dem ich ihr sage, daß ich weiß, daß das eine schwere Zeit ist und daß ich sie wirklich liebe. Das hat mir meine Mutter nie in dieser Weise gesagt, nur ganz oberflächlich.«

Miriam weiß, daß ihre Mädchen diese regelmäßigen ängstlichen Telefonanrufe und Briefe für aufdringlich, sogar seltsam halten. »Sie ziehen mich damit auf, sagen, daß ich verrückt bin, und das macht mich dann erst recht fertig. Das hat meine Mutter ständig gesagt. Sie sagen zu mir, daß ich total verrückt bin. Vielleicht reden die jungen Leute heute so, aber meine Mutter sagte das immer zu mir, weil ich schüchtern war und zu Hause bleiben wollte, um zu lesen oder zu schreiben. Wenn meine Kinder das zu mir sagen, bringt mich das regelrecht auf die Palme. Dann sage ich: ›Bin ich nicht. Ich bin einfach enttäuscht und verzweifelt.‹ Ich hasse es, wenn sie solche Anspielungen machen, grundsätzlich.

Mit Rachel läuft es im Grunde gut«, antwortete Miriam auf unsere Bitte, die momentane Beziehung zu ihren Töchtern zusammenfassend zu beschreiben. »Es ist kein Problem, miteinander zu verreisen. Wir können uns streiten und dann wieder versöhnen. Vielleicht, weil uns bewußt ist, daß wir beide Frauen sind, daß wir beide Schwierigkeiten haben, beide unter Anspannung leiden. Das Verhältnis zu Leah ist zur Zeit nicht gerade einfach. Sie zieht sich immer noch zurück, wenn sie sauer auf mich ist. Ich hoffe, sie wird sich in Zukunft mehr auf mich einlassen, weil ich viel zu geben habe. Ich glaube nicht, daß meine Mutter besonders viel zu geben hatte. Ich hatte nie eine Mutter. Es gab da diese Frau, die mich nie mochte, die sich mir aber hätte zuwenden sollen, als ich klein war – später vielleicht nicht mehr. Ich hatte deshalb auch nie ein Vorbild. Woher soll ich über diese Dinge Bescheid wissen? Ich habe keine Ahnung, was ich als Mutter tun oder lassen soll und wie ich zu sein habe. Ich habe Probleme mit dem Wort Mutter.«

»Ich hatte das Gefühl, daß ich mich nicht auf sie verlassen konnte«

Auch Erica R. erzählte uns, daß sie aufwuchs, ohne sich der Liebe ihrer Mutter sicher sein zu können, und daß sie ihrer Tochter eine andere Mutter sein wollte. Erica ist dreiundfünfzig und leitende Angestellte in einem Planungsbüro in New York. Sie sieht gut aus, hat ein zurückhaltendes Auftreten und strahlt eine gewisse Vornehmheit aus, die den Eindruck von Selbstvertrauen vermittelt. Erica meint, das wäre ein Stück weit irreführend. »Ich halte nicht besonders viel aus. Wenn etwas schiefgeht, ist das entsetzlich für mich. Ich glaube, daß ich immer noch ein sehr ängstlicher Mensch bin, zumindest ein Teil von mir ist noch immer ängstlich. Ich möchte soviel machen, und dann nehme ich mir Aufgaben vor, die ich gar nicht bewältigen kann. Das betrifft nicht nur meine Arbeit, sondern auch mein

Privatleben: Ich möchte gute Arbeit leisten, mich kulturell auf dem laufenden halten, mehr lesen. Ich habe ständig das Gefühl, es nicht zu schaffen.«

Erica führt ihre Selbstzweifel auf den Umstand zurück, daß sie eine schwierige Kindheit hatte und ihre Mutter sie ablehnte und nicht für sie da war. Erica wurde in Rumänien geboren und stammt aus einer sehr wohlhabenden Familie, die während des Krieges nach England floh. Damals war Erica vier Jahre alt. »Ich hatte keine schöne Kindheit, ohne jede Beständigkeit. Meine Eltern waren sehr jung und verwöhnt. Sie waren auf vieles, was auf sie zukam, nicht vorbereitet.« Erica erinnert sich nicht, ihrer Mutter jemals sehr nahegestanden zu haben. »Wenn ich mir alte Fotos anschaue, dann sehe ich, daß sie oft meinen Bruder auf dem Arm hält, und ich stehe etwas abseits. Ich glaube, ich empfand sie als sehr launisch und ichbezogen. Wahrscheinlich habe ich es ihr übelgenommen, daß sie meiner Welt keine Stabilität und Normalität verleihen konnte. Sie war darüber hinaus auch noch eine sehr nervöse Frau, ständig machte sie irgendwelche Szenen. Mich hat das sehr verunsichert. Ich hatte nicht das Gefühl, mich auf sie verlassen zu können. Meine Mutter war immer schnell mit einem Urteil bei der Hand und schien ständig wegen irgendwas enttäuscht zu sein. Sie schenkte mir keinerlei Anerkennung: Ich war nicht schön genug, nicht klug genug und was sonst noch alles. Ich erinnere mich, wie ich dachte, das ist doch gar nicht wahr. Jemand muß mir also irgendwann einmal gesagt haben, ich sei in Ordnung, und daraus habe ich versucht, mir einen Reim zu machen.«

Kurz nachdem sie in England angekommen waren, trennten sich ihre Eltern. »Meine Mutter ging nach Paris und ließ sich dort sozusagen nieder. Und ich war in London mit meinem armen Vater.«

»Heißt das, Ihre Mutter hat Sie im Stich gelassen?« fragten wir.

»Na ja, sie beabsichtigte wohl zurückzukommen. Zu guter Letzt gingen wir dann zu ihr nach Paris. Aber ich glaube nicht, daß sie vorhatte, nach England zurückzugehen, um dort ein Leben zu führen, das sie als furchtbar und beschwerlich empfunden hatte. Ich glaube, sie verließ England mit dem Gedanken, daß wir ihr schließlich folgen würden.«

Da ihr Vater in finanziellen Schwierigkeiten war und die Mutter über Geld verfügte, lebten Erica und ihr Bruder nach dem Krieg bei der Mutter in der Schweiz. »Mein Großvater war auch da, und er wurde mein eigentlicher Vater. Er war ein wundervoller Mann und kümmerte sich viel um uns. Er nahm uns auf Reisen mit und brachte Beständigkeit in unser Leben. Mein Bruder ist zwei Jahre jünger als ich. Er war sehr unglücklich und litt unter der ganzen Situation und den Szenen meiner Mutter, und ich sagte dann zu ihm: ›Schau, wir müssen das nur irgendwie durchstehen. Unser Leben ist ein furchtbares Durcheinander, aber wir müssen uns da einfach durchbeißen.‹« Erica versuchte praktisch ihrem jüngeren Bruder eine Mutter zu sein, während sie niemanden hatte, an den sie sich wenden konnte und der diese Rolle in ihrem Leben übernommen hätte. Weil ihre Mutter die elterliche Verantwortung von vornherein nicht zu übernehmen bereit war, war Erica gezwungen, zu schnell erwachsen zu werden.

Erica besuchte ein Internat in England und ging dann nach New York. Ihre Mutter starb 1985. Erica arbeitete in der Werbung und heiratete einen Schriftsteller. Ihre Tochter Katya wurde 1970 geboren. »Ich wünschte mir so sehr, daß sie eine glückliche Kindheit hat. Ich wußte, daß die Gefahr besteht, daß man zumindest einige der Verhaltensweisen der eigenen Mutter wiederholt – oder daß man einige ihrer Neurosen hat –, aber ich war entschlossen, es anders zu machen.« Ihre Ehe zerbrach, als Katya zehn war, und sie arbeitete wieder ganztags. Sie machte sich große Sorgen um ihre finanzielle und berufliche Zukunft, aber trotz ihrer Ängste verlor sie nie aus den Augen, daß ihre Tochter mit einem Gefühl der Sicherheit aufwachsen sollte, auch wenn die Welt um sie herum in Unordnung war. Es war ihr sehr wichtig, daß ihr Kind behüteter aufwächst als sie selbst.

»Schließlich hat ein Kind seine eigenen Probleme in der Schule, es hat sein eigenes Leben, seine eigenen Freunde. Damit hat es genug zu tun. Ich glaube nicht, daß sie sich unsicher fühlte oder daß ich ihr kein Zuhause und Zusammengehörigkeitsgefühl bieten konnte. Sie machte sich eher um mich Sorgen und wollte, daß es mir besserging. Sie hat mitbekommen, wie angespannt ich war, daß ich schnell überreagierte und überanstrengt war, aber sie sagte immer, sie habe nie auch nur eine Minute den Eindruck gehabt, daß das meine Zuneigung zu ihr beeinträchtigen würde. Wir kämpften uns irgendwie gemeinsam durch.

Ich wollte nicht wiederholen, was mir angetan wurde. Ich war entschlossen, mein Kind so zu nehmen, wie es ist. Es passiert so oft, daß man entweder will, daß das Kind so ist wie man selbst oder daß es das erreicht, was man selbst nicht erreicht hat, oder Talente und eine Persönlichkeit entwickelt, die die eigenen Defizite ausgleichen. Da hatte ich mehr Glück, ich habe meine Tochter immer gern gehabt! Ich weiß nicht, was ich getan hätte, wenn ich irgendein schreckliches Gör gehabt hätte! Ich habe sie immer, so wie sie ist, geliebt, und ich war immer stolz auf sie. Es gab Zeiten, da hat sie nicht genug für die Schule getan, aber ich habe nie von ihr verlangt, daß sie in allem die Beste ist. Ich habe einfach gemerkt, daß sie in manchen Dingen richtig gut ist und in anderen nicht.«

Nach dem College ging Katya zurück nach New York. Sie arbeitet inzwischen für eine Fernsehproduktionsfirma und hat eine feste Beziehung zu einem Mann. Manchmal sehen sich Erica und Katya über Wochen nicht, aber sie sprechen fast jeden Tag miteinander. »Wir sind wirklich sehr gute Freunde. Wir reden über alles – ihre persönlichen Angelegenheiten, ihre

Gefühle, ihre Probleme und Schwierigkeiten, ihre Ängste. Wir merken immer mehr, wie ähnlich wir uns sind. Sie meint, das hat seine Vor- und Nachteile, weil sie weiß, daß ich so übertrieben reagiere, mir ständig Sorgen mache und nervös bin.«

Der Ursprung von Katyas Angst liegt sicherlich in ihrer Kindheit begründet, sie ist eine Reaktion auf die überwältigende Angst ihrer Mutter angesichts des finanziellen und emotionalen Drucks, unter dem sie stand. Abgesehen von den Sorgen um ihre Mutter kann es sein, daß Katya meinte, sie müsse ihrer Mutter die Angst nehmen. Ein Kind kann eine solche Verantwortung weder ignorieren, noch kann es sie auf sich nehmen, und diese Spannung kann Angstgefühle erzeugen, die eine Tochter unter Umständen ihr ganzes Leben nicht mehr los wird.

Wir fragten, wie Katya mit ihrer Angst umgehe. Erica sagte: »Ich glaube, sie hat sie ganz gut unter Kontrolle. Sie hat ein wesentlich besseres Gespür dafür, wer sie ist und was sie will, als ich. Sie möchte unbedingt gut sein in dem, was sie macht, sie interessiert sich für die Dinge und möchte daran beteiligt sein. Einerseits hängt das mit ihrem Ehrgeiz zusammen, andererseits hat es aber einfach damit zu tun, daß sie ein Mensch ist, der sich verantwortlich fühlt. Was sie im Gegensatz zu mir nicht hat, sind diese ständigen Bedenken. Ein großer Teil meines Antriebs kommt daher, daß ich mich frage, o Gott, werde ich das schaffen? Sie hat viel mehr Selbstvertrauen als ich.«

»Ich wurde nie dazu ermutigt, mein eigenes Leben zu führen«

Gay Block ist eine bekannte Fotografin, gemeinsam mit Malka Drucker hat sie das Buch »Rescuers: Portraits of Moral Courage in the Holocaust« verfaßt. Inzwischen arbeitet sie an einem Buch über ihre Mutter, die vor vier Jahren gestorben ist, um »diese Beziehung, die so schrecklich war, zu einem Abschluß zu bringen«. Diese Arbeit hat ihren Blick dafür geschärft, in welcher Hinsicht das Verhältnis zu ihrer Mutter ihr Verhalten gegenüber ihren beiden Kindern Barry, heute zweiunddreißig, und Alison, neunundzwanzig, geprägt hat.

»Im Zusammenhang mit der Arbeit am Buch über meine Mutter«, erzählte uns Gay, »ist mir klargeworden, daß das, was ich über sie schreibe – über meine Gefühle ihr gegenüber oder meine Beziehung zu ihr –, manchmal mit dem übereinstimmt, was Alison tut, oder daß es dieselben Probleme gibt oder daß ich mich Alison gegenüber genauso verhalte wie meine Mutter mir gegenüber. Vorher habe ich das nicht so gesehen, das wurde mir erst jetzt, da meine Mutter tot ist, klar. Ich habe auch erkannt, daß diese schreckliche Beziehung zu meiner Mutter – wissen Sie, ich habe sie wirklich gehaßt und mir gewünscht, sie wäre tot – mir einen hohen Preis abverlangt hat.

Ich wuchs mit einem furchtbaren Bild von mir selbst auf, das sie mir vermittelt hatte. Ständig konkurrierte sie mit mir um die Aufmerksamkeit meines Vaters oder von sonst jemandem. Ständig sagte sie mir, daß ich zu dick sei und daß mir dies oder das nicht stehe. Ständig erzählte sie mir, welche Männer mit ihr auf einer Party getanzt hatten und wie viele Männer ihr sagten, wie schön sie sei. Oder daß ihnen ihr Kleid oder ihr Haar oder weiß Gott was gefallen hat. Sie war mir in keiner Hinsicht eine verständnisvolle, gebende Mutter. Sie war sehr bestimmend, sehr diktatorisch. Nie konnte man etwas tun, ohne daß sie einem sagte, wie man es zu tun habe, es sei denn, sie war nicht dabei. Ich glaube, zu Hause fehlte es am meisten an irgendeiner Form der Ermutigung, ein eigenes Leben zu führen. Ein Paradebeispiel ist da wohl die Geschichte, die passierte, als ich in der fünften Klasse war. Ich hatte an diesem Tag etwas an, was ich wunderschön fand. Es war der tollste Tag meines Lebens. Ich kam ganz glücklich nach Hause, und da sagte meine Mutter: ›Du weißt wohl nicht, daß man verschiedene Karomuster nicht miteinander kombinieren kann?‹ Mein Gott, kam ich mir blöd vor. Ich glaube, inzwischen habe ich kapiert, was hinter ihrem Verhalten steckte, und zwar durch die Erfahrungen mit meinen Kindern. Ihr Lachen machte mich manchmal wütend, und jetzt ist mir klar, daß mein kindliches Glück damals dieselbe Wirkung auf meine Mutter gehabt hat. Ich verstehe nicht ganz, warum das so ist, aber das wird es wohl gewesen sein.«

Gay glaubt, daß ihre Mutter ihre ganze Liebe ihrem älteren Bruder schenkte und alles, was sie selbst zu bieten hatte, herabwürdigte. Liebe bekam sie im wesentlichen von ihrem Vater, und als er starb, fühlte sie sich wie beraubt. Sie begann eine Psychoanalyse, weil sie mit ihrer Trauer allein nicht fertig wurde. Hier lernte sie, der Wut auf ihre Mutter auf den Grund zu gehen, und sie wurde gleichzeitig davor bewahrt, deren Verhalten nicht ihren eigenen Kindern gegenüber zu wiederholen.

»Ich versuchte, mehr für die Kinder dazusein, und ich war es zweifellos auch. Ich wollte meinen Sohn nicht bevorzugen, und ich mußte in der Analyse viel darüber reden und daran arbeiten, weil das nicht selbstverständlich für mich war. Ich erinnere mich, daß ich mit Alison sehr schöne Erlebnisse hatte, als sie klein war, vielleicht sieben oder acht Jahre alt. Manchmal macht es mich traurig, daß Alison mit mir Dinge erleben kann, die ich nie mit meiner Mutter erlebt habe. Wenn Alison von Zeit zu Zeit wütend auf mich war, dachte ich, sie sollte sich nur mal bewußt machen, wie es ist, eine Mutter zu haben, die nicht für einen da ist. Als sie die High-School besuchte, war ich vielleicht nicht so oft für sie da, wie sie wollte oder ich das hätte sein sollen, aber ich weiß, ich war grundsätzlich in einer Weise verfügbar, wie es meine Mutter nie gewesen ist.«

Alisons Jahre an der High-School fielen mit wichtigen Ereignissen in Gays Leben zusammen. Zu der Trauer über den Tod ihres Vaters kam, daß Gay sich von ihrem Mann trennte und sich dazu bekannte, lesbisch zu sein. Alison kam damit anfangs überhaupt nicht zurecht und zog einige Monate zu ihrem Vater.

Auch, als sie wieder bei Gay lebte, sagte sie ihren Freunden nicht, daß es sich bei der Frau, die bei ihnen lebte, um die Freundin ihre Mutter handelte, weil ihr das peinlich war. Auch Gay brauchte einige Zeit, sich auf ihr neues Leben einzustellen. »Es war für uns beide nicht leicht. Um ehrlich zu sein, hatte ich mir das auch alles anders vorgestellt.«

Damals machte sie sich Gedanken über einen zukünftigen Beruf als Fotografin. Gerade zu der Zeit, in der ihre Tochter mehr Aufmerksamkeit brauchte, richtete sie ihre Energien hauptsächlich auf diese Veränderungen in ihrem Leben. »Alison weiß genau, was sie an mir nicht mag«, sagt Gay. »Sie hat inzwischen mein Liebesleben akzeptiert, aber sie beklagt sich, daß ich, wie sie meint, nie mit ihr allein etwas unternehme und daß ich mich während ihrer High-School-Zeit nicht genug um sie gekümmert habe. Da ist etwas Wahres dran.« Entgegen ihren besten Absichten verhielt sich Gay ihrer Tochter gegenüber oft genauso selbstbezogen, wie sie es bei ihrer Mutter erlebt hatte.

Auch wenn sie wußte, woher ihr Verhalten kam, und Alisons Vorwürfe verstand, fiel es Gay nicht leicht, dieses Muster zu durchbrechen. »Es hat mir sehr weh getan, daß meine Tochter diese Probleme mit mir hatte, und dieser Schmerz äußerte sich vor allem in Wut auf sie – nicht offen, sondern im stillen. Ich fragte mich, woher das kam, und ob es vielleicht daran liegt, daß sie wußte, wie schwierig die Beziehung zu meiner Mutter war. Wissen Sie, irgendwann kommt das, was einen umtreibt, raus. Aber ich verstand das alles nicht. Warum war sie so, ich bemühte mich doch so sehr um sie und kümmerte mich um sie? Warum nur? Ich habe doch, anders als meine Mutter, die Fähigkeit zu lieben.«

Gays Einsichten halfen ihr dabei, ihre Liebesfähigkeit in Nachsicht gegenüber dem Bedürfnis ihrer Tochter zum Ausdruck zu bringen, ihre Wut zu formulieren und sich der vielschichtigen Gefühle für ihre Mutter bewußt zu werden.

Gay sagt: »Was das Verhältnis zwischen mir und Alison für lange Zeit störte, war diese Schuld, die ich verständlicherweise empfand – als Mutter zu versagen. Daß ich nicht genug für sie tat, nicht präsent genug war. Das wiederum entsprang meiner Unsicherheit, aber es kam auch daher, daß mir meine Mutter vermittelt hatte, keine gute Tochter zu sein, und deswegen war ich immer irgendwie versucht, meine Tochter und meine Mutter in einen Topf zu werfen. Ich glaube, das passiert immer wieder zwischen Müttern und Töchtern.« Wenn eine Mutter das Gefühl hat, bei ihrer Tochter zu versagen, können alte Versagensängste gegenüber der Mutter wieder auftauchen. Unbewußt verschmelzen Mutter und Tochter für sie zu der Person, nach deren Liebe sie sich sehnt, derer sie sich aber nicht wert fühlt. Sie wirft sich entweder vor, nicht genug oder richtig zu lieben, oder wird regelrecht wütend, weil sie sich unverdient zurückgewiesen fühlt.

Es dauerte acht Jahre, bis Gay und Alison sich durch den Wust ihrer Probleme gekämpft hatten. Zeitweise waren sie beide in Therapie. Manchmal war es für sie leichter, Distanz zu halten, als sich auf schmerzhafte Auseinandersetzungen einzulassen, aber Gay gab Alison immer das Gefühl, daß sie sie liebe und sie nie im Stich lassen würde. Vor kurzem ist Alison beruflich einen großen Schritt weitergekommen und hat einen Mann geheiratet, den Gay sehr mag. Möglicherweise haben die Spannungen zwischen Mutter und Tochter im Zusammenhang damit nachgelassen, und es gibt Augenblicke großer Vertrautheit und Offenheit zwischen beiden. »Ich sehe es gern, daß sie, wie ich es nenne, ihr Leben zu Hause hinter sich läßt und zu einer eigenständigen Person wird«, erzählt Gay. »Ich habe sie darin immer unterstützt, und ich bin darauf stolz. Gleichzeitig bin ich aber auch traurig über mein eigenes Leben, weil ich mir meine Unabhängigkeit erkämpfen mußte und alles erst sehr viel später in den Griff bekam. Manchmal bin ich sogar richtig neidisch auf sie.«

Gay konnte ihrer Mutter vergeben, noch bevor sie starb. Aber ihr ist auch bewußt, daß ihre Wunden nie ganz heilen werden. Gegen Ende unseres Interviews sagte Gay: »Ich denke, die Beziehung zwischen Alison und mir ist inzwischen sehr vertraut und offen. Für mich ist das alles noch mit Schmerzen verbunden. Ich weiß nicht, ob ich es gerade heute besonders schmerzhaft empfinde. Der Schmerz liegt darin, daß ich mich mit ihr identifiziere und die Grenzen zwischen Mutter, mir und ihr verwischen – daß ich mich zugleich als Tochter und als Mutter sehe.«

Die Geschichten, die uns Miriam, Erica und Gay über die zerstörerische Beziehung zu ihren Müttern erzählten, sind traurige Beispiele für das Leid, das durch die Parentifikation einem Kind zugefügt werden kann und später höchstwahrscheinlich auch den Kindeskindern.

AUS MARILYNS TAGEBUCH, 26. JANUAR 1996

Seit wir an diesem Projekt arbeiten, träume ich oft von meiner Mutter – oder von Müttern allgemein. Wenn meine Mutter in diesen Träumen auftaucht, meist in einem Alter von Anfang Vierzig, scheint die Begegnung während des Traums sehr bedeutungsvoll zu sein. Aber ich komme nicht dahinter, was diese Träume mir sagen wollen. Ich kann sie nicht richtig deuten.

Ich habe »Das Drama des begabten Kindes« von Alice Miller gelesen, und mir wurde klar, daß ihre Überlegungen auf das zutrafen, was sich zwischen Kate und mir abgespielt hatte, als sie noch klein war. In meiner eigenen Kindheit mußte ich mich so sehr davor schützen, durch die Selbstbezogenheit meiner Mutter verletzt zu werden, daß ich mich ganz zurückgenommen habe. Ich wurde zu einem munteren, ausgeglichenen Kind, das emotional vollkommen selbständig war. Das paßte meiner Mutter durchaus in den Kram. Mein Vater und meine

Tanten bestätigten mich darin – eigentlich alle, zwischen denen das geheime Einverständnis bestand, daß man von ihr nichts fordern sollte. Als dann Kate Halt von mir brauchte, zog ich mich wieder zurück. Sie war damals ungefähr zwei und litt sehr darunter, in eine Spielgruppe zu müssen. Dieselben Probleme tauchten ein Jahr später auf, als sie in den Kindergarten kam. Ich ignorierte ihre ganz reale Angst, verlassen zu werden, weil ich dasselbe tun wollte, was meine Mutter getan hatte – mit mir als diesem wunderbaren unabhängigen kleinen Ding angeben. Ich leugnete die Echtheit von Kates Gefühlen. Im Rückblick betrachtet, ist mir diese Geschichte vollkommen klar. Ich frage mich, ob es nicht noch andere dieser Art in meiner Vergangenheit gibt.

Wir waren beeindruckt, wie sehr diese Frauen darum gekämpft hatten, ihre Lage zu verstehen, und welche Fortschritte sie gemacht hatten, als sie jenen Teufelskreis durchbrachen. Alle drei hatten dies unter anderem mit Hilfe einer Psychotherapie erreicht. In der Therapie können Frauen über Verletzungen sprechen, die sie durch ihre Mutter erfahren haben. Dadurch können sie sich auf Dauer von dem falschen Glauben befreien, daß irgendein Fehler ihrerseits die Mutter dazu gebracht habe, ihnen ihre Liebe vorzuenthalten. Wie Evelyn Bassoff über Frauen mit ähnlichen Problemen, die sie in der Behandlung kennengelernt hat, schreibt: »Das Benennen und Nachempfinden jenes Schmerzes – die Demütigung, ein ungeliebtes Kind zu sein, die Wut gegenüber der gefühlskalten Mutter, die Angst, so zu werden wie sie, die Angst, von der Mutter bestraft zu werden, weil man sie haßt – wurde zum Heilmittel. [Sie] begannen zu verstehen, daß ihre Mütter, die unglückliche, unzulängliche und unsichere Menschen waren, nicht mehr die Macht haben, sie zu verletzen. […] Genauso wichtig war, daß ihnen ihr wachsendes Selbstbewußtsein genug Stärke gab, anders mit ihren eigenen Töchtern umzugehen als ihre Mütter mit ihnen.«[7]

Gay Block macht darauf aufmerksam, daß diese Entwicklung auch ihren Preis hat. So spricht sie wohl für alle Frauen, die hart darum gekämpft haben, nicht die falschen Verhaltensmuster bei ihren Töchtern zu wiederholen, die ihnen ihre Mütter beigebracht haben, wenn sie den Schluß zieht: »Auch wenn die Beziehung zu meiner Tochter sehr gut ist und mich sehr glücklich macht, fühle ich immer noch, noch in diesem Augenblick, echten Schmerz. Es ist keine Trauer um meine Mutter, sondern die um mein Leben.«

»Eine zu starke Bindung«

Frauen, die das Gefühl haben, sie wurden von ihrer Mutter abgelehnt und nicht geliebt, laborieren ihr ganzes Leben an den seelischen Narben, die diese Zurückweisung hinterlassen hat, und sie bemühen sich, ihren Töchtern nicht ähnliche Wunden zuzufügen. Eine andere Gruppe von Frauen, mit denen wir gesprochen haben – Frauen, die das Gefühl haben, ihre Mutter hat sie, im Namen der Liebe, zu stark an sich gebunden –, hat ein ähnliches Problem: Wie können sie ihren Töchtern ihre Liebe zeigen und sie dennoch loslassen?

Paula S. ist Autorin und lebt in Providence, Rhode Island. Sie hat mit achtzehn Jahren geheiratet, ihr Mann ist ein erfolgreicher Geschäftsmann. Mit dreißig hatte sie bereits vier Kinder zur Welt gebracht. Ihre Töchter Maud und Jessie sind heute vierunddreißig beziehungsweise achtundzwanzig Jahre alt. Sie leben in New England und sind beide erfolgreich in ihren Berufen. Maud ist verheiratet. Für Paula ist es ein ständiger Kampf, sich nicht zu sehr in das Leben ihrer Töchter einzumischen. »Die Bindung ist zu stark«, erklärt Paula. »Das ist das Problem, meine Bindung zu ihnen ist zu stark. Für mich stellt es ein größeres Problem dar, sie loszulassen, als für sie, fortzugehen. Ich bin eine von diesen altmodischen Müttern, meine eigene Mutter war genauso. Sie ließ mich nicht los, und heute fehlt mir ein Vorbild, wie das zu bewältigen ist.

Ich bin der Überzeugung, daß ich am glücklichsten war, als ich meine Kinder großzog, das war die schönste Zeit meines Lebens. Sie fehlen mir«, erzählt uns Paula. »Ich sehne mich nach ihnen. Als Maud aufs College ging, die Jungen und schließlich auch Jessie ging, war das so, als würde man mir Arme und Beine amputieren. Darauf bin ich nicht gerade stolz, und ich weiß, daß es meinen Freundinnen nicht so schlecht ging wie mir. Wie habe ich es geliebt, Mutter zu sein, kleine Kinder zu haben.

Mich von den Mädchen zu trennen fiel mir sehr schwer, schwerer noch als von den Jungen. Daß die Jungen irgendwann das Haus verlassen würden, dieses Wissen, glaube ich, steckt in einem drin. Bei den Mädchen war es so ähnlich wie bei mir und meiner Mutter, daß man nämlich seine Töchter nie verliert, daß sie einem für immer bleiben. Damit tut man seinen Töchtern etwas Schreckliches an, das ist schlimm. Man sollte sie so wie die Jungen behandeln. Für mich war das alles so furchtbar, weil ich mich ihnen sehr nah fühlte, und ich weiß, damit tat ich ihnen keinen Gefallen.«

Paulas Vater nahm nie eine wichtige Rolle in ihrem Leben ein. Und da ihr Bruder acht Jahre älter war, fühlte sie sich wie ein Einzelkind. Ihre Mutter konnte man kaum ein typisches Heimchen am Herd nennen. Sie heiratete mehrmals und war stark ins gesellschaftliche Leben eingebunden. »Ständig war sie unterwegs, um sich zu amüsieren und einen draufzumachen«, erinnert sich Paula. Wenn sie sich allerdings mit Paula beschäftigte, verlangte sie deren volle Aufmerksamkeit. »Sie ließ mich nicht los. Sie kochte nicht, jeden Abend ging sie aus, und doch hing sie sehr an mir. Irgendwie wußte ich, ich könnte nie aufs College gehen, ich wußte, ich könnte nie weggehen. Niemals. Das stand nicht zur Debatte. Vom ersten Tag an wußte ich, alles, was ich tat, mein ganzes Dasein war mit meiner Mutter verbunden.« Paulas Mutter vermittelte ihrer Tochter das Gefühl, ihr Wohlergehen hinge davon ab, daß ihre Tochter sie nie verließe. Paula wurde durch ihre bedürftige Mutter »parentifiziert«, wie Boszormenyi-Nagy dieses Verhalten beschreibt. Er erklärt: »Kinder sind ihren Eltern gegenüber uneingeschränkt loyal und werden sich ihrem körperlichen und seelischen Schutz verschreiben, wenn sie merken, daß ihre Eltern das unstillbare, ungestillte Bedürfnis nach Zuwendung haben.«[8]

Paula heiratete gleich nach der High-School, aber durch diese Heirat entzog sie sich nicht wirklich der Kontrolle ihrer Mutter. »Ich heiratete einen Mann, der ihr zusagte, in eine Familie, die ihr zusagte, lebte in einer Stadt, die ihr gefiel. Es gab nichts einzuwenden für sie. Sie konnte nichts dagegen sagen, und damit hatte ich folgsam meinen Teil getan.« Paula meint, ihr Mann habe ihre Willfährigkeit gegenüber der Mutter stillschweigend geduldet. »Er war eingenommen von ihr – sie ist äußerst charmant und verführerisch – und sagte mir immer, ich solle nett zu ihr sein. Er hat die Beziehung unterstützt.«

Paula unterbrach plötzlich ihre Erzählung, um uns zu bekennen, daß sie nicht die Wahrheit über ihr Alter gesagt habe. Zu Beginn unseres Gesprächs hatte sie behauptet, sechsundfünfzig zu sein. »Tatsächlich bin ich neunundfünfzig«, gesteht sie lachend. »Meine Mutter hat uns angehalten, nicht die Wahrheit über unser Alter zu sagen, so daß sie sich als jünger ausgeben konnte. Aber es ist Quatsch, mit dem Alter zu schwindeln. Es bringt nichts, es bringt überhaupt nichts, man fühlt sich erst recht alt, das arbeitet in einem. Mein Bruder und ich mußten uns immer drei Jahre jünger machen – demnach heiratete ich also mit fünfzehn! Als meine Mutter achtzig wurde, gestand sie sich ihr wahres Alter endlich ein, und man konnte viel besser mit ihr umgehen.«

Paulas Bruder wurde ein größerer Freiraum zugestanden, während von ihr erwartet wurde, die pflichtbewußte Tochter zu sein. »Irgendwann einmal – als ich schon verheiratet war – hat es dann sogar mir gereicht. Wir saßen in einem Lokal und brüllten uns über den Tisch hinweg an, bis die Kellnerin kam und uns um Ruhe bat. Es ging darum, daß sie meinen Bruder bevorzugte. Ich habe ihr das mein ganzes Leben lang übelgenommen.«

Nach dem Krach in dem Lokal sprachen Paula und ihre Mutter drei Monate lang nicht miteinander. »Meine Mutter sagte, wir hätten ›Ferien voneinander genommen‹.« Dann sprachen sie über einige ihrer Probleme. Paula sagt, sie habe gemerkt, daß ihre Mutter den Bruder gar nicht bevorzugte. »Die Beziehung war einfach anders. Er war ein Junge, und sie gab bei ihm einfach mehr acht und war viel vorsichtiger. Dazu neigt man bei Söhnen, ich genauso. Man respektiert ihre Grenzen einfach mehr, fast, als habe man nicht dieselben Rechte bei ihnen. Das stimmt natürlich nicht, und es ist einer Tochter gegenüber ungerecht.«

Wie viele Frauen, die das Gefühl haben, daß ihnen ihre Mütter großes Leid zugefügt haben, reagierte Paula darauf, indem sie das genaue Gegenteil tat. Da sie die Bindung zu ihrer Mutter als zu stark empfand, trieb Paula die Ablösung ihrer Töchter energisch voran. »Ich warf sie regelrecht raus. Maud hat ein besonders enges Verhältnis zu uns, unter anderem weil sie seit ihrem sechsten Lebensjahr an Diabetes leidet. Die üblichen Probleme potenzieren sich dadurch. Als sie dann aufs College ging, rief sie sehr oft an, und wir haben sie auch oft gesehen. Aber um ihr zu signalisieren, daß sie das Nest verlassen hat, haben wir ihr Zimmer vollkommen neu eingerichtet und zu unserem Gästezimmer gemacht. Sie nahm uns das sehr übel. Aber ich glaube, sie verstand auch, welche Absicht dahintersteckte. Später sagte sie zu uns: ›Mir ist jetzt klar, warum ihr mein Zimmer umgeräumt habt – ihr wolltet mir das Gefühl nehmen, mit all dem noch so verbunden zu sein.‹ Ihre Bettdecke, ihre Teddybären, ihre Puppen – es war, als ob wir ihr den Boden unter den

Füßen wegziehen würden, aber ich dachte, daß es auf Dauer das beste für sie sei.«

Vielleicht ist Paula in ihrem Kampf gegen eine zu enge Bindung übers Ziel hinausgeschossen. Sie widersteht dem Drang, zum Telefonhörer zu greifen und ihre Töchter genauso regelmäßig anzurufen, wie sie mit ihrer Mutter spricht. »Ich erinnere mich, welche Belastung meine Mutter für mich war, und ich möchte keine Last für meine Kinder sein.« Sie wartet, bis ihre Töchter sie anrufen. Jessie tut das auch regelmäßig, nur um mit ihr zu plaudern. Maud ruft vielleicht einmal alle zwei Wochen an. Paula sagt: »Wenn ich sie anrufe, klingt sie begeistert.« Maud, so glaubt Paula, nimmt sie als distanziert und ständig beschäftigt wahr. »Ich glaube, sie nehmen mir übel, daß ich mich zurückgezogen habe. Aber in Wahrheit ist es mir schwergefallen, sie gehen zu lassen. Ich weiß, das klingt widersprüchlich, aber ich habe mich zurückgezogen. Wenn ich ihnen sage, wie schön es wäre, wenn sie an Weihnachten kommen, wird Maud sagen: ›Ist ja toll, daß du uns sehen willst!‹ Aber ich weiß, was ich tue und warum. Ich möchte ihnen das nicht mal erklären, weil ich denke, es würde sie belasten. Manchmal überlege ich mir, ob die Kinder nicht denken, ich hätte mich nicht für sie interessiert. Aber es war bestimmt kein Desinteresse – es war vielmehr die Angst, daß ich so mit ihnen umgehen könnte wie meine Mutter mit mir.« Paula würde lieber in dem Wissen leben, daß ihre Kinder sie für zu distanziert halten, als in ihnen ebenfalls das, wie sie es nennt, Gefühl »Gefangene meiner Mutter zu sein« zu wecken.

»Ich war ihre ganze Familie«

»Ich möchte meinen Kindern keine Last sein«, dieser Satz durchzieht die Geschichte von Cynthia G., einer weiteren Frau, deren Mutter oft genau das war. Cynthia ist sechzig Jahre alt und leitende Angestellte im PR-Bereich in Los Angeles. Sie hat zwei

Töchter, die dreißigjährige Leslie und die achtundzwanzigjährige Nicole. Vor zwanzig Jahren ließ sie sich von deren Vater scheiden und ist seit neun Jahren wieder glücklich verheiratet. Letztes Jahr wurde ihr ein bösartiger Knoten aus der rechten Brust entfernt, aber die Prognosen sind günstig. Cynthias Freunde und ihre Töchter kennen die Geschichte ihrer ungewöhnlich komplizierten Beziehung mit ihrer Mutter gut.

Cynthia sagt: »Ich habe das Gefühl, es besteht fast ein greifbares Band zwischen mir und meiner Mutter, ihrem Leben, ihrem Körper. Mir fiel auf, daß sie sich zur selben Zeit scheiden ließ wie ich, und wir bekamen beide Krebs, nicht zur gleichen Zeit, aber dieselbe Art. Ich habe ihre Konstitution geerbt und hatte daher immer schon erwartet, daß Krebs auch ein Teil meiner Geschichte, meines Schicksals sein würde. Aber ich habe nicht das Gefühl, daß sich die Entscheidungen, die sie in ihrem Leben getroffen hat, mit meinen decken. Wenn ich das sage, weiß ich nicht, inwieweit ich davon ausgehe, daß meine Lebensentscheidungen meine Kinder beeinflussen werden. Werden sie sich auch scheiden lassen? Eine ganze Reihe von Frauen in meiner Familie hat sich scheiden lassen, unter anderen meine Großmutter. Weil es in der Familie so viele Krebsfälle gibt, war es mir immer wichtig, daß die Kinder nicht rauchten. Die Jackson-Mädchen – meine Mutter und meine Tante – sind legendär in unserer Familie, und dann gibt es mich und meine Cousine Willa und die vier Enkelinnen. Man könnte fast von einem Matriarchat sprechen. Die Jackson-Mädchen haben das Gefühl der Kontinuität und Geschichte und einer gemeinsamen Wesensart vermittelt, es gibt da eine unbewußte Wiederholung des Lebens der Mutter, die Frauen in der Familie sind über ein Band miteinander verknüpft.«

Cynthias Eltern trennten sich kurz nach dem Zweiten Weltkrieg. »Vier Jahre lang dachte ich, mein Vater würde noch aus dem Krieg heimkehren«, sagt Cynthia, »aber er kam nicht.« Sie ging mit ihrer Mutter zurück in deren Heimatstadt Kansas City.

Bald darauf starb ihre Großmutter mütterlicherseits. Cynthias Mutter fiel in eine schwere Depression, begleitet von schlimmen Migräneanfällen, und sie kümmerte sich um sie. In Cynthias früher Jugend zogen sie oft um. Geld war knapp. »Meine Mutter und ich standen uns in dieser Zeit sehr nah. Sie war abhängig von mir, ich war ihre ganze Familie. Daran gewöhnte ich mich.« Größere Schwierigkeiten hatte Cynthia, sich an die Verbitterung ihrer Mutter zu gewöhnen, die überzeugt war, ein Leben führen zu müssen, das sie sich so nicht ausgesucht und von dem sie sich etwas anderes erhofft hatte. In ihrer Bitterkeit war sie voreingenommen und boshaft. Cynthia versuchte sich dagegen zu schützen, indem sie die Mutter nur wenig an ihren Gefühlen teilhaben ließ und ihr kaum etwas aus ihrem alltäglichen Leben erzählte.

»Ich habe ein sehr gespaltenes Verhältnis zu meiner Mutter«, sagt Cynthia. »Ich liebe sie, und gleichzeitig mag ich sie nicht. Ich habe Achtung vor ihrer Stärke, aber ihre Meinung respektiere ich selten. Ich glaube, sie hat sich abgesondert, und das finde ich nicht gut. Sie ist sehr verbittert und hat nie den Versuch gemacht, sich zu überlegen, was sie damit den Menschen um sie herum antut. Das kreide ich ihr an.«

Trotz dieser Einsichten, berichtet Cynthia, habe sie schon immer Probleme gehabt, Distanz zu ihrer Mutter zu schaffen. Auch als sie schon dreißig, vierzig Jahre alt und selbst Ehefrau und Mutter war, wurde ihr Selbstbehauptungswille von dem Wunsch nach Anerkennung durch ihre Mutter überlagert. Wenn ihre Mutter mehrmals im Jahr zu Besuch kam, um sie und die Kinder zu sehen, wußten alle schon, welche Bemerkungen sie machen würde: Das neue Sofa paßte nicht zu dem Sessel in der Ecke; das Hühnchen war zu lange im Topf; die Mädchen waren laut und frech und sollten nicht die ganze Zeit Schwarz tragen. Cynthia erzählte uns: »Die Mädchen und ich haben das manchmal mit Humor genommen. Wir haben den ›Großmutter-Helen-Preis für saubere Schränke‹ eingeführt.

Und wir hatten andere Kürzel, um uns über ihr Verhalten zu verständigen – ihren Wunsch, alles unter Kontrolle zu haben und ständig zu urteilen. Aber das hat dem Ganzen doch nicht die Spitze nehmen können.«

Cynthia vermochte ihrer Mutter nie zu sagen, wie sie es empfand, wenn sie sich so sehr in ihr Leben einmischte. Es gelang ihr nicht, ein Gleichgewicht zwischen Unabhängigkeit und Nähe herzustellen. Statt dessen hielt sie sich ihre Mutter vom Leibe, indem sie sich über sie lustig machte oder eine Form von oberflächlicher Rücksichtnahme zeigte, die eigentlich Distanziertheit bedeutet, wie »Jaja, Mutter, ich mach das schon, wenn du nicht willst.«

Im Bemühen, nicht dieselben Fehler wie ihre Mutter zu machen, hat Cynthia ihren Töchtern zu vermitteln versucht, daß die beiden nicht der einzige emotionale Halt für sie seien. »Das fiel mir bei Leslie schwerer als bei Nicole, weil Leslie ganz in der Nähe lebt, Nicole dagegen in New Orleans. Als ich krank war, versuchte ich Leslie das Gefühl zu geben, daß sie eine unglaubliche Stütze für mich ist, daß aber die Verantwortung nicht allein auf ihren Schultern ruht. Sie reagiert automatisch so, sie denkt, sie ist die Tochter, und deshalb muß sie solche Dinge übernehmen – das liegt in der Familie, ich habe mich bei meiner Mutter nicht anders verhalten. Ich wollte, daß Leslie weiß, es gibt auch noch andere Leute, die mir helfen. Ich möchte meinen Töchtern helfen, ich möchte, daß sie wissen, daß sie nicht nach meiner Pfeife tanzen müssen. Genau damit will ich sie nicht belasten, sie sollen das nicht tun. Ich denke, ich habe ihnen gezeigt, daß ich glücklich mit meinem Leben bin, mit einem Mann, den ich liebe, und Freunden, die mir sehr wichtig sind. Für mich ist das ein riesengroßer Schritt in Richtung Ablösung, den mir meine Mutter nie gestattet hat. Sie war immer unglücklich über ihr Leben und ihre Einsamkeit, und ich war der einzige Mensch, der für sie da war, und deshalb durfte ich sie auch nicht verlassen.«

Cynthia nimmt am Leben ihrer Töchter teil und möchte sie wiederum an ihrem teilhaben lassen. Sie strebt dabei eine Ausgewogenheit an, die sie mit ihrer Mutter nie gefunden hat. Sie hält sich zugute, sich nicht in das Liebes- und Berufsleben ihrer Töchter eingemischt zu haben. Sie geht mit Leslie zusammen einkaufen und trifft sich mit ihr zum Essen, »in einem Turnus, der uns beiden paßt«. Bewußt läßt sie ihre Töchter entscheiden, wieviel Zeit sie mit ihr verbringen und was sie unternehmen wollen. Wenn Cynthia das Verhalten ihrer Mutter wiederholt und ihre Grenzen überschreitet, kann sie es im Gegensatz zu ihrer Mutter hinnehmen, dafür zurechtgewiesen zu werden. Cynthia erzählte uns von folgender Szene: »Leslie ist immer bereit zu sagen – vielleicht nicht beim ersten Mal, aber dann beim zweiten Mal –: ›Hör mal, du kannst mich nicht dreimal am Tag anrufen. Ich hasse es, wenn ich nach Hause komme und denke, ich habe fünf Nachrichten auf dem Anrufbeantworter – klasse, eine alleinstehende Frau in L.A. –, und dann feststellen muß, daß drei Anrufe von meiner Mutter stammen.‹«

Trotzdem erschreckt es Cynthia, wenn sie den Eindruck hat, daß eine ihrer Töchter so mit ihr umgeht, wie sie mit ihrer Mutter umgegangen ist. »Wenn Leslie die Schotten dicht macht«, sagt Cynthia, »ist das für mich ein Warnzeichen. Wahrscheinlich rührt das von den Erfahrungen mit meiner Mutter her, als ich jung war, und der nicht ganz vollzogenen Ablösung von ihr. Vor kurzem kam das wieder im Zusammenhang mit ihrer Wohnung hoch, und ich weiß wirklich nicht, ob es da mehr um sie oder um mich geht. Ich stelle mir vor, wenn ihre Wohnung schön sauber wäre – ein Wort, das aus dem Wortschatz meiner Mutter stammt –, würde sie sich dort wohl fühlen. Sie hat kein Nest. Nest, das ist meine Definition von Sicherheit und Glück. Ich versuche mir klarzumachen, daß das nicht Leslies Definition ist, aber ich schaffe es nicht. Ich rufe sie an und gebe ihr die Adresse eines Putzservices oder biete ihr an, ihren Staubsauger, der schon seit Monaten nicht mehr funktioniert, in die Reparatur zu bringen. Aber Leslie sagt mir dann: ›Ich mach das schon, Mutter.‹ Und dann tut sie doch nichts.«

Cynthia weiß zwar, daß sie zurückhaltender sein sollte, aber sie mischt sich doch ein. »Ich bin einfach nicht der Typ, der sagt: ›Ich habe getan, was ich tun konnte, und jetzt lebst du dein eigenes Leben. Warum sollte ich mir weiterhin Gedanken machen, das hilft dir auch nicht weiter.‹ Wenn ich mir ein bißchen Sorgen mache, denke ich, ist das in Ordnung.«

Cynthia ist sich durchaus darüber im klaren, daß das, was sie als Hilfe versteht, auf Leslie wie Kontrolle und Kritik wirkt. Und schon die bloße Vermutung, daß ihre Tochter ihrem Verhalten mit derselben Feindseligkeit gegenüberstehen könnte wie sie dem ihrer Mutter, ruft große Ängste in ihr wach. Cynthia schildert ihre Probleme damit: »Ich mache mir Sorgen, daß Leslie und Nicole irgendwann zu der Überzeugung gelangen, daß ich entweder nicht liebenswert bin oder eine Last für sie darstelle – Last nicht in dem Sinne, daß sie sich um mich kümmern müssen, sondern daß sie sagen: ›Oje, warum muß ich zu ihr zum Essen?‹« Cynthia sucht immer noch einen Mittelweg. »Daran liegt mir sehr viel – eine lebendige, freundschaftliche Beziehung zu ihnen aufrechtzuerhalten, diese Beziehung mitzugestalten, wie oft wir uns sehen oder auch nur miteinander telefonieren wollen. Ich weiß nicht, was sein wird, aber ich habe Angst, daß ich ihnen zur Last falle oder ihnen nicht mehr viel bedeuten könnte.«

Der Zwang zu kritisieren

Cynthia beschrieb ihre Mutter als eine kritische und bestimmende Person. Abgesehen von den wenigen Frauen, die in ihrer Mutter immer eine Stütze hatten, behaupteten fast alle unsere Interviewpartnerinnen dasselbe: »Meine Mutter war zu kritisch.«

Frauen wie Miriam H. und Gay Block waren der Meinung, daß ihre Mütter unnachgiebig Kritik ausgeübt hätten. Andere Frauen versuchten ihr Verhalten in einem positiven Licht zu sehen. »Meine Mutter war immer meine beste Kritikerin.« Oder: »Meine Mutter hat hohe Standards gesetzt. Sie meinte, ich könne alles tun, von dem sie dachte, ich sollte es tun.« Manche Frauen konnten darüber lachen. »Sie hat wirklich gräßliche Dinge zu mir gesagt, aber so ist sie nun mal!«

Jede hatte eine Geschichte zu erzählen. So Nellie Lou Seagle: »Ich wollte nie ein enges Verhältnis zu meiner Mutter. Wir sprachen nie über etwas anderes als das Wetter und die Annehmlichkeiten des Lebens, denn wenn wir es taten, mußte ich mir die ganze damit zusammenhängende Kritisiererei anhören. Deshalb hielt ich alles, was mir wichtig war, aus unserer Beziehung raus.«

Megan C. erzählte uns: »Ich war nicht die Tochter, die sich meine Mutter gewünscht hatte. Sie hätte eine Tochter gewollt, die katholisch geblieben wäre, Ohio nicht verlassen hätte, natürlich nicht einen Juden geheiratet hätte, nicht nach New York gezogen wäre, nicht beim Theater gearbeitet hätte, weder Schriftstellerin noch Freiberuflerin geworden wäre und sich nicht hätte scheiden lassen. Meine Mutter und ich hatten immer riesige Probleme.« Eines der bevorzugten Druckmittel ihrer Mutter war, in eisiges Schweigen zu verfallen. »Wenn sie wirklich sauer auf mich war, sprach sie einfach nicht mehr mit mir. Und ich mußte dann quasi zu Kreuze kriechen, damit sie wieder ein Wort mit mir redete. Ich zog nach New York, als ich zwanzig war – ich mußte einfach weg.«

Zeit und Distanz halfen Megan zu verstehen, was hinter der unerbittlichen Kritik ihrer Mutter steckte. »Ich glaube, meine Mutter lebte in einem ständigen Groll auf mich. Einerseits war sie stolz auf mich, andererseits war sie eifersüchtig auf alles, was ich erreichte. Sie war eifersüchtig, weil sie glaubte, mein Vater liebte mich mehr als sie. Vermutlich hatte sie recht.« Megan hat auch gelernt, daß sie sich schützen kann, indem sie sich zurückzieht, wenn sie ihre Mutter schon nicht zu ändern vermag. »Es gibt keinen Grund, sie zu quälen, es gibt keinen Grund, einer irischen Katholikin zu erklären, warum ich für das Recht auf Abtreibung bin, keinen Grund, mit ihr zu kämpfen. Solange wir unsere Gespräche auf Artigkeiten beschränken können, geht es gut.«

Ellen Sweets hat eine ähnliche Geschichte. »Auf ihre Art war meine Mutter ein liebevoller Mensch. Aber sie schenkte einem nicht besonders viel Zuwendung. Sie machte immer alles richtig – ich bekam Klavierstunden, die schönsten Kleider, Sprechunterricht, ich wurde mit in Ausstellungen und ins Theater genommen. Trotzdem war sie nicht unbedingt der Mensch, der ein Kind aufziehen sollte. Sie war oft unfreundlich, ohne daß sie das, wenn ich mir das im nachhinein überlege, gemerkt hat. Sie war sehr, sehr kritisch. Und in einem lächerlichen Maße damit beschäftigt, was andere Leute denken mögen, so kam es mir damals und noch heute vor. Natürlich habe ich mich dagegen aufgelehnt. Ich war eine der drei schwarzen Hippies des gesamten mittleren Westens.«

Ellen hatte einen verantwortlichen Posten beim Post-Dispatch in St. Louis, als sie zu ihrer Verblüffung und Freude feststellte, daß sie schwanger war. Ellen war dreißig, geschieden, sie hatte zwei Fehlgeburten hinter sich, und ihr war gesagt worden, sie könne keine Kinder bekommen. Den Vater des Kindes wollte sie nicht heiraten, aber sie entschloß sich, das Kind trotzdem zu bekommen. Ihre Mutter war schockiert. »Das war schlimm. Richtig schlimm. Mutter sagte: ›Was werden unsere Freunde dazu sagen?‹, und das erste Mal in meinem Leben nahm ich meinen ganzen Mut zusammen und antwortete ihr: ›Weißt du, das kümmert mich einen Dreck. Es sind deine Freunde. Das mußt du mit ihnen ausmachen. Ich habe eine andere Art Freunde.‹«

Carol Rusoff erzählte uns: »Für meine Schwester und mich ist unsere Mutter ein regelrechter Stolperstein in unserem Leben gewesen. Natürlich, wir vergessen, ihr für die Dinge zu danken, die uns leichtfallen, und für all das, was bei uns so richtig schiefgegangen ist, schieben wir ihr die Schuld in die Schuhe – das Gefühl, nicht gut genug zu sein, den Dingen nicht ganz gewachsen zu sein und ständig unser Potential nicht umsetzen zu können. Was man mir auf den Weg mitgegeben hat, ist folgendes: ›Du hast so ein hübsches Gesicht, mach was daraus. Warum bist du mit einem solchen Gesicht keine elegante Erscheinung, warum nicht beeindruckender? Warum bist du nicht mehr, als du bist? Mit deinem Talent fürs Theater, warum bist du da nicht berühmt?‹ Selbst in ihren Komplimenten lag eine falsche Großzügigkeit, die ekelhaft ist – ›Ich bewundere dich so sehr, du bist so schön, du bist so wundervoll, du bist ach, ach, ach …‹, das ging so weit, daß man es ihr nicht mehr abgenommen hat, ob als kleines Mädchen oder als Frau. Es hatte nichts mehr mit der Realität zu tun.«

Carol hat zwei Töchter, Becky, fünfundzwanzig, und Annie, einundzwanzig. »Ich wollte meine Liebe nicht an Bedingungen knüpfen und habe ihnen beizubringen versucht, daß meine Meinung nicht das Nonplusultra ist. Ich sage einmal meine Meinung, und auch nur dann, wenn sie mich darum gebeten haben. Meine Schwester glaubt genau wie meine Mutter, daß die sogenannte bedingungslose Liebe bedeutungslos sei, weil sie unkritisch ist, sie sei zu einfach und bedeute den Kindern weniger. Ich glaube, daß das Gegenteil stimmt. Sie denken, es gehört dazu, das, was die Kinder tun, auseinanderzunehmen und ihnen mit der eigenen Weisheit zur Seite zu stehen, aber ich glaube nicht, daß ich die Weisheit mit Löffeln gegessen habe. Wenn meine Kinder Hilfe wollen, dann bitten sie darum, und, weiß Gott, ich geb sie ihnen.« Selbst Carol muß den Impuls niederkämpfen, das zu sagen, was sie sich eigentlich verboten hat. »Ich muß mich bremsen, um nicht zu sagen: ›Gott, du willst drei Seminare bei demselben Professor belegen? Glaubst du denn, da springt im letzten Jahr auf dem College genug für dich raus, Annie?‹«

Warum wir das Verhalten wiederholen, das wir am meisten mißbilligen

Warum bekannten praktisch alle Frauen, die ihre Mütter für zu kritisch hielten, daß sie sich manchmal, wenn sie mit ihren Töchtern sprechen, wie ihre eigene Mutter anhören? Oder daß sie, auch wenn sie nichts sagen, trotzdem eine kritische Haltung vermitteln?

Wenn ein Elternteil aus dem eigenen Mangel heraus die Selbstachtung eines Kindes ständig untergräbt, wird das Kind dieses Verhaltensmuster bei seinen eigenen Kindern wiederholen. Lebenslängliche Kritik durch die Mutter hinterläßt auf diese Weise ihre Spuren. Wenn die Kritik Ihrer Mutter Ihre Selbstachtung zerstört hat, werden Sie selbstkritisch bleiben, und jede Unvollkommenheit Ihres Kindes ist für Sie ein weiterer Beleg für Ihre Unzulänglichkeit. Deshalb kritisieren Sie die Kinder in dem fruchtlosen Bemühen, sie und sich selbst besser erscheinen zu lassen. Der Hang, das Verhalten der Mutter teilweise zu übernehmen, auch wenn es Sie verletzt hat, kann sich auch dadurch erklären, daß Sie sich nicht ausreichend von ihr gelöst haben und deshalb vielleicht familiäre Muster beibehalten, um die Bindung nicht zu verlieren.[9] Es scheint erstrebenswerter zu sein, sich genauso wie die eigene Mutter zu verhalten, selbst wenn sie unvollkommen war, als jedes emotionale Band zu ihr zu kappen.

Wir glauben, es gibt Möglichkeiten, diese Muster zu durchbrechen. Wir glauben, man kann sich seiner erwachsenen Tochter gegenüber so verhalten, daß man sie nicht parentifiziert, daß man lernt, sie als einen Menschen zu respektieren, der ganz sicher nicht man selbst ist, und dessen Entscheidungen nicht das eigene Leben beeinflussen. Man kann lernen, die unbewußte Wiederholung von Verhaltensmustern, die die erhoffte Nähe verhindern, weitgehend zu vermeiden. Sie können Möglichkeiten finden, die Beziehung zu Ihren Töchtern zu bereichern, ganz gleich was einmal war. Der erste Schritt besteht darin, das Bild Ihrer Mutter, das Sie in sich tragen, zu überwinden. Dadurch steht es Ihnen frei, zu entscheiden, wann Sie sich genau wie sie und wann Sie sich anders in der Beziehung zu Ihrer eigenen Tochter verhalten möchten.

Die Beziehung zur Mutter bewältigen

In dieser Phase Ihres Lebens sind Sie vielleicht eher als früher bereit, Ihre Mutter so zu nehmen, wie sie ist, wie auch immer das Verhältnis zu ihr einmal war. Megan C., die aus Ohio floh, lacht heute über die Schwächen ihrer Mutter und kann ihre Stärken anerkennen. Megan amüsiert sich über die Reaktion ihrer Mutter auf ihre nicht gerade brav zu nennende Tochter Amber. »Amber läßt wirklich nichts aus. Sie hat sich die Haare grün gefärbt und hat drei Tattoos. Sie zieht durch die Clubs und sieht aus wie ein Pfau. Und meine Mutter? Wenn ich so gewesen wäre wie Amber, hätte sie mich umgebracht, aber bei Amber sagt sie nur: ›Oh, diese Amber!‹«

Wenn wir ein bestimmtes Alter erreicht und unsere Ungeduld und unser Zorn gegenüber unserer Mutter nachgelassen haben, so meint die Psychologin Terri Apter, stellen wir oft mit Bedauern fest, wie wenig wir wirklich über das Leben unserer Mutter wissen. »Wir hören ihr Schweigen, wenn wir den Klang ihrer Stimme in unserer wiedererkennen. Zu dieser seltsamen nachwirkenden Erkenntnis gelangen wir in diesem Lebensabschnitt. Damit tragen wir nicht den Sieg in einem Kampf, den wir in unserer Jugend geführt haben, davon, vielmehr akzeptieren wir nun die verschwommenen Grenzen, die uns jetzt, da wir selbst nicht mehr so eindimensional und unflexibel sind, viel weniger bedrohlich erscheinen. Wir erkennen diese Bindung in ihrer Unersetzbarkeit und Dauerhaftigkeit an, aber fühlen uns durch sie nicht mehr gefesselt und eingeschränkt.

Wir empfinden vielleicht auch ein neues Bedürfnis nach einer anderen Form von Nähe, wenn wir ihre Geschichte noch einmal ganz neu hören wollen.«[10]

Alice Trillin wollte die Geschichte ihrer Mutter nun wissen. Alice war ein Einzelkind, von beiden Eltern abgöttisch geliebt. »Als Kind stand ich meiner Mutter sehr nah; sie war sehr warmherzig und liebevoll. Natürlich war sie unglaublich behütend, was, glaube ich, daher kam, daß es fünf Jahre dauerte, bis sie schwanger wurde, und sie dann fast bei meiner Geburt gestorben wäre und keine weiteren Kinder mehr haben konnte.« Die Ängste ihrer Mutter wurden noch durch finanzielle Probleme verstärkt. Alices Vater hatte in der Zeit, als sie geboren wurde, ein beachtliches Vermögen gemacht und wieder verloren, und während die Eltern davon träumten, erneut zu Reichtum zu gelangen, hatten sie Mühe, ihre Rechnungen zu bezahlen.

»Ich war ungefähr dreizehn Jahre alt«, erinnert sich Alice, »als meine Mutter anfing, sich komisch zu benehmen. Der Grund war mir damals ansatzweise klar. Meine Großmutter war gerade gestorben, die meine Mutter trotz ihrer ständigen Streitereien sehr geliebt hatte. Vielleicht trug das dazu bei. Dann war sie natürlich immer in Sorge wegen der geschäftlichen Aufs und Abs meines Vaters. Ungefähr zu dieser Zeit kam sie auch noch sehr früh in die Wechseljahre, die sehr schlimm für sie waren. Und dann wollte ich auch noch bald darauf meine Unabhängigkeit. Es mag sein, daß sie etwas Angst vor mir hatte. Ich war ziemlich klug, und darauf war sie stolz, gleichzeitig wußte sie aber, daß meine Bildung mich schließlich von ihr entfernen würde. Wir fingen an, über die kleinsten Kleinigkeiten schrecklich zu streiten, und ihr Jähzorn jagte mir wirklich Angst ein.« Alice entschied sich, solche Konfrontationen zu vermeiden. »Da meine Mutter in dem, was sie sagte und tat, so irrational war, traf ich die bewußte Entscheidung, das zu tun, was ich für richtig hielt, und es meinen Eltern nicht zu erzählen. Das war eine Art Überlebensstrategie.«

Nachdem ihre Mutter 1976 an Alzheimer gestorben war, hat Alice lange Zeit über ihre Beziehung nachgedacht und geschrieben. Sie wollte ihren Töchtern Abigail, siebenundzwanzig, und Sarah, vierundzwanzig, verständlich machen, was schiefgegangen war und daß sie wünschte, es wäre anders gelaufen.

Alice erzählte uns: »Als meine Mutter krank wurde, dachte ich zuerst, sie würde ihre frühere Verrücktheit nur übertreiben und wäre gar nicht ernsthaft krank, wie es sich dann später herausstellte. Es nervte mich, daß sie so verrückt war und daß sie meinem Vater das Leben so schwer machte. Aber was mir am meisten angst machte, war, wie sich der Mensch, den ich liebte, in jemanden verwandelte, der nicht wiederzuerkennen war. Zu dieser Zeit, als ihre Krankheit wirklich ernst wurde, hatte mein Vater einen Schlaganfall. Ich verbrachte viel Zeit mit der Pflege der beiden und verhandelte mit Ärzten, mit verschiedenen Sozialdiensten und Pflegeheimen. Gegen Ende merkte ich, daß ich über die praktischen Angelegenheiten hinaus, wie zum Beispiel eine gute Pflege für sie zu bekommen, nur wenig für sie tun konnte.

Nachdem mein Vater gestorben war und meine Mutter in einem Pflegeheim lebte, besuchte ich sie ziemlich regelmäßig, auch wenn ich manchmal ein, zwei Wochen nicht bei ihr auftauchte. Alle sagten, sie würde gar nicht merken, ob ich da bin oder nicht, und ich redete mir das selbst auch ein. Aber ich glaube nicht, daß es stimmte. Ich richtete zwischen meiner Mutter und mir eine Mauer auf. Ich entfernte mich gefühlsmäßig von dem Leid, sie in diesem Zustand sehen zu müssen.

Für meine Kinder ist es wichtig zu wissen, welche guten Dinge mir meine Mutter hinterlassen hat«, sagt Alice heute. »Wir tun nicht alles aus uns heraus, quasi per Zufall. Ihre guten Eigenschaften – wie man mit seinen Freunden umgeht, ist man für jemanden da, der krank ist? Ich glaube, diese Dinge lernt man eher von der Mutter als vom Vater. Ehrlichkeit – welche Prioritäten setzt man? Wie verhält man sich im Privaten, nicht nur in der Öffentlichkeit. Meine Mutter ist ein Mensch, den ich gerne wirklich gekannt hätte. Durch die geschäftlichen Rückschläge meines Vaters ist die Familie in große Schwierigkeiten geraten, aber er und meine Mutter liebten sich. Auch wenn, oberflächlich betrachtet, etwas schiefgeht, stellt es für das Kind einen Halt dar, wenn es das Gefühl hat, daß die Eltern sich lieben. Meine Mutter und mein Vater wußten das. Sie waren immer füreinander da. Das gab mir Halt. Danach habe ich immer gesucht.

Inzwischen verstehe ich, was mit meiner Mutter los war. Die Umstände brachten sie dazu, anderen weh zu tun, aber sie war auch ein guter Mensch. Ich habe versucht, eine Balance zwischen diesen beiden Polen zu erreichen. Weil ich glaube, daß Abigail und Sarah verstehen müssen, daß es auf all das ankommt. Ich wollte bei ihnen vermeiden, was für mich die traurigste Erfahrung im Verhältnis zu meiner Mutter war: daß wir nicht offen miteinander umgehen konnten. Ich versuche das mit meinen Töchtern zu tun.

Manchmal muß ich weinen, wenn ich über meine Mutter spreche. Abigail kommt dann und umarmt mich. Ich bin in solchen Momenten so traurig, daß sich jemand, der mir so wichtig war, nicht wirklich mitteilen konnte und nicht die Freude erfahren hat, die mir meine Kinder bereiten.«

Nach dem Tod ihrer Mutter hat Alice erfahren, daß sie wahrscheinlich tablettensüchtig war. »Sie war von verschiedenen Aufputsch- und Beruhigungsmitteln abhängig, die ihr der am Ort praktizierende Arzt für ihre ›Nerven‹ verschrieben hat. Meine Tante hat mir das erzählt. Ich hatte keine Ahnung davon. Meine Mutter war manchmal sehr launenhaft. Ich dachte immer, das hätte etwas mit mir zu tun, weil wir nicht miteinander sprechen konnten. Erst später wurde mir klar, daß sie krank war.

Ich träume davon, daß es ihr bessergeht, daß sie wieder der Mensch wird, der sie bis zu meinem zwölften Lebensjahr war. Ich habe diese Träume, daß es ihr wieder gutgeht. Mein Vater ist wieder zu Geld gekommen, sie sitzt im Garten, und ich besuche sie mit meinen Kindern. Es macht mich traurig, daß das nie so war.«

Wenn wir älter werden, fällt es uns leichter, die Stärken und Schwächen unserer Mutter zu erkennen und einen Zusammenhang mit ihrem Leben und ihren Möglichkeiten herzustellen. Was uns dann unter anderem klarwird, wenn wir versuchen »ihre Geschichte auf neue Art zu hören«, ist, daß sie selbst den Stärken und Schwächen ihrer Mutter ausgesetzt war. Je objektiver wir sie sehen können, desto eher verstehen wir, wer wir sind und warum wir, mittlerweile selbst Mütter, diese oder jene Entscheidung treffen. Wenn unsere Töchter wissen, welche Kräfte uns geformt haben, dann hilft ihnen das wiederum, uns mit derselben Objektivität zu sehen. Wenn wir uns bewußt sind, was wir sagen und tun, warum wir etwas sagen und tun und was uns wirklich wichtig ist, dann können wir unsere Töchter um so eher dazu bringen, uns in unserer ganzen Vielschichtigkeit zu verstehen – und nicht nur als Mütter.

UNGELÖSTE SPANNUNGEN

Lebensweise und Gewohnheiten der Tochter

Wir begannen die Arbeit an diesem Buch, weil uns bewußt wurde, wie stark wir bis heute an den Gewohnheiten unserer Töchter Anstoß nehmen. Es erschreckte uns beide, daß wir uns noch immer über das Nägelkauen und die Unentschlossenheit unserer Töchter aufregten. Wir meinten, unsere Töchter seien zu alt für so etwas, und gleichzeitig schämten wir uns irgendwie, daß wir uns deswegen Gedanken machten. Wir wußten, daß sie uns das übelnahmen, aber wir konnten nicht anders. Wenn wir es nur noch dieses eine Mal sagten, so rechtfertigten wir uns, wenn wir das, was wir meinten, besser klarmachten, dann würden wir vielleicht die erhoffte Wirkung erzielen.

Immer wieder entschuldigten sich Frauen, mit denen wir gesprochen haben, für ähnliche Schwächen: »Ich weiß, ich sollte mich nicht darum kümmern, aber …«, »Ich versuche darüber hinwegzusehen, aber …«, »Ich will ja meinen Mund halten, aber …« Einige der Probleme schienen trivial zu sein: Sie trägt zuviel Make-up, ihre Haare hängen ihr ins Gesicht, sie steckt den Saum ihres Rockes mit Sicherheitsnadeln fest, sie schreibt nie Dankesbriefe, ihre Wohnung ist ein einziges Durcheinander. Andere waren schwerwiegender: Sie ist zu dick, sie und ihre Freunde rauchen, sie befolgt die Anweisungen ihres Arztes nicht. Solche Klagen erscheinen vertraut. Bestimmt wird Ihre Tochter nicht erst in jüngster Zeit Gewohnheiten angenommen haben, die Sie zur Verzweiflung treiben. Sie weiß, daß Sie manches, von dem, was sie tut, ablehnen – wahrscheinlich predigen Sie ihr das schon seit Jahren. Was Sie sagen und wie die Tochter darauf reagiert, ist Teil eines Dramas, das sich seit ihrer Jugend abspielt – als sie begann, ihr Recht auf eigene Entscheidungen durchzusetzen.

Lila Haare, schwarzer Lippenstift, grüner Nagellack – das sind typische äußere Zeichen für den Selbstbehauptungsdrang Jugendlicher. Und auch wenn die Eltern im tiefsten Inneren wissen, daß es zu nichts führt, fühlen sich die meisten im Recht, ihre heranwachsende Tochter anzufahren, wenn sie mit einem Nasenring beim Abendessen auftaucht oder in Springerstiefeln zu einer Party aufbricht. Und dann ist sie auf einmal keine Heranwachsende mehr – auch wenn sich ihr Verhalten nicht verändert haben mag –, und die alten Einwände scheinen noch weniger zu fruchten. Die Mütter spüren, daß jetzt etwas anderes von ihnen erwartet wird, aber was, wissen sie nicht genau.

Missy L., deren zwanzigjährige Tochter Marcia im dritten Jahr auf dem College ist, steckt mitten in dieser Übergangsphase. »Mir ist nicht ganz wohl dabei, wenn ich die Dinge anspreche, die mir noch immer Kummer bereiten. Ihre Haare zum Beispiel machen mich regelrecht verrückt. Sie hängen an ihr runter, und dabei ist sie so hübsch, aber unter all den Haaren, die ihr ins Gesicht hängen, kann man sie gar nicht richtig sehen. Ich hab's aufgegeben, etwas zu sagen, und wenn ich was sage, versuche ich es auf die lustige Art. Aber sie zieht sich immer sofort zurück, wahrscheinlich weil ich zu oft etwas gesagt habe.«

»Was zum Beispiel?«

»Zum Beispiel habe ich ihr angeboten, den Friseur zu zahlen. Ihr Vater sagt: ›Für jeden Zentimeter kriegst du 1 Dollar.‹ So weit gehe ich gar nicht. Aber sie tut's trotzdem nicht. Sie blockt dann ganz schnell ab. Als sie in der High-School war, ging es oft um solche Sachen wie ihre Frisur, Freunde, Trinken – da muß wohl fast jeder durch. Ständig wurden bei uns die Türen geknallt. Es gab mehr Streit, als mir lieb war, aber das jetzt ist neu.« Missy merkt, daß sich Marcia verändert – ihr Rückzug ist ein Versuch, sich zu distanzieren, und keine bloße Abwehrreaktion mehr, wie früher. Missy kann damit noch nicht umgehen. »Beziehungen zwischen Erwachsenen – ich merke jetzt erst, was sie bedeuten und daß sie nicht einfach sind. Dabei ist sie noch gar nicht ganz erwachsen. Die Sache ist ziemlich heikel.«

Ginny, die Tochter von Virginia M., ist drei Jahre älter als Marcia L. Ihre Mutter hatte schon länger Zeit, sich daran zu gewöhnen, daß Ginny erwachsen ist. »Natürlich haben wir uns gestritten, das tun Mütter und Töchter einfach. Wenn ich zu ihr gesagt habe: ›Ich finde, dein Pony ist zu lang‹, dann war den Vormittag über oder den ganzen Tag lang dicke Luft. Aber wenn die Kinder ein gewisses Alter erreicht haben, sagt man solche Dinge nicht mehr, glaube ich.« Virginia kann sich daran erinnern, wie es ist, wenn an einem herumgemeckert wird: »Meine Mutter sagte mir noch als ich dreißig war, ich solle mir meine Augenbrauen zupfen. Ich erinnere mich noch, wie sie einmal mein Küchenregal inspizierte und daran herumwischte, dabei hatte ich es erst zwei Tage vorher geputzt. So etwas sollte man seinlassen.« Setzt Virginia auch in die Tat um, was sie da predigt? »Ich versuch's«, sagt sie und lacht.

Auch wenn es keine ernsthaften Konsequenzen nach sich zieht, wissen Mütter erwachsener Töchter, daß ihr Meckern zu nichts führt. Diane Asselin ist Produzentin von Bildungsprogrammen fürs Fernsehen. Sie ist eine attraktive und offene Frau aus dem mittleren Westen. Das Verhältnis zu ihrer dreiundzwanzigjährigen Tochter beschreibt sie als intensiv und offen. Diane ist stolz darauf, wie entschlossen Michele ihre Karriere als Studiofotografin angeht. »Sie schafft es, etwas zuwege zu bringen, und es ist eine große Erleichterung, diese Fähigkeit an seinem Kind zu entdecken«, erzählt Diane. »Ich habe großes Zutrauen zu ihr. Trotzdem kann ich es manchmal nicht lassen und sage dann Sachen zu ihr wie: ›Hast du daran gedacht? Kann man deinen BH sehen, wenn du in der Arbeit bist? Willst du etwa dieses zerschlissene T-Shirt anziehen?‹ Sie hat ihre

Art, das abzufangen. Neulich hatte sie einen weißen BH und ein weit ausgeschnittenes schwarzes T-Shirt an und war gerade auf dem Weg zum Flughafen. Ich sagte: ›Mensch, man sieht ja die Träger von deinem BH. Ziehst du so etwas auch an, wenn du in die Arbeit gehst?‹ Und sie sagte: ›Weißt du, wenn du so was fragst, muß ich ja wohl ein Komplettversager sein, und dann kannst du auch nicht mehr viel daran ändern.‹ Sie ist mir gegenüber gelassen genug, aus solchen Dingen kein Problem machen zu müssen. Ich wette, sie trägt die furchtbarsten Klamotten in der Arbeit!«

Neun von zehn Frauen, mit denen wir gesprochen haben, hätten diese Geschichte wohl nicht mit soviel Humor erzählt wie Diane. Wir fragten sie, warum sie glaube, Michele kritisieren zu können, ohne sie damit zu verärgern. »Weil sie sich gegen ihren Vater und mich gut behaupten kann. Sie hat so viel Bestätigung erfahren, daß man auch mal was über ihr blödes T-Shirt sagen darf.« Sie lacht. »Es macht ihr nichts aus, aber deshalb hört sie's natürlich noch lange nicht gern.«

Einige Mütter meinen, wenn sie nichts sagen, könnte man ihnen auch nicht vorwerfen, daß sie meckern. Eine Mutter gestand, sie habe einen »eisigen Blick« perfektioniert, »der Stahl durchdringen könnte«. Eine andere meinte: »Ich winde mich zwar, aber ich sage nichts.« Judith R. erzählte uns, daß sie ihrer siebenundzwanzig Jahre alten Tochter Kim das Rauchen verbietet, wenn sie zu Besuch kommt. »Ich bin dagegen, daß sie raucht, aber das muß ich nicht mehr sagen. Wenn sie alle zwanzig Minuten verschwindet, weil sie eine Zigarette rauchen muß, weiß ich genau, was sie tut, und es ärgert mich. Ich kann sie dann kaum ansehen, wenn sie zurück ins Zimmer kommt.« Eine Frau erzählte uns, sie sage zwar nie etwas dazu, daß ihre Tochter raucht, aber manchmal hole sie die Zigaretten aus der Handtasche ihrer Tochter und werfe sie weg.

Andere Mütter denken, sie könnten ihrer Kritik die Spitze nehmen, wenn sie sie nicht direkt äußern. Karen, die Tochter von Lois A., ist vierunddreißig und lebt 2000 Kilometer von ihren Eltern entfernt. Sie ist ein Einzelkind, und Lois macht sich ständig Sorgen um sie. Wird sie heiraten? Wird sie 15 Pfund abnehmen? Warum erzählt sie nicht mehr von sich? Lois meint: »Ich versuche, sie nicht mehr zu kritisieren. Ich erkundige mich nicht mehr nach ihrem Gewicht und frage sie nicht mehr über ihre Freunde aus. Ich rede nur ganz allgemein über solche Themen und sage: ›Na, was hast du letztes Wochenende gemacht?‹ und nicht: ›Mit wem warst du unterwegs? Wo warst du?‹ Ich bin sehr vorsichtig, was das angeht, weil ich nicht möchte, daß sie sich von mir abwendet. Ich merke, wie sie sich zurückzieht, wenn ich anfange, über bestimmte Dinge zu reden.«

Ihr Gewicht ist eines der Themen, bei denen Karen abblockt. »Das letzte Mal, als wir in Boston waren, sah sie ein Rudergerät, das ihr gefiel, und wir fragten, ob wir es ihr zum Geburtstag schenken sollten. Sie sagte, daß sie es sich selbst kaufen wolle. Wir haben ihr trotzdem einen Scheck geschickt. Oder wie gestern abend, als wir miteinander telefonierten und ich sie fragte, ob sie radgefahren sei. Solche Sachen frage ich sie. Ich frage nicht: ›Hast du etwas gemacht, um abzunehmen?‹, sondern: ›Bist du den Sommer über radgefahren?‹« Lois hat die besten Absichten, aber da dieses Problem seit Jahren für Spannungen sorgt, durchschaut Karen ihre Manöver: Töchter sind durchaus imstande, Unausgesprochenes zu ergänzen und eine Kritik zu hören, auch wenn sie nicht formuliert wird.

Die meisten Mütter meckern. Die meisten sind unglücklich darüber, können es aber nicht lassen. Drei Frauen, mit denen wir gesprochen haben, konnten ganz genau die Umstände schildern, die sie zum Meckern veranlassen, die abwehrende Reaktion ihrer Töchter darauf und die eigene Unfähigkeit, über das Verhalten, das sie so stört, hinwegzusehen. Alle drei sagen, daß es Tage gibt, an denen sie das Problem vergessen, und dann wieder Tage, an denen sie an nichts anderes denken können, und alle drei möchten eine andere Möglichkeit finden, ihre Sorge zum Ausdruck zu bringen.

Sich über den Impuls zum Meckern bewußt werden

Vor einem Jahr hat sich die dreißigjährige Leslie eine kleine Wohnung nicht weit entfernt vom Haus ihrer Mutter, Cynthia G., gekauft. Die Mutter hat ihrer Tochter vom ersten Tag an beim Einrichten der Wohnung geholfen. Sie haben gemeinsam Möbel eingekauft und das Familienporzellan und -besteck durchgesehen, um Leslies Küche auszustatten. Leslie hat begeistert Cynthias Angebot angenommen, einen neuen Küchentisch und Stühle zu kaufen. Trotzdem sieht die Wohnung für Cynthia nach dem einen Jahr noch immer so aus, als würde Leslie darin »kampieren«. Cynthia ist enttäuscht, daß Leslie nichts tut, um ihre Wohnung auf Vordermann zu bringen, auch weil sie glaubt, daß Leslie nicht glücklich über das Provisorium ist. Von Zeit zu Zeit hat Cynthia eine Bemerkung über die Bücherstapel fallengelassen, das Fehlen von Jalousien und einem Handtuchhalter und hat dann in ihrer Verzweiflung selbst Bücherregale und Rollos gekauft und jemanden kommen lassen, der das Badezimmer und die Küche in Ordnung bringt. »Ich mußte das einfach tun«, sagt Cynthia. »Zum Teil aus ästhetischen Gründen, aber auch um ihrer Sicherheit willen. Alles läuft schließlich auf Sicherheit und Ordnung hinaus und darauf, einen Ort zu haben, den man sein Zuhause, sein Heim nennen kann. Ich wollte wahrscheinlich, daß sie einen Ort hat, an dem sie sich wohl fühlt, wo sie ihre Gedanken sammeln kann.«

Cynthia erzählt, daß sie diesen Sinn für das eigene Heim von ihrer Mutter geerbt hat. »Für meine Mutter ist es das Wichtigste im Leben, ein Heim zu haben, ja, das kann man wohl so sagen. Ich mache nicht alles so wie sie, außer daß ich eine gewisse Ordnung halten möchte. Wenn es aufgeräumt ist und die Schubladen nicht überquellen, gibt mir das ein Gefühl der Ruhe, das Gegenteil von Angst. Wenn ich eine Schublade öffne, und die ist bis oben hin voll, dann steigt in mir Angst auf, was sich in der Vorstellung, die Kontrolle zu verlieren, ausdrückt – nicht zu wissen, wo was ist.

Diese Vorstellung von einem Heim gehört zu meinem Leben, und daher meinte ich, Leslie müßte dieselbe Vorstellung von ihrem Leben haben. Vielleicht stimmt das aber gar nicht. Vielleicht wird Leslie ja nie besonderen Wert auf ihre Wohnung legen, und es hat mit meinen Bedürfnissen zu tun, daß ich denke, wenn ihre Wohnung in Ordnung ist, wird auch sonst in ihrem Leben Ordnung einkehren. Ich glaube, sie weiß, daß ich diese Mühen auf mich nehme, weil das wichtig für mich ist.

Ich nehme an, sie hat Pläne mit dieser Wohnung, über die wir nicht gesprochen haben. Vielleicht fällt es ihr schwer, sie einzurichten, weil sie eigentlich heiraten und gar nicht mehr dort leben möchte – vielleicht verbindet sie mit dem Leben dort das Bewußtsein, daß sie allein ist und keinen Mann hat. Über diese Dinge haben wir nicht gesprochen.«

Cynthia erzählte, daß das Wohnungsproblem in dem »großen Staubsaugerkrieg«, wie sie es nennt, seinen Höhepunkt fand. »Ich habe den ganzen Staub nicht mehr sehen können, der immer überall herumflog, wenn ich zu Besuch kam. Und dann begann der Zirkus wegen des Staubsaugers, der schon seit sechs Monaten kaputt war. Ich sagte zu ihr: ›Du solltest ihn reparieren lassen.‹ Leslie: ›Ja, ich weiß.‹ Daraufhin ich: ›Du wirst dich wohler fühlen, wenn er wieder funktioniert und du die Wohnung saugen kannst.‹ Leslie: ›Ja, ich weiß.‹ Einmal nannte ich ihr sogar eine Firma, die ihn abholen und reparieren würde, und sie tat immer noch nichts. Monate später, nach vielen Witzeleien und unüberhörbaren Meckerns meinerseits, räumte sie schließlich ein, daß der Staubsauger repariert werden müßte, und wir vereinbarten, daß ich ihn in die Reparatur bringen würde.«

Cynthia hat sich geschworen, daß der Krieg um den Staubsauger der letzte gewesen sein würde, auch wenn sie weiß, daß es ihr schwerfallen wird, ihr Wort zu halten. »Es ist ihr Leben, und sie muß es auf die Reihe bekommen. Aber wenn ich das Chaos in ihrer Wohnung sehe, bekomme ich solche Angst, daß ich einfach etwas unternehmen muß.« Wir erwähnten, daß verschiedene Frauen, mit denen wir gesprochen haben, der Meinung sind, daß es nicht mehr angebracht ist, ihren Töchtern zu sagen, was sie zu tun und zu lassen haben, wenn diese erst einmal die Dreißig erreicht haben. Cynthia war anderer Meinung. »Vielleicht liegt es daran, daß wir so nah beieinander wohnen. Unser täglicher Umgang bringt Probleme mit sich, die mir den Eindruck vermitteln, ich hätte noch nicht alles getan. Ich habe immer noch nicht aufgehört, ihr beibringen zu wollen, wie sie ihr Leben leben soll.« Cynthia ist sich bewußt, daß sie sich in das Leben ihrer Tochter einmischt, und auch, daß dieses Bedürfnis ihrer eigenen Angst entspringt und die Tochter ihr Leben selbst in die Hand nehmen sollte. Trotzdem fällt sie immer wieder in dieses Verhaltensmuster zurück und entschuldigt ihre Einmischung damit, daß sie es nur zum Wohle der Tochter tue.

Sich auf die Zunge beißen

Brenda W. sagt ihrer achtundzwanzigjährigen Tochter nie, worüber sie sich aufregt, aber sie weiß, daß ihre Tochter ihren Unmut spürt. Brenda erzählte uns, daß Jennifer seit ihrer Jugend »stark übergewichtig« ist. Brenda versuchte ihr zu helfen, einen Plan zur Einhaltung ihrer Diät zu entwickeln, und das trieb Jennifer »auf die Palme«. Brendas Therapeutin gab ihr folgenden Rat: »Lassen Sie sie in Ruhe. Sie sind ihre Mutter, Sie können ihr auf fünfzehn andere Arten helfen, aber hier können sie nicht mit dem Kopf durch die Wand.« Das mag ein guter Tip gewesen sein, aber nach den Erfahrungen von Brenda und anderen Frauen, mit denen wir gesprochen haben, ist es damit nicht getan. Das Problem bleibt bestehen, und nichts zu sagen vergrößert Brendas Enttäuschung nur noch mehr, ohne ihre Ängste auch nur im geringsten zu lösen. Die meiste Zeit, sagt Brenda, sei sie imstande, Jennifers Übergewicht »vollkommen neutral« zu betrachten; bei anderen Gelegenheiten leide sie darunter. »Ich lud sie und ihre Cousine gestern abend zum Essen ein, und sie bestellte ein warmes Truthahnsandwich mit Kartoffelbrei und Soße und zum Schluß dann noch ein Stück Apfelkuchen mit Eis. Als ich das sah, wurde mir das Herz ganz schwer.«

Brenda hatte in ihrer Jugend selbst Probleme mit ihrem Gewicht, insofern kann sie für ihre Tochter Verständnis aufbringen. Sie erzählt: »In der High-School war ich die Größte in der Klasse, ich sah aus wie die Lehrerin. Im ersten Jahr auf dem College wog ich 75 Kilo. Aber schon ein Jahr später hatte ich mit der Esserei aufgehört und nahm wieder ab.«

Brenda macht sich um Jennifers Gesundheit Sorgen, weil in der Familie Bluthochdruck und Diabetes verbreitet sind. Sie macht sich auch wegen des gesellschaftlichen Stigmas, das Übergewichtigen anhaftet, Gedanken. Jennifer sucht gerade nach einer neuen Stelle, und Brenda glaubt, daß sie wegen ihres Aussehens auf dem Arbeitsmarkt benachteiligt ist. »Man wird immer wieder abgelehnt. Die Leute können nicht darüber hinwegsehen, besonders in unserer Gesellschaft.

Ich glaube, ihr Leben würde sich ändern, und sie würde selbstbewußter werden, wenn sie dieses Problem lösen könnte. Bei mir war es so, daß ich mein Gewicht erst loswurde, nachdem ich mich selbst mochte. Ich mußte Zutrauen zu mir selbst haben – das ist wieder mal die Frage, ob zuerst die Henne da war oder das Ei –, auf jeden Fall mußte ich mich selbst mögen, um abnehmen zu können. Vielleicht werde ich das Jennifer irgendwann einmal erklären können, aber mehr kann ich nicht tun.«

Brenda würde wohler sein, wenn sie offener mit Jennifer reden könnte, sei es auch nur, um einmal auszusprechen, daß dieses Thema wie eine schwarze Wolke über der ganzen Beziehung hängt. Die Spannungen lassen nicht nach, wenn man davor zurückschreckt, eine so wichtige Angelegenheit zur Sprache zu bringen.

Sich aussprechen oder sich raushalten?

Auch Roberta S. quälen die Gewichtsprobleme ihrer mittlerweile siebenundzwanzigjährigen Tochter. Über die Jahre hinweg hat Roberta abwechselnd an ihre Tochter hingeredet oder sie in Ruhe gelassen. Immer wieder hat sie Versuche unternommen, ganz sachlich mit ihr über die sozialen Folgen ihres Übergewichts zu sprechen. Im Moment ist sie wieder in einer Phase, in der sie nichts sagt, was aber, wie sie leider zugeben muß, ihren Kummer nicht lindert.

Wir trafen uns mit Roberta im Sitzungssaal der großen Behörde in Boston, die sie leitet. Sie vermittelt den Eindruck von freundlicher, aber sachlicher Kompetenz. Sie hatte sich genau eine Stunde für unser Gespräch frei gemacht und sprach fast nüchtern über die beachtlichen Leistungen ihrer Familie. Als sie uns aber erzählte, daß sie nicht in der Lage ist, sich von den Ängsten um ihre jüngste Tochter Lucy zu befreien, wurde ihre Stimme weicher, und ihre Augen wurden feucht. Roberta beschrieb Lucy als »eine dunkelhaarige und blasse, typisch irische Schönheit. Ja, das kann man wohl sagen, und ich glaube, das war mir sehr wichtig, weil sich Schönheit in unserer Welt auszahlt. Wenn eine Frau schön ist, wird sie verehrt, und vieles fällt ihr leichter. Ich dachte, daß sie Glück hatte. Ich habe überhaupt keinen Gedanken daran verschwendet, was für eine Belastung das sein kann. Und es war eine enorme Last für sie, so hübsch zu sein. Auf der Straße starrten sie die Männer an. Ständig. Sie dachte, daß die Menschen sie wegen ihres Aussehens mögen, aber das reichte ihr nicht. Sie ist eine richtige Persönlichkeit und sehr intelligent, und daher hatte sie Angst, aufgrund ihres Aussehens unterschätzt zu werden. Sie fing an, sich zu vernachlässigen, und nahm stark zu.

Bis zum heutigen Tag hat sie Übergewicht. Furchtbar. Ich glaube, es ist für sie so eine Art Schutzwall, damit sie nicht nur wegen ihres Äußeren, sondern so, wie sie wirklich ist, wahrgenommen wird. Sie ist stark übergewichtig. Sie hat bestimmt 30, 40 Kilo zuviel, und dabei ist sie auch noch sehr groß. Sie sieht richtig plump und linkisch aus. Sie ist das, was man ›fett‹ nennt. Es fällt mir sehr schwer, dieses Wort zu gebrauchen, und es hat mir weh getan, daß sie sich selbst so nennt. Und daß sie nichts dagegen tun will, auch wenn sie es meiner Meinung nach könnte. Inzwischen ist das zu einem Problem zwischen uns geworden. Ich habe mich sehr bemüht, daß es nicht soweit kommt, und dabei wahrscheinlich jeden Fehler gemacht, den man nur machen kann.«

Rückblickend glaubt Roberta, daß sie gerade mit ihrer Mekkerei keine Wirkung erzielte. »Die halbe Zeit denke ich, es war ein Fehler, das Thema überhaupt anzuschneiden. Das muß von ihr kommen. Man lebt in seinem eigenen Körper, man hat die Macht über seinen Körper, kein anderer kann sie für einen übernehmen. Weil ich das Thema zur Sprache gebracht habe, wurde es zum Problem zwischen uns. Liebe ich sie vielleicht nicht, wenn sie fett ist? Weil ich sie damit bedrängte, lieferte ich ihr die Entschuldigung, sich nicht damit auseinanderzusetzen. Das war bei mir nicht anders. Sobald meine Mutter wollte, daß ich etwas tat, hatte ich dazu keine Lust mehr. Diese Reaktion kam automatisch, unbewußt. Wenn ich manchmal etwas machen wollte, hoffte ich inständig, daß meine Mutter nicht sagte, ich solle es tun. Dann wäre mir nämlich die Lust vergangen. Ich denke, darin lag der Fehler. Dann wieder glaube ich, ich hätte darauf insistieren sollen, daß sie etwas unternimmt. Ich hätte viel energischer und entschiedener sein sollen.«

Lucy hatte ihr Collegestudium mit Auszeichnung abgeschlossen und war nach Houston gezogen, wo sie niemanden kannte. Sie bekam eine Stelle bei der NASA, und das zu einer Zeit, als die Behörde Arbeitsplätze abbaute. Inzwischen promoviert sie in Geologie. Als Roberta Lucy vorschlug, daß sie jetzt, da sich die Dinge so gut entwickeln, auch ihr Gewichtsproblem in Angriff nehmen könnte, sagte Lucy: »Für mich ist es kein Problem. Ich bin glücklich und zufrieden mit meinem Leben. Ich bin die richtige Person am richtigen Ort und tue die richtigen Dinge.« Und Roberta überlegte, wie sie ihr vermitteln könne, daß sie noch wesentlich glücklicher wäre, wenn sie nicht so dick wäre.

Soweit Roberta weiß, hatte Lucy noch nie einen festen Freund. »Sie ist gern unter Leuten und hat viele Freunde. Aber ich glaube nicht, daß ihr Liebesleben so aussieht, wie ich es ihr wünschen würde. Dieses Thema anzusprechen ist nicht leicht, weil es mit dem Problem, das zwischen uns besteht, zusammenhängt – nämlich wie sie ihren Körper behandelt und was das bedeutet. Aber in meiner direkten Art habe ich zu ihr gesagt: ›Lucy, du reduzierst die Zahl derer, zu denen du eine enge Beziehung haben könntest. Du vermittelst den Leuten durch deinen Körper einen bestimmten Eindruck. Du hast scheinbar beschlossen, nicht schön zu sein, obwohl du eigentlich eine schöne Frau bist. Und das registrieren die Leute natürlich.‹«

Lucys Gewicht beeinflußt das ganze Familienleben. Roberta erzählte uns, daß auch ihr Mann Schwierigkeiten hat, darüber zu reden. »Wenn die Sprache darauf kommt, nimmt er sie immer ein bißchen in Schutz und sagt so Sachen wie: ›So ist sie nun mal. Es ist ihr Körper. Die Gesellschaft liegt da falsch mit ihrem Schlankheitsideal. Meine Mutter war auch nicht dünn. Lucy ist einfach so ein Typ, und warum kann die Welt das nicht akzeptieren? Warum muß sie sich ändern?‹« Für sie beide, meint Roberta, »führt das zu der grundlegenden Frage, bis zu welchem Maße die eigenen Kinder jene Vollkommenheit erreichen, die man sich erhofft. Die Probleme entstehen aus dieser Kluft zwischen den eigenen Vorstellungen und deren Verwirklichung. Ich glaube, je älter ich werde, desto leichter fällt es mir, mit dieser Kluft und der Enttäuschung umzugehen.«

Roberta sagt, momentan »halte ich mich zurück. Die meiste Zeit denke ich nicht darüber nach, sondern freue mich an ihrer Gegenwart, und das ist eine ungetrübte Freude. Aber manchmal leide ich sehr darunter. Da wir uns nur noch unregelmäßig sehen und nicht mehr täglich zusammen sind, ist es normalerweise am ersten Tag am schlimmsten. Es trifft mich, und das merkt sie. Ich sage nichts, aber das ist auch nicht nötig. Ich wußte immer, was meine Kinder denken, und ich wäre überrascht, wenn sie nicht auch meistens wüßten, was ich denke. Man kann sich auch ohne zu sprechen viel mitteilen, und egal, wie sehr man sich bemüht, etwas zu verbergen, es kommt doch raus.«

Roberta will ihre Tochter nicht kritisieren, vielmehr versucht sie die Tatsache anzuerkennen, daß es Lucys Problem ist, nicht ihres. »Sie vermittelt mir immer den Eindruck, wenn sie erst einmal soweit ist, wird sie sich um dieses Problem kümmern. Im Moment geht es ihr so gut, und sie hat an der Universität so großen Erfolg, daß ich hoffe, sie nimmt jetzt ihr Gewichtsproblem in Angriff. Auf jeden Fall habe ich beschlossen, daß ich mich aus der Sache raushalte, schließlich ist sie siebenundzwanzig Jahre alt.

Da sie sich jetzt so wohl fühlt«, sagt sie sich, »wäre es doch gemein, sie ans Abnehmen zu erinnern. Ich versuche nur ihr Glück im Auge zu behalten. Jedenfalls will ich, daß sie so glücklich ist, wie sie nur sein kann. Alles, was das einschränkt, denke ich, verursacht Leiden, und das will ich nicht.«

Nicht zu meckern scheint ein Schritt in die richtige Richtung zu sein – warum bleiben die Spannungen dann aber bestehen?

Phoebe Kazdin Schnitzer, Psychologin am Judge Baker Children's Center in Boston, praktiziert Familientherapie und lehrt dieses Fach. Sie ist Mutter eines Sohnes und einer Tochter, die beide in den Zwanzigern sind. Schnitzer glaubt, daß Meckern und die Unterdrückung des Drangs zum Meckern zwei Seiten derselben Medaille sind. Eine Mutter wird nicht viel davon haben, wenn sie den Impuls zu sprechen unterdrückt. »Die Meinung, daß eine Mutter nur den Mund halten muß und ›endlich mit der Meckerei aufhören‹ soll, muß einer genaueren Überprüfung unterzogen werden. Es ist eine weitverbreitete Ansicht, daß Mütter ihren Kindern Probleme bereiten, wenn sie zu kritisch sind, die Lösung lautet deshalb: Man muß nur Kritik vermeiden, und schon wird alles besser. Eine Mutter sagt sich dann: ›Das Verhalten meiner Tochter bringt mich zwar auf die Palme, aber wenn ich möchte, daß unsere Beziehung besser wird, muß ich den Mund halten.‹«

Aber was ist Meckern? Und warum tun wir es? Schnitzer meint, daß Meckern »ein Symptom dafür ist, daß eine Stimme zum Schweigen gebracht wird. Es ist symptomatisch für die Mutter, die sich nie mit ihrer Tochter zusammengesetzt und offen gesagt hat: ›Jetzt hör zu, ich möchte, daß du ein für allemal weißt, was ich von all diesen Dingen halte. Ich glaube, ich habe das noch nicht klar genug ausgedrückt, was es für mich heißt, dich mit diesen Haaren, deinen Klamotten, deinem Gewicht und so weiter zu sehen.‹ Statt weniger Worte über diese Probleme zu verlieren, muß man mehr über sie sprechen – nur in anderer Weise.« Daher hilft es nichts, wenn sich eine Mutter auf die Zunge beißt oder andere halbherzige Maßnahmen ergreift, um sich unter Kontrolle zu halten, wie ihre Kritik nur verhalten oder in halben Sätzen zu äußern.

»Sich auf die Zunge zu beißen genügt nicht«, sagt Phoebe Schnitzer. »Ich glaube nicht an den Nutzen des Schweigens. Ich glaube an das genaue Gegenteil. Wenn sich beide darin einig sind, reden zu wollen, kann man zu seiner Tochter sagen: ›Ich fühle mich verpflichtet, dir zu sagen, was ich davon halte. Ich erwarte nicht, daß du entsprechend handelst oder es sogar gerne hörst, aber ich hoffe, du kannst mir zuhören. Und ich hoffe auch, daß du mir hilfst zu verstehen, was es dir bedeutet.‹ Dann kann man über seine Ängste sprechen, zugeben, daß einem bei ihrem Verhalten, das auch einen selbst betrifft, nicht ganz wohl ist; man kann es frei heraus äußern, daß man sich Sorgen macht, wie der Rest der Welt sie sieht, egal um was es dabei geht.

Es ist nicht leicht, so offen zu sein. Aber die einzige Möglichkeit, Spannungen zu beseitigen, besteht darin, mehr und nicht weniger miteinander zu sprechen. Wenn Sie lernen, Ihre Meinung und Ihre Erfahrungen auf eine andere Art mitzuteilen, wenn Sie sagen können: ›So bin ich, so fühle ich, darüber möchte ich sprechen‹, dann geben Sie Ihrer Tochter ein Modell, dem sie folgen kann. Wenn Sie offen und respektvoll mit ihr sprechen, wird sie Ihnen dann vielleicht in derselben Weise antworten können. Sie schaffen sich so eher die Möglichkeit, einen gegenseitig respektvollen Dialog zu führen.«

AUS SUSANS TAGEBUCH, 17. AUGUST 1995

Zwischen Sarah und mir braut sich ein neues Problem zusammen – was passiert mit den Möbeln, wenn sie erst einmal eine Wohnung in New York gefunden hat? Zuerst sagt sie, sie möchte die beiden Stühle behalten, die ich ihr nach Boston mitgegeben habe und bei denen die Füllung rausquillt, weil ihre Katzen den Stoff völlig zerfetzt haben. Ich habe eine Bemerkung gemacht, daß die Katzen die beiden guten Stücke ruiniert haben, und sie sagte: »Schon, aber du hast gesagt, du willst sie nicht zurück.« Ich erwiderte: »Ja, aber ich habe nicht gedacht, daß sie kaputtgehen werden. Vielleicht legst du ein paar Tücher drüber, damit sie etwas präsentabler aussehen.« Eingeschnappt antwortete sie mir: »Das passiert eben, wenn man zwei Katzen hat.« Das muß ich wohl so verstehen, daß sie immer mit kaputten Möbeln leben wird.

Ich sagte ihr, daß ich die neuen Sachen, die sie braucht, bezahle und daß wir Sofas und Stühle suchen sollten, die ihre Katzen nicht kaputtmachen können, aber daß es auch nicht schlecht wäre, wenn sie ihnen die Krallen kürzen würde. Darauf antwortete sie mir kurz angebunden, daß wir billige Möbel kaufen sollten, so daß sie sich keine Gedanken machen müsse, ob ihre Katzen teures Zeug zerkratzten. Ich meinte, ich hätte nicht die Absicht gehabt, teure Sachen zu kaufen, sondern stabile und trotzdem hübsche Möbel. Ich sagte zu ihr: »Laß uns nicht streiten. Wir wollen lieber einen Kompromiß schließen. Ich kaufe dir billige Rattanmöbel, die die Katzen nicht in Versuchung bringen, sich über sie herzumachen, aber du hältst ihre Krallen kurz, in Ordnung?«

Ich merkte, wie wichtig es für mich war, daß sie, wenn sie nach New York zurückkam – sozusagen in meinen Hinterhof –, eine hübsche Wohnung hat. Warum? Weil meine Freunde zufällig zu Besuch kommen könnten? Vielleicht. Eine Wohnung muß für mich gepflegt sein, alles andere kann ich, glaube ich, nicht mit meinem ästhetischen Empfinden vereinbaren. Aber ich weiß, daß sie kein Ableger von mir ist. Ich will also meine Bedürfnisse zurückstellen und mich an das oberste Gebot halten: Es ist ihr Leben.

30. AUGUST 1995

Heute rief Sarah von Boston aus an, als sie gerade beim Ausräumen ihrer Wohnung war. Sie fragte mich noch einmal, ob ich meinte, sie sollte die beiden Stühle nach New York karren. Ich sagte: »Die Stühle sind hin. Ich würde sie wegwerfen, ich würde sie nicht in meiner Wohnung haben wollen. Aber das ist meine Meinung und nicht unbedingt deine. Wenn es dich nicht stört, dann bring sie mit.« Ich merkte, daß ich mich bei dem, was ich sagte, nicht schuldig fühlte. Ich sagte genau das, was ich tatsächlich meinte, und nicht nur eine Version dessen, was ich meinte, und der Ton, in dem sie mir antwortete, ließ mich darauf schließen, daß diese Klarheit richtig war. Sie sagte: »Na, dann lass' ich sie vielleicht da.« Ich hatte eine gutes Gefühl bei dem Gespräch, und zwar nicht, weil sie mir zustimmte, sondern weil wir uns beide nicht aufgeregt hatten.

Das Bedürfnis zu meckern überwinden

Sie können den ersten Schritt machen, um zu einem Dialog zu kommen, der von gegenseitigem Respekt geprägt ist, gleich wie tief die Bindung zu ihrer Tochter geht oder wie flüchtig das Gespräch mit ihr bislang ausfiel. Leah P., eine fünfundfünfzigjährige Redakteurin, gibt zu, daß sie sich jahrelang entweder auf die Zunge gebissen oder herumgemeckert hat. Das hofft sie, überwunden zu haben. Immer wieder sind Leah und ihre achtundzwanzigjährige Tochter Joan über Geschmacksfragen in Streit geraten. Leah ist groß, eine gutgekleidete Frau mit einer eindrucksvollen, perfekt frisierten weißen Mähne. »Joan weiß, daß mir Aussehen sehr viel bedeutet, und sie teilt dieses Interesse«, erzählt Leah. »Natürlich ist es ihr nicht egal, wie sie aussieht. Aber es war nicht ganz leicht für sie, einen eigenen Stil zu finden, der zu ihr paßt und nicht nur eine Kopie von meinem Stil ist. Ich war ihr dabei keine Hilfe. Vielleicht war ich zu freizügig mit meinen Ratschlägen, was sie tragen und wie sie ihre Wohnung einrichten sollte, und sie hat zu sehr auf meinen Rat gehört. Es gibt auch Zeiten, wo sie mich um meine Meinung bittet und sich dann über das ärgert, was ich sage. Irgendwann habe ich gemerkt, daß sie ihren eigenen Stil finden möchte. Das soll sie auch tun, und ich muß sie lassen.

Ihre Haare waren immer ein Streitpunkt«, erzählt Leah. »Jahrelang trug sie sie bis zur Taille, und dauernd fielen sie ihr ins Gesicht. Immer wieder habe ich zu ihr gesagt, wie toll sie mit kurzen Haaren aussehen würde. Vor ungefähr zwei Jahren ließ ich das bleiben, und letzten Sommer waren ihre Haare auf einmal kurz. Ob ich weiß, wo hier Ursache und Wirkung liegen? Klar. Aber ich glaube auch, daß sie viel reifer geworden ist und mehr Vertrauen in ihr eigenes Stilempfinden gewonnen hat.

Daher sprach ich vor kurzem das Thema Haare nur mit einigem Bedenken an«, erzählt Leah. »Sie hat einen phantastischen Haarschnitt – noch kürzer als vorher – und sieht toll aus. Sie hat ein wunderbares Gesicht, mit hohen Wangenknochen, das jetzt erst richtig zur Geltung kommt. Aber meiner Meinung nach macht der Pony, den sie sich in die Stirn kämmt, diese Wirkung wieder zunichte. Das ist keine große Sache, aber dadurch wird betont, wie schmal ihr Gesicht ist. Wenn sie dagegen den Pony nach hinten kämmt, kommt das ganze Gesicht besser raus.

Das ist natürlich nicht das Ende der Welt. Aber ich hoffte, ihr das sagen zu können, und vielleicht, nur vielleicht, würde sie mich ausreden lassen. Heute abend waren wir zusammen essen, und ich sagte: ›Joan, ich möchte dir etwas zu deinen Haaren sagen.‹ Sie fiel mir ins Wort: ›Es interessiert mich nicht, was du sagen willst. Ich mag meine neue Frisur.‹ Ich merkte, daß ich enttäuscht war und ärgerlich wurde, und dann hielt ich inne und dachte: ›Ich möchte nicht, daß dieses Gespräch so endet wie die Gespräche bislang immer geendet haben.‹ Deshalb sagte ich: ›Wie kommt es, daß du meinst, mir sagen zu dürfen, daß mein Lippenstift zu dunkel ist, und ich überlege, daß du vielleicht recht hast, aber daß ich dir nichts sagen darf, was du ja nicht akzeptieren mußt? Du kannst dich danach richten oder auch nicht. Ich möchte nur, daß du mir zuhörst.‹ Und sie sagte, nicht wirklich freundlich, aber ich merkte, daß sie versuchte offen zu bleiben: ›Na gut, was hältst du also von meinen Haaren?‹ Ich glaube, keine von uns wollte, daß der Abend mit einem Streit endete. Ich sagte also, was ich über ihr schönes Gesicht und dem aus der Stirn gekämmten Pony sagen wollte. Sie hörte zu und sagte: ›Danke. Ich verstehe, was du meinst. Aber ich trage meine Haare genau so, wie sie der Friseur frisiert hat, und genau so mag ich sie.‹ Und ich sagte: ›In Ordnung‹, und damit war das Thema erledigt.«

Das Problem mag unbedeutend gewesen sein, aber Mutter und Tochter haben einen großen Schritt gemacht. »Ich habe den Eindruck, daß da etwas Wichtiges und Neues passierte«, sagt Leah. »Wir hatten ein richtiges Gespräch. Früher gab das immer nur mordsmäßige Streitereien. Daß wir über unsere verschiedenen Ansichten sprechen konnten, ohne daß sich eine von uns beiden in die Enge gedrängt oder mißachtet fühlte, war etwas Neues. Ich bin mir sicher, sie fühlte sich immer noch bedroht, jedenfalls zu Beginn. Aber wir haben uns beide Mühe gegeben und die andere zu verstehen versucht.

Wir sprachen vernünftig, klar und respektvoll miteinander. Wir haben es stillschweigend akzeptiert, daß wir nicht derselben Meinung waren«, sagt Leah. »Irgendwie hat sich das jetzt erledigt. Ich werde auf jeden Fall nie wieder die Rede auf ihre Haare bringen.«

AUS MARILYNS TAGEBUCH, 30. AUGUST 1995

Warum stört mich an Kate so sehr, daß sie alles auf die lange Bank schiebt? Weil ich weiß, daß ich selbst anfällig dafür bin, und es einen besonders nervt, wenn man am eigenen Kind etwas wiedererkennt, was man an sich selbst nicht mag? Welche Kriterien man auch heranzieht, bis auf einige meiner vermutlich unerfüllbaren Ansprüche kann man sagen, daß Kate ausgesprochen erfolgreich ist. Sie war im College gut. Sie war eine phantastische Lehrerin, ohne auf besondere Erfahrungen oder Hilfen zurückgreifen zu können. Sie nimmt ihr Leben in die Hand. Die täglich anfallenden Entscheidungen ließen sich vielleicht auch mit weniger Hin und Her treffen, aber sie ist von ihnen auch nicht überfordert. Sie hat einen tollen Freundeskreis.

Aber sie ist unentschlossen. Na und? Sie schafft es nicht, das, was sie sich vorgenommen hat, vom Tisch zu kriegen. Sie wartet bis zur letzten Minute, so daß sie es manchmal nicht so hinbekommt, wie sie es vorhatte. Aber warum zerbreche ich mir darüber den Kopf? Ich weiß, daß sie sich selbst darüber Gedanken macht, es ist also nicht nur mein Problem. Vielleicht trage ich meinen Teil dazu bei, daß sie so unentschlossen ist – um damit die Verbindung zwischen uns aufrechtzuerhalten. Sie erwähnt in einem Gespräch, daß sie irgend etwas nicht getan hätte oder daß sie etwas tun müsse. Das greife ich dann auf. Ich kriege Angst. Sie reagiert auf meine Angst, und schon verselbständigt sich die Sache. Es gibt wohl bessere Möglichkeiten, eine Verbindung aufrechtzuerhalten.

Gestern abend hat sie mich zum Beispiel angerufen und erzählt, daß sie endlich einen ganzen Stapel Briefe an ihre Schüler vom letzten Jahr geschrieben hat. Das hat sie seit Anfang des Sommers vorgehabt. Statt darauf hinzuweisen, wie ich deshalb an sie hingeredet habe, sagte ich einfach: »Dann mußt du ja jetzt erleichtert sein.«

19. SEPTEMBER 1995

Kate erwähnte letzte Woche ihrem Vater und mir gegenüber, daß sie sich Gedanken wegen ihres Freundes mache. Er ist vor vier Jahren vom College abgegangen und kehrt jetzt, nachdem er drei Jahre bei der Marine war und ein Jahr gearbeitet hat, dorthin zurück. Es fiel ihm nicht leicht, sich wieder ans Studium zu gewöhnen, und er hatte Angst, auch diesmal schlecht in den Prüfungen abzuschneiden. Kate macht sich Sorgen um ihn.

»Weißt du«, sagte sie zu mir, »mir geht es so, wie es dir immer gegangen ist. Man will jemandem sagen, daß er sich an die Arbeit machen, sie nicht vor sich herschieben soll (!), mit einem Referat rechtzeitig beginnen soll und dieses ganze Zeug. Es ist irgendwie komisch.« Sie lachte. Ich auch. Dann sagte ich: »Na ja, das einzige, was ich dir dazu sagen kann, ist, daß es normalerweise nicht besonders viel nützt.« Wir mußten noch mal lachen.

Heute rief sie an und erzählte, daß er sich übers Wochenende rangehalten habe und eine Hausarbeit überarbeitet und im voraus etwas für ein anderes Seminar gelesen habe.

Ein Durchbruch! Daß sie uns etwas so Intimes erzählte und sich in mein früheres Verhalten einfühlen und darüber lachen konnte! Ich war den ganzen Tag über in Hochstimmung.

Was, wenn es um substantiellere Dinge als die Frisur oder die Zeitplanung geht? Was soll man sagen, wenn die Tochter zum Beispiel Eßstörungen oder ein Gewichtsproblem hat oder immer wieder vergißt, ihre Medikamente für eine chronische Krankheit zu nehmen? »Wenn mich etwas quälen würde, was ich für eine ernste Angelegenheit hielte, würde ich mich als Mutter verpflichtet fühlen, von Zeit zu Zeit die Sprache auf dieses Thema zu bringen«, sagt Phoebe Kazdin Schnitzer. »Ich würde meiner Tochter etwa Folgendes sagen: ›Du wirst tun, was du willst, aber wir haben lange nicht mehr darüber gesprochen, und ich möchte, daß du weißt, daß ich mir noch immer Sorgen deshalb mache.‹ Vielleicht entwickelt sich daraus ein Gespräch, auf jeden Fall haben Sie Ihrer mütterlichen Pflicht Genüge getan und sie wissen lassen, was Ihnen Sorge bereitet. Ich würde darauf hoffen, daß eine solche überlegte Bemerkung Spannungen abbaut und Sie gleichzeitig aus Ihrer Not befreit, die unausgesprochenen Worte zu sagen oder zurückzuhalten, die zweifellos in der Luft lagen. Jedenfalls muß man sich bewußt sein, daß sich zwar die Beziehung zu Ihrer Tochter und die Art des Gesprächs zwischen Ihnen beiden verbessern lassen, sich das Verhalten der Tochter aber nicht ändern muß.«

Kathy Weingarten stellt dazu eine wichtige Beobachtung an: »Oft ist es nicht das vordergründige Problem – das Gewicht der Tochter, ihre unordentliche Wohnung, ihre Haare –, das an der Mutter ›nagt‹, vielmehr geht es dabei um bedeutsame Probleme, die nicht so leicht zu erkennen sind. Sie mag Hinweise darauf von ihrer Tochter aufgreifen, genausogut kann sie aber auch selbst eine genaue Vorstellung davon haben. Und so wird die Mutter mit den Nörgeleien nach einer Möglichkeit suchen, ein Gespräch über diese tieferliegenden Probleme zu beginnen.« Nebenbei erwähnte Cynthia G., daß sie und ihre Tochter über den Zustand von Leslies Wohnung nicht im Zusammenhang damit gesprochen haben, daß sich Leslie möglicherweise Gedanken darüber macht, fast dreißig Jahre alt und unverheiratet zu sein. Cynthia vermutet, daß Leslie Angst hat, die Wohnung könnte ein deutliches Zeichen für ihr Singledasein sein und die damit einhergehende Bedeutung in unserer Gesellschaft. Gehen die Gedanken von Leslie in diese Richtung? Hat sie es vermieden, über ein tiefergehendes Problem zu sprechen, durch das ihre Mutter verstehen könnte, warum sie sich dagegen sträubt, die volle Verantwortung für ihre Wohnung zu übernehmen? Wenn Cynthia das Gespräch auf diese bedeutsamere Ebene bringen kann, ist es beiden Frauen vielleicht möglich, das gewohnte Muster des Meckerns und Trotzes in einen echten Dialog zu verwandeln.

Solche Gespräche sind nicht leicht zu führen. Der Umstand, daß bestimmte Themen umgangen wurden, verweist auf deren Bedeutung. Sie berühren oft den Kern des Selbstverständnisses einer Tochter. Roberta S. hat sich einigen der Probleme angenähert, die ihren Sorgen wegen des Gewichts ihrer Tochter zugrunde liegen, als sie über die gesellschaftliche Bedeutung des

Übergewichts von Frauen in unserer Kultur gesprochen hat. Sie hat ihre Tochter aber nicht zu einer Erklärung veranlaßt, welche Bedeutung das Dicksein in ihrem Leben hat. Sie sollte vielleicht sagen: »Du mußt mir helfen, dich zu verstehen. Du sagst, daß du jetzt glücklich bist. Aber es fällt mir schwer, das nachzuvollziehen. Unsere Kultur legt soviel Wert darauf, daß eine Frau schön ist, und du hast dich dafür entschieden, nicht schön zu sein, obwohl du weißt, daß du eine schöne Frau sein könntest. Kannst du mir das erklären?« Oder sie könnte sich an das Thema annähern, indem sie sich noch einmal überlegt, wo ihrer Meinung nach der Ursprung von Lucys Problem liegt. »Ich kann mir vorstellen, daß das für dich eine sehr komplizierte Frage ist. Aber ich habe so meine Vorstellung, was die Ursache von all dem sein könnte. Ich frage mich, ob du nicht dein Gewicht dazu benutzt hast, um die unerwünschte Aufmerksamkeit von Männern abzuwehren. Als du jünger warst, hattest du vielleicht kein anderes Mittel, um dich zu schützen. Aber heute kannst du vielleicht anders damit umgehen. Ich würde gerne mit dir darüber sprechen.« Wenn man ein solches Gespräch beginnt, ist es wichtig, im Kopf zu behalten, daß es nicht dazu dient, zu einem Ergebnis zu gelangen – ihr Verhalten wird sich wohl eher nicht ändern –, aber der Dialog kann dadurch gestärkt werden. Man ersetzt das Meckern durch eine Form des Sprechens, die auf Ehrlichkeit, Klarheit und dem Willen, dem anderen zuzuhören, gründet.

Auf die Definition der Frau in unserer Kultur eingehen

Als wir noch einmal die Geschichten der Frauen durchgingen, die uns – verschämt oder freimütig – erzählten, daß sie sich dabei ertappt haben, ihre Töchter anzumeckern, zeigte sich, daß ihre Kritik fast immer mit ihrer Unzufriedenheit zu tun hatte, wie sich ihre Töchter nach außen hin darstellten. Eine Frau sagte: »Was das körperliche Erscheinungsbild angeht – Gewicht, Essen, Nägelkauen, was man zu einer Verabredung oder ins Büro anzieht –, unterscheide ich mich vermutlich nicht von anderen Frauen: Ich kritisiere an ihnen herum, weil in unserer Kultur das Erscheinungsbild der Frau so wichtig ist. Wir sind unseren Töchtern gegenüber in einer Weise kritisch, die wir nicht mal selbst verstehen. Gegenüber unseren Söhnen nicht. Das liegt an unserer Kultur.«

Demzufolge kommt das Meckern daher, daß man früher nicht genug gesagt hat und nicht zuwenig. Vielleicht sind wir uns nicht darüber im klaren, ob wir unsere Töchter auffordern sollen, so zu sein, wie auch immer sie sein wollen, oder ob wir sie dazu bringen sollen, mit den gesellschaftlichen Vorstellungen über Frauen konform zu gehen. 1995 haben Amerikaner mehr als 6 Milliarden Dollar für Hautpflegeprodukte ausgegeben und weitere 8 Milliarden Dollar für Kosmetika. Frauen im Alter zwischen fünfundzwanzig und vierundfünfzig stellten den größten Käuferanteil. Was bedeutet das?

Frauen in unserer Kultur wurde beigebracht zu glauben, daß sie ein bestimmtes Schönheitsideal anstreben müssen, um Männern zu gefallen. Unbarmherzig drückt uns die Mode-, die Kosmetik- und die Diätindustrie das Bild der großen, schlanken und ewig jungen Frau auf – ein Ideal, das zu erreichen sich die meisten Frauen abquälen.[1]

Es ist nichts Falsches daran, attraktiv sein zu wollen. Wenn eine Frau Make-up tragen möchte, wenn sie modebewußt ist, wenn sie auf ihr Gewicht achtet und sie diese Dinge für sich selbst tut, ist das in Ordnung. Aber wenn sie unbedingt schöner sein will, um sich eine bestimmte Identität zurechtzuzimmern, wenn sie schöner sein will, um in der Welt voranzukommen, dann ist ihr Streben nach Schönheit zerstörerisch.

Es ist wahr, daß es nicht länger ein einziges Idealbild dessen gibt, was attraktiv ist und wonach eine Frau streben sollte, da der Intelligenz und dem Konkurrenzwillen einer Frau größere Bedeutung eingeräumt wird, man mehr auf eine Vorstellung von natürlicher Schönheit vertraut und da nichteuropäische Models die Vorstellung in Frage stellen, daß es nur eine Form weiblicher Schönheit gibt. Aber unser Aussehen ist immer noch sehr wichtig, und das gilt in unserer Gesellschaft stärker für Frauen als für Männer. Genau darin liegt das Problem. Vielleicht haben Mütter Schwierigkeiten, dieses Thema anzusprechen, weil sie – obwohl sie sich nicht der Tyrannei eines Schönheitsideals fügen – nicht wollen, daß ihre Töchter benachteiligt werden, wenn sie sich ihm bewußt widersetzen.

Maria W.s Tochter Shannon lehnt ganz entschieden das von unserer Mainstream-Kultur hervorgebrachte Ideal des äußeren Erscheinungsbildes ab. Die dreiundzwanzigjährige Shannon ist eine ehrgeizige Filmemacherin. Sie und ihre Freunde definieren Schönheit ganz anders als ihre Mütter oder die Gesellschaft, in der sie leben. Maria hat verschiedene Phasen hinter sich, in denen »ich Ratschläge gegeben habe, herumgemeckert und den Mund gehalten habe, bis ich schließlich gemerkt habe, daß es mich eigentlich überhaupt nicht mehr interessierte. Was haben wir nicht alles durchexerziert, von ›Rasier dir nicht die Haare bis auf einen halben Zentimeter ab, und färb sie nicht blond‹ über ›Laß dich nicht tätowieren, später wirst du's bereuen‹ zu ›Mal dir keine Bilder auf deine Stirn. Die Polizei wird dich nachts aufgreifen.‹ Und die Polizei hat sie wirklich nachts aufgegriffen, woraufhin ich meinte: ›Siehst du, ich hab's dir doch gesagt.‹ Ihre Antwort lautete natürlich: ›Die Polizei in unserer Gesellschaft ist einfach brutal und schikaniert die Leute.‹

Inzwischen hat sie ihre Haare schwarz gefärbt«, erzählte uns Maria. »Sie sieht toll aus. Ich hab meinen Teil gesagt und werde mich jetzt um dieses Zeug nicht mehr kümmern. Wissen Sie, ich habe kein Mittelklassekind, ich habe ein verkrachtes Mittelklassekind. Sie gehört zur Generation X. Um was es mir jetzt geht, sind Sachen wie: Wie kriege ich sie dazu, zum Zahnarzt zu gehen oder ihr Auto versichern zu lassen. Diese Kinder lehnen die Sozialversicherung ab, weil sie nicht zum System gehören wollen.

Letzten Sommer waren wir auf einem Familientreffen, und sie präsentierte sich in einem dieser zu engen und zu kurzen flippigen Kleider mit riesigen, klobigen Stiefeln. Alle anderen sahen so aus, als wären sie geradewegs dem Quelle-Katalog entstiegen. Natürlich lachten alle über sie, und sie wußte, daß sie das tun würden. Aber trotzdem ist sie so hingegangen. Es hat keinen Sinn, mit ihr darüber zu reden.

Ich habe mir schließlich gesagt, wenn sie meint, daß sie das tun muß, dann muß ich sie wohl lassen. Ganz einfach lassen. Dich kümmert das nicht wirklich, was die anderen von dir denken. Und wenn sie jetzt weniger von dir halten, weil sie so ist, wie sie ist – Pech.

So reagiert natürlich nur die konservative Hälfte meiner Familie. Wenn ich sie den anderen vorführe, sagen die: ›Ach, war sie schon immer so modebewußt?‹«

Es hat mehr als zehn Jahre und eine Reihe schmerzhafter Auseinandersetzungen gebraucht, bis Maria das Aussehen ihrer Tochter mit einem gewissen Abstand und Humor sehen konnte. Im Laufe dieser Zeit hat sie erfahren, daß Meckern nicht weiterbringt. Sie hat Shannon erklärt, welche Folgen Shannons Verhalten ihrer Meinung habe und warum sie sich darüber Gedanken mache. Sie hat lieber den Dialog aufrechterhalten, als dem Impuls nachzugeben, sich über ihre Tochter aufzuregen und sie dadurch für immer zu vertreiben. Sie hat gelernt, daß es ihr wichtiger ist, die Beziehung aufrechtzuerhalten, als zu versuchen, ihrer Tochter ein Ideal von Attraktivität aufzuzwingen, das dem Selbstgefühl der Tochter widerspricht.

»Das geht schon so lange«, sagt Maria, »daß ich diese seltsamen Klamotten, ihre Tätowierungen und die gefärbten Haare gar nicht mehr sehe, wenn ich sie anschaue. Was ich sehe, ist dieser schöne Mensch mit seinem schönen Lächeln, eine sehr kluge und freundliche und nachdenkliche Person. Ich kann dann nur sagen: ›Ich werde dich lieben, was auch immer passiert.‹«

Das Liebesleben der Tochter

Als unsere Töchter heranwuchsen, war unsere erste Sorge, was ihr Liebesleben anging, daß sie nicht dazu verführt werden würden, sexuelle Erfahrungen zu machen, zu denen sie noch nicht bereit waren. Wenn sich eine unserer Töchter mit einem netten jungen Mann verabredete, freuten wir uns natürlich. Wenn er nicht gerade unserem Ideal entsprach, konnten wir mit einiger Nachsicht davon ausgehen, daß sie seiner schnell überdrüssig wurde. Wir konnten ihre Liebschaften als Experimente betrachten, die sie begannen und dann wahrscheinlich abbrachen. Aber kaum sind unsere Töchter erwachsen, neigen wir dazu, jeden Freund als einen möglichen Lebenspartner einzustufen.

Es ist wahr, daß die heutige Gesellschaft eine Frau nicht mehr länger allein über ihre Beziehung zu einem Mann definiert. Frauen werden zunehmend über das, was sie tun, und nicht mehr ausschließlich nach ihrem Familienstand beurteilt. Die steigende Scheidungsrate legt nahe, daß ihr Beruf eher eine Konstante in ihrem Leben ist als ihre Männer. Viele der moralischen Imperative, die eine Ehe verlangen, haben an Macht verloren: Vorehelicher Sex wird oft als selbstverständlich betrachtet; mit einem unehelichen Kind ist kaum mehr eine Stigmatisierung verbunden; immer mehr Männer und Frauen bekennen sich offen zu ihrer Homosexualität.

Unsere Erwartungen an unsere Töchter spiegeln diese Veränderungen wider. Die meisten von uns heißen es gut, wenn junge Frauen mit dem Heiraten warten, bis sie sich ihrer selbst ganz sicher geworden sind. Wir gehen davon aus, daß voreheliche sexuelle Erfahrungen unausbleiblich, wenn nicht sogar wünschenswert sind. Wir wollen, daß sich unsere Töchter ihren Unterhalt selbst verdienen können. Wir sind uns der Möglichkeit bewußt, daß sie nie heiraten werden, und versuchen sie nicht mit abwertenden Kommentaren über alleinstehende Frauen zu belasten. Wenn sie lesbisch sind, dann akzeptieren wir das.

Nichtsdestotrotz ist es einer unserer dringlichsten Wünsche, daß unsere Töchter zu gegebener Zeit einen liebenden, fürsorglichen und festen Partner finden. Wir merken, daß es eine alleinstehende Frau im Leben noch immer schwerer hat. Frauen gewinnen durch eine Heirat und den Mann, den sie heiraten, immer noch an gesellschaftlichem Status. Genausowenig wollen wir, daß unsere Töchter einsam sind, und glauben, daß das Leben reicher ist, wenn man es mit einem Partner teilt.

Von allen Entscheidungen, die unsere Töchter treffen, ist die Wahl des Partners diejenige, worüber Mütter sich am meisten Gedanken machen. Wenn wir sehen, daß unsere Töchter glücklich verheiratet sind oder eine feste Beziehung mit jemandem haben, den wir mögen, können wir ein wenig aufatmen, dann ist unsere Hauptaufgabe erledigt.

Gedanken über die Ehe

Nancy Washington arbeitet in der Verwaltung eines Colleges und hat zwei Töchter, Linda, eine zweiunddreißigjährige Lungenspezialistin, und Laura, eine achtundzwanzigjährige Finanzberaterin. Sie ist sehr stolz auf die Leistungen ihrer Töchter. Sie meint auch: »Ich wollte unbedingt, daß sie heiraten. Mehr als meine Freunde. Einige meiner Freunde sind viel lokkerer, was das angeht. Aber ich habe fast jedem erzählt, daß ich möchte, daß meine Töchter heiraten. Ich war in meiner Ehe die meiste Zeit glücklich, und ich wollte, daß auch sie diese Erfahrung machen. Ich war regelrecht fixiert darauf.

Mein Mann und ich waren einmal auf einer Party in Pittsburgh und lernten dort eine Frau kennen, die in einem Krankenhaus in New York arbeitet. Mein Mann unterhielt sich mit ihr über Linda – ich glaube, Linda war damals noch Assistenzärztin. Als ich mich zu den beiden gesellte, sagte sie: ›Sie müssen ja sehr stolz auf ihre Tochter sein.‹ Und ich sagte: ›Ja, aber ich hätte gern, daß sie heiratet.‹ Es kam dann so, rein zufällig, daß meine Tochter in der nächsten Woche im Operationssaal arbeitete und diese Frau reinkam, sie war Krankenschwester. Als sie mitbekam, wer Linda war, sagte sie: ›Ich habe letzte Woche Ihre Mutter in Pittsburgh kennengelernt. Sie möchte, daß sie heiraten.‹«

Nancy lachte, als sie die Geschichte erzählte, als ob sie damit unterstreichen wollte, wie peinlich es ihr war, daß sie, selbst eine berufstätige Frau, so sehr auf eine Heirat ihrer Tochter aus war. Belda Lindenbaum, Mutter von fünf Kindern, war sehr erleichtert, als ihre Tochter Vicki, die für eine Unternehmensberatungsfirma arbeitet, mit sechsundzwanzig Jahren heiratete. Von allen Frauen, mit denen wir gesprochen hatten, hatte Belda eine unverfälschte, aus dem 19. Jahrhundert stammende Vorstellung von den Grausamkeiten des Heiratsmarktes bewahrt. »Es ist schrecklich, wie das läuft – wie ein Stück Obst ist man den einen Tag noch reif und am nächsten Tag schon angefault. Ich find's schlimm.« Belda meint, ihr sei das durch ihre Söhne klargeworden. »Monatelang sind sie mit einem Mädchen zusammen, und dann verlassen sie es. Das ist wie auf der freien Wildbahn. Die Jungen sagen, es ist nicht leicht, das richtige Mädchen zu finden. Aber sie haben ja auch ein längeres Haltbarkeitsdatum als Mädchen!«

Übereinstimmend begrüßten nur Frauen aus dem Süden eine Heirat in relativ jungen Jahren, wie wir bei unseren Reisen durch die Vereinigten Staaten feststellten. Arlen M. ist eine attraktive fünfzigjährige Frau, die in Charlestown, South Carolina, an einer staatlichen High-School in einem Präventionsprogramm für Schulabbrecher unterrichtet. Ihre ältere Tochter Martha, sechsundzwanzig, hat eine feste Beziehung, und Harper, dreiundzwanzig, ist verlobt. Wir fragten Arlen nach dem Druck, unter dem junge Frauen aus dem Süden wegen des Heiratens stehen. »Ich glaube, die Leute im Süden haben eine traditionellere Vorstellung davon, wie das Leben einer Frau aussehen sollte, und dazu gehört eben, daß sie verheiratet ist und Kinder hat. Sie kriegen auch nichts anderes in ihrer Umgebung mit. Unsere Freunde führen ein sehr beständiges Leben. Sie sind in der Kirche aktiv. Sie sind verheiratet und haben Kinder, und das Familienleben ist ihnen wichtig. Auch ohne gesellschaftlichen Druck würde ihnen etwas fehlen, wenn sie keine Familie hätten.«

Aber auch im Süden vollzieht sich ein Wandel. »Die Mädchen hier heiraten nicht mehr so früh wie wir«, erzählte uns Arlen. »Harper ist eine der ersten in ihrem Freundeskreis.« Wie die meisten ihrer Freundinnen heiratete Arlen, kurz nachdem sie das College abgeschlossen hatte. »Nachträglich wünschte ich mir, ich hätte es nicht getan. Ich habe meinen Töchtern immer gesagt, ich möchte, daß sie zumindest ein Jahr arbeiten, bevor sie heiraten. Ich habe das gar nicht so richtig mitgekriegt, so schnell wurde ich von der Tochter zur Ehefrau und dann zur Mutter. Ich hatte keinen Schimmer, wer ich eigentlich war, und so soll es meinen Töchtern nicht gehen.«

Welchen Mann wir ihr wünschen

Wenn unsere Mütter sagten: »Ich möchte, daß du einen Mann findest, der dich glücklich macht«, dann meinten sie jemanden, der uns ein gutes Leben bietet und sich um uns kümmert. Uns ist es eher wichtig, daß unsere Töchter einen Mann finden, der sie nicht nur finanziell, sondern auch emotional unterstützt. Eine Frau erzählte uns: »Wenn ich für meine Töchter einen

Partner aussuchen sollte, dann würde ich jemanden wählen, der aus einer glücklichen Familie stammt.« Wieder eine andere sagte: »Ich habe ihr gesagt, daß sie einen Mann heiraten soll, der, soweit sich das sagen läßt, geliebt worden ist, besonders von seiner Mutter.« Eine weitere hat ihren Töchtern geraten: »Vergewissert euch, daß der Kerl interessant ist. Ihr werdet viel Zeit mit ihm verbringen.«

AUS MARILYNS TAGEBUCH, 10. MÄRZ 1996

Hughs dreiundsechzigster Geburtstag. Er hat wieder einen Magendarminfekt. Ich sammle unsere Steuerunterlagen zusammen, bin selbstzufrieden und gleichzeitig etwas ärgerlich, weil er im Bett liegt, liest und fernsieht. Wenn es zwischen uns richtig gut läuft, teilen wir die Arbeit nahezu gerecht unter uns auf – er konzentriert sich auf seinen Beruf, während ich meiner Arbeit nachgehe und gleichzeitig den Haushalt schmeiße. Ich gebe zu, daß es mir besser geht als vielen Frauen in diesem Buch. Mit Haushaltshilfe und flexiblen Arbeitszeiten war ich nie so gebunden wie Karrierefrauen und alleinerziehende Mütter.

Zu Beginn unserer Ehe erwartete Hugh von mir Rücksichtnahme auf seine Bedürfnisse, zu der ich damals bereit war. Das wäre ich jetzt nicht mehr. Über die Jahre lernte ich, mehr zu fordern, und er hat gelernt, das zu respektieren und sich stärker an der Hausarbeit zu beteiligen. Was das angeht, unterscheiden wir uns, glaube ich, nicht von anderen Haushalten.

Trotzdem ist unsere Familie bestimmt nicht typisch, da das, was der traditionelle Vater in der traditionellen Familie macht, in unserer die Mutter macht. Ich frage mich, welchen Einfluß dieses Vorbild auf unsere Töchter hat. Sie schätzen Hughs Klugheit, seine Begabung und sein berufliches Engagement, und ich denke, sie wissen, wie wichtig das für unsere Ehe ist. Aber sie sind in einem Haushalt aufgewachsen, in dem die

Mutter die finanziellen Entscheidungen trifft, das Auto fährt und für alles Praktische zuständig ist. Ich trage einfach gerne die Verantwortung und habe das Kommando. Hinter meinem liberalen Auftreten bin ich wahrscheinlich ein kleiner Diktator. Ich habe gern recht. Ich treffe gern die Entscheidungen.

Ich frage mich, welche Wirkung mein Verhalten auf die Mädchen hat. Sowohl Kate als auch Kore sind sich ihrer Fähigkeit, solche Dinge zu können, gewiß – vielleicht nicht wirklich gewiß, aber sie gehen davon aus, daß sie sie einmal tun werden. Ich nehme an, daß die Männer ihrer Generation weniger steinzeitlich sind als die Männer in meiner Jugend. Trotzdem – werden die Mädchen mit Männern Konflikte haben, die ich nie hatte? Werden sie zuviel voraussetzen? Ich und Hugh und sie selbst wollen, daß sie selbstbewußt und unabhängig sind und doch fähig zu einer Beziehung. Haben wir ihnen eigentlich klar genug gezeigt, wie das geht?

Beth Curry hat zwei Söhne und eine Tochter. Sie erzählte uns, daß sie einmal auf einer Dinnerparty war, auf der sich das Gespräch der Frage zuwandte, welche Eigenschaften der Partner haben sollte. Sie notierte sich einige der Überlegungen, die im Laufe des Gesprächs angestellt wurden, auf einer Serviette, um sie ihren Kindern zu zeigen. Sie hat die Serviette aufbewahrt. Dies ist die Liste von Beth:

Abenteuerlust (oder Aufgeschlossenheit)
Freundlichkeit
Familiensinn
Geduld
Humor
Großzügigkeit
Der andere mag dich so, wie du bist
Jemand, mit dem man gut Entscheidungen fällen kann
Wieviel lacht man miteinander?
Ihm liegt viel an der Ehe

Evelyn Tang hat während der letzten Jahre mit ihrer einzigen Tochter Frances viel über die Ehe gesprochen. Frances ist inzwischen dreißig und verheiratet und selbst Mutter eines kleinen Jungen. »Einen Leitsatz habe ich meiner Tochter schon ganz früh mit auf den Weg gegeben, und ich möchte ihn auch anderen Mädchen mitgeben. Meine Mutter sagte mir immer: ›Geh nicht davon aus, wie er dich behandelt, sieh dir an, wie er die anderen behandelt. Wenn er in dich verliebt ist oder dich heiraten möchte, wird er sich so verhalten, daß er dir gefällt, aber das ist nicht sein wahres Gesicht. Nur wenn du dir ansiehst, wie er andere Leute behandelt, erkennst du sein wahres Gesicht.‹«

Barbara Weene betonte, wie wichtig es sei, einen Mann mit ähnlichen Werten und Interessen wie den eigenen zu finden. Sie erzählte uns von einem Vorfall vor zehn Jahren, als ihre sechzehnjährige Tochter sich nicht zwischen zwei Jungen entscheiden konnte. »Der eine sah gut aus, hatte ein schnelles Auto, wollte Sex und so weiter. Der andere war der Sohn eines Schriftstellers und war selbst auch kreativ – er schrieb Lieder und Gedichte. Sie erzählte mir: ›Ich habe das Gefühl, ich kann ihm alles sagen, er interessiert sich für mich, er respektiert mich, aber er kann nun mal nicht küssen.‹ Ich antwortete ihr: ›Na ja, wie wichtig ist das? Laß es mich so sagen, es gibt zwei Möglichkeiten. Du kannst dem Jungen, der nicht küssen kann, beibringen, wie man küßt, wenn ihr verwandte Seelen seid, oder du kannst dich für den anderen Jungen entscheiden, der vielleicht weiß, wie man küßt, aber zu dem du keine seelische Nähe spürst. Was ist besser?‹ Sie antwortete, sie würde sich das überlegen, und ein paar Tage später kam sie zu mir und sagte: ›Ich hab beschlossen, Adam beizubringen, wie man küßt.‹ Die Beziehung dauerte vier Jahre.«

AUS MARILYNS TAGEBUCH, 24. APRIL 1996

Kate und ich verbrachten ein wunderbares Wochenende in einem Kurort. Während eines Gesprächs über einige ihrer Freunde, die demnächst heiraten, kam die Rede darauf, woher man wisse, ob der Mann, mit dem man zusammen ist und in den man verliebt ist, auch der Mann ist, den man heiraten möchte. Aus ihrem Ton schloß ich, daß sie nur ganz allgemein und theoretisch darüber sprechen wollte und nicht über sich selbst, aber das war in Ordnung. Ich erinnerte mich daran, daß mir die Aussage einer der Mütter, mit denen wir gesprochen hatten (Angela A.), gut gefallen hatte. Ich griff sie schamlos auf. »Das wichtigste ist nicht die Wahl des Mannes, sondern ob man selbst bereit ist zu heiraten oder nicht. Wo man im Kopf ist. Wie sicher man sich seiner selbst ist und was man von einem anderen Menschen erwartet. Wenn man sich das klargemacht hat, wird man die richtige Entscheidung fällen.« Kate zuckte zwar mit den Achseln, aber sie schien sich nicht unbehaglich zu fühlen, und daher sprach ich weiter. »Wenn man in einer wirklich guten Beziehung steckt, wird man sich fragen, denke ich, ob sie einfach nur angenehm ist oder ob sie wirklich etwas Neues zum eigenen Leben beiträgt. Unterstützt man sich wechselseitig, oder wird die Arbeit vor allem von einem geleistet? Kann man sich vorstellen, daß man sich weiterentwickelt, und zwar jeder für sich, aber auch gemeinsam?« Das in etwa sagte ich. Hin und wieder zuckte sie die Achseln.

Jetzt war ich richtig in Fahrt: »Den Sex darf man natürlich nicht vergessen. Bekommst du, was du willst? Kannst du mit deinem Partner offen darüber sprechen?« Das schien ihr einen Schritt zu weit zu gehen, und ich muß zugeben, daß auch ich an diesem Punkt nicht weitersprechen wollte. Wir wechselten das Thema. Aber ich glaube, es war eine neue Vertrautheit zwischen uns entstanden.

Jewelle Bickford erzählte uns ihre Erfahrung: »Was ich zu diesem Thema vor allem zu sagen habe, ist, daß auch eine gute Ehe nicht alles im Leben sein kann. Ich habe einen engen Geschäftsfreund. Mein Mann hat keine Ahnung, wie eng dieses Verhältnis ist. Mit Nat kann ich nicht über den Handel von Wertpapieren sprechen, der einen so großen Teil meines Lebens einnimmt. Ich möchte, daß meine Töchter wissen, daß eine Ehe nicht alles sein kann. Der Ehemann kann nicht alle Rollen erfüllen. Wenn man jung ist und sich eine glückliche Ehe vorstellt, glaubt man, daß man sich gegenseitig alles ist. Aber das ist unmöglich. Gute Freundinnen und Freunde sind sehr wichtig. Ich habe so großes Vertrauen zu meinen Freundinnen, und ich möchte, daß meine Töchter wissen, daß man all diese Beziehungen haben kann, aber deshalb die Ehe nicht schlechter sein muß. Im Gegenteil, es macht sie besser.«

Arlen M. meinte: »Ich möchte nicht, daß meine Mädchen blind in irgendeine Beziehung hineinstolpern. Martha hatte schon so viele Freunde, und immer dachte sie, das wäre jetzt der richtige. Ich habe ihr schon öfter gesagt: ›Es gibt mehr als einen Mann, den du heiraten könntest und mit dem du glücklich wärst. Wenn ich einen anderen Mann geheiratet hätte und nicht deinen Vater, dann wäre diese Ehe auch gut und stabil, davon bin ich überzeugt.‹ So etwas will sie aber gar nicht hören, weil sie von ihren Eltern eine romantische Vorstellung haben möchte. Was mich bei ihr noch beunruhigte, war, daß ich den Eindruck hatte, sie könne nicht ohne Freund sein. Das beunruhigte mich sehr. In unserer Gesellschaft kann man nicht damit rechnen, daß immerzu ein Mann um einen herum ist. Ich wollte, daß sie auch allein zufrieden ist und nicht einen Mann braucht, um sich als vollständig zu begreifen. Da habe ich sie wirklich bearbeitet.«

Kathy Weingartens Mutter gab eine vielversprechende Karriere als Journalistin auf, um ihre beiden Töchter großzuziehen. Sie drängte Kathy, sich einen Mann zu suchen, für den es wichtig ist, daß eine Frau ihren Beruf ernst nimmt, gleichzeitig ging sie aber davon aus, daß Haushalt und Familie in Kathys Aufgabenbereich liegen würden. Kathy Weingarten meint, daß das für die damalige Zeit ein guter Rat war, sie selbst aber den Frauen für die Zukunft einen anderen geben würde. In ihrem Buch »The Mother's Voice« beschreibt sie, was sie ihrer Tochter, die damals gerade in die Pubertät kam, sagen möchte, wenn sie erwachsen ist: »Wenn du dich für einen Mann entscheidest, dann sollte es einer sein, der deine Arbeit für genauso wichtig wie die seine hält, dem die Familie so wichtig ist wie dir und der für eine Firma arbeitet, deren Chefs und Kollegen überzeugt sind, daß Vaterschaft so wichtig wie Mutterschaft ist und für diese Unterstützung auch eintreten.«[1]

Evelyn Tang ging immer davon aus, daß ihre Tochter Frances heiraten würde, aber sie impfte ihr von Anfang an die Überzeugung ein, daß Frauen für sich selbst sorgen können sollten. »Als sie jünger war, sagte ich ihr: ›Heiraten ist toll, und man kann auch sehr zufrieden sein, wenn man alleine lebt. Je besser deine Ausbildung ist, desto kleiner wird die Auswahl an Männern, und zwar nicht, weil du sie nicht willst, sondern weil sie dich dann vielleicht nicht wollen. Es ist auf jeden Fall wichtig, die eigenen Möglichkeiten umzusetzen, statt darauf zu warten, daß einen jemand nimmt.‹ Ich sagte, daß das einzige, worauf man zählen könne, man selbst sei, nicht die Eltern, nicht der Ehemann, nicht die Kinder. Man muß auf eigenen Füßen stehen können. Ich glaube, ich hatte sie für den Fall des Falles auf ein Leben als Alleinstehende vorbereitet. Und dann heiratete sie den perfekten Mann.«

Eine Heirat über ethnische oder kulturelle Grenzen hinweg

Evelyn wurde auf dem chinesischen Festland geboren und heiratete einen Mann, den sie seit ihrer Grundschulzeit in Taiwan kannte. Ihre Tochter Frances wählte einen Amerikaner englischer Abstammung, der in Sacramento aufgewachsen ist. Evelyn und ihr Mann hatten keine Schwierigkeiten mit der Entscheidung von Frances. »In unserer Generation gibt es Väter, die sagen würden, daß man nur einen Chinesen heiraten kann. Das habe ich nie verstanden. Wenn man nur Chinesen mag, sollte man zurück nach China gehen. Wenn man in diesem Land leben will, sollte man sich auch integrieren.«

Wir fragten die Frauen, wie wichtig es ihnen sei, daß ihre Töchter jemanden desselben Glaubens und derselben ethnischen Herkunft wählten. Die meisten meinten, daß es unter sonst gleichen Bedingungen einfacher ist, innerhalb der eigenen Gruppe zu heiraten. Wie Marianne Collins, eine fromme Katholikin, die für ihre Erzdiözese arbeitet, die dazu meint: »Für mich ist es wichtig, daß sie jemanden heiraten, mit dem sie viel gemeinsam haben. Je mehr man mit jemandem teilt, desto besser verträgt man sich.«

Eine kleine, aber überzeugte Minderheit vertrat die Auffassung, daß ethnische und religiöse Unterschiede zu großes Gewicht hätten, um über sie hinwegsehen zu können. Nancy Washington, die gemeinsam mit ihrem Mann zum Kopf der Schwarzengemeinde von Pittsburgh gehört, hatte nicht damit gerechnet, welche widersprüchlichen Empfindungen sie haben würde, als ihre Tochter Linda eines Tages mit einem weißen Kommilitonen nach Hause kam. »Als die Mädchen heranwuchsen, sagten wir ihnen immer, daß wir wollten, sie würden allem und jedem aufgeschlossen gegenüberstehen. Einige ihrer besten Freunde waren keine Afroamerikaner, und das fanden wir ganz toll. Wir begingen die verschiedenen Feiertage und machten viel Aufhebens darum, wie wunderbar es ist, in einer so buntgemischten Welt zu leben. Als sie dann jemanden mit nach Hause brachte, der anders war, lag das Problem auch nicht darin, daß ich etwas gegen ihn einzuwenden gehabt hätte, sondern darin, daß ich nicht damit gerechnet hatte. Es wäre mir nicht in den Sinn gekommen, daß das die natürliche Folge ihrer Offenheit war.

Sie wußte, daß das nicht unproblematisch war. Sie ist ein sehr afrozentrischer Mensch, mehr als ich oder mein Mann. Sie war sich zumindest intellektuell ihrer Abstammung sehr bewußt und hat sehr viel darüber nachgedacht. Er war sich seiner Abstammung genauso bewußt. Die Sache war nicht die, daß sich hier einfach zwei Leute gefunden hatten, vielmehr waren sie sich beide vollkommen im klaren darüber, wer sie waren und wie verschieden sie waren. Es ging auch nicht darum, daß sie sich wegen dieser Unterschiede mochten, vielmehr mochten sie sich, weil sie die gleiche Ausbildung absolvierten – beide studierten Medizin – und ähnliche Lebensziele hatten. Diese Ähnlichkeiten würden aber nicht die Unterschiede auslöschen.« Nancy ist erleichtert, daß die Beziehung nicht von Dauer war und Linda einen Afroamerikaner geheiratet hat.

Miriam H. hofft, daß sie nichts dem Zufall überlassen hat. Sie führt einen koscheren Haushalt und hat ihre Töchter streng religiös erzogen. Es ist ihr wichtig, daß sie jüdische Männer heiraten. »Nicht nur wichtig, sondern entscheidend«, sagt sie. Darüber hinaus hat Miriam ihren Töchtern Rachel und Leah gesagt, auf welche anderen Dinge sie achten sollen: »Welches Verhältnis hat der Junge zu seiner Familie – nicht, wer ist seine Familie, sondern, wie steht er zu seinen Eltern? Moralische Fragen – ist er ehrlich? Welche Ausbildung hat er? Was möchte er tun? Arbeitet er hart? Hält er sich von Drogen fern?« Manchmal fragt sie sich, ob ihre Töchter das, was sie meinte, wirklich verstanden haben: »Wenn ich mal die Sprache darauf bringen sollte, und ich bin sehr vorsichtig und schneide das Thema selten an, sagen sie: ›Es geht nur darum, ob man jemanden liebt.‹ Aber es geht nicht nur darum! Ich weiß nicht, ob es das Ende der Welt bedeutet, wenn sie keinen Juden heiraten, aber es könnte sein!«

Uns fiel auf, daß die meisten Frauen angesichts der Heirat ihrer Tochter über ethnische oder religiöse Grenzen hinweg ihr Augenmerk eher auf den Charakter des Mannes richteten als auf seine Herkunft. Paula S. erzählte uns, sie sei mit dem Mann, den ihre Tochter vor einem Jahr geheiratet hatte, rundum einverstanden. »Natürlich wäre es schön gewesen, wenn er Jude wäre, aber ich habe gelernt, daß das Geheimnis darin liegt, ob dieser Mensch das Gute in deiner Tochter stärkt und ihr bestimmt kein Leid zufügt.« Caitlin C. und ihr Mann haben ihre Kinder im Bewußtsein ihrer irisch-amerikanischen Herkunft erzogen und waren erst mal schockiert, als drei ihrer Töchter Männer heirateten, die zwar katholisch waren, aber einen anderen ethnischen Hintergrund hatten. »Peg heiratete einen Mann, dessen Familie aus Kuba stammt, Bobys Familie kommt aus Kolumbien, und Nicks Mutter ist Italienerin und sein Vater Baske. Erst fand ich das seltsam, plötzlich so viele Spanier in meiner Verwandtschaft zu haben«, sagt Caitlin. »Aber ich habe gemerkt, daß ihnen die Familie genauso wichtig ist wie uns. Außerdem haben sie uns mit anderen schönen Traditionen bekannt gemacht, mit anderer Musik zu den Feiertagen, mit anderen Gerichten. Nicks Familie hat uns in die Oper eingeladen und zu einem wundervollen Fischessen an Weihnachten, und dieses Jahr waren wir am Tag der Arbeit bei Pegs Schwiegereltern auf einem schönen Grillfest.«

Wenn eine Mutter mit der Wahl ihrer Tochter nicht einverstanden ist

Die Frauen, die uns von ihren Einwänden gegen die Partnerwahl ihrer Töchter erzählten, hatten vor allem Bedenken, daß die Tochter einen Mann gewählt hatte, der sich ihrer Selbstverwirklichung in den Weg stellen könnte. »Er nimmt nur und gibt nicht«, sagte eine Mutter. »Er führte sich auf wie ein Star, aber ich habe mein Kind nicht dazu großgezogen, damit es immer zwei Schritte hinter jemandem hergeht«, sagte eine andere. »Dieser Mann saugt sie aus.« »Ich hatte Angst, sie würde nur ein Anhängsel sein.« »Er ist ein böser Mann, verbal gewalttätig.« »Er ist nicht so klug wie sie.« »Sie läßt es zu, daß er sie beherrscht.« »Wenn sie sagt, daß er sich bestimmt ändern wird, schrillen bei mir die Alarmglocken.«

Haben sie ihre Einwände den Töchtern gegenüber zum Ausdruck gebracht? Und welchen Verlauf nahmen die Geschichten? Einige Frauen entschieden sich, nichts zu sagen, weil sie nicht wollten, daß es so aussah, als ob sie sich einmischen würden. Andere haben offen ihre Meinung gesagt und werfen sich das jetzt vor, weil sie befürchteten, daß ihnen ihre Töchter diese Offenheit nie ganz vergeben haben. Ein paar Frauen hatten eine Möglichkeit gefunden, damit umzugehen – sie sagten, was sie dachten, und ihre Beziehung wurde dadurch gestärkt, egal ob ihre Töchter ihren Rat befolgten oder nicht.

»Sie ist erwachsen, sie will sich nichts sagen lassen«

Viele Frauen stellen ihre Bedenken zurück, was den Partner ihrer Tochter angeht, weil sie nicht genau sagen können, was sie stört, oder weil sie, wie eine Frau meinte, »nicht glauben will, was für schreckliche Dinge dem Kind passieren können«. Es bereitet ihnen Unbehagen, die Fähigkeit ihrer Tochter anzuzweifeln, wichtige Entscheidungen selbst treffen zu können. Zwei Frauen erzählten uns, wie sie unter ihrem inneren Konflikt gelitten hatten, als sie mitansehen mußten, wie ihre Tochter eine Wahl traf, die ihrer Meinung nach nichts Gutes verhieß.

Elana B. ist sechsundfünfzig Jahre alt und Mutter von vier Kindern. Sie wuchs im mittleren Westen auf und zog nach ihrer Scheidung nach Philadelphia. Sie hat zu jedem ihrer Kinder ein enges Verhältnis, besonders zu ihrer Ältesten, der fünfunddreißigjährigen Myra. Elana glaubte immer, daß erwachsenen Kindern Distanz zugestanden werden sollte. Diese Überzeugung wurde auf die Probe gestellt, als Myra vor vier Jahren ihre Verlobung mit einem Mann verkündete, mit dem Elena nicht warm werden konnte. Myra und ihr Mann planten, nach der Hochzeit nach Portland, Oregon, zu ziehen, was Elanas Sorge noch verstärkte.

Elana erzählte uns: »Ich fand ihn nie besonders charmant, wenn er es auch vermutlich sein konnte. Ich mochte ihn einfach nicht, allerdings kannte ich ihn nicht besonders gut. Myra war sehr nervös, als sie uns miteinander bekannt machte. Sie fragte mich, was ich von ihm hielte, aber wenn man jemanden gerade kennengelernt hat, wird man wohl kaum sagen: ›Na ja, ich fand ihn seltsam.‹ Ich glaube, daß Myra den Umzug nach Portland hinausschob, hatte wenig damit zu tun, daß sie ihre Stelle nicht aufgeben wollte, sondern damit, daß sie in ihrem tiefsten Inneren wußte, daß sie einen riesigen Fehler beging.

Der Vater ihres Mannes war trockener Alkoholiker, und er haßte seine Mutter, was ich für ein sehr schlechtes Zeichen hielt. Ich glaube, das habe ich Myra auch gesagt. Myra verteidigte ihn immer – wie klug er ist, daß er dies ist und jenes. Mir kam das ziemlich komisch vor. Ich denke, es war wichtig für sie, glauben zu können, daß sie meine Zustimmung hatte.«

Nach der Hochzeit ging die Ehe schnell den Bach hinunter. »Als sie dorthin gezogen waren, hielt er sie fast wie eine Gefangene«, sagt Elana. »Dann wurde er verbal gewalttätig – da waren sie ein paar Monate verheiratet –, er sagte ihr, daß er sie nicht mehr liebe. Ich fuhr zu ihr, weil mich ihre Anrufe so beunruhigt hatten. Ich ertrug es nicht, was da vor sich ging. Er war lieb und nett zu mir, und dann wandte er sich zu ihr um und redete mit ihr wie ein herrschsüchtiger, brutaler Vater zu seinem Kind. Ich merkte, wie sie immer mehr in sich zusammenfiel. Ich konnte sehen, wie sie ihr Selbstbewußtsein verlor, es war schrecklich. Ich wollte, daß sie diesen Mann verließ. Dann fing er an sie zu beschuldigen, sie würde mich gegen ihn aufbringen, und machte sich dadurch selbst zum Opfer. Es war grotesk.«

Zu dieser Zeit konnte Elana endlich klar sagen, was sie dachte. »Ich sagte ihr, sie solle ihn verlassen. Woraufhin sie meinte, sie sei nicht jemand, der geht. Als ich sagte: ›Myra, ich weiß nicht, wohin das führen soll. Entweder du gehst in Therapie und er auch, oder du verläßt ihn, wenn du unglücklich bist‹, antwortete sie mir: ›Ich habe kein Geld, was soll ich denn tun?‹ Ich bot ihr an, ihr Geld zu geben, aber sie konnte sich nicht dazu durchringen, ihn zu verlassen. Als ich dann zwei Monate später geschäftlich in Seattle war, rief sie mich an und sagte, er wolle, daß sie gehe. Ich sagte: ›Du solltest gehen wollen! Geh einfach! Geh! Nimm mit, was du unbedingt zum Leben brauchst, laß den Rest zurück und komm zu mir! Der Mann ist gefährlich. Hau verdammt noch mal ab!‹

Sie fuhr also nach Seattle, und ich verabredete mich mit ihr in meinem Hotel. Ich bat an der Rezeption, mir Bescheid zu geben, wenn meine Tochter angekommen ist, aber sie haben es nicht gemacht. Eine Stunde später ging ich runter, und da saß sie und tat nichts – können Sie sich das vorstellen –, sie saß einfach eine Stunde rum und wartete darauf, daß ich kommen würde, vollkommen hilflos. Sie war wie unter Schock. Wie ein geschlagenes Tier. Es war unglaublich. Ich nahm sie mit aufs Zimmer. Sie sah schrecklich aus. Sie wollte sich die Haare schneiden lassen, und wir gingen raus zu einem Friseur. Sie hatte keinen Mantel, und es war kalt, also kaufte ich ihr einen Mantel. Ich glaube, das war der Tiefpunkt in meinem Leben.«

Myra kehrte in den Osten zurück und ließ sich scheiden. Vor kurzem begann sie wieder, mit Männern auszugehen. Sie und Elana sehen sich sehr oft. Elana sagt: »Ich glaube, sie begreift inzwischen, daß das jedem passieren kann, daß das nicht unbedingt bedeuten muß, daß mit ihrem Urteilsvermögen etwas nicht stimmt. Er erwischte sie an ein paar schwachen Stellen. Aber die hat wahrscheinlich jeder von uns, und es ist nur menschlich, wenn man sich dann so verhält. Wir sprechen die Dinge nicht unbedingt aus – das liegt an meiner nordischen Art, an dem Germanischen in mir, auch wenn ich eigentlich sehr gefühlvoll bin. Ich sagte ihr, daß ich Joel nicht mochte, aber erst, nachdem die Katastrophe schon passiert war – ich dachte mir, sie ist erwachsen, sie will nicht, daß ich ihr so etwas sage.

Nach diesem Vorfall beschloß ich, mit meiner Meinung nicht mehr hinterm Berg zu halten. Ich werde jetzt sagen, was ich mag und was ich nicht mag. Daraus muß man ja keine große Sache machen. Ich werde das ganz ruhig sagen, erklären, daß mir etwas, was immer es sein mag, Sorgen macht. Auch ich bin an dieser Erfahrung gewachsen.«

Wie Elana sah auch Louise D. Anzeichen dafür, daß ihre siebenundzwanzigjährige Tochter Julie möglicherweise in eine desaströse Ehe schlitterte, und auch sie hatte das Gefühl, sie sollte lieber nichts dazu sagen. Sechs Monate nach der Hochzeit eröffnete Julie ihren Eltern, daß ihr Mann Scott kokainabhängig sei. Bis sie schließlich auszog – anderthalb Jahre später –, war er einige Male verhaftet worden und saß eine sechsmonatige Gefängnisstrafe wegen Drogenbesitzes ab.

Louise geht in ihrem Beruf als Lehrerin auf. Sie hat viel darüber nachgedacht, wie man Kinder zur Unabhängigkeit und mit einem Gefühl für die eigenen Fähigkeiten erziehen kann. Seit Julie und ihre zwei Brüder erwachsen sind, haben Louise und ihr Mann versucht, eine Politik des Laisser-faire zu betreiben. »Gerade als sie Teenager waren, habe ich festgestellt, daß es das beste ist, einfach für sie dazusein. Anzuerkennen, daß sie nicht mein Leben für mich leben werden und daß sie meine Wertvorstellungen und meine Interessen nicht unbedingt übernehmen wollen. Wir liebten uns, wir waren füreinander da, wir hatten keine Angst vor Meinungsverschiedenheiten, aber es bestand die Übereinkunft zwischen uns, daß wir nur Ratschläge geben und unsere Standpunkte mitteilen wollten. Weil jeder von uns sein eigenes Leben zu leben hatte.«

Louise hat uns erzählt, daß sie ihre Kinder ganz bewußt anders erzogen hat, als sie selbst aufgewachsen ist. »Meine beiden älteren Schwestern und meine Mutter gehören zu dem Typ Frau, der eine Sache, ohne zu zögern, in die Hand nimmt, indem er entweder viel Geld ausgibt oder den Leuten ein Ohr abquatscht. Sie beherrschen die Kunst, jemanden zum Schweigen zu bringen. Ich wollte, daß meine Kinder das Gefühl haben, daß ich sie respektiere und ihr Recht, selbst über ihr Leben zu entscheiden. Ich wollte nicht, daß sie Angst haben, Fehler zu machen.«

Als Julie das College beendet hatte, arbeitete sie als Buchhalterin in Atlanta. Damals erzählte sie ihren Eltern das erste Mal von Scott. Sie machten sich Gedanken, weil er kein Ziel zu haben schien. Sein Collegestudium hatte er immer wieder unterbrochen und hatte bis dato keinen Abschluß gemacht. »Seine Eltern waren bereit, ihm ein Auto zu finanzieren, aber nicht seine Ausbildung, was uns sehr seltsam vorkam«, erzählte Louise. »Meine Tochter begann damals, Zutrauen zu sich selbst zu entwickeln, und ich hatte den Eindruck, sie war bereit, die Welt zu erobern, deshalb hatte ich Angst, daß er sie davon abbringen könnte.«

Louise fiel auch auf, daß Julie, als sie zu den Hochzeitsvorbereitungen nach Hause kam, angespannt und schlecht gelaunt war. »Später fand ich heraus, daß sie sich ihrer Sache ganz und gar nicht sicher gewesen war, aber damals dachte ich, daß sie vielleicht meine Mutter und meine Schwester nervten oder daß sie unter Druck stand, weil sie aufhören mußte zu arbeiten.

Jedenfalls glaubte ich nicht, das Recht zu haben, ihr zu sagen, daß sie einen Fehler machte. Gleichzeitig war ich der Meinung, daß sie da auch wieder herauskäme, wenn sich ihre Entscheidung als ein Fehler entpuppen sollte. Darüber hinaus hatte das, was wir sagen konnten, wahrscheinlich überhaupt keine Bedeutung, und wenn wir zu sehr darauf herumritten, trieb sie das vielleicht erst recht in seine Arme. Aber als sie dann von seinem Drogenproblem erzählte, sagten wir, sie solle ihn verlassen. Zuerst wollte sie nicht. Sie betrachtete es wie eine Krankheit und wollte helfen. Aber es wurde immer schlimmer. Wir sagten ihr klipp und klar, daß wir sie unterstützen würden, wenn sie ihn verlassen wollte – ihre Umzugskosten zahlen, die Bürgschaft für eine neue Wohnung stellen und so weiter. Wir sagten, daß wir glaubten, sie befände sich in einer gefährlichen Situation, nicht nur wegen seiner Freunde aus der Drogenszene, sie könnte sich ja auch mit Aids infizieren. Wir gingen es von dieser Seite aus an.«

Wir fragten Louise, ob sie wünschte, nachdem sie den Ausgang der Geschichte nun kenne, sie hätte früher ihren Mund aufgemacht. »Nein, um es noch einmal zu sagen – es ist ihr Leben. Inzwischen denke ich mir, es ist passiert, und es ist vorbei. Julie ist unglaublich daran gewachsen. Ich glaube, sie möchte irgendwann noch einmal heiraten und eine Familie haben.« Louise meint, diese Krise habe sie einander nähergebracht. »Da Julie inzwischen mehr Erfahrungen gemacht hat, ist sie eher bereit, meinen Standpunkt zu verstehen. Wir können über bestimmte Angelegenheiten miteinander reden und unsere Gedanken austauschen. Ich glaube, ich habe deutlich gezeigt, daß ich nicht über sie herfalle mit so Sprüchen wie ›Das habe ich dir doch gleich gesagt‹ oder ›Das war aber dumm. Was hast du dir dabei bloß gedacht?‹ Ich glaube, sie vertraut mir heute mehr.«

Louise ist auch im nachhinein der Meinung, sie hätte sich in Julies unglücklicher Geschichte richtig verhalten. Elana ist sich ihrer da nicht so sicher: In dem, was sie erzählt, kommt die Überzeugung oder zumindest der Wunsch zum Ausdruck, daß ihre Tochter vielleicht anders gehandelt hätte, wenn sie offen gewesen wäre. Mütter neigen dazu, sich die Schuld zu geben, wenn im Leben ihrer Kinder etwas schiefläuft, und je höher der Einsatz ist, desto verantwortlicher fühlen sie sich. Sie neigen zu der Annahme, daß die Angelegenheit für ihre Tochter besser ausgegangen wäre, wenn sie etwas anderes gesagt oder ihre Meinung entschiedener vorgebracht hätten. Diese nachträgliche Einsicht macht uns noch anfälliger für Selbstquälereien. Aber weder Louise noch Elana wußten, daß der Mann, den ihre Tochter heiratete, sich als ein solcher Fehlgriff erweisen würde. Sie ahnten nur, daß Probleme entstehen könnten. Als dann nicht mehr zu übersehen war, daß diese Ehen ein Fiasko waren, hatten sie beide keine Schwierigkeiten, entschieden ihre Meinung zu sagen, und ihre Töchter nahmen ihren Rat an. Die Töchter machten ihre Mütter in keiner Weise für die schlechten Ehen verantwortlich, und in beiden Fällen ist die Beziehung zwischen Mutter und Tochter nach dieser schlimmen Erfahrung eher noch enger als früher.

Unsere Kinder werden in ihrem Leben immer wieder Fehler machen. Wir können das nicht verhindern, und wir sollten uns nicht dafür verantwortlich fühlen. Wenn die erwachsene Tochter eine falsche Entscheidung trifft, bringt es nichts, sich selbst die Schuld zu geben, es ist weder nötig noch hilfreich. Wir dürfen nicht vergessen, daß sie ihr eigenes Leben lebt. Sie trifft eine Entscheidung, und die Gründe dafür muß sie selbst herausfinden. Wir können ihr am ehesten helfen, wenn wir sie dazu motivieren, sich zu überlegen, welche Beweggründe sie dazu gebracht haben, sich auf eine fragwürdige Beziehung einzulassen.

Das heißt nun nicht, daß wir nichts sagen können, wenn wir von vornherein den Eindruck haben, an der Sache stimmt etwas nicht. Es ist immer die beste Politik, offen und respektvoll vorzubringen, was man denkt. Elana hätte direkter auf Myras Verteidigungshaltung reagieren können. Louise hätte Julie vielleicht fragen sollen, warum sie in den Wochen vor der Hochzeit so nervös war, statt davon auszugehen, sie kenne die Gründe. Wie Phoebe Kazdin Schnitzer betont: »Sich selbst gegenüber ehrlich zu sein ist eine wichtige Vorgabe, wenn man etwas ausspricht. Es geht nicht unbedingt darum, zu einem Ergebnis zu kommen oder den anderen zu überzeugen. Eine Aussprache sollte nichts damit zu tun haben, ob die Tochter mit dem, was sie getan hat, erfolgreich war oder gescheitert ist. Wenn man etwas zur Sprache bringt, dann, um der eigenen Vorstellung des verantwortlichen Verhaltens gegenüber dem Kind gerecht zu werden.«

»Das einmal Gesagte kann man nicht mehr zurücknehmen«

Letty Cottin Pogrebins dreißigjährige Zwillinge Robin und Abigail sind beide glücklich verheiratet. Letty und ihr Mann mögen die Männer ihrer Töchter sehr. Letty erzählte uns, daß sie und ihre Töchter (ebenso der Sohn) nicht weit voneinander entfernt in New York City leben und ein sehr enges Verhältnis haben. Die Mädchen sind wie ihre Mutter Journalistinnen geworden und fühlen sich wie sie jüdischen Familienwerten und dem Feminismus verpflichtet. Letty sagt, es bestünden zwischen ihnen keine Spannungen. Das war anders, bevor Abigail den Mann kennenlernte, mit dem sie heute verheiratet ist, erzählte uns Letty: »Ich hatte einen Riesenkrach mit ihr wegen ihres damaligen Freundes.« Inzwischen haben sie diese Sache zwar hinter sich gelassen, aber Letty glaubt immer noch, daß es ihre Tochter verletzt hat, als sie damals kein Blatt vor den Mund nahm.

»Es war eine schlimme, sehr schmerzhafte Zeit«, sagt Letty, »und dafür gebe ich mir die Schuld. Ich denke, ich hätte meine

Gedanken für mich behalten und die Geschichte ihren Lauf nehmen lassen sollen. Sie wäre wahrscheinlich sowieso zu einem Ende gekommen.« 1990 war Abigail zu einem Mann nach Kalifornien gezogen, den Letty nur schwer akzeptieren konnte. »Ich hatte Probleme mit ihm als Person und weil er kein Jude war, was mir viel bedeutet hat. Wir waren verschiedener politischer Meinung, was wiederum in dieser Familie sehr viel bedeutet. Es gab tiefgehende und grundlegende Differenzen zwischen uns. Und trotzdem – ich glaube, ich war Letty gegenüber zu deutlich und energisch. Ständig haben wir darüber gestritten. Er war bestimmt kein schlechter Mensch, aber ich hatte den Eindruck, er war, was unsere Familie anging, falsch und durchtrieben. Er stellte uns in einer Weise dar, wie wir meiner Meinung nach nicht sind, und ließ uns dabei schlecht wegkommen. Wir stehen uns in der Familie sehr nahe, und auf einmal machte er uns Abigail abspenstig und hetzte sie gegen uns auf. Das brachte unser ganzes Familienleben durcheinander. Deshalb sagten wir was. Ich glaube, ich habe nichts ausgelassen und dabei kein Blatt vor den Mund genommen.«

Lettys Mann mochte Abigails Freund genausowenig, aber die Frage nach der jüdischen Identität war besonders für Letty wichtig. »Ich habe einen starken Sinn für Geschichte und fühle mich sehr mit meinen Ahnen verbunden. Meine Tochter sollte dieses Erbe nicht aufgeben. Ich fühle mich mit den vergangenen Generationen verbunden. Für mich hat das, was uns von unseren Vorfahren überliefert ist, große Bedeutung, und ich ehre ihr Andenken und ihr Leid. Es schien mir wie ein Betrug an all diesen Menschen und all dem Leid, daß ich vielleicht mal ein Enkelkind haben würde, das sich vor dem Kreuz verbeugt und getauft ist. Abigail sagte, daß sie vorhätten, die Kinder mit beiden Religionen aufzuziehen, aber das konnte ich mir nicht vorstellen.«

Wir fragten uns, warum es ein Problem für sie ist, ihre Meinung gesagt zu haben. Letty meint: »Das einmal Gesagte kann man nicht mehr zurücknehmen. Man kann nicht mehr hinter es zurück. Es steht dick und fett im Raum. Wenn wir miteinander sprachen, hatte sie immer im Kopf, was ich von ihrem Freund hielt. Es war wie ein Vorwurf gegen sie, weil es eine indirekte Kritik an ihrer Entscheidung war. Ich sagte nie: ›Wie kannst du einen solchen Menschen lieben?‹, aber das steckte eigentlich hinter meinen Worten.«

Letty und Abigail haben über diese Zeit gesprochen. »Sie hat mir verziehen, aber ich glaube, ich habe sie sehr verletzt und habe es ihr schwergemacht. Irgendwann hat sie den Mann verlassen, aber diese Entscheidung wurde vielleicht durch mich hinausgezögert. Dahinter kann eine gewisse Auflehnung gestanden haben: Wie sollte sie sich sicher sein, daß sie ihn wegen ihrer Gefühle und nicht meinetwegen verließ?«

AUS SUSANS TAGEBUCH, 1. FEBRUAR 1996

Gestern abend haben Sarah und ich im Ollie, einem Lokal nicht weit von ihrer Wohnung, gegessen. Ich möchte nicht, daß sie das Gefühl hat, sie kommt dauernd zu mir – sie behauptete, daß Gerry und ich immer noch erwarteten, daß sie zu uns käme, als ob sie immer noch mehr bei uns als bei sich zu Hause wäre –, daher nahm ich den Bus zur 116ten Straße und traf sie nach ihrer Stunde im Fitneßcenter. Das Abendessen war sehr schön. Wir unterhielten uns über ihre Arbeit und meine Arbeit. Wir sprachen übers Kochen und Rezepte.

Sie hat mich ausgefragt. Wie war der Mann, den ich beinahe geheiratet hätte, bevor ich ihren Vater traf? Was hielten meine Eltern von ihm? Warum habe ich die Verlobung gelöst? Ich erzählte ihr von dem ersten Treffen zwischen ihm und meinen Eltern. Er war von Boston nach New York gefahren und war todmüde, aber hatte sich mit ihnen in ein teures Restaurant geschleppt und dann in einen Nachtklub, wo Jazz gespielt wurde.

Ich erinnere mich, wie ich am nächsten Morgen in der Küche meiner Wohnung in Yorkville stand und hörte, wie meine Mutter ins Telefon sagte: »Er ist zu klein und seine Haare sind zu lang.« Als ob das nicht schon gereicht hätte, fügte sie noch hinzu: »Und er hat den ganzen Abend über gegähnt.« Als ich später zu dem Schluß kam, daß ich vielleicht nur um des Heiratens willen heiraten wollte und es mir gar nicht so sehr um diesen Mann ging, hab ich es trotzdem fast getan, einfach um ihr eins auszuwischen.

Die Unterhaltung über meine geplatzte Verlobung führte zu einem Gespräch über die Ehe und woher man wisse, ob es der Richtige ist. Sarah verriet mir, daß sie Angst habe zu heiraten und sich selbst nicht als Ehefrau vorstellen könne, weil Gerry und ich uns scheiden ließen, als sie zehn war, und sie nicht weiß, wie eine dauerhafte Beziehung aussieht.

Die Scheidung war für Sarah traumatisch gewesen – und muß es noch sein. Ihre Angst, verlassen zu werden, hat dazu beigetragen, daß sie manchmal Schwierigkeiten hatte, eine Beziehung zu beenden. Sie wäre die erste, die zugibt, daß sie länger bei jemandem bleibt, als sie sollte. Aber das erklärt nicht alles. Ihr Vater blieb ihr. Einer der Gründe, warum ich ihn heiratete, war, daß ich wußte, er würde ein guter Vater sein, und er war es auch. Ich weiß auch, daß sie sich jemanden aussucht, dem es nicht gutgeht, weil sie sich gerne um andere kümmert. Als wir uns scheiden ließen, hat sie diese Rolle übernommen – sie war die Starke und kümmerte sich um ihre Schwester. Sie tat dies von sich aus, auch wenn sie viel zu jung dafür war, und es gehört noch immer zu ihrem Selbstverständnis. Ich hoffe, auf Dauer läßt sie sich nicht so sehr davon in Anspruch nehmen, die Bedürfnisse anderer zu befriedigen, daß sie darüber ihre eigenen vergißt.

Wir fragten Phoebe Schnitzer, ob sie glaube, daß eine Mutter dadurch, daß sie ihrer Tochter offen ihre Meinung sagt, diese erst recht dazu bringt, das zu tun, was sie befürchtet. »Ich glaube nicht, daß diese Frage irgendwohin führt«, antwortete sie. »Es bringt nichts, mit sich zu hadern, wenn eine Sache schon geschehen ist. Man kann nicht in die Zukunft blicken und voraussagen, was passieren wird. Es geht darum, seine Integrität zu bewahren.

Solange man deutlich macht, daß das, was man sagt, der eigenen Meinung entspricht, und man sich darüber im klaren ist, daß der Tochter nicht unbedingt etwas daran liegt, hat man das Recht, den Mund aufzumachen.«

Und was passiert, wenn man gegenüber seiner Tochter Vorbehalte gegen den Mann in ihrem Leben äußert und sie ihn trotzdem heiratet? Muß das die Beziehung zu ihr beeinflussen? Wenn man einmal Einwände gegen ihn vorgebracht hat, kann man dann noch jemals ein gutes Verhältnis zu ihm aufbauen? »Man ist ja nicht verpflichtet, sich bei dem Mann einzuschmeicheln, wenn man ihn nicht mag«, sagt Phoebe Kazdin Schnitzer. »Später lernt man vielleicht seine guten Seiten kennen, aber man ist zu nichts verpflichtet, außer dazu, ihn höflich zu behandeln und ihn bei der Tochter nicht schlechtzumachen. Um was es doch eigentlich geht, ist das Verhältnis zur Tochter. Wenn sie sich trotz Ihrer Einwände nicht davon abbringen läßt und ihn heiratet, müssen Sie das akzeptieren und versuchen, ihren Standpunkt nachzuvollziehen. Das heißt aber nicht, daß Sie sich keine Gedanken mehr machen. Sie sollten vielmehr versuchen, im Gespräch mit ihr zu bleiben und die Beziehung zu ihr aufrechtzuerhalten, so daß sie mit Ihnen sprechen kann, falls sie in Zweifel über die Ehe gerät.«

Trotz der Vorbehalte in Verbindung bleiben

Anne S. ist sehr direkt, fast brüsk. Sie ist bei einer Unternehmensberatungsfirma in Boston beschäftigt, die darauf spezialisiert ist, Strategien zu entwickeln, um Firmen wieder in

Schwung zu bringen. Sie sagt von sich: »Ich bin gut im Organisieren. Ich bin die Älteste von fünf Geschwistern, mehr brauche ich wohl nicht zu sagen.« Ihr zweites Kind, Wendy, die einzige Tochter, ist achtundzwanzig Jahre alt. Sie hat die bestmögliche Erziehung genossen, und es sieht ganz so aus, als würde sie in die Fußstapfen ihrer Mutter treten und einen ebenso rasanten beruflichen Weg wählen. Wendy verliebte sich in einen Mann, den sie über die Arbeit kennengelernt hatte, und heiratete ihn im letzten Sommer. Anne war entsetzt über die Wahl ihrer Tochter und sagte ihr das auch. »Ich kann mich nicht an meine genauen Worte erinnern«, erzählte uns Anne, »aber ich muß etwas gesagt haben, was darauf hinauslief, daß er ein Trottel sei.« Sie sagte Wendy ganz unverblümt ihre Meinung, als sie den Mann kennengelernt hatte, und später, als Wendy verkündete, daß sie heiraten würden, noch einmal. Wir sprachen mit Anne sechs Monate nach der Hochzeit, und auch da hatte sie sich noch nicht damit abgefunden. Ihr Ton wurde schärfer: »Er ist und bleibt ein Bürovorsteher, vollkommen langweilig! Er hat nicht viel Background. Er hatte keine Erfahrungen, und da kommt Wendy, der durch ihre Erziehung die ganze Welt offensteht. Die beiden passen zusammen wie die Faust aufs Auge. Und das ist nicht nur meine Meinung. Ihre Freunde haben dasselbe gesagt. Sie riefen mich alle vor der Hochzeit an und haben mich gefragt, ob ich nicht irgendwas machen könne.« Als Anne und ihre Tochter eine Auseinandersetzung wegen des jungen Mannes hatten, verteidigte Wendy ihn. »›Er hat nie irgendeine Unterstützung bekommen, weißt du. Sobald er sie bekommt, wird er ...‹ Und ich sagte: ›Warum mußt gerade du das tun? Ich verstehe das nicht.‹«

Als Wendy ihr von der Verlobung erzählte, konnte Anne nicht mehr schlafen. »Ich fragte mich, warum ich mich so darüber aufregte. Es ist schließlich nicht mein Leben! Man möchte das Beste für seine Tochter, und das ist das, was man selbst für das Beste hält. Wir haben einen ganz eingeschränkten Blick auf die Dinge, der sich nicht einfach auf die übertragen läßt, die in den Neunzigern achtundzwanzig Jahre alt sind. Ich habe die Perspektive von jemandem, der in den sechziger Jahren achtundzwanzig war. In vielerlei Hinsicht ist es mein Problem. Aber deshalb verschwindet es trotzdem nicht.«

Wendy und ihr Mann renovieren ihr Haus, und Wendy hat Anne gebeten, für sie zu bürgen. Wendy ruft mehrmals täglich bei Anne an, um ihr die neuesten Gerüchte aus der Geschäftswelt zu erzählen, von denen sie denkt, daß sie Anne interessieren. Anne versucht, ihrem Schwiegersohn gegenüber freundlich zu sein, aber Wendy läßt ihren Mann vielleicht aus Rücksicht auf die Gefühle der Mutter zu Hause, wenn sie diese zum Essen oder ins Kino einlädt.

Annes Prioritäten sind eindeutig. Auch wenn sie vielleicht noch immer denkt, daß ihr Schwiegersohn »eine trübe Tasse« ist, ist ihr die Tochter doch wichtiger als jeder andere Mensch in ihrem Leben. »Ich möchte meine Tochter nicht verlieren. Wenn Wendy glücklich ist, bedeutet mir das sehr viel. Und was den Mann angeht – ich muß ihn nicht mögen, aber ich muß ihn akzeptieren. Und wenn man ihn akzeptiert, muß man aufhören, an ihm rumzumeckern, und zur Normalität zurückkehren. Sonst bringt man seine Tochter in die Lage, daß sie glaubt, sich entscheiden oder als Vermittlerin auftreten zu müssen. Keiner würde sich mehr wohl fühlen. Es wäre schrecklich. Ich könnte so nicht leben. Wenn ich das täte, müßte Wendy wohl sagen: ›Also, ich seh dich dann an Weihnachten‹, und ich könnte ihr das nicht mal übelnehmen. Ich könnte ihr das kein bißchen übelnehmen.«

Die einundfünfzigjährige June arbeitet zusammen mit ihrem zweiten Ehemann in dessen kleinem Betrieb in der Nähe von New Haven. Junes Tochter Ally ist mit ihren sechsundzwanzig Jahren eine erfolgreiche Schauspielerin. Ally hat seit ihrer Kindheit als Model und als Schauspielerin für Film und Fernsehen gearbeitet und immer mehr verdient, als sie zum Leben brauchte. »Sie hat mit kühlem Kopf ihre Karriere und ihre Finanzen in die Hand genommen, und sie kann großartig mit den guten und den schlechten Seiten, die eine gewisse Berühmtheit mit sich bringt, umgehen.« Allerdings wurde Junes Zutrauen in das Gespür ihrer Tochter für die eigenen Bedürfnisse ein wenig erschüttert, als Ally ihren Verlobten vorstellte.

»Wie alle Eltern denke ich, daß der Mann, auf den die Wahl gefallen ist, nie so gut ist, wie er sein sollte, oder?« sagte June. »Ich finde nicht, daß sie mit Stan die beste Wahl getroffen hat, aber ich bin ja nicht diejenige, die diese Entscheidung zu fällen hatte. Er ist auch Schauspieler, aber ich glaube, er ist nicht besonders ehrgeizig. Ich habe ihr das nie so offen gesagt. Ich habe immer nur Fragen gestellt, die sie dazu bringen sollten, einmal darüber nachzudenken.« Welche Art Fragen? »›Wenn du aus deinem Beruf aussteigen müßtest, um eine eigene Familie zu gründen, könnte er dich dann ernähren?‹ Ihre Antwort war: ›Ich heirate ihn nicht, damit er mich ernährt. Ich wollte nie von einem Mann ausgehalten werden, und ich habe nicht vor, mich jemals in diese Situation zu bringen.‹ Sie hatte es sich also gut überlegt. Und sie hatte gute Gründe, ihn zu lieben. Er hat ein sehr enges Verhältnis zu seiner Familie. Die ganze Familie lebt in der Nähe von Los Angeles, und sie fühlt sich bei seinen Leuten wohl, es sind ja auch sehr nette und liebenswerte Menschen. Und sie lieben sie! Abgesehen davon kennt er sich in ihrem Beruf aus. Sie kann ihn um Rat fragen, und ich glaube, es gibt nicht besonders viele Leute in dem Geschäft, mit denen sie sprechen kann und bei denen sie das Gefühl hat, ihnen wirklich vertrauen zu können.«

Ally ist in geschäftlichen Dingen sehr tüchtig. Sie verwaltet die Finanzen der Familie, sie zahlt die Rechnungen. June sagt: »Ich fände es schön, wenn er meiner Tochter das Leben leichter machen würde. Aber das ist natürlich mein Wunsch und nicht ihrer.«

Diese Fähigkeit von June, ihre Wünsche und die ihrer Tochter auseinanderhalten zu können, erinnerte uns an folgende Bemerkung von Anne S.: »Man möchte das Beste für seine Tochter, und das ist das, was man selbst für das Beste hält.« Keine der Frauen verstand die Wahl der Tochter als einen persönlichen Affront, so daß Mutter und Tochter die Beziehung aufrechterhalten konnten.

»Wir haben irgendwann gemerkt, daß er genau der Richtige für Johanna ist«

Zwei der Frauen erzählten uns, daß sie irgendwann gemerkt haben, daß sie ihre neuen Schwiegersöhne nicht nur akzeptieren, sondern durchaus auch zu schätzen gelernt haben, nachdem sie zuerst die schlimmsten Befürchtungen wegen der Partnerwahl ihrer Töchter gehegt hatten.

Brenda W. und ihr Mann Robert hatten große Zweifel wegen des Verlobten ihrer älteren Tochter. Vor drei Jahren, da war sie siebenundzwanzig, erklärte Johanna ihren Eltern, daß sie Steven heiraten wollte. Steven ist siebzehn Jahre älter als Johanna, geschieden und hat zwei Kinder im Teenageralter. Er ist jüdischer Herkunft und Brenda, und ihre Familie sind Presbyterianer. Das Verhältnis zu Johanna war nie ganz einfach. Sie war launisch, introvertiert, dickköpfig und eigensinnig und hatte nur wenige Freunde in der Schulzeit, sie war, erzählte uns Brenda, »einfach nicht leicht im Umgang«.

Als Brenda feststellte, daß die Sache zwischen Johanna und Steven ernst wurde, sagten sie und Robert ihrer Tochter, welche Einwände sie gegen Steven hatten. »Wir sagten: ›Johanna, uns wäre es lieber, wenn du mit jemandem deines Alters zusammen wärst. Und es wäre uns lieber, wenn du jemanden unseres Glaubens heiratetest. Vergiß auch nicht die ganze emotionale Last, die mit dieser Ehe verbunden wäre – du wirst schließlich zwei Stiefkinder haben.‹ Und Johanna erwiderte, daß sie nicht die Mutter der beiden werden würde und Steven vorhabe auf eigenen Wunsch unserer Kirche beizutreten. Als sie uns dann mitteilten, daß sie heiraten wollten, und wir offen miteinander sprachen, sagte sie: ›Ich weiß, daß ihr bestimmte Einwände habt, aber dagegen kann ich nichts machen.‹ ›Und dadurch lassen wir uns auch nicht von unserer Heirat abhalten‹, meinte Steve noch.«

Nachdem Brenda klargeworden war, daß Johanna entschlossen war, Steven zu heiraten, so erzählt sie, »stellte ich alle Vorbehalte zurück und bereitete ihr eine Traumhochzeit. Inzwischen haben wir gemerkt, daß er der Richtige für sie ist. Eines Abends aßen wir zusammen, und sie redete und redete, und da legte ihr Mann seine Hand auf ihren Arm und meinte: ›Johanna, laß doch auch mal die anderen zu Wort kommen.‹ Und sie tat's, großzügig wie sie ist. Er hat Einfluß auf sie. Robert und ich blickten uns an und dachten beide, toll, das haben wir nie hingekriegt.«

Brenda glaubt, daß Johanna in dieser Ehe zu sich selbst gefunden hat. Und Steven vielleicht auch. »Sie geben sich Sicherheit und Vertrauen, beide sind in ihrem Beruf erfolgreicher und haben gemeinsam auch mehr Freunde und unternehmen mehr.« Brenda und Robert laden Steven zu jedem Familientreffen ein. Brenda sagt: »Ich glaube, daß er sich bei mir tatsächlich wohl fühlt. Er beschäftigt sich mit ganzheitlicher Medizin und hat mit Massage zu tun. Das interessiert mich auch. Wir treffen uns auf dieser Ebene. Er hat mich sogar mit seinem Massage-Therapeuten bekannt gemacht. Robert … na ja, er und Steven sind noch nicht so richtig warm miteinander geworden. Robert erzählt immer noch, daß er nicht unbedingt der Schwiegersohn ist, den er sich gewünscht hat. Er ist nicht bereit, seine einmal gefaßte Meinung aufzugeben. Aber dann sagt er auch: ›Es ist schon in Ordnung, ich werde schon noch Gefallen an ihm finden.‹«

Mandy ist siebenundzwanzig Jahre alt und eine vielversprechende Violinistin. Auch sie war kein einfaches Kind. Ihre Mutter Priscilla D. erzählte uns, daß sie, anders als ihr Bruder und ihre Schwester, eine ziemlich turbulente Jugend hinter sich hat. »Man konnte ihr nichts recht machen«, erzählt Priscilla. Sie erinnert sich noch an die Nächte, in denen sie wegen des Verhaltens ihrer Tochter »viel weinte oder wach lag«. Die Lage verschärfte sich während Mandys drittem Jahr am College. Damals erklärte sie ihren Eltern, daß sie Darryl, einen Kommilitonen, heiraten werde. Sie hatte ihn in der evangelischen Methodistengemeinde kennengelernt, der sie beigetreten war. Priscilla und ihr Mann waren entsetzt.

»Es ging nicht in erster Linie um die Religion. Wir sind Episkopalisten, aber nicht sehr aktiv in der Kirche. Unsere ältere Tochter hat einen sehr netten Lutheraner geheiratet, den wir in unser Herz geschlossen haben. Wir fanden einfach, daß Mandy und ihr Freund noch sehr jung und unreif waren. Sie waren von diesen evangelischen Pfarrern sehr beeindruckt, die ziemlich abgehoben sind. Ich war entsetzt und fühlte mich ganz krank deswegen. Wir brachten die üblichen Argumente vor: ›Du bist zu jung, du solltest warten, bis du mit der Schule fertig bist‹, alles, um sie davon abzubringen; vielleicht würde sich das ja von selbst erledigen, wenn sie älter wurde.

Na ja, sie ließ mich nicht mal den ersten Satz zu Ende bringen. Sie war in ihrer Jesus-Phase, und sie wurden von diesem engstirnigen kleinen wiedergeborenen Wanderprediger getraut. Aber in diesem Punkt gaben wir nicht nach. Wir sagten: ›Dieser Mann wird euch in unserem Haus nicht seinen Segen erteilen.‹ Ansonsten dachte ich mir – und das meinte ich auch so –, es ist ja ihr Leben. Wir planten also gemeinsam die Hochzeit und gaben zu Hause einen Empfang – ohne diesen Pfarrer.«

Es war nicht leicht für Priscilla. »Mandy war damals ja noch so jung, und man konnte ihr nichts recht machen. Heute sagt sie, sie sieht sich die Hochzeitsbilder mit meinem unglücklichen Gesicht darauf nicht gerne an. Sie überträgt das wohl auch auf ihre eigenen Gefühle, denke ich, jetzt, wo sie etwas Abstand hat. Ich glaube, sie bedauert zutiefst, wie sie die Sache damals angegangen ist.«

Zu Priscillas Überraschung läuft die Ehe gut. »Dieser junge Mann ist reifer geworden. Wir sind regelrecht überrascht über seine Entwicklung. Er ist eher unsicher, genau wie sie, die beiden ergänzen sich in ihren Bedürfnissen. Es geht zwar etwas turbulent bei ihnen zu, aber so sind sie nun mal. Sie streiten sich viel, vertragen sich dann aber auch wieder.« Die beiden sind keine aktiven Mitglieder der evangelischen Kirche mehr. »Für Mandy ist das alles vorbei«, sagt Priscilla. »Er ist zwar noch immer gläubig, geht aber nicht mehr in die Kirche.«

Priscilla sagt: »Ich hätte nie geglaubt, daß ich ihn eines Tages mögen würde, aber das tue ich wirklich. Er gehört inzwischen zur Familie. Er hat sehr viel Erfolg in seinem Beruf – er ist Percussionist –, und es ist wunderbar, wie sehr er sie in ihrer Arbeit unterstützt. Mein anderer Schwiegersohn ist auch so. Die jungen Männer heute sind einfach anders!

Wenn Sie wissen wollen, was ich davon halte, daß Müttern ihren Töchtern Ratschläge erteilen«, schloß Priscilla, »glaube ich, daß Zurückhaltung das Schlüsselwort ist. Ich hätte nie auch nur eine müde Mark auf diese Ehe gesetzt, und sie hält jetzt schon sechs Jahre, und es geht sehr gut.«

Priscilla und Brenda haben nicht über Nacht einen Sinneswandel durchgemacht, vielmehr wurde mit der Zeit aus widerwilliger Akzeptanz milde Nachsicht, und schließlich kam die Erkenntnis, daß die Töchter mit ihren Ehemännern, gegen die sich die Mütter hatten gesträubt , eine bessere Entscheidung getroffen hatten als erwartet. Zurückhaltung ist tatsächlich der Knackpunkt. Eine Mutter sollte sich daran erinnern, daß ihre Tochter vielleicht besser als sie weiß, was das Beste für sie ist.

Nicht jede Geschichte nimmt ein so glückliches Ende. Aber ganz gleich, was letztlich dabei herauskommt, unser Rat an eine Mutter, die ernsthafte Vorbehalte gegenüber der Partnerwahl der Tochter hat, ist immer derselbe: Finden Sie eine Möglichkeit, ihr zu sagen, was Sie bedrückt, und versuchen Sie herauszubekommen, wie sie empfindet. Vielleicht entdecken Sie ja, daß es nur Ihnen ein Problem bereitet, und werden dann getröstet sein. Wenn Ihre Tochter, was auch immer Sie gesagt haben, mit der Heirat Ernst macht, und diese sich am Ende als Fehlschlag erweisen sollte, werden Sie zumindest wissen, daß Sie getan haben, was Sie konnten. Wenn Sie alles, was Sie zu sagen haben, im Ton liebender Sorge vorbringen, wird Ihre Tochter wissen, daß sie sich gegebenenfalls an Sie wenden kann, wenn sie Hilfe braucht, um ihr Leben wieder neu zu beginnen.

Was, wenn sie nicht heiratet?

Viele von uns und wahrscheinlich auch unsere Töchter erinnern sich an eine weitverbreitete Studie aus dem Jahr 1986 über die trostlosen Eheaussichten der Frauen, die es nicht geschafft haben, bis zu ihrem dreißigsten Lebensjahr verheiratet zu sein.[2] Die Studie behauptete, daß eine dreißigjährige unverheiratete Collegeabsolventin eine zwanzigprozentige Chance habe, einen Ehemann zu finden. Hat sie das fünfunddreißigste Lebensjahr erreicht, sinken ihre Chancen auf 5 Prozent, und wenn sie vierzig ist, stehen sie noch eins zu hundert, daß sie in den Hafen der Ehe einläuft. Diese Studie ist falsch. Eine nachfolgende Erhebung von Demographen des United States Census Bureau brachte beruhigendere – wenn auch nicht so bekannte – Ergebnisse: Im Alter von dreißig hat eine Collegeabsolventin eine Chance von 50 Prozent, einen Mann zu finden, mit fünfunddreißig liegt die Chance bei ungefähr 35 Prozent und mit vierzig bei 20 bis 25 Prozent. Die Chancen stehen also nicht so schlecht, wie man uns zunächst glauben machte. Trotzdem erzählten uns die Frauen, deren alleinstehende Töchter die obere Altersgrenze in unserer Untersuchung erreichten, von ihrer wachsenden Angst, daß ihre Töchter vielleicht nicht heiraten würden.

Martha R.s Tochter Emily, dreißig, arbeitet in der Notaufnahme eines Krankenhauses. Emily hatte noch nie eine feste Beziehung, »nicht einmal zeitweise«, wie ihre Mutter sagt. Martha weiß, daß ihre Tochter einsam ist, sie haben schon oft darüber gesprochen. »Emily sagt, die meisten Männer, die sie kennenlernt, sind kindisch.« Sie hat nichts dagegen, in eine Bar zu gehen, in der Singles verkehren, oder sich zu einem Blinddate zu verabreden. Aber es hat sich nie etwas ergeben. »Ich glaube, sie sehnt sich so sehr nach einer Beziehung«, fährt Martha fort, »daß sie furchtbar unter Spannung steht, wenn sie einen Mann kennenlernt, den sie anziehend finden sollte. Sie vereinnahmt diesen Mann dann gleich, und ich glaube, das macht den Leuten angst. Wenn jemand sowieso etwas zurückhaltend ist, wird er sich dann wahrscheinlich ganz zurückziehen. Und dann fühlt sie sich abgewiesen.«

Wir fragten Martha, wie sie und ihr Mann damit umgehen würden, wenn Emily keinen Mann findet. »Wie wir immer damit umgegangen sind – uns ist alles recht, wenn es ihr nur gutgeht.« Und wenn es nicht das ist, was sie will? »Dann wird mir das Herz brechen. Was kann ich schon tun? Nichts. Ich würde ihr sagen, daß sie auch imstande ist, allein zu leben, und daß sie viele gute Freunde hat und eine Familie, die sie liebt. Das würde ich sagen. Aber was ich empfinden würde, weiß ich nicht.«

Leslie, die ältere Tochter von Cynthia G., ist gerade dreißig geworden. Cynthia berichtet: »Damit hat sich für Leslie alles geändert. Die Hälfte ihrer Freundinnen ist verheiratet. Und sie und all die anderen, die es nicht sind, machen sich ständig Gedanken darüber. Und zwar ganz offensichtlich. Wir machen unsere Späßchen darüber. Ich glaube nicht, daß ich jemals gesagt habe, daß sie in diesem Alter verheiratet sein sollten oder daß ich Enkelkinder erwarte. Meine Mutter hatte zu mir gesagt: ›Wo bleiben die Enkel?‹, aber das würde ich nie sagen. Als uns ihre Freundin Gwen mit ihrem Baby besuchte – meiner Patentochter – und ich zu Leslie sagte: ›Wie reizend Sophie ist‹, fragte ich mich allerdings schon, was Leslie dabei wohl empfand oder ob ich es nicht hätte sagen sollen. Aber das ist lächerlich.

Ich habe viele Verwandte, die nie geheiratet haben. Vier meiner Großtanten waren nie verheiratet. Eine war Kinderkrankenschwester, eine andere Anwältin, die anderen beiden hatten wichtige Stellungen bei der Eisenbahnergewerkschaft. Sie führten ein unabhängiges Leben und versanken nicht im Selbstmitleid. Es waren ganz erstaunliche Frauen, und ich glaube, sie hatten ein erfülltes Leben. Meine Kinder kannten und mochten sie. Sie nannten sie die ›Grandmas‹.

Ich kann mich nicht erinnern, je gesagt zu haben, daß es egal ist, ob sie heiraten oder nicht. Ich würde mich freuen, wenn sie heiraten und Kinder bekommen. Aber ich glaube, ich bin offen für alles, wenn ich das Gefühl habe, daß sie mit ihrem Leben zufrieden sind. Ich muß auch nicht unbedingt Enkel haben«, sagt Cynthia. »Ich habe ja mein Patenkind.«

Und was, wenn sie lesbisch ist?

Acht von den hundertdreizehn Müttern, die wir interviewt haben, erzählten, daß ihre Tochter lesbisch sei, drei weitere berichteten, daß ihre Töchter eine homosexuelle Beziehung gehabt hätten, jetzt aber mit einem Mann zusammen seien. Die Literatur zu Homosexualität ist voll von schrecklichen Geschichten über homosexuelle Männer und Frauen, die mit ihrer Familie nicht über ihre sexuellen Neigungen sprechen können, von Eltern, die aus Scham und wider besseres Wissen leugnen, daß ihr Kind homosexuell ist. Keine der Frauen, mit denen wir gesprochen haben, paßt in diese Schablone. Sie waren alle traurig, daß ihre Töchter gesellschaftlicher Ächtung ausgesetzt sind, wenn diese auch immer geringer wird, und daß die Töchter wahrscheinlich niemals jenes Familienleben kennenlernen würden, das sie ihnen gewünscht hätten. Alle waren mitfühlend und respektierten die sexuellen Neigungen ihrer Töchter, auch wenn es ihnen nicht leichtgefallen war, so weit zu kommen. Mehr als eine gestand, sie habe die Hoffnung noch nicht aufgegeben, daß ihre Tochter vielleicht doch noch bei einem Mann ihr Glück finde.

Sondra L.s Tochter Alexis, heute zweiunddreißig Jahre alt, bekannte sich vor sechs Jahren zu ihrer Homosexualität. »Zuerst war ich vollkommen fassungslos«, berichtet Sondra. »Ich hatte das Gefühl, daß es ihr damit kaum möglich sein würde, ein glückliches Leben zu führen – das mag eine dumme Fünfziger-Jahre-Ansicht sein oder nicht –, aber ich dachte einfach, daß das Mädchen keine Kinder haben wird und kein normales Leben führen kann. Welchen Weg auch immer sie einschlagen wollen würde, sie würde immer anders als die anderen sein. Und egal, wie frei man heute denkt, es gibt überall noch große Probleme deswegen. Ich dachte damals, ich müßte sterben.

Alexis konnte es wahrscheinlich an meinem Gesicht ablesen, wie schockiert ich war, und ich glaube, erst habe ich so dumme Sprüche von mir gegeben wie: ›Ich glaube nicht, daß das gut für dich ist‹ – lächerliches Zeug einfach. So ging das zwischen uns ein paar Jahre lang hin und her. Am Anfang haben wir uns beide furchtbar aufgeregt, aber nach und nach habe ich mich damit abgefunden. Ich will nur, daß sie glücklich wird. Ich bin mir immer noch nicht sicher, ob das das Beste für sie ist, aber was soll man machen? Manchmal male ich mir aus, daß sie eines Tages einen ganz tollen Mann kennenlernt. Ich weiß, das ist albern, aber ich werde nie ganz einverstanden sein damit.«

Sondra erzählte uns, daß Alexis inzwischen eine nette Freundin hat. »Ich mag … Patty«, Sondra ärgert sich darüber, daß sie sich den Namen der Frau so schlecht merken kann. Sie glaubt, daß Alexis durch diese Beziehung gewonnen hat. »Patty stammt vielleicht nicht aus einer so gebildeten Familie wie unsere, aber sie hat ein paar ganz große Stärken, durch die Alexis etwas gelernt hat. In meiner Familie kümmerte man sich besonders um andere Menschen. Patty hat Alexis gesagt, daß sie ziemlich selbstsüchtig sein kann. Alexis hat davon sehr profitiert, und Patty hat ihren Nutzen aus der Bildung von Alexis gezogen. Sie ist sehr verliebt in diese Frau, aber wer weiß schon, was in fünf Jahren sein wird? Ich weiß es nicht, auch wenn ich ernsthaft bezweifle, daß sie sich noch mal für einen Mann interessieren wird.«

Camilla, die fünfundzwanzigjährige Tochter von Adrian P., hatte in ihrem letzten Jahr auf dem College eine Affäre mit einer Frau. Wie ihre Mutter meint, »ist sie sich zwar nicht ganz sicher, aber sie denkt, daß sie eher lesbisch als hetero ist«. Mutter und Tochter haben lange über Camillas Sexualität gesprochen. Wir fragten Adrian, wie sie darüber denke, daß Camilla lesbisch ist. »Nun, da gibt es verschiedene Ebenen«, sagte sie uns. »Sie hat das regelrecht zur Schau gestellt, als sie auf dem College war. Sie glaubte, die Welt wäre so weit, jede Form der Sexualität zu akzeptieren, aber ich hatte den Eindruck, daß sie das in vielerlei Hinsicht nicht ist. Meiner Meinung nach ist Sex eine private Angelegenheit, und es würde mir nicht gerade behagen, wenn sie aggressiv und herausfordernd als Lesbe auftreten würde. Ich denke, das wäre gefährlich. Die Vorstellung von Lesbenbars gefällt mir nicht besonders. Wußten Sie, daß es zum Beispiel in New York eine Bar gibt, die sich Clit Club nennt? Ich fand's interessant, aber bin mir nicht sicher, ob ich das wissen muß. Sie hat mir davon erzählt.

Eine andere Frage ist, wie sie zu ihrem Körper steht. Wenn

sie lesbisch ist, muß sie sich dieser Frage doch stellen. Sie behauptet rundweg, daß Frauen ihren Körper eher akzeptierten. Sie meint, jemand habe den perfekten Körper, wenn er 15 Zentimeter größer ist als sie und kräftig und trotzdem schlank ist. Das ist also die andere Sache.«

Adrian leugnet ebensowenig wie Sondra die sexuellen Präferenzen ihrer Tochter, wenn ihre Haltung dazu auch ambivalent ist. »Ich denke, ich bin an dem Punkt angelangt zu sagen, daß es kommen wird, wie es soll, und das einzige, was mich interessiert, ist, ob sie jemanden findet, der sie anständig behandelt. Wenn sie eine gute Beziehung zu jemandem hat, dann ist das in Ordnung. Vor zwei Jahren hat sie mir erzählt, daß eine Freundin sie fragte: ›Glaubst du, deine Mutter würde es lieber sehen, daß du mit einer weißen Frau oder einem schwarzen Mann zusammen bist?‹, und wie aus einem Munde sagten wir: ›Mit einem schwarzen Mann!‹ Ich habe offensichtlich meine Schwierigkeiten damit. Ich meine, ich kann das rational überdenken, aber gleichzeitig liegt es mir so fern, daß ich den Impuls einfach nicht verstehen kann.«

Scottie W. und ihr Mann leben in einem Vorort von Hartford, Connecticut. Sie haben drei Töchter und einen Sohn. Die zweiundzwanzigjährige Nina hatte noch keine feste Beziehung mit einer Frau, ist sich aber ganz sicher, lesbisch zu sein. Nina vertraute sich ihren Eltern in einem langen Brief an, den sie während eines Auslandssemesters in Madrid schrieb. Scottie ist inzwischen davon überzeugt, daß es bereits Anzeichen für Ninas Homosexualität gab, als sie noch die High-School besuchte, und war daher von dem Bekenntnis ihrer Tochter nicht überrascht. Als Nina zurückkam, verhielt sich Scottie ihr gegenüber ganz offen. »Ich sagte ihr, daß ich nicht glaube, daß ein Mensch sich ändern könne, und daß sie damit klarkommen und ihr eigenes Leben führen müsse. Ich habe bestimmte Regeln, an die sie sich weiterhin halten muß. Ich habe ihr gesagt: ›Wenn du mit einer Frau nach Hause kommst, und ihr habt keine feste Beziehung, dann werdet ihr auch in verschiedenen Zimmern schlafen. Aber mir wäre es lieber, ich wüßte, daß du jemanden gefunden hast, der dir so wichtig ist, daß du mit diesem Menschen dein Leben verbringen willst. Wenn es eine Frau ist, in Ordnung, das ist besser, als allein zu sein.‹«

Hat eine Mutter erst einmal akzeptiert, daß ihre Tochter lesbisch ist, auch wenn sie sich weiterhin wegen der gesellschaftlichen Diskriminierung, der ihre Tochter ausgesetzt ist, Sorgen macht, sind ihre Alltagsnöte denen anderer Mütter sehr ähnlich. Wird meine Tochter eine Partnerin finden, die sie liebt? Wird sie gut genug für die Tochter sein? Werden wir mit ihr auskommen? Wenn mir die Frau nicht gefällt, was kann ich meiner Tochter sagen und wie kann ich es sagen?

Ann Gottlieb erzählte uns von ihrer fünfundzwanzigjährigen Tocher Mara, die eine Ausbildung zur Sozialarbeiterin macht. Mara sagte ihren Eltern, daß sie lesbisch sei, als sie in ihrem letzten Jahr auf der High-School war. »Ich ahnte so etwas, seit sie achtzehn war«, sagt Ann. »Aber in meinem Innersten habe ich es erst vor zwei, drei Jahren akzeptiert. Inzwischen akzeptiere ich es natürlich, aber es sind gleichzeitig große Probleme damit verbunden. Wir haben darüber gesprochen.« Welche Probleme? »Sie war – und ist es vielleicht noch – mit einer Frau zusammen, von der ich nicht gerade begeistert bin. Wenn sie ein Mann wäre, wäre ich auch nicht glücklicher. Über diese Beziehung geraten wir immer noch in Streit, da klaffen unsere Meinungen noch ganz schön weit auseinander.«

Maras Freundin ist zehn Jahre älter als Mara. Sie ist Polizistin. Ann sagt: »Jan ist ungebildet, sie interessiert sich für rein gar nichts. Aber für Mara hat sie Qualitäten, die sie bisher nur an wenigen Menschen kennengelernt hat. Abgesehen davon stellt diese Frau für Mara eine Beschützerin dar, sie kümmert sich um Mara, und Mara mag die Sicherheit, die ihr diese

Beziehung bietet. Für Jan kann Mara auch nichts falsch machen, und da mir früher einiges an Mara nicht paßte, fühlt sie sich vielleicht gerade bei jemandem wohl, der sie so vollständig akzeptiert. Aber Jan bietet ihr keinerlei geistige Anregung. Mara fängt gerade an, die Welt zu entdecken, sie hat ihre Ausbildung begonnen, und sie ist klug. Ich würde mich freuen, wenn sie eine Partnerin fände, die genauso wißbegierig ist und dieselbe Leidenschaft für das hat, was sie tut, wie Mara selbst. Ich hoffe, daß Mara mit einer solchen Frau glücklich wird.«

Wenn es um Sex geht

Frauen unserer Generation erinnern sich nur an wenige offene Gespräche über Sexualität mit ihren Müttern. Die meisten von uns wuchsen in dem Bewußtsein auf, daß brave Mädchen »es« nicht tun, bis sie verheiratet sind. Manche Mütter sind immerhin so weit gegangen anzudeuten, daß Sex in der Ehe eine wundervolle Erfahrung sei. Aber, wie Meryl Siegel sagt, meistens war es so, daß »es nie ein irgendwie geartetes Gespräch mit meiner Mutter über Sex gegeben hat. Man mußte sich wirklich fragen, wie ich überhaupt zustande gekommen war.«

Im Rückblick betrachtet, waren wir unglaublich unschuldig. Jewelle Bickford erzählte uns: »Ich belegte einen Kurs über die menschliche Sexualität, als meine Töchter die High-School besuchten. Sie müssen dazu wissen, daß ich das College abbrach, um den einzigen Mann, mit dem ich je geschlafen habe, zu heiraten. Ich war furchtbar verklemmt. Ich stammte aus einer Baptistenfamilie aus dem Süden. Ich war wie eine jungfräuliche Priesterin. Während dieses Kurses sollten wir das für uns schockierendste oder schlimmste Wort sagen. Ich konnte nicht. Jemand in der Klasse sagte: ›Ich wette, es reimt sich auf ticken.‹ Woraufhin ich sagte: ›Nein, eher auf Öse.‹«

Auch Nancy Hernandez schilderte uns ihre Erfahrung: »Ich wurde sehr streng erzogen und durfte nicht einmal ausgehen. Als ich geheiratet habe – das ist eine lustige Geschichte –, hörte ich immer wieder, daß die Leute von Gummis gesprochen haben, und ich dachte, sie redeten von Gummibändern. Nachdem ich also geheiratet hatte, fuhren ich und mein Mann in die Flitterwochen, und ich nahm zwei große Schachteln Gummibänder mit! Ich wußte nicht einmal, daß es Kondome gibt. Als dann mein Mann ... ich sagte: ›Ich möchte nicht gleich schwanger werden, nimm doch einen Gummi‹, und er sah mich an und sagte: ›O nein! Was soll das denn?‹ ›Das sind Gummibänder, die Leute reden doch immer von Gummis.‹ Dann ging er zum Telefon und bestellte ein paar Kondome – so naiv war ich erzogen worden.«

Heute wird wesentlich offener über Sex gesprochen. Die meisten von uns erkennen bereitwilliger an, als es wahrscheinlich unsere Mütter taten, daß Sex zum Leben gehört. Und anders als diese vermutlich fühlen wir uns verpflichtet, unsere Töchter wissen zu lassen, daß wir über die Existenz und die Bedeutung von Sex Bescheid wissen.

AUS MARILYNS TAGEBUCH, 20. JULI 1996

Jahrelang hatten Kore und ich unseren Spaß dabei, uns gegenseitig auf hübsche Männer auf der Straße aufmerksam zu machen, oder wir redeten darüber, welchen derzeit populären jungen Kinohelden wir gerade attraktiv fanden. Aber ihr kam trotz solcher Gespräche offensichtlich überhaupt nicht in den Sinn, daß ich tatsächlich ein Liebesleben habe.

Und auch wenn sie mit jedem Tag erwachsener zu werden scheint, ist sie immer noch furchtbar zimperlich, wenn die Rede auf das Thema Sexualität kommt. Sie haßt jeden Hinweis darauf, daß ihr Vater und ich (noch, würde sie wahrscheinlich sagen) Sex miteinander haben. Sie mag es nicht, wenn wir über Erinnerungen an unsere gemeinsamen Reisen vor der Ehe sprechen, was Kate wiederum, glaube ich, ziemlich romantisch findet. All das fällt mir ein, weil Hugh und ich gestern abend beim Essen über Freunde, die so alt sind wie wir und gerade aus ihren Flitterwochen zurückgekehrt sind, gesprochen und unsere Witze gemacht haben. Sie hielt sich die Ohren zu und sagte wie ein kleines Mädchen: »Hört auf, davon zu sprechen.«

Ich denke, in dieser Hinsicht ist sie noch nicht ganz erwachsen. Wenn sie erst einmal selbst genug sexuelle Erfahrungen gemacht hat, wird sie es tolerieren können, daß es auch ihre Eltern (und andere Leute in dem Alter) machen. Wahrscheinlich ist das nie ganz einfach.

Meinen Eltern wäre es nie eingefallen, etwas über ihre sexuellen Lüste zu verraten. Und auch wenn ich weiß, daß Kinder ein ureigenes Interesse daran haben, die Sexualität ihrer Eltern zu leugnen, sieht es ganz so aus, als ob meine Eltern kaum eine hatten. Mein Vater war genauso puritanisch wie meine Mutter und vielleicht noch schneller damit, geringschätzig von jemandem zu sprechen, der seine Lust offen zeigte. Aufgeklärt und auch etwas arrogant, wie ich bin, finde ich, daß sie beide ziemlich verklemmt waren. Ich bin da um Lichtjahre weiter, aber im Vergleich zu anderen wahrscheinlich immer noch zurückhaltend. Ich bin froh darüber, daß ich vor meinen Kindern nichts verberge, daß ich Lust habe und Sex mache. Ich bin auch ziemlich schamlos, was meinen Körper angeht. (Warum klingt schamlos bloß so negativ?) Mir hat es nie etwas ausgemacht, mich ihnen nackt zu zeigen und über medizinische Probleme, die sie als Frauen betrafen, mit ihnen zu sprechen. Ich hatte nie Schwierigkeiten, sie wissen zu lassen, daß ich hoffe, daß sie auch ein erfülltes Sexualleben haben würden, und zwar schon, bevor sie heirateten. Aber ich spreche nur ganz allgemein über Sex und würde nie ins Detail gehen. Halten sie mich auch für verklemmt? Ist das typisch für Mütter und Töchter? Mütter und ihre Kinder?

Eine von Nancy Hernandez' Töchtern machte ihre ersten sexuellen Erfahrungen mit sechzehn – bevor sie dazu bereit war, wie Nancy meint. »Sie war sehr offen und erzählte es mir. Es tat mir weh, aber mir war klar, daß sie einfach neugierig waren. Sie rauchte Hasch, sie trank – ein paar Gläser Wein, wie sie sagte –, und sie hatte ihre erste sexuelle Erfahrung. Es war schlimm für mich. Aber ich dachte, ich muß für sie dasein, ich kann mich da nicht einfach raushalten. Deshalb habe ich darauf geachtet, jeden Tag mit ihr zu reden, wir setzten uns zusammen, und sie erzählte mir, wie es ihr ging. Auch wenn ich nicht gut fand, was sie machte, sollte sie doch wenigstens mit mir reden können. Das tat sie auch, und heute ist sie wie ausgewechselt. Sie sagt: ›Ich weiß, daß ich letztes Jahr Mist gebaut habe. Jeder Jugendliche macht so eine Phase durch, und ich hatte sie eben damals, aber jetzt wünschte ich, ich hätte es nicht getan.‹ Sie hat zu ihrer älteren Schwester ein sehr enges Verhältnis und hat mit ihr gesprochen, und die hat ihr gesagt: ›Also, wenn du's machen willst, dann nimm was. Diese Art Kondome solltest du benutzen, und du mußt vorsichtig sein, man weiß ja nie. Denn auch wenn man ein Kondom benutzt, heißt das nicht, daß nichts passieren kann.‹«

Nancy meint: »Man muß den Tatsachen ins Auge blicken, sich mit den Kindern zusammensetzen und mit ihnen reden« – um zu wissen, was in ihrem Leben vorgeht. Das ist eine bewußte Abkehr von der Art, wie sie großgezogen wurde. »Meine Mutter war eine unnahbare Frau, man konnte in ihrer Gegenwart nicht über Sex sprechen, man durfte nicht in Unterwäsche vor ihr herumspazieren. Man mußte immer richtig angezogen sein. Ich hatte mir vorgenommen, mit meinem Kind anders umzugehen. Sie war sehr streng. Ich wußte, daß es meinen Töchtern anders ergehen sollte als mir.«

Jewelle Bickford, deren Töchter zweiunddreißig und neunundzwanzig Jahre alt sind, erzählte uns: »Sex ist in meiner Ehe wichtig. Wir tauschen oft Zärtlichkeiten miteinander aus. Die

Kinder sind in unser Zimmer gekommen. Sie konnten uns hören. Wir hatten ein Himmelbett, das furchtbar laut gequietscht hat. Nat liebte dieses Bett, und es fiel uns schwer, uns davon zu trennen. Aber es mußte sein, weil die Kinder es jedesmal mitbekamen, wenn wir Sex machten. Sie haben unsere Zärtlichkeiten mitgekriegt, unsere Streitereien und Versöhnungen. Ich habe immer versucht ihnen zu vermitteln, wie wichtig Sex für uns ist. Ich halte es für wichtig, ehrlich zu sein, würde aber nie die Einzelheiten meines Sexlebens erzählen.«

Dem würde Verdine Jones zustimmen. Verdines Töchter Rhonda und Stacy sind achtundzwanzig und fünfundzwanzig. Verdine sagt: »Ich denke, man kann mit seinen Freundinnen über Dinge wie sexuelle Befriedigung reden, aber mit meinen Töchtern werde ich darüber nicht sprechen. Genausowenig wie ich mit meinen Töchtern über meine sexuellen Beziehung mit ihrem Vater spreche, ich kann das einfach nicht. Das ist irgendwie was anderes, wenn sie mir von ihren Freunden erzählen ... sie sind beide sehr freimütig, besonders die ältere, die jüngere ist noch ziemlich verschlossen, was Sex angeht. Sie macht eher ein Geheimnis darum.« Macht Verdine das etwas aus? »Nein. Ich lass' ihnen ihr eigenes Tempo und lass' sie wissen, wenn sie etwas brauchen, bin ich für sie da. Wenn es ihnen nicht gutgeht, und sie wollen mit mir nicht darüber sprechen, kann ich das akzeptieren. Es gibt auch andere Menschen, ich habe nicht das Bedürfnis, alles wissen zu müssen. Es gibt wahrscheinlich auch Dinge, die ich gar nicht wissen möchte!«

Wir fragten die Mütter danach, wie sie mit den vielen mit Sex zusammenhängenden Fragen umgingen: Halten Sie es mit der traditionellen Vorgehensweise und geben vor, nichts zu bemerken, auch wenn Sie wissen, Ihre Tochter schläft vielleicht mit ihrem Freund? Oder erkennen Sie offen an, daß sie ein aktives Sexualleben hat, auch wenn sie nicht verheiratet ist? Lassen Sie sie in einem Zimmer mit ihrem Freund schlafen, wenn sie zu Besuch nach Hause kommt? Reden Sie mit ihr über die Möglichkeiten sexueller Befriedigung? War sie schon einmal schwanger, bevor sie verheiratet war? Und was ist mit Abtreibungen?

Angesichts der Gefahr, sich mit Aids oder einer anderen sexuell übertragbaren Krankheit zu infizieren, meinte jede der Mütter, mit denen wir gesprochen haben, zumindest sagen zu können: »Ich hoffe, du bist vorsichtig.« Aber darüber hinaus bekamen wir ein weites Spektrum an Antworten zu hören. Einige Frauen waren eher zurückhaltend, wie sie selbst bekannten, und standen auch dazu. Andere wünschten, sie könnten freimütiger sein. Wieder anderen gefiel es sehr, wie offen das Gespräch mit ihren Töchtern geworden war.

»Es gibt nichts, worüber wir nicht sprechen können«

Eine Handvoll Frauen sagte, daß praktisch kein Thema zwischen ihnen und ihren Töchtern tabu wäre. Cynthia G. hat zwei Töchter, die dreißig und achtundzwanzig Jahre alt sind. »Wir haben viel darüber gesprochen, wie wichtig die körperliche Anziehung ist«, erzählte uns Cynthia. »Ich ließ mich scheiden, als die beiden Teenager waren, und hatte Beziehungen mit anderen Männern. Ich glaube, deshalb haben wir offener miteinander gesprochen, als das sonst der Fall gewesen wäre. Mir war es wichtig, ihnen zu zeigen, welche Rolle es in meinem Leben spielt, von jemandem körperlich angezogen zu sein, und daß ich das für einen wichtigen Bestandteil einer Beziehung halte. Da wir schon so früh darüber gesprochen haben, fiel es uns auch später nicht schwer.

Ich erinnere mich, daß wir uns einmal darüber unterhalten haben, wie es ist, miteinander zu schlafen. Jeder in unserer Familie liebt es, den Rücken massiert zu bekommen. Ich sagte, daß es wichtig ist herauszufinden, was der andere mag, und habe die Rückenmassage als Beispiel genommen. Mit einer meiner Töchter habe ich über sehr intime Details gesprochen. Es fiel mir nicht immer leicht, Gespräche wie das über ihre bisexuellen Erfahrungen oder ihre Schwierigkeiten, einen Orgasmus zu bekommen, zu führen.

Faith H. ist die Mutter der achtundzwanzigjährigen Melissa und der dreiundzwanzigjährigen Deborah. Sie hat keine Schwierigkeiten gehabt, mit ihren Töchtern von klein auf über Sex zu sprechen. »Wenn sie mich etwas gefragt haben, habe ich immer offen geantwortet. Es gibt nichts, über das wir nicht sprechen könnten, besonders mit Melissa. Vor nicht allzu langer Zeit saßen wir bei einer Tasse Kaffee zusammen, und sie sagte zu mir: ›Ich möchte dich mal was fragen. Wie alt warst du, als du das erste Mal einen Höhepunkt hattest?‹ Deborah meinte: ›Mann, ich glaub's nicht.‹ Und ich antwortete: ›Ich war sehr jung, Melissa, vielleicht dreizehn oder vierzehn.‹ Deborah sagte: ›Ich kann's nicht fassen, daß du so was fragst!‹ Nun, es stellte sich heraus, daß bisher noch keine von ihnen einen Höhepunkt gehabt hatte. Mir blieb die Luft weg, als sie das sagten. Ich weiß nicht, was ich ihnen raten soll, weil ich damit einfach nie ein Problem hatte. Na ja, ich kann mir irgendwie denken, woran es liegt. Ich glaube, Melissa hält sich zurück, weil sie bisher noch nicht an dem Punkt bei einer Beziehung angelangt ist, an dem sie einem Mann weit genug vertraut, um zum Höhepunkt zu kommen. Ich sagte aber nur: ›Wenn du mit jemandem zusammen bist, dem du traust und den du sehr liebst, dann wird das schon kommen.‹ Ich mach's mir mit so einer Antwort nicht einfach leicht, sondern ich glaube nun mal, daß es so ist.

Ich habe Deborah auch erzählt, daß sie, als sie klein war, immer in die Badewanne wollte, wo sie dann ihre Beine hochnahm und das Wasser an sich runterfließen ließ, und sie sagte: ›Das glaube ich nicht, daß ich das gemacht habe!‹ Damals dachte ich, sie würde einmal sehr offen im Umgang mit Sex sein, inzwischen glaube ich das nicht mehr. Solche Probleme hatte ich nie.«

Roz' Tochter Mary Ellen ist dreißig Jahre alt. Sie sagt: »Wir haben keine Probleme damit, über Männer und Sex zu sprechen. Momentan gibt es niemanden in Mary Ellens Leben. Und sie vermißt Sex sehr und fragt sich, wie man seine Bedürfnisse erfüllen kann. ›Weißt du‹, sagte ich zu ihr, ›da bleibt dir wohl nur die Masturbation.‹ Es ist lange her, aber ich erinnere mich, als ich das erste Mal geschieden wurde, war ich sechsundzwanzig Jahre alt, und ich dachte: ›Mein Gott, was soll ich jetzt tun?‹ Katholisch, wie ich war, hatte ich überhaupt keine Ahnung. Weil ich nicht mit irgendeinem Typen ins Bett wollte, blieb mir nichts anderes übrig, als zu masturbieren. Mary Ellen fand die Vorstellung schrecklich, aber ich meinte: ›Klar ist das nicht toll. Aber eins sage ich dir, irgend jemanden in einer Bar aufzugabeln, ist auch nicht besser.‹

Ich erzählte ihr, wie ich nach meiner Scheidung all meinen Mut zusammengenommen habe und mir einen Mann angelacht habe. Mein Gynäkologe sagte damals zu mir: ›Roz, Sie sind jung, Sie sind hübsch, ich werde Ihnen die Pille verschreiben.‹ Wenn ich jetzt so darüber nachdenke, bin ich froh, daß ich mir bei dem Mann nichts geholt habe, denn wir haben keine Kondome benutzt.

Ich erinnere mich noch an die gar nicht so guten alten Zeiten, als die Verhütung allein das Problem der Frau war. Ich sage meiner Tochter, daß sie von den Männern verlangen soll, Verantwortung zu übernehmen. Ich glaube, sie tut es auch. Sie soll für sich selbst sorgen, aber nicht die ganze Last auf sich nehmen. Und ich möchte auch nicht, daß meine Söhne denken, daß die Verantwortung allein bei den Mädchen liegt.«

»Ich möchte nicht, daß sie Sex haben«

Das ungewöhnliche an Cynthia, Faith und Roz ist nicht, daß sie das Liebesleben ihrer Töchter respektieren, sondern daß sie es gutheißen und offen mit ihren Töchtern über dieses Thema sprechen. Ganz anders die Frauen, die wissen, daß ihre Töchter sexuell aktiv sind – und deren Töchter wissen, daß sie es wissen –, die aber weiterhin betonen, wie wichtig Enthaltsamkeit vor der Ehe ist.

Harper, die jüngere Tochter von Arlen M., ist dreiundzwanzig und verlobt, und Martha, sechsundzwanzig, verbringt manchmal eine Nacht bei ihrem Freund. »Wie soll ich wissen, daß sie nicht mit den jungen Männern schlafen? Gefragt habe ich sie nicht. Wenn wir gemeinsam Ferien machen, dann schlafen die Mädchen und ihre Freunde in verschiedenen Zimmern. Und das wird auch so bleiben, und sie wissen, daß wir darauf bestehen. Andererseits wollen wir versuchen, den Tatsachen ins Auge zu blicken. Nein, ich möchte nicht, daß sie mit Männern schlafen. Es ist ein medizinisches Risiko, ein psychologisches Risiko, es ist in jeder Hinsicht ein Risiko. Ich glaube, daß das auch heute noch gilt – daß der Mann seinen Respekt vor der Frau verliert und sie selbst vor sich auch. Ich glaube, man verliert dabei etwas, doch, das glaube ich bestimmt. Wir haben ihnen gesagt, daß Sex außerhalb der Ehe nicht die Bedeutung hat, die er haben sollte. Dazu gehört auch, daß man zu verletzbar ist. Man hat noch nicht soviel Nähe zum anderen und keine gemeinsame Geschichte. Aber ich gebe zu, wenn man mit jemandem sieben Jahre zusammen ist, dann ist das schon was anderes.«

Mit dem Wunsch, daß die erklärte Moral unserer Mädchenzeit noch allgemeine Gültigkeit habe, steht Arlen nicht allein. Einige Frauen, von denen sich die meisten als sehr religiös bezeichneten, erzählten uns, daß sie hofften oder glaubten, ihre Töchter würden als Jungfrauen in die Ehe gehen oder zumindest bis zur Verlobung warten. Und für manche blieb der Wunsch auch dann noch bestehen, wenn die Töchter schon keine Jungfrauen mehr waren. Emma H. weiß, daß ihre Tochter Bobby Sue mit ihrem Freund schläft, und die beiden sprechen darüber. Trotzdem kann Emma sich nicht von ihrer tiefen

Überzeugung lösen, daß Sex außerhalb der Ehe ein Fehler ist. »Ich habe ihr klargemacht, daß man gerade in der heutigen Welt Sex nicht nur zum Spaß haben sollte, diese Zeiten sind vorbei. Wir haben ganz offen darüber gesprochen.

Bobbie Sue hat mich angerufen, nachdem sie einige Monate mit George zusammen war, was meiner Meinung nach nicht lange genug war. Sie sagte: ›Ich habe eine gute Nachricht für dich und eine schlechte.‹ Ich fragte sie nach der guten Nachricht. Sie sagte: ›Tja, die gute Nachricht ist, daß du stolz darauf sein kannst, daß ich deine Ratschläge befolge. George wird einen Aids-Test machen, und ich nehme die Pille.‹ ›Und die schlechte Nachricht?‹ ›Wir werden übernächstes Wochenende miteinander verreisen.‹ Ich wußte erst gar nicht, was ich sagen sollte. Wissen Sie, ich war nicht besonders glücklich darüber, daß sie mir das erzählte. Sie wußte, daß ich noch größere Einwände gehabt hätte, wenn es keine so ernsthafte Beziehung gewesen wäre. Mir war klar, daß es jetzt soweit war, weil sie mit ihm schon einige Zeit zusammen war, auch das wußte sie. Ich sah ja, wie sie sich verhielt und wie verliebt sie war. Daher habe ich ohne zu zögern gesagt: ›Weißt du, Bobbie Sue, du solltest darüber nachdenken, bevor du das machst, du bist furchtbar jung. Ich kann dir diese Entscheidung nicht abnehmen, aber ich hoffe, du weißt, was du tust.‹

Die meisten meiner Freundinnen führten mit ihren Töchtern solche Gespräche nicht, und ich glaube, bei mir kam das, weil ich nicht verheiratet bin. Sie wußten genau, daß ich mit meinem Freund auch ohne Trauschein intim war. Deswegen muß ich fast selber lachen, wenn ich sage, daß ich nichts von Sex außerhalb der Ehe halte – aber so ist meine Überzeugung, vielleicht hängt das mit meiner Herkunft zusammen. Ich fände es wunderbar, wenn es immer noch so wäre. Aber das ist es eben nicht. Es war bei mir nicht so, und ich erwarte nicht, daß es bei meinen Töchtern so ist – aber wäre es nicht trotzdem gut? Als ich meinen ersten Mann heiratete – ich war mit ihm von meinem dreizehnten Lebensjahr an neun Jahre lang zusammen – hatte ich noch keinen Geschlechtsverkehr gehabt. Nicht daß ich Jungfrau oder vollkommen unerfahren gewesen wäre! Aber zumindest machte ich nichts, wovon ich schwanger werden konnte, und es war eine schöne Zeit. Daher glaube ich, daß es möglich ist. Vielleicht ist es aber nicht das gesündeste. Ich erwarte es auch nicht. Aber wäre es nicht schön?«

Da einige der Frauen selbst nicht verheiratet sind, mußten sie sich mit Widersprüchen, was ihre Sexualmoral angeht, auseinandersetzen. Clara T., geschieden und Mutter der zweiundzwanzigjährigen Willa, sagte: »Immer wieder haben wir darüber gesprochen. Ich kam zu keinem vernünftigen Schluß. Ich sagte ihr, daß ich damit klarkäme, solange sie bei uns zu Hause nicht mit ihrem Freund schlafe, auch wenn ich weiß, daß sie praktisch mit ihm zusammenlebt. Sie akzeptierte, daß ich anders nicht damit umgehen kann.«

Die Lage wurde komplizierter, als Willa letzten Sommer zu Hause wohnte. Ihr Freund war oft da, aber er durfte immer noch nicht über Nacht bleiben. Gleichzeitig wurde Claras Beziehung zu einem Mann ernster, den sie auf einer ihrer regelmäßigen Geschäftsreisen nach Deutschland kennengelernt hatte. »Er besuchte mich, und das war schon komisch. Wo sollte er schlafen? Wenn ich wollte, daß er bei mir im Zimmer schläft, dann mußte ich meine Haltung gegenüber meiner Tochter ändern.« Clara sprach erst mit ihrem Liebhaber und dann mit ihrer Tochter. Mit einiger Erleichterung, daß die Heimlichtuerei ein Ende hatte, kamen alle überein, daß sie es tolerieren konnten, wenn jedes Paar unter demselben Dach ein Schlafzimmer teilte.

Clara stellte sich auf eine Situation ein, die andere Frauen, die ihre gerade erwachsen gewordenen Töchter nicht mit ihren Freunden zu Hause zusammen schlafen ließen, vermieden. Wenn eine Mutter sagt: »Ich weiß, daß sie mit ihrem Freund schläft, aber das soll sie nicht hier machen«, dann leugnet sie immer noch die Sexualität der Tochter und Sexualität generell.

Wenn wir unserer Tochter erlauben, bei uns zu Hause in einem Zimmer mit ihrem Freund zu schlafen, müssen wir uns zwangsläufig damit auseinandersetzen, was uns selbst Sex bedeutet. Das Thema Sex erinnert uns an einige der tiefsten Geheimnisse unserer eigenen Identität. Es bereitet den meisten Unbehagen, sich das ganze Spektrum der eigenen sexuellen Phantasien einzugestehen. Es kann Jahre dauern, bis wir in einer Therapie bereit sind, uns über die Bedeutung dieser Phantasien bewußt zu werden; vielleicht werden wir sie nie einem Partner gegenüber formulieren können, geschweige denn einem Freund. Jedes Gespräch, in dem es um Sex geht, kann diese Ängste wachrufen.

Das Thema Sexualität ist besonders für Mütter und Töchter wichtig. Wenn die Töchter erwachsen geworden sind, meint die Psychologin Marianne Walters, sind Mütter in einem doppelten Bild gefangen – sich als Mutter und als Frau zu verstehen. In unserer Kultur, schreibt sie, »hat man die Bilder von der Frau als einem Geschlechtswesen von denen der Mutter getrennt. Selten begegnet man in der Literatur, im Film oder in den Massenmedien Müttern, deren Sexualität als Bestandteil ihrer Weiblichkeit behandelt wird, der sie ihre Mutterschaft verdanken. Und wenn Mütter sich ihren Töchtern gegenüber als Frauen mit eigener Sexualität darstellen, dann für gewöhnlich in der Absicht, sie darüber zu beraten, wie sie sich vor einer ungewollten Schwangerschaft schützen können, und nicht darüber, wie sie selbstbewußt werden und ein befriedigendes Sexualleben für sich erreichen können. [...] Nach alledem kann es kaum noch wundernehmen, daß die Botschaften einer Mutter an die Tochter über Sexualität nicht eindeutig sind. Bestärkt sie die Tochter in ihrer Sexualität, so kann dies gefährlich sein; übertriebene Warnungen können die Tochter gehemmt machen. [...] Welchen Weg sie auch einschlägt, die Botschaft wird zwangsläufig gemischt sein.«[3]

Wenn Töchter die Jugend hinter sich gelassen haben und sexuelle Erfahrungen nicht mehr so notwendig verboten werden müssen, fällt es vielen Müttern schwer, die Botschaft umzugewichten – die Warnung zurückzunehmen und die Ermutigung zu verstärken. Einerseits hat sich die Gewohnheit, nicht offen über Sex zu sprechen, verfestigt. Andererseits fühlt sich keine der beiden wohl, wenn eine Mutter zu erkennen gibt, daß auch sie ein Sexualleben hat, da sowohl Mütter als auch Töchter die Vorstellung verinnerlicht haben, daß Sexualität und Mutterschaft auf verschiedenen Ebenen liegen. Töchter zeigen ihre Sexualität vielleicht nicht, weil sie glauben, daß ihre Mütter sie nicht verstehen. Und unsere Kultur trägt nicht dazu bei, daß wir aus dieser Sackgasse herauskommen, da, wie Marianne Walter darstellt, Mutterschaft und Frausein immer noch nicht als zusammengehörig betrachtet werden.[4]

Wenn die unverheiratete Tochter schwanger wird

Trotz ständiger Warnungen und obwohl heute genügend Verhütungsmittel zur Verfügung stehen, kann es vorkommen, daß eine unverheiratete Tochter schwanger wird und die Mutter versuchen muß, mit dieser Tatsache fertig zu werden. Vierzehn unserer Gesprächspartnerinnen erzählten, daß ihre Tochter schwanger geworden war, ohne verheiratet zu sein. Vier wurden schwanger, als sie noch in die High-School gingen; diese Schwangerschaften wurden alle abgebrochen. Die betroffenen Mütter sagten, daß die Zweifel, die sie wegen der Abtreibung hatten, weniger schwer wogen als die Angst, daß das Leben der Tochter stark eingeschränkt würde, wenn sie so früh schon ein Kind bekäme. Von den Töchtern, die später schwanger wurden, hatten fünf eine Abtreibung, und vier entschieden sich dafür, das Kind zu bekommen, ohne zu heiraten. Nur eine Mutter erzählte uns, daß ihre Tochter geheiratet habe, damit das Kind einen Vater habe. Für all diese Frauen waren die mit der Schwangerschaft verbundenen Probleme und Folgen äußerst komplex.

Mallory, die Tochter von Georgia S., wurde während ihres letzten Jahres auf dem College schwanger, als sie eine kurze Affäre mit einem Kommilitonen hatte. »Ich hätte nie gedacht, daß meine Tochter einmal abtreiben müßte. In der Kirche hatten wir über dieses Thema gesprochen, damit wir im Fall des Falles eine bessere Grundlage hätten, um auf eine solche Situation reagieren zu können. Unser Pfarrer sagte, daß man dann nicht ad hoc zu einer Entscheidung gezwungen sei. Man müsse schon vorher wissen, was man tun würde, wenn man in diese Situation gerät, weil dann so viele Dinge passierten. Damit hatte er absolut recht.

Ich hatte große Angst, daß mein Mann uns zwingen würde, dieses Kind zur Welt zu bringen und aufzuziehen. Ich hatte Angst, sowohl Mallorys als auch meinetwegen. Er dachte auch allen Ernstes daran, und das wußte ich. Gott sei Dank war es genau so, wie der Pfarrer gesagt hatte. Ich hatte mir schon Gedanken darüber gemacht, was meine Kirche und was die Gesellschaft dazu meinen und was ich davon halte, und daher wußte ich in dem Augenblick, in dem sie es mir mitteilte, genau, was getan werden mußte. Wenn sie in die andere Richtung gedrängt hätte, wäre das was anderes gewesen, aber das tat sie nicht.

Das erste, was der Gynäkologe sagte, war: ›Mallory, ich muß dir mitteilen, daß du schwanger bist. Ich nehme an, du möchtest die Schwangerschaft abbrechen‹, damit ist er wirklich über seinen Schatten gesprungen. Er zeigte ihr eine Möglichkeit, und sie nahm sie wahr. Sie hatte keine feste Beziehung, es war eine Jugendsünde, sie sollte ihren Abschluß machen. Wenn sie eine feste Beziehung gehabt hätte, glaube ich, hätten wir das das Ganze noch mal überdacht. Aber die Entscheidung unter diesen Umständen habe ich nie bereut.«

Die zweiundzwanzigjährige Tochter von Gail E., Toby, hatte eine feste Beziehung – sie war verlobt –, aber Gail begriff, daß es Probleme mit Tobys Schwangerschaft gab. »Toby lebte mit Charlie zusammen, wenn sie auch nicht verheiratet waren, und sie wurde schwanger und ließ abtreiben. Ich fand das ganz schlimm. Ich konnte nicht verstehen, warum sie abtreiben lassen mußte, wenn sie doch sowieso vorhatten zu heiraten. Aber mir war auch klar, daß mich das nichts anging. Sie wollten heiraten, sobald Charlie seinen Abschluß an der Business School gemacht hatte, sie wußten, wohin sie ziehen würden, und alles andere war auch schon geregelt.

Und dann wurde sie unerwartet schwanger. Sie kam zu mir und fragte, was sie tun solle. Die Situation war so kompliziert, daß ich nichts dazu sagen konnte. Auch wenn ich innerlich furchtbar litt. Es stand mir aber nicht zu, ihr zu sagen, was ich mir wirklich wünschte, nämlich: ›Toby, du mußt das Kind bekommen. Du kannst es nicht einfach abtreiben lassen, weißt du, für Fälle wie dich sind Abtreibungen nicht gedacht.‹ Natürlich, ich kann nicht ihr Leben leben, aber es brachte mich fast um.«

Wir fragten Gail, was sie ihrer Tochter riet. »Nichts dergleichen. Ich sagte: ›Toby, ich verstehe, daß du kein Kind haben willst, bevor du verheiratet bist, und daß es nicht darum geht, ob du Charlie heiraten willst und ob du ihn liebst – weil Charlie für dich da ist und dich heiraten will –, sondern daß du nicht unter diesen Bedingungen heiraten möchtest.‹

Toby überlegte es sich nicht. Sie war nur erleichtert und dankbar. Ich behielt meinen Kummer für mich, was ich für vollkommen richtig halte, aber allein von einem religiösen Standpunkt aus – wir sind praktizierende Katholiken – war es einfach schrecklich für mich. Ich habe selbst unter diesen Umständen geheiratet – auch wenn ich nie darüber geredet habe – und kann daher natürlich verstehen, was sie durchgemacht hat. Auch deshalb konnte ich ganz sachlich bleiben. Aber ich selbst hatte ja eine andere Entscheidung getroffen, nämlich zu heiraten und das Kind zu bekommen, und daher war es für mich sehr schwer.«

Vor zwei Jahren teilte die damals achtzehnjährige Tisha ihrer Mutter mit, sie sei schwanger und daß sie nicht beabsichtige, den Vater ihres Kindes zu heiraten. Rosie Smith ging davon aus, daß Tisha abtreiben würde. »Sie wußte, sie hatte einen Fehler gemacht, aber sie wollte die Schwangerschaft nicht abbrechen. Ich muß zugeben, daß mir das lieber gewesen wäre, weil ich nicht glaubte, daß Tisha zu diesem Zeitpunkt ein Kind haben sollte, und ich sagte ihr das auch. Sie begann gerade mit ihrem zweiten Jahr auf dem College. Ich hielt es nicht für eine kluge Entscheidung.«

Rosie sprach immer wieder mit Tisha darüber, bis sie im siebten Monat war. »Sie sah ein, daß sie einen Fehler gemacht hatte, aber sie wollte das Kind. Ich dachte, sie hat keine Ahnung, nicht die geringste Ahnung, auf was sie sich da einläßt. Ich fand, sie sollte ihre Ausbildung beenden, darauf habe ich immer bestanden. Vor vielen Jahren haben wir einmal von Empfängnisverhütung und Lebensplanung gesprochen, und da habe ich ihr geraten: ›Tisha, mir ist es recht, wenn du ein Kind kriegst, ohne verheiratet zu sein, wenn du das wirklich willst, aber zuerst beendest du deine Ausbildung, damit du eine Grundlage hast, einen Beruf, egal welchen. Meinetwegen kannst du einen Maniküresalon aufmachen, und wenn du dann ein Kind bekommen willst und nicht verheiratet bist, ist das für mich kein Problem. Grab dir nicht selbst eine Grube, leg dir keine Steine in den Weg.‹ Aber genau das hat sie gemacht. Nicht daß ihr Kind ein echtes Hindernis wäre, aber Tisha kann nicht einfach ausgehen, wenn sie will, sie muß sich um ihr Kind kümmern, sie hat Verpflichtungen.«

Auch Verdine Jones' Tochter Rhonda hat sich mit fünfundzwanzig Jahren gegen einen Schwangerschaftsabbruch und gleichzeitig gegen eine Heirat entschieden. »Sie unterrichtete in einer Schule und sagte zu mir: ›Hör mal zu, ich bin schwanger. Ich will das Kind, und ich werde nicht heiraten.‹ Ich antwortete ihr, daß ich das nicht besonders toll fände und daß normalerweise die Leute erst heiraten und dann Kinder bekommen. Wenn sie ihn geheiratet hätte, dann hätte ich alles getan, damit es für sie so leicht wie nur möglich wird. Aber ich verstand auch, warum sie diesen jungen Mann nicht heiraten wollte – er war eifersüchtig und wechselte häufig den Arbeitsplatz. Sie entschied sich also, ihn nicht zu heiraten, und ob Sie's glauben oder nicht, ich stehe hinter ihrer Entscheidung.«

Anfangs lehnte es Verdines Tochter ab, mit dem Vater ihres Kindes viel Kontakt zu haben. Verdine hielt das für einen Fehler. »Ich sagte zu meiner Tochter: ›Egal, welche Gefühle du für diesen Mann hast, du hast dich für das Kind entschieden. Du warst selbst kein Kind mehr und auch kein Teenager, und auch wenn du's gewesen wärst, solltest du deinem Kind die Möglichkeit geben, Kontakt zu seinem Vater und dessen Familie zu haben, und ihm nicht deine negative Vorstellung oder Meinung aufzwingen.‹« Verdine schlug Rhonda vor, sie solle die Großeltern mit einem kleinen Geschenk an Weihnachten besuchen. Sie tat es, und das entspannte die Beziehung zwischen ihr und ihrem früheren Freund ein wenig. Er hat angefangen, mehr Zeit mit dem Kind zu verbringen. Verdine ist um des Kindes willen darüber sehr froh, auch wenn sie den jungen Mann immer noch für ziemlich verantwortungslos hält. »Er trägt nicht viel zum Unterhalt bei, aber er paßt auf das Kind auf und macht mit ihm Ausflüge, und die Kleine liebt ihren Vater sehr.«

Verdine Jones und Rosie Smith mußten sich mit den Konsequenzen einer Entscheidung abfinden, mit der sie nicht einverstanden waren, die sie aber auch nicht verhindern konnten. Rhonda und Tisha leben mit ihren Kindern bei den Eltern. Wir werden noch darauf zurückkommen, welche Spannungen entstehen können, wenn drei Generationen miteinander leben.

Eine Mutter hat letztlich keinen Einfluß darauf, welche Entscheidung eine erwachsene Tochter darüber trifft, wie sie ihre Sexualität lebt, mit welchem Mann – oder welcher Frau – sie eine langfristige Bindung eingeht, selbst auf die Entscheidung, ob sie eine ungewollte Schwangerschaft abbricht oder nicht. Eine Mutter hat auch nicht unbedingt soviel Einsicht in das, was das Beste für ihre Tochter ist, wie sie vielleicht denkt. Was eine Mutter tun kann, ist, daß sie sagt, was sie von der Entscheidung der Tochter hält – besonders wenn diese sich ernsthaft Gedanken deswegen macht. Als Mutter ist man verpflichtet zu sprechen, solange man sich in respektvoller Weise gegenüber der Tochter äußert und solange man akzeptieren kann, daß sie das Recht hat, selbst zu entscheiden, was ihr am wichtigsten ist.

Wenn die Tochter zu Hause lebt

Die sechzigjährige Romanautorin und Reiseschriftstellerin Nan Lyons lebt in New York. Ihre Tochter Samantha, sechsundzwanzig, hat die Stadt mit achtzehn Jahren verlassen, um die UCLA zu besuchen. Sie lebte nach Abschluß des Colleges drei Jahre lang in Los Angeles, wo sie als Drogenberaterin in staatlichen Schulen gearbeitet hat. Letztes Jahr starb Ivan Lyons, Nans Ehemann und Koautor. Auch wenn Samantha während der Krankheit ihres Vaters regelmäßig nach New York gekommen war, hatten weder Mutter noch Tochter erwartet, je wieder unter demselben Dach zu leben. In der ersten Zeit nach dem Tod ihres Mannes igelte Nan sich ein. Sie brauchte Zeit für sich und ihre Trauer und hat verschiedene anstrengende Aufträge angenommen, um zu sehen, ob sie auch allein eine Karriere als Autorin aufbauen könne. Gerade als Nan dabei war, sich in ihrem Leben wieder einzurichten, kündigte Sam an, daß sie in das Graduiertenprogramm an einer New Yorker Universität aufgenommen worden ist und aus finanziellen Gründen zu Hause wohnen müßte. Nan glaubt, daß Sam vielleicht auch wegen Ivans Tod dachte, sie müßte sich mehr um ihre Mutter kümmern. Nan verstand die schwierige Lage ihrer Tochter, aber sie nahm sie nur widerstrebend wieder auf.

Im allgemeinen nimmt man an, daß für Mütter eine schwierige Zeit anbricht, wenn ihre Kinder von zu Hause ausgezogen sind – das sogenannte Leere-Nest-Syndrom –, doch in Wirklichkeit bedeutet es für viele Frauen , daß sie nun endlich ihren eigenen Bedürfnissen nachgehen können. In der Mitte ihres Lebens freuen sich die Frauen über die Gesellschaft ihrer Kinder, sind aber erleichtert, daß sie nicht länger für sie sorgen müssen. Es ist eine Zeit, so die Familientherapeutin Monica McGoldrick, in der »Frauen froh sind, wieder freie Zeit zu haben, sie schöpfen daraus Kraft und entdecken neue Möglichkeiten für sich selbst. Sie leiden nicht annähernd so stark darunter, daß die Ära der Kindererziehung zu Ende geht, wie gemeinhin angenommen wird. Mit viel Enthusiasmus beginnen viele Frauen, sich weiterzuentwickeln und ihr Leben zu ändern. In dieser Phase haben sie das erste Mal die Möglichkeit herauszufinden, wer sie sind, und eigene Kreativität zu entwickeln.«[1]

Megan C., geschiedene Mutter zweier Töchter, erzählte uns: »Es ist ein angenehmes Gefühl, allein zu sein. Sie müssen mal bedenken, daß ich mit zweiundzwanzig geheiratet habe und mein erstes Kind mit dreiundzwanzig bekam. Ich habe nie allein gelebt!« Vor einem Jahr kam ihre ältere Tochter Amber für sechs Monate zu ihr zurück, weil sie krank war. »Ich konnte sie wohl kaum wegschicken, aber gleichzeitig konnte ich es auch nicht erwarten, bis es ihr wieder gut genug ging, um auszuziehen. Ich hatte mich daran gewöhnt, meinen Tagesablauf so einzurichten, wie ich es wollte. Ich kochte, worauf ich Lust hatte, oder ich habe überhaupt nicht gekocht. Ich bin ein Nachtmensch. Ich arbeite gerne bis zwei Uhr morgens, und plötzlich mußte ich auf Zehenspitzen herumschleichen, um sie nicht zu wecken.«

Plötzlich stehen sie wieder vor der Tür

Sam und Ambers Lösung – und Nans und Megans Problem – sind heute weitverbreitet. Junge Leute haben mit den Unsicherheiten des Arbeitsmarktes und den hohen Mietpreisen zu kämpfen, sie müssen immer höhere Studiengebühren zahlen; viele schieben eine Heirat hinaus oder lassen sich wieder scheiden. Auch wenn die meisten Amerikaner der Mittelschicht davon ausgehen, daß ihre Kinder nach Abschluß der Ausbildung unabhängig von den Eltern leben, sieht die Realität oft anders aus. Nach dem US-Zensus aus dem Jahr 1990 leben von den fünfundzwanzig- bis vierunddreißigjährigen Erwachsenen 32 Prozent der alleinstehenden Männer und 8,5 Prozent der alleinstehenden Frauen zu Hause bei den Eltern. Die meisten Fachleute gehen darüber hinaus davon aus, daß diese Zahlen noch zu niedrig angesetzt sind und viel mehr junge Leute irgendwann nach Hause zurückkehren. Diese jungen Erwachsenen bilden inzwischen eine eigene Kategorie – die Bumerang-Kinder. Sie ziehen aus, sie kommen zurück, und das vielleicht sogar mehrmals.

Arlen M., Mutter von zwei Töchtern, sagt: »Mein Mann und ich haben neulich mit einigen Freunden über dieses Thema gesprochen. Ich weiß nicht, liegt es an unserem Alter oder am Alter unserer Kinder, aber wir sind nicht im geringsten daran interessiert, sie die ganze Zeit um uns zu haben. Dauernd gehen sie hier ein und aus. Wir hätten es lieber, wenn's nicht so wäre. Die Zeiten sind vorbei!«

Das Leben unserer Töchter ist noch nicht gefestigt. Ihre Besuche sind zeitlich begrenzt angelegt, oder zumindest soll ein Ende abzusehen sein – »nur bis ich wieder auf die Füße komme«, »bis ich das Geld fürs Studium zusammenhabe«. Manchmal sind diese Besuche tatsächlich kurz, manchmal ziehen sie sich aber auch in die Länge. Pauline E. ist Mutter von vier Kindern. Sie erzählte uns: »Jonathan lebte zweimal jeweils ein Jahr bei mir und Gail fast zwei Jahre, als sie aus Europa zurückkam, Margot kam zurück, als ihre Ehe in die Brüche ging und sie wieder nach New York zog, um sich Arbeit zu suchen. Nur Annie würde sich lieber die Zunge abbeißen, als mich zu fragen, ob sie wieder einziehen dürfe.« Die Tochter von Arlen M. kehrte nach dem College nach Hause zurück, um sich eine Stelle zu suchen. Arlen erzählte uns: »Mein Mann und ich sagten ihr klipp und klar, daß sie ihr altes Zimmer haben könne und ein halbes Jahr von uns durchgefüttert werde, wenn sie dann aber wieder draußen sei.« Die Sechsmonatsregel scheint üblich zu sein, viele Mütter sagten uns, sie hätten das bereits klargemacht – oder hätten es vor –, als die Heimkehrer ihren Koffer abgestellt haben.

Mit einer erwachsenen Tochter zusammenzuleben kann Probleme bereiten. Beide, Mutter und Tochter, sind jeden Tag in die Vergangenheit zurückversetzt – ihr gemeinsames Leben verläuft wie damals, als die Tochter noch ein Kind war, nur ist sie das nicht mehr. Es kann passieren, daß beide Seiten in die alten Verhaltensmuster zurückfallen. Arlen erzählte uns: Als Martha wieder zu Hause lebte, »war das schlimmste, daß sie sich nicht unbedingt dann erwachsen verhielt, wenn ich das von ihr erwartete. Und Bereiche, in denen ich sie noch für ein Kind hielt, waren nicht diejenigen, in denen sie für ein Kind gehalten werden wollte. Ein Beispiel: Sie kommt zum Mittagessen nach Hause und stellt ihr Geschirr danach ins Spülbecken. Nun war in der Spüle aber kein Geschirr, bis sie ihres reinstellte. Sie hat sich nichts dabei gedacht. Und dann bin ich andererseits nicht gerade begeistert, wenn sie erst um drei Uhr morgens nach Hause kommt, wobei sie natürlich denkt, daß sie doch kein Kind mehr ist.«

Wenn eine Tochter nach Hause kommt, ob für zwei Wochen oder zwei Jahre, ist es hilfreich, wenn man ihre genauen Gründe kennt. Geht es wirklich um kurzfristige praktische Erfordernisse, oder gibt es da auch grundlegendere Fragen, die sich ausmachen und ansprechen lassen? Nan Lyons sah ein, daß Sam ihre Ausgaben während des Studiums tatsächlich so niedrig wie möglich halten mußte, aber es gab auch emotionale Gründe für ihre Rückkehr. Nan sagt: »Da ihr Vater gestorben war und ich ihre einzige lebende Verwandte bin, hatte sie das Bedürfnis, mir nahe zu sein, mich ständig um sich zu haben. Ich glaube, daß sie unterbewußt das Gefühl hatte, wenn ich verschwinde, hat sie niemanden mehr. Sie wollte einfach heim – und Heim war genau das, auf was es ankam.«

Glücklicherweise ist Nan immer schon sehr offen mit Sam umgegangen, und so war es auch jetzt selbstverständlich, unbefangen mit ihr über das erneute Zusammenleben zu sprechen. Nan führte ein Gespräch mit ihr, das den Ton ihrer neuen Beziehung vorgab. »Ich sagte ihr, daß es eine Einschränkung für mich darstelle, wenn noch jemand im Haus ist – selbst wenn das jemand ist, den ich sehr liebe –, da ich mich dann schuldig fühlen müßte, wenn ich deprimiert bin oder wenn ich weinen will. Weil ich das Gefühl hätte, solange sie da ist, müßte ich mich zusammenreißen und dürfte sie da nicht hineinziehen. Ich habe also gesagt, daß für mich die ganze Sache nicht unbedingt leicht ist. Ich mußte das so direkt sagen, damit sie versteht, warum ich sie nur mit Widerstreben wieder einziehen lassen wollte. Ich hatte nichts dagegen, daß sie in derselben Stadt oder hier in der Nähe wohnt, ich wollte nur nicht meinen Rückzugsbereich aufgeben.

Ich glaube nicht, daß Kinder so etwas hören wollen. Vielleicht respektieren sie es, aber sie wollen es nicht hören. Man will einfach instinktiv nicht, daß sie zurückkommen. Aber da wir offen und ehrlich zueinander sind, konnte ich ihr klipp und klar sagen, daß es Schwierigkeiten geben würde und warum, und danach konnten wir weitersehen. Es war mir sehr wichtig, daß sie weiß, es wird Zeiten geben, in denen ich die Tür hinter mir zumachen werde, weil ich das tun muß. So etwas habe ich früher nie gemacht. Früher war ich immer für sie da.«

AUS SUSANS TAGEBUCH, 2. FEBRUAR 1996

Unser Gespräch mit Nan Lyons heute erinnerte mich an einen Vorfall, als Sarah vor zwei Jahren nach Hause zurückkam, um bis zum Beginn ihres Studiums an der Universität bei mir zu leben. Ich ging mit Freunden ins Theater, und danach aßen wir gemeinsam zu Abend. Als ich so gegen ein Uhr zurückkam, stellte ich überrascht fest, daß Sarah schon auf mich wartete. »Ich habe dich schon vor einer Stunde zurückerwartet«, platzte sie heraus. »Warum hast du mich nicht angerufen, als klar war, es würde später werden?«

Erst habe ich mich darüber amüsiert. Ich sagte: »Ich komme oft erst so spät nach Hause. Mir ist gar nicht in den Sinn gekommen, daß du dich aufregen könntest.« Ich lebe schon eine ganze Weile allein und komme und gehe, wie's mir paßt. Ich war es nicht gewohnt, daß ich jemandem Rechenschaft ablegen muß. Aber sie hatte natürlich recht. Ich überlegte mir also, daß ich anders damit umgehen müsse. Ich muß auf ihre berechtigten Sorgen Rücksicht nehmen, wie ich das umgekehrt auch von ihr erwarte. Es war sowohl rührend als auch befremdlich, zu sehen, wie sich unsere Positionen vertauscht hatten.

Nachdem sie darüber gesprochen hatten, daß Nan eine Rückzugsmöglichkeit braucht, mußten Nan und Sam einen Weg finden, die gemeinsame Wohnung aufzuteilen. »Ihr fiel eine wunderbare Lösung ein, auf die ich nie gekommen wäre. Ich ging davon aus, daß sie ihr altes Zimmer wiederhaben wollte, das ich seit ihrem Auszug als Büro benutzte. Ich würde mich also daran gewöhnen müssen, an einem anderen Ort zu arbeiten. Ich dachte einfach, es ist ihr Zimmer, und es wäre mir nie in den Sinn gekommen, daß sie ein anderes Zimmer nehmen könnte. Nachdem sie zwei oder drei Tage wieder zu Hause war, kam sie zu mir und sagte: ›Bitte werd jetzt nicht sauer, ich will auch nicht noch zusätzlich ein Problem schaffen, aber mich deprimiert mein altes Zimmer. Es ist, als ob ich wieder ein Kind wäre. Und das will ich nicht. Ich will mich nicht rückwärts bewegen, und dazu brauche ich einen neuen Raum, einen für mich. Würde es dir etwas ausmachen, wenn ich das Mädchenzimmer nehmen würde?‹

Ich hätte von meiner Tochter doch nie verlangt, in das Mädchenzimmer zu ziehen! So was machen nur ganz böse Mütter, wie in »Aschenputtel«. Aber sie meinte: ›Ich streiche es blau und hänge Sterne auf, dann ist es mein Zimmer.‹ Dadurch war mein Problem gelöst, und ich brachte sofort meinen Computer in ihr altes Zimmer zurück. Das war der Umschwung.«

Wir fragten, ob sie glaubte, daß ihre Tochter überhaupt regrediert. »Mein erster Gedanke war, daß sie regredieren wird, sobald sie die Schwelle unseres Hauses überschreitet. Wie auch nicht? Sie hatte ein eigenes Büro gehabt und eine Stelle und war Miß Lyons, die die ganzen Programme koordinierte. Jetzt ist sie wieder eine Studentin, die ihre Hausarbeiten macht, bei ihrer Mutter lebt und von niemandem ernst genommen wird. Daraus entstehen Probleme. Beispielsweise kocht sie nicht für sich selbst. Wenn ich koche – klasse. Wenn ich einkaufe – klasse. Sie stellt keine Forderungen, aber sie tut auch nichts von sich aus. Manchmal essen wir zusammen. Manchmal essen wir jede für sich. Aber wie sie ißt! Sie stochert entweder nur in ihrem Essen herum oder schlingt es herunter. Nachdem Ivan gestorben war, habe ich aufgehört zu kochen. Ich stehe nicht gerne lange in der Küche. Ich tu nicht gerne die Dinge, die ich früher gemacht habe. Ich mache es nicht für mich, und ich hatte auch keine Lust, für sie wieder den Kochlöffel zu schwingen.«

Wie gehen Sie mit diesen Problemen um? »Wir sprechen darüber. Ich sage ihr, daß ich mich schuldig fühle, weil ich das nicht tue. Aber es geht im Moment nicht. Ich bin nicht dazu imstande. Und das hat sie akzeptiert.«

Wenn eine Tochter nach Hause zurückkommt, ist eine Regression bis zu einem gewissen Grad wahrscheinlich unvermeidbar. Aber beide Frauen können die Schwierigkeiten des Zusammenlebens auf ein erträgliches Maß reduzieren, indem sie neue Vereinbarungen treffen, wer für was im Alltagsleben verantwortlich ist. Eine Mutter kann ihre Tochter bitten, das zu beachten, was ihr im häuslichen Leben wichtig ist. Sie ist auch nicht mehr für das gute Benehmen ihrer Tochter verantwortlich – sie kann den »Mutter-Modus« ablegen, wie es eine der Frauen formulierte.

Die achtundfünfzigjährige Pauline E. ist geschieden und lebt in einer Dreizimmerwohnung in New York. Ihre älteste Tochter Margot, vierunddreißig, wohnt seit vier Monaten wieder bei ihr. Margot kehrte nach New York zurück, nachdem ihre Ehe in die Brüche gegangen war, und sucht jetzt eine Wohnung. Margot und Pauline hatten seit fast fünfzehn Jahren nicht mehr zusammen gewohnt und mußten sich daher beide ein Stück weit einander anpassen. »Das einzige, worum ich Margot gebeten habe, war, die Küche zu putzen«, erzählte uns Pauline. »Margot ist keine geborene Hausfrau. Ich bin dagegen richtig penibel, auch wenn das etwas nachgelassen hat, seit ich in New York lebe. Ich sagte also zu ihr: ›Wir haben diese netten kleinen Gäste, diese Kakerlaken. Du mußt das Geschirr gleich spülen, nachdem du es benutzt hast.‹ Anfangs fiel es ihr ziemlich schwer, sich daran zu halten, aber dann wurde es besser. Ihr Zimmer ist aufgeräumter denn je. Wir fanden es beide lustig, daß sie sich aus meinem Kleiderschrank bedient. Aber als ich einmal etwas auf dem Boden rumliegen sah, sagte ich: ›Würde es dir etwas ausmachen, es wieder aufzuhängen? Es ist meins.‹ Inzwischen hängt sie die Sachen auf. Sonst erwarte ich nicht besonders viel.«

Das Zusammenleben mit ihrer Tochter wurde für Pauline dadurch leichter, daß sie sich auf die Dinge konzentriert, die ihr wirklich wichtig sind, und Margot deutlich sagt, was sie erwartet. Wie sie bereitwillig zugibt, läßt sie gleichzeitig auch vieles durchgehen: »Solange sie die Küche sauberhält, machen mir nicht einmal die Dinge etwas aus, die mich sonst gestört hätten, wenn sie zum Beispiel ihre Füße auf den Tisch legt. Vielleicht bin ich lockerer geworden. Ich denke dann, es ist nicht wichtig – es ist es nicht wert, daß man sich darüber streitet.«

Auch Margot hat sich geändert. »Margot, die nie einen Fuß in die Küche gesetzt hat, ist inzwischen eine phantastische Köchin. Sie hat das Kochen weitgehend übernommen, und inzwischen bin ich es, die fragt, was es zum Abendessen gibt. Sie kocht wunderbare indische und italienische Sachen. Die Küche sieht danach allerdings auch wie ein Schlachtfeld aus. Wenn ich koche, spüle ich währenddessen gleich ab, aber sie wird das wahrscheinlich nie tun. Jetzt spüle ich eben ab. Früher habe ich gekocht, und die Kinder haben den Abwasch gemacht. Heute haben sich die Rollen vertauscht.«

Pauline genießt es eindeutig, daß Margot zu Hause lebt, und hat es nicht eilig, sie wieder loszuwerden. »Wir machen Witze über ihren Auszug. Sie sagt: ›Ich möchte so schnell es geht hier raus‹, und ich antworte: ›Wirklich?‹ ›Ja, wirklich.‹ ›Warum? Es läuft doch ganz gut.‹ ›Ich möchte meine eigenen vier Wände‹, erwidert sie, ›ich möchte meine Möbel wieder aus dem Lager holen.‹ ›Besuch sie doch einfach‹, sage ich dann.

Ich verstehe sie natürlich, aber ich werde sie sehr vermissen, weil ich sie dann nicht mehr so oft sehen werde. Wissen Sie, wir sitzen zusammen und sehen fern oder plaudern. Es ist unkomplizierter als früher – nicht, daß es jemals besonders problematisch gewesen wäre. Aber wenn einen die Kinder als erwachsene Person in der Umgebung sehen, in der sie auch leben, und sei es nur zeitweise, haben sie eine andere Perspektive auf einen, als wenn sie woanders leben.«

Als Paulines mittlere Tochter Gail mit dreiundzwanzig Jahren wieder bei Pauline einzog, lagen die Dinge allerdings anders. »Das war vor neun Jahren, als Gail gerade aus Europa zurückkam. Sie war vollkommen abgebrannt. Ich fragte sie, warum sie nicht für ein par Monate einen Job annehme und ein bißchen Geld spare, bis sie weiß, was sie tun möchte. Na ja, nach anderthalb Jahren vielleicht mußte ich dann zu ihr sagen: ›Gail, du weißt, daß ich dich liebe. Ich habe dich gern hier, aber ich werde etwas tun, was nicht besonders nett ist. Ich werde dich rauswerfen. Aber es ist zu deinem Besten. Du mußt dir überlegen, was du beruflich tun möchtest. Du machst es dir hier zu bequem. Du arbeitest aushilfsweise in einem Büro, du hast nie Geld, du unternimmst nichts, du hast das College nicht abgeschlossen, dabei bist du blitzgescheit. So geht das nicht. Ich werde dich sehr viel mehr vermissen als du mich, aber ich werde dich trotzdem vor die Tür setzen.‹«

Paulines Ultimatum hatte unerwartete Folgen. Gail begann, ihr Leben selbst in die Hand zu nehmen. Zu Paulines Überraschung erforderten es Gails Pläne, noch länger zu Hause wohnen zu bleiben. Ihre Mutter akzeptierte das, aber unter ganz genau festgelegten Bedingungen. »Sie teilte mir mit, daß sie wieder aufs College gehe und bei mir wohnen müsse, um Geld zu sparen. Dazu sollte ich wohl sagen, daß sie vorher ihre Ausbildung am College immer wieder unterbrochen hatte. Sie war nicht reif genug gewesen, um das durchzuziehen. Ich konnte es kaum glauben, was sie mir da gesagt hatte, also erklärte ich ihr: ›In Ordnung, aber ich komme nur für das Zimmer und das Essen auf. Einen Teil der Telefonrechnung übernehme ich auch noch. Für das College werde ich nicht aufkommen – dafür mußt du selbst sorgen.‹ Sie war einverstanden. Sie ging auf ein College, das damals ziemlich günstig war, und machte tatsächlich zwei Jahre später ihren Abschluß mit Auszeichnung. Inzwischen könnte sie nach Harvard, Yale oder Penn gehen, um zu promovieren, und würde alle möglichen Stipendien kriegen. Ihr geht's gut. Das ist meine große Erfolgsstory mit Gail.«

Die Töchter von Brenda W., Johanna, dreißig, und Laura, fünfundzwanzig, haben beide nach dem College für eine gewisse Zeit zu Hause gelebt. Brenda meint, daß das Verständnis zwischen den Generationen »mehr von der Persönlichkeit der Kinder als von der der Eltern abhängt – wie verschlossen sie sind, wie sehr sie ihre Privatsphäre schützen wollen und ob sie meinen, uns gegenüber eine bestimmte Rolle einnehmen zu müssen.« Brenda erzählt, daß es für sie und ihren Mann nicht leicht gewesen sei, als Johanna wieder für kurze Zeit bei ihnen lebte. »Johanna ist ein sehr verschlossener Mensch und hat ein sehr intensives Gefühlsleben und vielleicht auch sonst ein sehr intensives Leben! Wir waren einfach nur ratlos. Laura ist da ganz anders, bei ihr ist alles viel einfacher. Sie ruft uns von sich aus an und sagt, daß sie später kommen würde. Wenn sie da ist, dann setzt sie sich zu uns, erzählt, wie ihr Tag war, was mit ihren Freunden los ist. Dann geht sie in ihr Zimmer. Sie macht nicht einmal die Tür hinter sich zu, obwohl sie das könnte, und ich weiß, sie sieht fern oder telefoniert mit jemandem – was immer sie will. Wir verschwenden daran überhaupt keinen Gedanken. Wir sind äußerst tolerant – wenn sie einen neuen Freund hat, darf er natürlich über Nacht bleiben. Wir sagen nie ein Wort. Wenn sie übers Wochenende hier ist, unternehmen wir tagsüber was, gehen ins Museum, machen einen Schaufensterbummel – und sie freut sich, mit uns zusammenzusein. Es macht uns allen Spaß. Wenn ihr Freund dabei ist, dann gehört er selbstverständlich dazu.

Laura lebt zu Hause, weil sie in ihrem Job an der Wall Street achtzehn Stunden am Tag, sieben Tage die Woche arbeitet. »Sie fragt sich, warum sie Miete für eine Wohnung bezahlen soll, in der sie doch nie ist«, erzählt Brenda. »Wir haben genug Platz. Es klappt problemlos – mit Johanna hätte das nicht so reibungslos funktioniert. Die beiden sind sehr verschieden.«

Johanna schien schon immer auf Abstand zu ihren Eltern und zu Gleichaltrigen zu gehen. »In ihrer Kindheit und Jugend hatte sie nie wirklich enge Freunde«, sagt Brenda. »Das muß ich leider sagen. Nach dem College zog sie wieder bei uns ein, gemeinsam mit einem herrenlosen Hund, den sie aufgelesen hatte. Der Hund war keineswegs stubenrein – ich habe inzwischen einige der Möbel neu kaufen müssen. Johanna war damals ziemlich unglücklich – sie wollte schreiben und hat versucht, sich über die Arbeit zu finden. Sie hatte oft über längere

Zeit keine Stelle. Die beiden machten uns das Leben ziemlich schwer. Sie brachte auch seltsame Leute mit nach Hause, es waren keine schlechten Menschen, aber sie entsprachen nicht dem, was wir von unserem oder ihrem Hintergrund her erwartet hätten. Wir waren sehr gastfreundlich, und sie kamen zum Beispiel zu Thanksgiving. Dann fand sie endlich eine feste Stelle. Und dann gaben wir ihr zu verstehen, daß sie sich jetzt eine Wohnung suchen sollte, wir würden ihr auch beim Umzug helfen. Und als sie erst einmal eine Arbeit hatte und eine Wohnung, fand sie auch zu sich.«

Laura möchte in einem Jahr ausziehen. Sie will entweder auf die Business School gehen oder sich eine Stelle mit vernünftigeren Arbeitszeiten suchen. Ihr und ihren Eltern ist klar, daß eine junge Frau selbst dann, wenn es so gut geht wie bei ihnen, doch lieber allein leben will. Brenda meint: »Von uns aus gesehen, gibt es keine Probleme. Aber ich glaube, sie würde gerne mal Leute zum Essen einladen und kochen, und wenn wir da sind, fühlt sie sich dabei einfach nicht so wohl. Ihr Freund Rafael war einmal übers Wochenende da, und ich sagte zu ihr, daß wir früh ausgehen würden, woraufhin sie meinte: ›Das ist gut. Dann können Rafael und ich ja Fondue machen.‹ Da merkte ich, sie würde öfter kochen, wenn sie eine eigene Wohnung hätte.«

Wenn die Mutter nicht möchte, daß die Tochter auszieht

Kulturelle Voraussetzungen

Noch vor etwa einer Generation wäre es unvorstellbar gewesen, daß viele unverheiratete Kinder ausländischer Herkunft nicht im Haushalt ihrer Eltern leben. Aber der Sittenkodex innerhalb dieser Gruppen hat sich eindeutig gewandelt.[2] Shelagh C. wuchs in einer irischen Enklave in Queens auf, die großen

Zusammenhalt pflegte. Sie lebte zu Hause, bis sie mit einundzwanzig Jahren heiratete. Shelagh und ihr Mann haben sechs erwachsene Töchter und einen Sohn. »Als Colleen, meine Älteste, ihren Abschluß am College gemacht hatte, nahm sie sich eine Wohnung in der Stadt. Das war furchtbar für mich. Sie wollte dieses schöne Haus am Stadtrand mit dem Himmelbett verlassen, um in ein uraltes, heruntergekommenes Haus zu ziehen! Ich konnte das nicht verstehen. Aber sie wollte es, und ich hielt sie nicht auf. Meine Mutter lebte damals noch, und sie sagte: ›Aber du mußt sie davon abhalten!‹, aber ich erwiderte: ›Nein, das werde ich nicht tun. Sie will es so, und deshalb soll sie es auch so haben.‹ Ich bin mir sicher, daß es nicht immer leicht für sie war. Aber sie kehrte nie zurück nach Hause und machte sehr erfolgreich ihren Weg. Bei ihr war es für uns noch sehr schlimm. Als die anderen Mädchen es ihr nachmachten, war es leichter.«

Bei Immigranten, die noch nicht so lange im Land leben, ist der Wunsch der Eltern, daß die Töchter bis zu ihrer Heirat zu Hause leben sollen, so stark wie eh und je. Farouz P., eine Iranerin, die in Los Angeles lebt, berichtete uns davon: »In unserer Kultur wollen wir, daß die Kinder bei ihren Eltern leben anstatt alleine.« Als ihre zwei Töchter auf dem College waren, wohnten sie zu Hause. Die fünfundzwanzigjährige Isabelle lebte bei ihren Eltern, bis sie vor sechs Monaten heiratete. Clemence, dreiundzwanzig, hat vor, an die Ostküste zu gehen, um Jura zu studieren. Aber, so Farouz: »Sie kommt sicher wieder zurück. Wenn sie bis dahin nicht heiratet, wird sie nach dem Abschluß ihres Studiums wieder zu uns kommen. Hier ist ihr Zuhause.«

Die Erwartung, daß eine Tochter bis zu ihrer Heirat zu Hause bei ihren Eltern lebt, ist unter den Latinoamerikanern besonders ausgeprägt. Mauricia A., in Havanna geboren und aufgewachsen, ging davon aus, daß auch ihre zweiunddreißigjährige Tochter Bianca diesem Muster folgen würde. »Ich glaube, das hat zum einen mit meiner Herkunft zu tun. In Kuba wohnt man, egal ob Sohn oder Tochter, bis zur Heirat zu Hause. Man lebt dort in großen, geräumigen Häusern, es ist ein anderes Leben. Und zum anderen, als meine Kinder aufwuchsen, saßen wir abends immer gemeinsam beim Essen und redeten miteinander. Alle Kinder waren willkommen. Mein Haus war der Ort der Familie und des Familienlebens. Warum bringt man Kinder zur Welt und schickt sie dann mit achtzehn hinaus in die Welt, wie es viele meiner Freunde taten? Und dann wundern sie sich, wenn ihre Kinder sie nicht lieben.«

Bald nachdem Bianca vom College zurückgekehrt war, kam es in der Familie zu einer Krise. »Die finanzielle Situation meines Mannes verschlechterte sich rapide. Wir mußten unsere Wohnung verkaufen und in eine kleinere ziehen. Er kam in die Midlife-crisis und verließ mich. Sie war mein einziger Halt. Sie wurde zur Mutter und ich zur Tochter – das ist mir inzwischen klar. Wir tauschten die Rollen. Sie wurde zur Gebenden und ich zu derjenigen, der gegeben wurde. Ich sah die damit verbundene Gefahr nicht, und tat nichts dagegen. Sie war damals fünfundzwanzig oder sechsundzwanzig.«

Während dieser Zeit hatte Bianca einige Beziehungen, aber keine war besonders ernst. Die Lage zu Hause verschärfte sich. Zwar war Mauricias Ehemann zurückgekommen, aber es gab zwischen ihnen viel Streitereien um Geld und persönliche Angelegenheiten, die Bianca oft mitbekam. Mauricia sagte: »Sie, als ein gebildeter, ausgesprochen kluger Mensch, war zwischen uns hin- und hergerissen, und ich merkte, daß das nicht gut war. Aber sie verdiente nicht genug Geld. Ich wollte nicht, daß sie allein in irgendeinem billigen Mietshaus lebt, und erlaubte ihr deswegen, zu Hause zu bleiben. Ich hätte ihr nie gesagt, daß sie ausziehen muß, bevor sie einen Freund hat und ihn heiraten will. Eigentlich nicht, bevor sie ihn geheiratet hat. Aber es kam dann anders. Ein Wahrsager in China hat einem Freund von mir einmal gesagt: ›Auf dem Gipfel eines Berges können nicht zwei Tiger gleichzeitig sein.‹ Für mich heißt das, daß zwei erwachsene Frauen nicht zusammenleben können.«

Mauricia ging die Angelegenheit Schritt für Schritt an. »Ich habe ihr nicht gleich gesagt, daß sie ausziehen soll. Zuerst habe ich geraten: ›Du solltest anfangen, Geld zu sparen, und daran denken, dir eine eigene Wohnung zu nehmen. Wegen der finanziellen Lage deines Vaters weiß ich nicht, was mit dieser Wohnung passieren wird. Ich will nicht, daß du in das alles reingezogen wirst. Du sollst ein normales Leben führen können.‹ Die Idee setzte sich in ihrem Kopf fest. Sie diskutierte gar nicht lange mit mir herum. Das Problem war, eine schöne Wohnung zu finden. Nachdem sie ein wenig Geld beiseite gelegt hatte, fingen wir an, Wohnungen anzuschauen, und sie freute sich darauf, allein zu leben.«

Schließlich fand Bianca eine Wohnung, die zwanzig Blocks von der ihrer Eltern entfernt liegt, und bekam zur gleichen Zeit auch eine besser bezahlte Stelle. »Ich erklärte: ›Liebling, du mußt einfach gehen. Um deiner selbst, deines Seelenlebens willen. Liebend gerne würde ich für den Rest meines Lebens mit dir zusammenwohnen, aber nimm mal an, ich kriege einen Schlaganfall – ich bin achtundfünfzig – oder Krebs. Dann würdest du hier festsitzen und die Mutter und die Krankenschwester für mich spielen. Das möchte ich nicht.‹ Sie zog also aus. Wir reden immer noch jeden Tag miteinander, treffen uns zum Mittagessen, trinken zusammen Kaffee, aber unsere Beziehung ist viel normaler geworden. Ich erzähle ihr immer noch aus meinem Leben, aber eher allgemeine Sachen, nicht nur das, bei dem ich Hilfe brauche. Es gibt jetzt eine gesündere Distanz zwischen uns.«

Auch wenn sich Mauricias Hoffnungen für sich selbst und für ihre Tochter nicht erfüllt haben, hat sie sich nicht entmutigen lassen. Vor ein paar Jahren machte sie sich selbständig, und nach unserem Interview eilte sie sofort ins Fitneßstudio, obwohl sie sich vor kurzem das Handgelenk gebrochen hatte.

Bianca hat inzwischen eine interessante Position in einer international arbeitenden Marketingfirma gefunden, ihre letzte längere Beziehung zu einem Mann ist jedoch vor kurzem sehr unglücklich zu Ende gegangen. »Ich hätte nie gedacht, daß ich mal in meinem Alter in einer solchen finanziellen Lage sein würde«, sagt Mauricia. »Oder daß ich eine Tochter habe, die mit ihren fast zweiunddreißig Jahren unverheiratet ist und keine Kinder hat. Aber ich habe gelernt, die Dinge so zu nehmen, wie sie kommen.«

Der Sicherheitsfaktor

Mauricias Idealvorstellung war, daß ihre Tochter zu Hause wohnen bliebe, bis sie mit einem Mann einen eigenen Haushalt gründen würde. Einige Frauen wollen nur noch ein bißchen Zeit haben, um sicher zu sein, daß die Tochter auch allein zurechtkommen kann. Manche Mütter erzählten von ihren Sorgen um ihre wohlbehüteten zweiundzwanzigjährigen Töchter, die in der Stadt leben und arbeiten. Lib O'Brien wohnt in einem Vorort in New Jersey. »Ich habe Angst um sie wegen der großen bösen Welt da draußen. Wobei ich mir darüber im klaren bin, daß ich mit zweierlei Maß messe. Bei meinem Sohn ist das eine ganz andere Sache. Er ist bis elf oder zwölf Uhr nachts in New York und kommt mit dem letzten Bus nach Hause, ohne daß ich mir dabei was denken würde. Aber wenn ich weiß, daß Keri in der Stadt ist, bin ich das reinste Nervenbündel.«

Letztes Frühjahr bereitete sich Nellie Jenkins einundzwanzigjährige Tochter Natalie voller Erwartungen auf ihren Collegeabschluß vor. Natalie hatte schon eine Stelle an der Wall Street in Aussicht, und Nellie ging davon aus, daß sie wieder zu Hause wohnen würde, um in dem komfortablen Haus in der Vorstadt zu leben, von dem aus man leicht nach New York City pendeln konnte. »Ich wollte, daß sie sich ein wenig sicherer fühlt, um sich in der Stadt zurechtzufinden, und ich glaube, ich wollte sie auch noch ein bißchen länger bei uns haben.« Während eines Besuchs im März erläuterte Natalie den Eltern ihre Pläne für den Herbst. »Eines Abends saßen wir am Abendbrottisch, und mir fiel fast die Gabel aus der Hand, als sie sagte: »›Laurie und ich werden uns eine Wohnung in New York suchen, wenn wir unseren Abschluß haben.‹ Ich dachte, ich bekomme einen Herzinfarkt. Mein Mann meint, ich hätte mich ganz gut gehalten. Alles was ich sagte, war ›Oh?‹, und dabei saß ich da und dachte daran, wie meine Kleine in New York City leben würde«. Obwohl ihr Natalies Pläne große Sorgen bereiteten, erhob Nellie keinen Einspruch, und ihr Mann gab den Mädchen die Adressen von einer Reihe ihm bekannter Makler.

Nachdem sie ein paar Wohnungen besichtigt hatte, stellte Natalie fest, daß sie sich das Leben fern von zu Hause nur leisten konnte, wenn sie mit mehreren Leuten zusammenzog. »Eines Abends rief sie dann an und sagte: ›Weißt du, Ma, ich habe überlegt, ob ich überhaupt noch eine Privatsphäre haben werde, wenn ich mit zwei oder drei anderen Leuten zusammenziehe. Ich könnte zu Hause leben und mein eigenes Zimmer haben und müßte mich damit nicht herumschlagen.‹ Ich schickte ein Dankgebet zum Himmel und willigte ein.«

Nellie handelte mit ihrer Tochter aus, wie sie und Natalie praktische Angelegenheiten wie die Kosten und die Hausarbeit handhaben würden. »Zu dieser Zeit hatte sie den Job bei J.P. Morgan bereits angenommen«, erzählt Nellie. »Und sie wollte so richtig loslegen. ›Weißt du, ich will nicht zu Hause leben und euch auf der Tasche liegen‹, sagte sie. ›Ich möchte einen Beitrag leisten, den du für angemessen hältst.‹ Ich war damals versucht zu sagen: ›Du kannst kommen und umsonst hier leben‹, aber ich wußte, das wäre nicht gut.« Sie kamen überein, daß Natalie 50 Dollar zum Haushaltsgeld beitragen und ihre Telefonrechnung selbst bezahlen sollte. Nellie und ihr Mann machten sich an die Arbeit, Natalies Zimmer für ihre Rückkehr vorzubereiten. »Wir strichen die Wände, kauften Rollos, verlegten einen neuen Teppichboden. Es war ein richtiges Kleinmädchenzimmer gewesen, und wir machten daraus ein Zimmer für eine Erwachsene. Wenn sie wieder auszieht, wird es eben das Gästezimmer, hatte ich beschlossen. Über ihren Umzug redeten wir nicht mehr.« Inzwischen lebt Natalie bei ihren Eltern, und Nellie erzählte uns: »Samstagsmorgens steht sie auf und putzt das Badezimmer. Sie hilft bei allem mit. Sie kümmert sich um ihr Zimmer, sie hat es gerne nett. Es ist nicht supersauber, aber alles steht da, wo es hingehört.«

Weniger einfach war es, dem neuen Erwachsenenstatus von Natalie gerecht zu werden. Wie Nellie erzählte, sagte ihre Tochter: »›Weißt du, Mom, ich bin kein Kind mehr. Ich bin erwachsen, ich bin eine Frau. Ich habe das Gefühl, in den vier Jahren, die ich nicht zu Hause war, habe ich mich verändert, aber ich weiß nicht, ob du bereit bist, diese Veränderungen anzuerkennen.‹ Und ich erwiderte: ›Na ja, du hast mir ja noch gar nicht die Gelegenheit gegeben, oder? Ich kenne dich noch nicht als Frau, die ihr eigenes Geld verdient, die zu uns kommt und ihren Beitrag zum Haushalt leisten kann, der ich zutrauen kann, das Richtige zu tun. So habe ich dich noch nicht erlebt. Auch ich habe also diese neue Seite an dir noch nicht kennengelernt und du an mir auch nicht.‹

Ich wußte genau, was sie meinte«, sagte Nellie. »Natalie mußte sich hier immer nach bestimmten Regeln und Vorschriften richten. Mein Großvater war Pfarrer bei den Baptisten, und ich und meine acht Schwestern wurden sehr streng erzogen. Ich habe bei der Erziehung von Natalie und meiner anderen Tochter einiges davon übernommen. Ich glaube, das hat sie sehr stark gemacht, bis heute. Natalie meinte, daß sie nach Hause kommen konnte, wann sie wollte, wenn sie abends unterwegs war. Wenn sie ausgehen wollte, dann tat sie das. Wenn sie bis vier oder fünf Uhr früh wegbleiben wollte, dann machte sie das, als sie nicht zu Hause lebte. Wir sind mit so etwas nicht einverstanden. Aber wir haben uns darüber verständigt. Wenn sie die ganze Nacht über wegbleiben will, dann muß sie mir das sagen, bevor sie geht. ›Ich fahre in die Stadt und werde bei meinem Freund übernachten‹ oder was auch immer. Sie versteht, daß ich Angst um sie habe. Ich würde auf der Bettkante sitzen und warten, bis sie nach Hause kommt. Das hat sie eingesehen.«

Die Gründe, warum Nellie wollte, daß ihre Tochter zu Hause wohnt, waren nicht dieselben wie die von Natalie, aber beide profitieren davon, daß Natalie wieder bei ihren Eltern einzog. Für Nellie ist es eine zeitlich begrenzte Lösung. Sie geht davon aus, daß Natalie in ein oder zwei Jahren auszieht, »wenn sie ein wenig reifer geworden ist, soweit ist, in der Stadt zurechtzukommen, und sich an das ganze Treiben dort gewöhnt hat«.

Es ist kein unvernünftiger Wunsch, wenn man möchte, daß die Tochter eine Art Zwischenstation zu Hause einlegt, um »ein wenig reifer« zu werden, wie Nellie es formuliert. Denn auch wenn Ihre Tochter gute Selbstschutzinstinkte zu haben scheint, werden Sie sich doch Sorgen um sie machen. Gewalt gegen Frauen ist leider nichts Ungewöhnliches. Ein Mädchen, das nur die beschützende Umgebung eines stillen Vororts oder eines College-Campus kennt, wird lernen müssen, Durchsetzungsvermögen zu entwickeln. Aber irgendwann wird eine Tochter die Verantwortung für sich selbst übernehmen müssen. Eine Mutter, die nicht losläßt, versteckt hinter der Sorge um die Sicherheit ihren Tochter, ihre unsicheren finanziellen Verhältnisse oder ihr Wohlergehen, vielleicht nur ihre eigenen Bedürfnisse.

Wenn die Mutter nicht loslassen kann

Manche Mütter möchten, daß ihre Tochter zu Hause lebt, weil sie Angst vor dem Alleinsein haben oder weil die Tochter als Vermittlerin zwischen ihnen und dem Ehemann dienen soll. Sie denken vielleicht auch, daß sie auf diese Weise das Liebesleben ihrer Töchter unter Kontrolle haben. Oder sie möchten möglicherweise nicht ihre Rolle als fürsorgende Mutter aufgeben. Audrey A. war verzweifelt, als ihre ältere Tochter Lynn erklärte, daß sie ausziehen wolle. Audrey ist Schulinspektorin in einer großen Stadt im mittleren Westen und hat vor nicht allzu langer Zeit mit ihren innovativen Bildungsprogrammen landesweit auf sich aufmerksam gemacht. Als die fünfundzwanzigjährige Lynn das College abgeschlossen hatte, kehrte sie in das Haus ihrer Eltern und in ihr altes Zimmer zurück – genau, wie ihre Mutter es wollte. Audrey versteht nicht, wie Freunde von ihr erpicht auf den Auszug der Kinder sein können. »Einige von ihnen zahlen ihren Kindern sogar die Miete! Ich hatte da eindeutig eine andere Vorstellung. Ich möchte, daß alle – meine Mädchen, meine Neffen – bei mir leben. Ganz ehrlich.«

Aber nach drei Jahren, in denen sie – wie Audrey meint – sehr gut miteinander ausgekommen waren, begann Lynn, nach einer eigenen Wohnung Ausschau zu halten. »Wir hatten ein paar heftige Auseinandersetzungen, weil sie nachts nicht nach Hause gekommen war. Mein Mann konnte das nicht tolerieren, und ich habe ihr erklärt, daß sie ihm Bescheid sagen müsse, wenn sie bei Freunden übernachten wolle. Es geht einfach nicht, daß ich morgens aufwache und meinem Mann erklären muß, warum sie nicht da ist. Ich glaube zwar nicht, daß sie deshalb auszieht, aber es spielt sicher eine Rolle.«

Lynn wollte ihre Unabhängigkeit. »Sie meinte, sie wäre fünfundzwanzig Jahre alt und wenn sie jetzt nicht ginge, würde sie nie gehen. Ich sagte zu ihr: ›Das ist doch verrückt. Du hast dein Zimmer, du hast ein eigenes Auto. Du hast alles hier. Das wirst du dir woanders nicht leisten können.‹ Aber sie wollte unabhängig sein, und das mußte ich letztendlich respektieren.« Lynn zog ein paar Monate später aus. Während sie diesen Teil der Geschichte erzählt, beginnt Audrey zu weinen. »Es war traumatisch. Ich war einen Monat lang krank … ich habe mich nicht nur krank gefühlt, ich war wirklich krank.«

Audrey weiß, daß ein Großteil ihres inneren Aufruhrs mit ihren eigenen Bedürfnissen zu tun hat, nicht mit denen von Lynn. »Vieles, was ich für meine Kinder tue, geschieht aus einem Schuldgefühl heraus. Meine Mutter und ich hatten – und haben bis heute – eine äußerst schwierige Beziehung. Die Konsequenz war, daß ich lange Zeit versucht habe, es mit meinen Töchtern besser zu machen und mich ihrer mehr anzunehmen. Ich glaube, es hat mich gekränkt, daß sie ausziehen wollte.« Audrey beschreibt ihre Mutter, die wie sie eine wichtige Position im öffentlichen Dienst bekleidete, als »gefühlskalt. Ich kann mich an keine Berührung, an keinen Kuß erinnern. Sie ist sehr pflichtbewußt. Sehr herrisch und ehrgeizig. Das war einer der Gründe, warum ich mit sechzehn geheiratet habe und zu Hause ausgezogen bin, gleich nachdem ich die High-School abgeschlossen hatte. Ich wollte mich von ihr befreien.« Als Lynn auszog, verstand Audrey das als die Wiederholung dessen, was sie selbst getan hatte. »Vielleicht empfand ich wegen der Beziehung, die ich zu meiner Mutter hatte, ihren Auszug als eine Zurückweisung. Ich denke viel über meine Beziehung zu meinen Töchtern nach. Ich fühle mich schuldig, keine gute Mutter zu sein – wenn ich eine gute Mutter wäre, wäre sie nicht ausgezogen.«

Auch wenn die Wunde noch nicht verheilt ist, ist Audrey klug genug, um zu wissen, daß ihre Gründe, Lynn zu Hause halten zu wollen, die Wünsche ihrer Tochter außer acht ließen. Lieber läßt sie Lynn gehen, als die Beziehung zu ihr zu gefährden. Und tatsächlich verstehen sie sich beide wahrscheinlich besser, seit Lynn aus dem Haus ist. »Sie hat schon immer auf mich gehört, aber jetzt vielleicht noch mehr. Sie ruft öfter an und fragt, was ich von dieser oder jener Angelegenheit halte. Normalerweise rufe nicht ich sie an, sondern sie mich. Aber wenn ich nichts von ihr höre, melde ich mich. Unsere Beziehung ist sehr eng.« Audreys zweite Tochter Jane ist noch auf dem College. Sie hat gesagt, daß sie nach ihrem Abschluß nicht wieder zu Hause einziehen wird. Wie geht Audrey damit um? »Wissen Sie, man ist schon darauf vorbereitet. Ich kann nicht sagen, daß ich die Vorstellung mag, aber ich weiß, es ist für alle besser, wenn man loslassen kann.«

Drei Generationen unter einem Dach

Wenn Mutter und Tochter im selben Haushalt leben, ist es schon schwierig genug, die verschiedenen Bedürfnisse in Einklang zu bringen, aber die Probleme vervielfachen sich noch, wenn die Tochter mit einem Kind nach Hause zurückkehrt. Bei acht Frauen, mit denen wir gesprochen haben, zogen irgendwann die Töchter mit ihren Kindern wieder zu Hause ein. Die jungen Frauen brauchten Hilfe, entweder weil sie es als Alleinerziehende nicht schafften oder weil ihre Ehe in die Brüche gegangen war. In jedem Fall sind ihre Bedürfnisse – und die Belastung für ihre Eltern – sowohl emotionaler als auch finanzieller Natur und verschärfen die Probleme einer Mutter noch, die ihre Tochter als Erwachsene verstehen möchte.

Der Einfluß auf Ihr Leben

Wenn die Tochter mit ihrem Kind zu Hause einzieht, wird Ihre Welt auf den Kopf gestellt. Alles wird davon berührt – wie sie Ihr Leben eingerichtet haben, Ihr Sinn für Ordnung, Ihre Beziehung zu den anderen Familienmitgliedern. Rosita J., eine zweiundsechzigjährige Hausfrau, lebt mit ihrem Mann, ihrem zwanzigjährigen Sohn, der fünfundzwanzigjährigen Tochter Gloria und deren sechs Jahre altem Sohn Billy in einer Wohnsiedlung im Süden von Los Angeles. Gloria zog mit Billy wieder bei den Eltern ein, als ihre Ehe kurz nach der Geburt des Kindes scheiterte. Rosita und ihre Tochter versuchen sich nicht in die Quere zu kommen, aber sie meint: »Ich glaube, daß jede erwachsene junge Frau ihre eigenen Sachen um sich haben möchte. Wenn sie einen Strauß Blumen hinstellen will, dann an den Platz, den sie sich aussucht. Ich verbiete ihr hier nicht, irgendwas zu machen, aber es ist einfach etwas anderes, im eigenen Haushalt zu leben.«

Einige Monate schon hatte Barbara K. den Eindruck, daß die Ehe ihrer dreiundzwanzigjährigen Tochter Penny nicht mehr funktionierte. Und so sehr sie auch gegen eine Scheidung war, sie wußte, daß sie alles tun mußte, um Penny zu helfen, wenn diese sich dazu entschloß, ihren Mann zu verlassen. »Ich dachte immer, wenn meine Kinder erst einmal verheiratet sind, kann ich mich zurücklehnen und entspannen, und ich hatte bestimmt nicht vor, sie aufzufordern, nach Hause zurückzukehren. Aber Anfang Juli kam sie eines Sonntags morgens ziemlich aufgeregt mit den Kindern zu uns rüber. Penny beklagte sich sonst nie und beanspruchte mich auch nicht besonders häufig, daher wußte ich, daß es ernst war. Ich weiß nicht, was mich dazu brachte, vielleicht war es ein tief verwurzelter mütterlicher Instinkt, der mich sagen ließ: ›Würde es dir die Sache leichter machen, wenn du und die Jungen eine Zeitlang wieder hierherkommen würdet?‹, und sie antwortete, daß das natürlich ihre Situation erleichtern würde.«

Innerhalb von wenigen Tagen hatten sich Penny und ihre beiden kleinen Söhne im Haus der Eltern eingerichtet. So sehr sich Barbara freute, Penny helfen zu können, sie ärgerte sich über diesen Einbruch in ihr Leben. »Wenn ich von der Arbeit nach Hause komme, kann ich mich normalerweise hinsetzen und meine Füße hochlegen. Ich habe keine Lust, gleich zu kochen, und muß es auch nicht tun. Das war jetzt nicht mehr so. Sonst aß ich morgens in aller Ruhe meine Grapefruit, trank einen Kaffee und las die Zeitung, bevor ich zur Arbeit ging, und plötzlich waren über den ganzen Tisch Cornflakes verstreut.« Barbara fuhr fort. »Was mich wirklich störte – und das kann ich an mir selbst nicht leiden –, war, daß mir das Durcheinander im

Haus zuwider war. Wenn ich nach Hause kam, lag überall das Spielzeug der Kinder rum, aber Kinder sind nun mal so. Nicht daß das irgendwie wichtig gewesen wäre. Aber es störte mich ganz fürchterlich.«

Die vierunddreißigjährige Kathleen lebt mit ihrer dreijährigen Tochter bei Dorothy S. und ihrem Mann, seit das Kind auf die Welt gekommen ist. »Das mag sich wie eine Lappalie anhören«, sagt Dorothy, »aber die Kleine will abends ein Video anschauen und nörgelt rum. Und dann sage ich zu meinem Mann, daß er sie es anschauen lassen soll, auch wenn er eigentlich die Nachrichten sehen will, damit sie Ruhe gibt. Sonst läßt sie uns beim Abendessen keine Ruhe.«

Jede Mutter, die mit einem Enkel unter demselben Dach lebt, übernimmt einen Teil der Verantwortung für die Versorgung des Kindes – ob ihr das recht ist oder nicht. Rosie Smith entscheidet über die Aufnahme der Schüler an einer privaten Grundschule in Santa Monica und ist mit ihrem Mann auch in der Gemeinde aktiv. Sie hatte eine weitere Verpflichtung in ihrem ohnehin schon vollen Terminkalender unterzubringen, als ihre neunzehn Jahre alte Tochter Tisha mit ihrem Baby wieder bei ihnen einzog. »Dieses Semester hat Tisha noch ein Seminar am Montagabend, daher hole ich die Kleine von der Tagesstätte ab – Gott sei Dank liegt die gleich um die Ecke –, bringe sie heim, spiele mit ihr, gebe ihr was zu essen und bringe sie ins Bett. Sie ist ein braves Kind, aber es ist trotzdem anstrengend.«

Verdine Jones hat ihre Stelle als Bewährungshelferin aufgegeben und sich vorzeitig pensionieren lassen, um ihrer Tochter bei der Versorgung ihres kleinen Kindes zu helfen. Rhonda wohnte nach ihrem Collegeabschluß bei den Eltern. Als sie schwanger wurde, entschied sie sich, den Vater des Kindes nicht zu heiraten. Sie kümmerte sich die ersten zwei Jahre selbst um das Mädchen und wollte dann unbedingt wieder anfangen zu arbeiten. Verdine hatte sich auf ihren Ruhestand gefreut, weil sie davon ausgegangen war, Zeit für sich zu haben und sich endlich mit der Immobilienmaklerei, für die sie sich schon seit langem interessierte, beschäftigen zu können. Statt dessen war sie jetzt vollauf damit beschäftigt, das Kind zu versorgen.

Verdine ist wie Rosie Smith Afroamerikanerin. Für afroamerikanische Großmütter ist es nicht unüblich, einen großen Teil der Erziehungsarbeit bei den Enkeln zu übernehmen und in Haushalten mit mehreren Generationen zusammenzuleben.[3] »Meine Mutter nahm mir meine Kinder ab, als ich arbeitete«, erzählte uns Verdine. »Aber sie machte das viel besser als ich. Ich wünschte, ich hätte etwas von ihrer Geduld. Ich blieb ein Jahr mit meinem Enkelchen zu Hause, und ich fand es furchtbar!« Verdine lacht. »Ich liebe meine Enkelin, aber der Tag ist einfach weg, das Kind beansprucht dich den ganzen Tag. Ich sagte zu meiner Tochter: ›Ein Kind zu versorgen ist ein Vollzeitjob. Ich würde lieber wieder arbeiten gehen und dir finanziell unter die Arme greifen. Du könntest dir jemanden besorgen, ein junges Mädchen, und sie dafür bezahlen, daß sie bei dem Kind bleibt, damit du Zeit und Raum für dich hast.‹«

Dorothy O. erzählt: »Ich habe auf meine Enkeltochter aufgepaßt, während meine Tochter weiterhin Vollzeit in der Stadt arbeitete. Manche Leute fragen sich vielleicht, was daran falsch sein soll? Warum soll ich nicht auf sie aufpassen können? Ich habe das ein Jahr lang gemacht. Meine Tochter verließ morgens um acht das Haus und kam nicht vor sieben Uhr abends zurück, aber ab fünf Uhr war ich den Tränen nahe. Die Kleine war sehr lebhaft. Einmal ging ich mit ihr in der Stadt spazieren, und den ganzen Rückweg über mußte ich sie tragen.« Was für eine junge Mutter mit zwanzig oder dreißig zum Alltag gehört, kann für eine einundsechzigjährige Großmutter eine körperliche Belastung sein. Als es Dorothy zuviel wurde, hörte ihre Tochter auf zu arbeiten und kümmerte sich selbst um das Kind.

Jeden Morgen um sechs Uhr verließ die Tochter von Barbara K. das Haus, um zur Arbeit zu gehen, noch bevor ihre beiden

Söhne aufgewacht waren. Barbara mußte die beiden füttern und anziehen und sie für die Tagesstätte fertig machen. »Es war wieder wie zu der Zeit, als meine Kinder klein waren«, sagt Barbara. »Wir sangen die Lieder, die ich damals schon mit meinen Kindern gesungen habe, und ich erzählte ihnen dieselben Geschichten. Morgens war es am schlimmsten, weil ihnen ihre Mutter furchtbar fehlte. Fast immer wachten sie weinend auf. Der kleine Johnny hatte eine Schmusedecke wie alle Kinder, und eines Morgens hielt er die in der einen Hand, und mit der anderen umklammerte er einen ihrer Schuhe und rief: ›Wo bist du, Mommy?‹, das ging dann jeden Morgen so: ›Wo bist du Mommy?‹ Immer wieder. Ich merkte schnell, daß ich den Kindern die liebevolle Zuwendung geben mußte, die sie dringend brauchten. Ich machte aus allem ein Spiel. Jeden Morgen spielten wir ein kleines Spiel. Schon die Treppe herunterzugehen war ein Spiel. Das Frühstück, aus dem Fenster gucken und den Eichhörnchen zusehen. Ich wurde für eine gewisse Zeit zu einer anderen Person. Ich glaube, Kinder fördern andere Seiten an einem zutage. Und das war eigentlich schön.« Einige der Frauen, mit denen wir gesprochen haben, haben festgestellt, daß sie den ständigen Umgang mit ihren Enkeln genossen – wenn die Last, sich um sie kümmern zu müssen, nicht zu groß wurde.

Rosita J. berichtet: »Ich habe meinen Kindern immer gesagt: ›Wenn ihr Kinder habt, ruft mich nicht an und bittet mich, auf das Baby aufzupassen. Ich möchte unabhängig sein, so richtig frei. Ihr könnt nicht auf mich zählen.‹« Dann kam Gloria mit Billy nach Hause. Rosita war gegen die Ehe von Gloria gewesen; sie wußte, daß es Gloria mit einem Kind schwerfallen würde, ihre Ausbildung zu beenden. Trotzdem sprang Rosita ein. Zu ihrer eigenen Überraschung machte es ihr großen Spaß. »Als mein Enkelkind da war, änderte sich meine Einstellung. Ich liebe ihn und verwöhne ihn, wenn ich ihn versorge. Ich glaube, man hat nichts davon, wenn man mit der Vergangenheit hadert. Für die Heirat gab es Gründe, ich glaube, alles was passiert, hat seine Gründe. Und wenn ich meinen Enkelsohn so ansehe, was soll ich da noch sagen? Billy gäbe es nicht, wenn es diese Beziehung nicht gegeben hätte.«

Verschiedene Vorstellungen von der Kindererziehung

Wie gehen eine Mutter und eine Tochter, die zusammenleben, damit um, daß sie zwangsläufig unterschiedliche Vorstellungen von Kindererziehung haben? Alle Großmütter zeigten großen Respekt gegenüber ihren Töchtern, die auch unter schwierigen Umständen gute Mütter waren. Aber sie erzählten uns auch, daß sie mit manchem, was ihre Töchter machten, nicht einverstanden waren. Da sie dieses Verhalten jeden Tag vor Augen hatten, fiel es ihnen schwer, ihre Meinung für sich zu behalten. Dorothy ertappt sich dabei, daß sie zu ihrer Tochter Kathleen sagt: »Ich spreche mit dir als eine Mutter von sieben Kindern«, wenn sie meint, daß Kathleen mit ihrem Kind nicht entschieden genug umgeht. »Sie überläßt dem kleinen Mädchen Entscheidungen, und das bringt es ganz durcheinander. ›Warum fragst du sie, was sie tun möchte?‹, sage ich. ›Nimm sie doch einfach und geh mit ihr los. So habe ich's mit euch allen gemacht. Geh einfach.‹ Sie hat das gut aufgenommen. Ich finde, sie erziehen heute ihre Kinder ganz anders. Sie bitten das Kind zu kommen, und es kommt nicht. Und zu guter Letzt schreien sie dann und schimpfen. Meine andere Tochter macht das auch. Ich sage ihnen dann immer: ›Ihr müßt sie bei der Hand nehmen und führen.‹ Aber mir ist auch klar, daß es für Kathleen schwieriger ist, weil sie alleinerziehend ist.«

Barbara K. meint: »Ich habe den Einruck, daß Penny zuviel für ihre Kinder ausgibt. Es ist ihr Geld – und es geht nicht darum, daß ich denke, sie sollte es mir geben –, aber es war wie ein Ritual. Freitagabend zogen sie los zu Toys ›R‹ Us und durften sich etwas aussuchen. Ein paarmal habe ich ihr gesagt: ›Du weißt, daß das wirklich verrückt ist …‹ Aber nach einer Weile merkte ich, daß sie Schuldgefühle hatte, weil sie ihre Kinder den ganzen Tag allein ließ, und versuchte, es dadurch gutzumachen. Ich bin anders mit meinen Kinder umgegangen. Aber was soll's? Wir haben eben verschiedene Vorstellungen von Kindererziehung.«

Es ist für eine junge Frau, die schon durch das Scheitern ihrer Ehe verunsichert ist, nicht einfach, unter den Augen der Mutter und im Elternhaus ein Kind zu versorgen, nachdem sie diese Art der Kontrolle nicht mehr gewohnt war. »Die Mahlzeiten waren anfangs für Penny oft anstrengend«, erzählte uns Barbara. »Die Jungen machten bei Tisch dauernd Quatsch, und ihr war das unangenehm. Bis wir zu ihr sagten: ›Schau, wir hatten auch Kinder, laß dich doch davon nicht aus der Ruhe bringen, nur weil du denkst, es stört uns.‹ Ich lernte damals, als unsere Tochter wieder bei uns einzog, eine ganze Menge über sie. Mir wurde klar, daß sie viel unsicherer ist, als ich je gedacht hätte. Ich sah sie damals in einem anderen Licht. Ich merkte auch, daß sie eine wunderbare Mutter ist, und es ist toll, wenn man das von seiner eigenen Tochter weiß. Sie liebt ihre Kinder wirklich, sie umsorgt sie fast zuviel.«

Verdine Jones und ihre Tochter sind zu einer stillschweigenden Übereinkunft gekommen. Verdine will zwar nicht den ganzen Tag auf das Kind aufpassen, wird sich aber weiterhin mit um die Erziehung ihrer Enkeltochter kümmern. Sie will versuchen, ihre Tochter dabei zu unterstützen, in ihre Mutterrolle hineinzuwachsen. »Rhonda ist die Chefin, sie gibt die Regeln vor, und ich bin so was wie ihre Assistentin. Ich leiste finanzielle und emotionale Unterstützung«, erzählte Verdine. »Aber ein Grund, warum ich Rhonda nicht dränge auszuziehen, ist, daß sie noch viel bei der Erziehung ihres Kindes lernen muß. Zum einen ist sie nicht geduldig genug mit dem Kind. Ich weiß, daß sie müde ist, wenn sie von der Arbeit nach Hause kommt. Und dann die ganze Verantwortung, die sie trägt. Deswegen ist es vielleicht gar nicht schlecht, daß sie hier bei mir ist. Rhonda kann gut mit Kindern umgehen, nur bei ihrem eigenen klappt das nicht immer. Und das weiß sie. Das Kind krabbelt ihr immer zwischen den Füßen rum, und dann verliert sie die Geduld. Und dann ist da noch was: Bevor das Kind geboren wurde, wollte Rhonda ein Kinderbett und kaufte es, und das Kind hat bisher vielleicht zweimal in diesem Bett geschlafen. Die übrige Zeit schläft es bei Rhonda. Ich habe ihr immer wieder gesagt: ›Du solltest das Kind besser in sein eigenes Bett legen. Warum machst du das nicht?‹, und sie hat dann geantwortet: ›Ma, das ist mein Kind.‹ Jetzt will das Kind natürlich erst ins Bett, wenn Rhonda auch ins Bett geht. Und wenn Rhonda nicht da ist, müssen mein Mann oder ich bei dem Kind schlafen.

Worin wir uns noch unterscheiden, ist, daß Rhonda sehr nachsichtig ist und ich eher streng. Wenn das Kind zum Beispiel einen Keks vor dem Essen haben will, würde ich das meinem Kind verbieten. Aber jetzt sage ich: ›Geh und frag deine Mutter, ob du das darfst.‹ Ich muß mir immer wieder sagen, daß es Rhondas Kind ist. Ich liebe das Kind über alles, aber es ist Rhondas Kind. Und mir ist klar, daß sie eines Tages ausziehen wird. Sie sollte das auch tun. Sie muß ihr Leben nach den eigenen Regeln leben.«

Ihr helfen, selbständig zu werden

Barbara K. und ihr Mann haben vom ersten Tag an, als Penny und ihre beiden Jungen einzogen, Pläne gemacht, damit ihre Tochter eines Tages wieder unabhängig von ihnen würde leben können. »Als sie uns sagte, daß sie in Schwierigkeiten ist, sagten wir: ›Penny, wir haben Platz, und du kannst hier wohnen, solange wir beide wissen, daß es übergangsweise ist, bis du wieder auf die Füße gekommen bist.‹ Sie war damit vollkommen einverstanden. Es war für sie genauso schwer wie für uns.« Penny hatte eine gute Stelle, aber sie hatte keine Ersparnisse. Sie hoffte, genug Geld für die Kaution für eine Wohnung in der Nachbarschaft ihrer Eltern beiseite legen zu können, wenn sie ein paar Monate bei ihren Eltern gelebt hatte. »Wir drei gingen davon aus, daß es vier bis sechs Monate dauern würde. Wir haben aber kein bestimmtes Datum festgelegt. Wir haben nur gesagt, daß sie hoffentlich im Herbst soweit sein würde, sich umsehen zu können. Schließlich wurde es November – insgesamt sechs Monate.«

Es paßte keinem besonders in den Kram, daß Penny mit den beiden Jungen nach Hause zurückkehrte, aber die Situation wurde dadurch entspannt, daß Barbara, ihr Mann und Penny von Anfang an einen zeitlichen Rahmen für ihren Auszug festgesetzt hatten, mit dem alle einverstanden waren. Aus mehreren Gründen war die Sache in ihrem Fall einfacher: Penny hatte eine gute Stelle, sie war daran gewöhnt, einen eigenen Haushalt zu führen, sie wollte selbst so schnell wie möglich wieder ausziehen, und Barbara konnte ihr ihre volle Unterstützung bieten, ohne das Gefühl zu haben, die eigenen Bedürfnisse auf unbeschränkte Zeit zu opfern.

Verdine Jones, Rosita J. und Rosie Smith sind genauso wie Barbara der Überzeugung, daß ihre Töchter wieder allein leben sollten – auch wenn es bei ihnen länger dauern sollte, dieses Ziel zu erreichen. Verdine ist gerade dabei, ein kleines Mietshaus zu kaufen, einerseits als Investition, aber auch, damit ihre Tochter und das Enkelkind einen Platz zum Leben haben. Ro-sitas Tochter Gloria muß noch ein Semester absolvieren, um ihr Studium abzuschließen, und fängt an, nachdem sie fünf Jahre zu Hause gelebt hat, darüber nachzudenken, sich eine Stelle als Lehrerin zu suchen und in eine eigene Wohnung zu ziehen. Rosie hilft ihr dabei, sich um eine Wohnung in einem Wohnprojekt für Alleinerziehende zu bewerben. Falls das nicht klappt, wären sie und ihr Mann aber auch bereit, Gloria und ihr Kind ein weiteres Jahr zu Hause zu behalten, bis sie ihren Abschluß hat. »Wir wissen, daß sie unmöglich alles allein schaffen kann. Wir wollen sichergehen, daß sie ihre Ausbildung abschließen kann, das steht an erster Stelle, damit sie in der Lage ist, für sich selbst zu sorgen. Sie wird schließlich ihre Tochter noch eine ganze Weile haben.«

Wenn Sie ihrem Auszug mit gemischten Gefühlen entgegensehen

Weder Dorothy O. noch ihre Tochter haben so fest umrissene Vorstellungen, was das weitere Leben von Kathleen angeht. Kathleen lebt seit drei Jahren wieder zu Hause und hat noch keine genaueren Pläne für die Zukunft. Dorothy erzählt: »Immer mal wieder sagt sie: ›Ich denke, ich suche mir eine eigene Wohnung‹ oder ›Vielleicht werde ich mich Anfang nächsten Jahres nach einer Vollzeitstelle umsehen.‹« Dorothy selbst ist sich auch nicht schlüssig, was das beste wäre. »Ich glaube, es würde meinem Mann und mir guttun, wenn wir jetzt für uns leben könnten.« Andererseits behagt es ihr nicht, das Kathleen gegenüber entschieden zu sagen. Statt dessen versucht sie, es rational zu erklären: »Ich bin mir nicht sicher, ob Kathleen es allein schaffen wird, vielleicht braucht sie noch ein Jahr, um sich wieder aufzurappeln.« »Ich glaube, ihre Kleine braucht ein geregeltes Leben.« »Wenn sie auszieht, muß sie das Kind in eine Tagesstätte geben, und das finde ich nicht gut. Vielleicht, weil ich selbst bei den Kindern zu Hause geblieben bin.«

Dorothy gibt zu, daß sie es vermieden hat, über dieses Thema mit Kathleen zu sprechen. »Es liegt mir nicht besonders, mit der Tür ins Haus zu fallen. Manchmal denke ich, ich sollte mit ihr sprechen, und dann überlege ich wieder, nein, vielleicht ist das gerade nicht der richtige Zeitpunkt. Und dann warte ich. Das habe ich immer getan. Das habe ich auch bei meinem Mann gemacht, vielleicht sind wir deshalb seit dreiundvierzig Jahren verheiratet. Mit meiner Tochter ist es nicht anders. Ich denke, na ja, nicht jetzt, ich warte lieber noch, im Moment geht es ihr nicht so gut. Und dann warte ich und schieb's immer weiter raus.« Dorothy kann ihre Empfindungen nicht genau ergründen oder ausdrücken, und dadurch ist die ganze Situation völlig festgefahren, und keiner traut sich, daran etwas zu ändern.

Eine Entscheidung treffen

Wenn sich eine Mutter durch das scheinbar auf Dauer eingerichtete Zusammenleben überfordert fühlt, stellt sich die Frage, wie sie aus dieser Sackgasse herauskommen und ihre Tochter darin unterstützen kann, selbständig zu leben. Die Tochter von Virginia S., die dreiunddreißigjährige Nell, und ihr Sohn Ben wohnen bei Virginia und ihrem Mann George, seit Ben, inzwischen sieben Jahre alt, sechs Monate alt war. Nell spricht von Zeit zu Zeit davon, ausziehen zu wollen, aber unternimmt keine großen Anstrengungen in dieser Richtung. »Worüber ich mich wirklich ärgere, ist, daß sie so tut, als habe sie einen Anspruch darauf, hier zu wohnen«, sagt Virginia, die im Konflikt mit sich steht, ob sie will, daß Nell und Ben gehen oder nicht. Gäbe es nicht verdeckte Abhängigkeiten und ein fehlendes Zutrauen, die diese Mehrgenerationenfamilie aneinander binden, wäre Nell schon vor langer Zeit ausgezogen. Virginias Geschichte wirft verschiedene Fragen auf: Wie weit soll man einer Tochter helfen, die Unterstützung braucht? Was schuldet man seinem Enkelkind, das man liebt? Was schuldet man sich selbst?

Nell wollte ein Kind. Da sie keinen Partner hatte, arrangierte sie eine Befruchtung über eine Samenbank in Atlanta, wo sie damals lebte. Sie arbeitete für eine große Firma, die eine ausgezeichnete Gesundheitsversorgung und eine vorbildliche Tagesstätte anbot. Als die Firma überraschend die Abteilung schloß, in der Nell arbeitete, versuchte sie einige Monate lang, eine neue Stelle zu finden, bevor sie ihre Eltern fragte, ob sie nach Hause kommen dürfe.

Virginia und George sind beide berufstätig. Er ist Teilhaber in einer Steuerkanzlei, sie ist leitende Angestellte in einer großen Versicherungsgesellschaft. Sie leben in einem großzügigen einstöckigen Haus in der Nähe von Raleigh, North Carolina; es gibt einen großen Garten mit einem Baumhaus und einem Planschbecken für Ben. Das Wohnzimmer ist mit selbstgemalten Bildern, Modellflugzeugen und Sporttrophäen von Ben dekoriert. Als wir Virginia trafen, hatten sie und Nell gerade letzte Vorbereitungen für Bens Geburtstag in der folgenden Woche getroffen. Nell arbeitet als Hilfslehrerin in Bens Privatschule. Sie war gerade unterwegs, um ihren Sohn zum Schwimmunterricht zu fahren; ihr Vater würde ihn später abholen. Es schien eine liebevolle Familie zu sein, in der alle ihren Teil dazu beitrugen, damit Ben in einer behüteten Umgebung aufwächst. Virginia und George tun zwar ihr Bestes, um ihr Zusammenleben so selbstverständlich wie möglich erscheinen zu lassen, aber, so vertraute uns Virginia an, unter der Oberfläche gibt es Spannungen und eine gewisse Unzufriedenheit zwischen den drei Erwachsenen.

»Man geht doch davon aus, daß man mehr Zeit hat, wenn die Kinder groß sind und das Haus verlassen haben«, sagt sie. »Aber George und ich müssen immer noch mit unserer gemeinsamen Zeit geizen, so wie damals, als unsere Kinder klein waren. Er kommt von der Arbeit nach Hause, und schon springt Ben um ihn herum. Bis Ben dann im Bett ist, sind George und ich erledigt. Ein kleines Kind im Haus zu haben fordert eben seinen Preis.« Wir fragten, ob Nell und Ben für sie auch eine finanzielle Belastung darstellten. »Auf kurze Sicht nicht«, sagte Virginia, auch wenn Nell keine Miete zahlt. »Wir brauchen keine Miete von ihr. Aber dadurch, daß sie hier lebt, geraten unsere Zukunftspläne durcheinander. Es wäre wahrscheinlich sinnvoll, daß wir in ein paar Jahren das Haus verkaufen und uns eine Wohnung oder ein kleineres Haus suchen und den Rest des Geldes in unsere Altersversorgung investieren. Aber dadurch, daß Nell hier lebt – und vor allem daß es Bens Zuhause ist –, ist das kaum vorstellbar.«

Virginia stellt auch fest, daß das gemeinsame Leben Nell ermöglicht, wieder in die Kindrolle zurückzufallen. »Ich werde ziemlich wütend, wenn sie sich wie ein kleines Kind aufführt. Und dazu neigt sie, wenn sie hier ist. Ich wollte, sie würde sich mir gegenüber mehr wie eine Erwachsene verhalten. Sie hat nur wenige Verpflichtungen im Haus. Sie ist eine furchtbare Chaotin. Ihr Zimmer ist ein einziges Durcheinander. Sie ist hier für nichts wirklich verantwortlich. Wir sprechen immer wieder darüber, was ich von ihr erwarte. Ich hätte es gern, wenn sie wenigstens ihren Kram aufräumen und Ben beibringen würde, daß er sich um sein Zeug kümmert. Und wenn sie ihr und sein Zimmer saubermachen und ein paarmal die Woche kochen würde. Aber das ist ihr völlig egal. Sie sagt, das wäre mein Problem, nicht ihres.«

Diese regelmäßig stattfindenden Auseinandersetzungen führen manchmal zu kurzzeitigen Lösungen. Nell kocht dann ein paar Wochen lang jeden Mittwoch. Sie sorgt dafür, daß Ben seine Sachen aufräumt, wenn er aus der Schule nach Hause kommt. Aber es dauert nicht lange, und sie sind wieder am gleichen Punkt angelangt. Virginia meckert nicht gerne. »Ich esse lieber auswärts an den Abenden, an denen ich spät aus der Arbeit komme, als daß ich sie ständig mit dem Kochen unter Druck setze, wenn ich selbst nicht dazu komme. Ich lasse eher eine Putzfrau kommen, die Bens Zimmer saubermacht, als deswegen rumzumeckern.« In letzter Zeit, räumt Virginia ein, hat Nell wenigstens Bens Zimmer in Ordnung gehalten, auch wenn ihr eigenes immer noch im Chaos versinkt. »Ich tue immer noch mehr als meinen Teil«, sagt Virginia, »und mittlerweile ärgere ich mich darüber.« Sagt sie Nell das? »Nein, eigentlich nur George, ich will nicht ständig mit Nell streiten.«

Virginias Unfähigkeit, mehr Verantwortung von Nell zu verlangen, und ihr Unwille, ihre eigenen Bedürfnisse stärker zur Geltung zu bringen, haben ihren Ursprung in einer verdeckten Angst. »Es gab Zeiten, da hat Nell mit der Drohung, daß sie mit Ben ausziehen würde, ziemlichen Druck auf uns ausgeübt – das war wie eine Erpressung. Sie hat das nie so formuliert, aber es stand im Raum. Wegen Ben tolerieren wir vieles. Manchmal ärgere ich mich schon sehr darüber, weil sie damit eine gewisse Macht über uns hat. Durch Ben hat sie eine gewisse Kontrolle über uns.«

Wir fragten Virginia, ob sie sich angesichts dieser Umstände eine Änderung der Situation vorstellen könne. »Nun, ich denke, sie kann sich jederzeit ändern«, sagte sie, ein wenig zweifelnd. »Was ich mir aber nicht vorstellen kann, ist, daß Nell von sich aus hier auszieht. Sie würde gern, aber andererseits hat sie es hier ziemlich gut. Wir nehmen ihr vieles ab. Sie geht in die Arbeit, sie kümmert sich um Ben, und das ist es im Grunde schon. Sich um den Haushalt zu kümmern und Essen zu kochen steht bei ihr nicht besonders hoch im Kurs. Wenn sie nicht unbedingt muß, tut sie gar nichts.« Es hörte sich für uns so an, als würde Virginia sich von ihrer Rolle in dem Stück distanzieren. Bevor wir hinsichtlich dieser scheinbaren Passivität nachfragen konnten, brachte Virginia selbst die Sprache auf ihr Unvermögen, klar Stellung zu beziehen. »Wir haben nie ernsthaft mit ihr zusammen versucht, eine Wohnung zu finden, die sie sich leisten kann. Nicht wirklich. Einige meiner Freunde haben mir das vorgeworfen. Sie meinen, daß an der ganzen Situation etwas nicht stimme. Aber in den meisten Kulturen auf der Welt sind Großfamilien die Regel. Früher war das auch in diesem Land üblich, und in vielen Subkulturen ist das heute noch so. Warum sollten wir sie also zum Ausziehen zwingen? Warum sollten sie und Ben einen niedrigeren Lebensstandard akzeptieren, nur weil jemand denkt, als Amerikaner hat man unabhängig zu sein?«

Aber in den Kreisen, aus denen sie und George stammen, ist es ungewöhnlich, wenn eine Tochter zu Hause lebt. Und Virginias ambivalente Haltung bestätigt das. In demselben Atemzug, in dem sie sagte, daß Großfamilien zusammenleben können sollten, äußerte sie ihren Groll darüber, das Gefühl zu haben, ausgenutzt zu werden. »Ich bin da ziemlich hin- und hergerissen. Ich nehme ihr übel, daß sie durch Ben Macht auf mich ausübt.« Virginia begann zu weinen. »Und daß sie sich um nichts kümmert, das nehme ich ihr wirklich übel.« Wir fragten sie noch mal, ob die Probleme gelöst wären, wenn Nell ihre Pflichten im Haushalt ernst nehmen würde? »Na ja, es würde mir das Leben leichter machen«, antwortete sie ausweichend.

Aus welchen Gründen haben Virginia und George diesen Zustand so viele Jahre lang toleriert? Kathy Weingarten meint: »Wenn ich Eltern sehe, die vollkommen unschlüssig sind, ob sie ihrer Tochter und deren Kind erlauben sollen, bei ihnen wohnen zu bleiben, dann liegt das oft daran, daß sie ihrer Tochter nicht zutrauen, allein zurechtzukommen. Würden sie ihr das zutrauen, dann könnten sie ihre Wünsche klarer zum Ausdruck bringen. Wenn Eltern das Problem so angehen, daß sie sagen: ›Wir sind noch nicht soweit, dem erwachsenen Kind zu sagen, du mußt ins kalte Wasser springen, zieh aus und komm allein zurecht‹, dann kann man sicher sein, sie haben Angst, daß das Kind es nicht allein packen wird.« Die Liebe und Sorge, die Virginia und George gegenüber Ben empfinden, paßt in dieses Muster – sie glauben vielleicht nicht, daß Nell eine gute Mutter sein kann, wenn sie ihr nicht helfen. »Normalerweise braucht es in solchen Fällen«, so Kathy Weingarten, »eine längere Zeit, um sich damit auseinanderzusetzen, wieviel Zutrauen man zu der Tochter eigentlich hat.«

Welche Schritte können Nells Eltern unternehmen, um die Ablösung in Gang zu bringen? Wie kann eine Familie aus einer solchen Sackgasse herausfinden? Zunächst sollten die Familienmitglieder offen darüber reden, in welcher Form sie Gespräche über ihre Situation führen wollen. Wollen sie einen Therapeuten hinzuziehen oder anderweitig Hilfe suchen? Wenn sie sich dazu entscheiden sollten, es ohne Hilfe von außen zu probieren, sollten sie sich über einen bestimmten Rahmen verständigen, so daß die Gespräche zu einer festgesetzten Zeit und an einem festgelegten Ort stattfinden und nicht auf die Schnelle am Abendbrottisch oder auf dem Weg ins Kino. Und sie sollten versuchen, beim Thema zu bleiben und eine bestimmte Tagesordnung bei jeder Zusammenkunft einzuhalten, um sicherzugehen, daß unerledigte Dinge beim nächsten Treffen besprochen werden, damit das Ganze nicht den Alltag durchdringt. Im Falle dieser Familie könnten zu einer solchen Tagesordnung Virginias Frustration und Ärger gehören, Nells Passivität und die Unfähigkeit eines jeden Familienmitglieds, den anderen genau zu erklären, wie er oder sie sich fühlt. Es sollte zu den Grundregeln gehören, daß sich jeder traut, Worte zu gebrauchen wie »Ich empfinde …«, »Ich mag es nicht«, »Ich würde gerne …« Jeder sollte sagen, wie er oder sie sich die Zukunft vorstellt und welche Schritte er oder sie für nötig hält, um das erwünschte Ziel zu erreichen.

Es ist für jedes Familienmitglied wichtig herauszufinden, wo die Stärken der Tochter liegen, und darauf aufzubauen. Virginia und ihre Familie könnten sich darauf konzentrieren, wie gut Nell ihr Leben in Atlanta organisiert hat und wie sie diese Fähigkeiten wieder einsetzen könnte. »Man kann darüber sprechen, woran es noch fehlt, damit die Tochter auch alleine zurechtkommen kann«, sagt Kathy Weingarten. »Unter solchen Umständen sollte man unbedingt versuchen, das erwachsene Kind in seinen Bemühungen zu bestärken. Wenn die Eltern überzeugt sind, daß die Tochter es allein schaffen wird, dann können sie den nächsten Schritt unternehmen.«

Wenn Sie möchten, daß Ihre Tochter für sich selbst sorgen kann, und sie aus irgendeinem anderen Grund als rein praktische Erwägungen zu Hause lebt, dann sollten Sie vielleicht auf diese oder ähnliche Weise versuchen, ihr den Auszug zu erleichtern. Erst wenn eine bestimmte Grundlage gefunden wurde, kann man sich wahrscheinlich den praktischen Fragen zuwenden: Wann könnte sie ausziehen? Werden Sie ihr finanziell unter die Arme greifen? Wie findet sie eine eigene Wohnung? Und so weiter. Das kann lange dauern – Monate, vielleicht ein Jahr. Es wird Konflikte und Verletzungen geben. Aber letztlich sollten Sie und Ihre Tochter darein vertrauen, daß sie imstande sein wird, in Zukunft problemlos allein leben zu können.

Kann sie für sich selbst sorgen?

In unseren Lebensgeschichten gibt es erstaunliche Parallelen. Wir wuchsen beide im Westen von Pennsylvania auf, unsere Eltern kannten sich, und wir besuchten das gleiche College. Wir gingen beide 1960 nach New York. Nach Abschluß des Studiums und nachdem wir in verschiedenen Jobs unsere ersten Berufserfahrungen gemacht hatten, fanden wir beide bei großen Medienunternehmen eine Stelle – Susan bei Time Inc., Marilyn bei CBS. Auch wenn unsere Väter nie damit gerechnet hatten, daß wir Karriere machen würden, waren sie begeistert, daß uns so wichtige Institutionen ernst genug nahmen, um uns einzustellen. Unsere Mütter wollten wissen, was wir in die Arbeit anzogen, und stürzten sich auf jede Neuigkeit über attraktive junge Männer, die im selben Büro arbeiteten.

Es dauerte einige Jahre, bis unsere Eltern akzeptiert hatten, daß wir auch nach unserer Heirat noch im Beruf bleiben wollten und daß wir unsere Arbeit genauso ernst nahmen wie Männer. Unsere Mütter waren stolz darauf, daß ihre Ehemänner sie ernähren konnten, und wir taten ihnen leid, weil wir weiter arbeiten mußten. Daß uns das gefallen könnte, kam ihnen nie in den Sinn. Unseren Vätern bereitete etwas anderes Kopfzerbrechen: Als wir beide nach fünf Jahren überlegten, ob wir die Stelle wechseln sollten, waren sie entsetzt – ein Arbeitsplatzwechsel, selbst wenn er mit einem Aufstieg verbunden war, schien ihnen unverantwortlich zu sein. Wo blieb da unsere Loyalität gegenüber der Firma? Und abgesehen davon, wenn man bei einer großzügigen großen Firma Unterschlupf gefunden hat, warum sollte man den wieder verlassen wollen?

Natürlich gingen andere Frauen unserer Generation ebenfalls davon aus, daß sie arbeiten würden, und taten es auch: Einige wurden Ärztin, andere Anwältin oder Geschäftsfrau, wohl wissend, daß sie ihr Leben nach den Regeln von Männern ausrichten mußten, die in diesen Bereichen das Sagen hatten; wieder andere ernährten ihre Familien und sich selbst mit jeder Arbeit, die sie nur bekommen konnten, aus finanzieller Not heraus. Die meisten afroamerikanischen Frauen wuchsen mit der Erwartung auf, daß sie die meiste Zeit ihres Erwachsenenlebens außer Haus würden arbeiten müssen.[1] Aber die meisten der Frauen, mit denen wir im Laufe dieses Projekts gesprochen haben und die von der Bedeutung, die die Arbeit für ihr Leben hat, berichteten, erzählten uns auch, wie wenig sie darauf vorbereitet gewesen waren. Wie wir stellten auch sie fest, daß eine berufliche Laufbahn, die sie mit Anfang Zwanzig leichthin eingeschlagen hatten, sich als eine lebenslange Verpflichtung erwies, oder sie traten mit Anfang Dreißig ins Berufsleben ein, weil sie geschieden worden waren, ein zusätzliches Einkommen brauchten oder das Gefühl hatten, nicht ausgefüllt zu sein.

Heute arbeiten 70 Prozent der Frauen zwischen zwanzig und vierundvierzig lohnabhängig, egal ob sie verheiratet oder alleinstehend sind. Fast 60 Prozent der verheirateten Frauen, die Kinder unter sechs Jahren haben, sind außerhalb des Hauses beschäftigt, genauso wie über 70 Prozent der Frauen mit Kindern im Schulalter. Die Zahlen bei den geschiedenen Frauen liegen noch höher.[2] Frauen verwalten ihr eigenes Geld – und nicht nur die Scheckbücher und das Haushaltsgeld. Neueste Untersuchungen gehen davon aus, daß zwischen 80 und 90 Prozent der Frauen in Amerika einmal in ihrem Leben allein für ihre Finanzen verantwortlich sind und daß sie letzlich in vier von fünf amerikanischen Haushalten das Vermögen verwalten.[3] Frauen haben es gelernt, mit Hypothekenzahlungen und Kleinkrediten umzugehen, ihre Steuererklärung zu machen, sich um ihre Altersversorgung zu kümmern und dergleichen mehr. Dieser erstaunliche Wandel innerhalb nur einer Generation spiegelt sich darin, daß fast alle der Frauen, mit denen wir gesprochen haben, ihre Töchter in der Erwartung großgezogen haben, daß sie für sich selbst sorgen werden, egal ob sie verheiratet sind oder nicht. Sie sollten sich in Geldangelegenheiten auskennen und davon ausgehen, arbeiten zu gehen. Sie sollten Arbeit in Hinblick auf eine Karriere betrachten und ihre Arbeit so wichtig nehmen, wie sie es schon immer für Männer war. Die Mütter hofften, daß sie ihren Töchtern die Überzeugung vermittelt hatten, daß eine berufliche Laufbahn die Möglichkeit zur Selbstbestimmung bietet und es erlaubt, das eigene Leben in die Hand zu nehmen.

Der Wandel in der Arbeitswelt

Die Frauen, mit denen wir gesprochen haben, waren sich auch darüber im klaren, daß man nicht mehr wie früher davon ausgehen kann, daß Jobs ausreichend verfügbar sind. Schon seit mehr als einem Jahrzehnt gibt es immer weniger Stellen für Arbeiter. Seit kurzem ist auch die Mittelklasse von diesem Stellenabbau betroffen. Jeden Tag lesen wir neue Berichte über die Verschlankung von Firmen, über ehemalige Angestellte aus dem mittleren Management großer Firmen, die eigene Beraterfirmen im Gästezimmer ihres Hauses betreiben. Colleges sparen Assistentenstellen ein, Ärzte melden sich arbeitslos. Der größte private Arbeitgeber Amerikas ist die Manpower Inc., eine Zeitarbeitsvermittlung.[4]

Die einundsechzigjährige Clarissa C. ist vor kurzem in Rente gegangen, nachdem sie zwanzig Jahre lang im öffentlichen Dienst gearbeitet hat. Sie erzählte uns, inwiefern sich der Stellenabbau auf dem Arbeitsmarkt auf das Leben ihrer älteren Tochter Donna, dreiunddreißig, ausgewirkt hat. Donna ist Leiterin der Werbeabteilung bei einer kleinen Kette von Feinkostgeschäften in Neuengland. Bis vor ein paar Jahren arbeitete sie im Anzeigenverkauf für eine New Yorker Zeitschrift. »Sie hat sich dort hochgearbeitet, und dann stellte sie fest, daß das ganze Unternehmen umgekrempelt wurde. Ihre Firma wurde von einem riesigen Unternehmen geschluckt, und dieser Gigant wurde wiederum von einem anderen Giganten geschluckt und dieser noch mal von einem weiteren Giganten. Alles ging drunter und drüber. Viele Leute wurden entlassen – darunter viele ihrer Freunde. Sie mußte mit ansehen, wie Leute, die seit zwanzig Jahren dort gearbeitet hatten und sehr hohe Positionen einnahmen, von einem Tag auf den anderen angewiesen wurden, ihren Schreibtisch zu räumen. Das hat sie nachhaltig geprägt. Ich glaube, daß sie und ihr Mann an der Unsicherheit ihrer Generation leiden, die daher kommt, daß sich der Arbeitsmarkt seit der Zeit, als ich jung war, so stark verändert hat.«

Ganze Industrien verschwinden praktisch von der Bildfläche. Der Mann von Betsy R. war gezwungen, mit einundfünfzig Jahren in den Ruhestand zu gehen, nachdem er sein ganzes Leben bei einer Zeitung im mittleren Westen gearbeitet hatte. Sechs Jahre später hat er noch immer keine neue feste Stelle gefunden. Betsys vierundzwanzigjährige Tochter Jill beschloß gegen den Willen ihrer Mutter, Journalismus zu studieren. »Ich sagte ihr, daß in diesem Bereich nichts mehr zu holen sei. Es werden schneller Stellen gekürzt als neue geschaffen. Und die Leute, die heutzutage eine Zeitung machen, fühlen sich seriöser Berichterstattung, dem Dienst an der Allgemeinheit, allem, was ihr wichtig ist, nicht verpflichtet.« Anfangs sah es so aus, als habe Jill es geschafft. Sie wurde bei einer großen Tageszeitung eingestellt und einem Rechercheteam zugewiesen. Nach sechs Monaten wurde die Zeitung aufgekauft, und die neuen Besitzer kürzten als erstes die Bezüge um 10 Prozent. Jill wurde entlassen. Sie hat seitdem mehr als fünfzig Bewerbungen verschickt, aber keine einzige Antwort bekommen. »Sie fängt an zu begreifen, daß die langfristigen Aussichten sehr schlecht sind. Das haben ihr Vater und ich ihr schon damals zu sagen versucht, aber sie wollte natürlich nicht auf uns hören. Die Chancen, daß ihr Vater noch einmal einen Fuß auf den Boden bekommt, sind gering, aber ich hoffe natürlich, daß Jill eine Möglichkeit finden wird, ihren Weg in einer Welt zu machen, die das, was sie zu bieten hat, anscheinend nicht will.«

Wie, glauben die Frauen, können sich ihre Töchter auf den Wandel in der Arbeitswelt einstellen? Die Mütter, mit denen wir gesprochen haben, haben festgestellt, daß eine Ausbildung zwar immer noch die Bedingung für Erfolg ist, aber keine Garantie mehr darstellt. Edith, die jüngere Tochter von Clarissa C., konnte lange Zeit keine Stelle finden, obwohl sie vier Jahre auf dem College gewesen war und mit einem Magister abgeschlossen hatte. »Edie war eine typische Studentin der Geisteswissenschaften – sie wußte nicht, was sie eigentlich wollte, und so weiter. Sie ging also nach dem College noch zwei Jahre auf die Universität und machte ihren Abschluß in klassischer Literatur. Von einem praktischen Standpunkt aus betrachtet, war das vielleicht ein Fehler, weil es ihren Eintritt ins Berufsleben verzögerte. Als sie dann mit ihrem Studium fertig war, hatte die Rezession eingesetzt, und sie besaß eigentlich keine richtige Qualifikation für den Arbeitsmarkt. Sie hatte nichts als eine grundlegende geisteswissenschaftliche Ausbildung. Das interessierte aber niemanden – niemand in Boston war an jemandem interessiert, der Latein lesen kann. Sie arbeitete für eine Zeitarbeitsfirma, sie probierte alles mögliche. Aber sie konnte für ihren Unterhalt nicht selbst aufkommen und hatte auch keine Krankenversicherung. Wir mußten ihr also die Krankenversicherung zahlen und halfen ihr durch diese mageren Jahre hindurch, so daß sie abhängiger von uns wurde, als sie es seit ihrem Studienbeginn gewesen war. Das tat ihr nicht gut. Sie hat sehr darunter gelitten.«

Clarissa und ihr Mann waren davon überzeugt, daß Edith sich noch weitere Qualifikationen aneignen mußte, die sie sowohl intellektuell befriedigten als auch von praktischem Nutzen waren. »Wir schlugen ihr vor, daß sie zurück an die Uni gehen sollte, um noch einen Abschluß in einem anderen Fach zu machen. Sie dachte darüber nach, erkundigte sich und entschied sich dann dafür, sich um einen Abschluß in Geschichte und Bibliothekswissenschaften zu bemühen. Sie verschaffte sich ein Stipendium, das die Studiengebühren deckte. Ich merkte, daß ihr das Studium der Bibliothekswissenschaften gefiel, weil sie sich dort klar umrissene Fähigkeiten erwerben konnte. Sie begann sich für Archive und Konservierung zu interessieren. Das war anscheinend genau das Richtige. Vielleicht hätte sie das gleich nach dem College machen sollen.« Edie arbeitet inzwischen in der historischen Abteilung einer großen öffentlichen Bibliothek und denkt darüber nach, das Angebot einer Forschungsbibliothek an einer staatlichen Universität anzunehmen, dort zu arbeiten.

»Man muß bereit sein, sich im Beruf ständig neu zu orientieren«, sagt Cynthia G., Mutter von Leslie. »Leslie ist in der Unterhaltungsindustrie untergekommen. Sie hat sich schon immer für Unterhaltungsmusik interessiert. Nach dem College hat sie zum Einstieg einen Job als Assistentin für einen der einflußreichen Musikagenten ergattert. Mit ihm wechselte sie zu Polygram und managte nebenher eine Rockband. Zu ihrer Arbeit bei Polygram gehörte, daß sie nach Musicalrechten suchen sollte, die sie erwerben und verwerten konnten – bis die Abteilung geschlossen und sie entlassen wurde. Jetzt arbeitet sie freiberuflich in der Programmgestaltung beim Kabelfernsehen. Sie entwickelt neue Programme, aber auf Dauer möchte sie selbst produzieren. Von ihrem Sender hat sie nebenher Geld bekommen, um einen Dokumentarfilm über eine vielversprechende junge Rockband zu produzieren.

Sie liebt ihre Arbeit. Sie hat schon einen ganzen Stapel von Referenzen gesammelt. Sie ist immer bereit, etwas Neues auszuprobieren. Ich freue mich sehr für sie, bin sogar fast neidisch, daß es ihr gelingt, Karriere in einem Metier zu machen, das für sie wie gemacht ist. Das habe ich nicht geschafft. Leslie ist sehr zielstrebig und weiß genau, was sie beruflich erreichen möchte. Das war ich nie und bin es bis heute nicht. Ich war immer viel chaotischer.«

Leslie weiß, daß ihre derzeitige Anstellung nicht unbedingt von längerer Dauer sein wird als die vorherige. »Leslie kann jederzeit gefeuert werden – sie hat keinerlei Sicherheiten«, sagt Cynthia. »Die Frau, die sie engagiert hatte, wurde vor vier Monaten entlassen. Dann wurden drei weitere Leute aus ihrer Abteilung entlassen. Die ganze Unternehmensleitung mußte gehen. Da sie unter der Bezeichnung Beraterin läuft, hat sie keinen Anspruch auf Sozialleistungen und ist nicht versichert. Sie ist damit vollkommen zufrieden, weil sie genug Geld verdient, um ihre Beiträge selbst bezahlen zu können. Außerdem gibt ihr die Firma die Möglichkeit, vieles auszuprobieren. Ständig werden ihr neue Aufgaben zugeteilt, weil sie sehr tüchtig ist und sie ihr nicht das Gehalt für eine Vollzeitstelle zahlen müssen. Aber sie hat auch viel Streß.«

Cynthia kann sich gut in ihre Tochter einfühlen, weil sie selbst von Stelle zu Stelle gewechselt hat. Sie glaubt, daß Leslie dadurch wertvolle Fähigkeiten weiter ausbilden kann. »Sie hat gelernt, sich gut zu verkaufen und nichts als gegeben zu betrachten. Sie hat gelernt, nach Nischen zu suchen, die sie interessieren, und nicht die erstbeste Arbeit anzunehmen. Es ist nicht so, daß sie verzweifelt genug ist, um alles anzunehmen, was ihr angeboten wird. Sie hat es mit dem kurzen Überblick über den Markt geschafft, einen Bereich zu finden, in dem sie glaubt, erfolgreich sein zu können.

Es beruhigt mich, daß sie es so gut gemacht hat. Als sie angefangen hat, war sie ziemlich zaghaft. Immer wieder sagte sie: ›Ich kann dieses nicht, ich kann jenes nicht.‹ Sie nahm viele Risiken auf sich. Sie wurde immer wieder Konkurrenzsituationen ausgesetzt. Sie hat auch gelernt, mit dem, was sie kann, nicht hinterm Berg zu halten. Einmal war sie in einem Meeting, hat sie mir erzählt, bei dem sich einer der Chefs ihres Senders darüber aufgeregt hat, daß sie seit sieben Monaten ohne Programmleiterin dastehen würden, und Leslie sagte doch glatt: ›Wie wär's mit mir?‹ Als ich am nächsten Tag ihre Voice Mail anrief, lautete ihre Botschaft nicht mehr: ›Hier ist Leslie‹, sondern: ›Hier ist Leslie, Programmentwicklung und -gestaltung.‹ Ich denke, sie wird immer wieder auf den Füßen landen. Und aus meiner eigenen Erfahrung heraus kann ich sagen, daß ein solches Leben nicht das schlechteste sein muß.«

Pauline E., Mutter der vierunddreißigjährigen Margot, erzählte uns: »Jahrelang beklagte Margot sich bei mir über ihre Arbeit. Sie war Leiterin eines kleinen Museums und mußte mit einem schwierigen Vorstand fertig werden und ständig mit einem zu geringen Etat auskommen. Ich fragte sie also, warum sie sich nicht nach etwas anderem umsehen würde, und meinte, daß es schrecklich sei, sich mit zeitgenössischer Kunst seinen Lebensunterhalt zu verdienen. Sie wurde furchtbar wütend, weil ich ein so offenes Wort mit ihr gesprochen habe – aber in diesem Bereich kenne ich mich nun mal gut aus. Ich bin auch in dieser Branche.« Pauline hat fast zwanzig Jahre als Fundraiser und Finanzberaterin im nichtkommerziellen Bereich gearbeitet und ist seit kurzem Finanzplanerin im Privatsektor.

Margot hat schließlich ihre Stelle gekündigt und ist nach New York gezogen, wo sie an der Entwicklung eines Finanzinformationsdienstes mitarbeitet, der nächstes Jahr online gehen soll. Ihr gefällt die Aussicht, ihre Organisationsfähigkeiten in der Geschäftswelt anzuwenden. Sie wurde gebeten, verschiedene Projekte im Bereich der Kunst zu betreuen und die Planung für einen kleinen Versand-Buchhändler zu übernehmen. Wir fragten Pauline, was sie von Margots Berufswechsel halte.

»Ich finde es toll«, sagte sie. »Ich setze auf Flexibilität. Fundraising wird auch nicht mein letzter Beruf gewesen sein. Ich habe selbst schon große Änderungen in meinem Leben vorgenommen, was meinen Wohnort und meine Arbeit angeht und welches Leben ich führe. Ich glaube, dazu muß man heute einfach bereit sein. Ich gehe davon aus, daß dieses Onlineprojekt Margot eine Weile Spaß machen wird. Aber ich denke, sie hat viele Ideen, und ich möchte wetten, daß das nicht die letzte Arbeit ist, die sie in ihrem Leben machen wird. Ich glaube, sie wird noch eine ganze Menge anderer Jobs machen, und ich denke, diese Art von Flexibilität ist notwendig, wenn man heute zufrieden im Beruf sein möchte.«

Wie Cynthia und Pauline hat sich auch Diane Asselin viel Gedanken über die zukünftige Arbeitswelt gemacht. Da ihre Tochter Michele mit ihren dreiundzwanzig Jahren gerade erst ins Berufsleben einsteigt, ist es noch nicht absehbar, wie Micheles berufliche Laufbahn aussehen wird. Diane weiß, wie schwer der Einstieg in den Job für viele junge Leute ist, und sie glaubt, Mütter sollten ihr Augenmerk weniger darauf richten, auf welcher Stelle ihre Tochter zufällig landet, als darauf, wieweit sie imstande ist, ihre Arbeit gut zu machen. Diane sieht in der Hartnäckigkeit, mit der Michele an jede Aufgabe herangegangen ist, ein gutes Zeichen für den weiteren beruflichen Werdegang ihrer Tochter.

Nach ihrem Collegeabschluß arbeitete Michele ein Jahr lang für eine Firma, die CD-ROMs produziert. Sie machte Erfahrungen im Schreiben und in der Produktion von Videos. Sie arbeitete bis spät in die Nacht und bekam viel Lob von ihren Vorgesetzten. Als das Projekt, an dem sie arbeitete, abgeschlossen war, wurde ihr ein besserer Posten mit höherem Gehalt angeboten. Aber Michele möchte Studiofotografin werden, daher verließ sie die Firma und arbeitet freiberuflich als Assistentin bei einem Fotografen. Diane weiß, daß sie mit dieser Entscheidung keine Aussichten auf einen sicheren Beruf hat, aber sie hat auch festgestellt, daß Michele »in jedem Job, den sie bisher übernommen hat, fleißig und gewissenhaft gearbeitet hat, und das sind Qualitäten, die Arbeitgeber schätzen«.

AUS SUSANS TAGEBUCH, 19. APRIL 1996

Heute machte ich einen Besuch in Sarahs Schule. Wir hatten diesen Tag seit Monaten geplant. Ich war als Autorin eingeladen, und sie hatte eine »Autorenecke« eingerichtet, wo alle Bücher, die Marilyn und ich geschrieben haben, ausgelegt waren. Gleich als ich die Schule betrat, merkte ich, wie stolz ich auf meine Tochter, die Lehrerin, bin. Sie hat die alleinige Verantwortung für achtundzwanzig Kinder – Kindergartenkinder und Erstkläßler –, die alle in derselben Klasse sind. Die Kinder kommen aus verschiedenen ethnischen Gruppen und haben einen unterschiedlichen sozialen Hintergrund. In der Eingangshalle musterte mich ein kleiner Junge und sagte: »Du siehst genauso aus wie Sarah. Wie Sarahs ältere Schwester. Aber du bist schon alt.«

Der Tag fing damit an, daß die Kinder und ich uns auf den Boden setzten, Sarah saß auf einem Stuhl und erzählte den Kindern, daß dies ein besonderer Tag für sie sei, weil ihre Mutter da ist. Sie bat mich, den Kindern Seiten aus meinen Büchern zu zeigen – sie mochten sie sofort wegen der Bilder – und ihnen kurz zu erklären, wie ein Buch entsteht. Dann stellten sie mir Fragen: Woher ich die Bilder habe, wie ich dazu gekommen bin, Autorin zu werden, wie alt ich bin (!) und so weiter. Danach wurde die Klasse in verschiedene Gruppen aufgeteilt, und auf Sarahs Anweisung hin übernahm ich eine der Gruppen und half den Kindern, ihre Rechenaufgaben zu machen. In der Zwischenzeit ging Sarah durch das Klassenzimmer, half einzelnen Kindern bei der Lösung eines Problems, sprach mal englisch, mal spanisch mit ihnen und hatte dabei immer die ganze Klasse im Blick. Sie war ruhig und konzentriert, vollkommen bei der Sache. Die Kinder schienen sie zu vergöttern. Der Tag ging schnell vorbei – Malen, Mittagessen, Spielplatz, einzelne Projekte, Pause. Sarah und ich blieben noch da, um das Klassenzimmer aufzuräumen und für den nächsten Tag vorzubereiten. Wir fuhren mit der Untergrundbahn nach Hause. Diesen Tag werde ich nicht vergessen.

Diane ist Fernsehproduzentin. Über die Jahre hinweg hat sie viele junge Leute für ihre Projekte beschäftigt und hatte daher genügend Gelegenheit, ihre Leistungen zu beurteilen. »Ich glaube, eines der größten Probleme, das Eltern heute mit ihren erwachsenen Töchtern haben, ist die Frage, wie sie sich in die Arbeitswelt einfügen werden. Sie machen sich deswegen Gedanken. Ich selbst fühle mich im Moment regelrecht verwöhnt, weil ich sehe, daß Michele, auch wenn sie nichts Festes an der Hand hat, arbeiten kann. Das war eine große Erleichterung für mich.

Das können nicht alle meine Freunde von ihren Kindern behaupten. Ich bezeichne das als ›Entwicklung‹, nicht nur seinen Träumen nachzuhängen, sondern auch konkrete Schritte zu unternehmen, sie in die Tat umzusetzen. Wieviele Kinder kennen wir, die das nicht können? Man würde sie nicht einstellen, wenn sie zu einem kommen, auch wenn man sie mag, weil sie die Kinder von Freunden sind. Wenn man als Mutter plötzlich merkt, dein Kind weiß nicht, wie man eine Sache anpacken muß, überlegt man, wie man diesen besonderen Mangel an Wissen ausgleichen kann. Vielleicht hat man den Kindern eine gute Erziehung gegeben, aber man hat ihnen nicht die Fähigkeit vermittelt, in der Welt da draußen zu funktionieren. Aber das kann man jemandem in diesem Stadium nicht mehr vermitteln. Man kann sie nicht mehr in die Schule schicken, um sich all die praktischen Organisationsfähigkeiten anzueignen.«

Auch wenn Diane weiß, daß Michele diese Fähigkeiten tatsächlich hat, räumt sie ein, daß manchmal ihre Sorgen die

Oberhand über die Zuversicht gewinnen. Als Michele ihr erzählte, daß sie das Angebot der CD-ROM-Firma ausschlagen wolle, um eigene Wege zu beschreiten, sagte Diane, ihr »altmodisches Ich«, zu ihr: »›Meiner Meinung nach würde sich in deinem Lebenslauf eine Beförderung gut machen. Die meisten Leute werden erst nach mindestens zwei Jahren befördert. Warum bleibst du nicht solange? Warum machst du das nicht einfach?‹ Ich hörte mich richtig väterlich an! Aber sie hat mich überzeugt. Ihr waren dieselben Gedanken durch den Kopf gegangen, aber sie hat mir klargemacht, daß es zu ihrem Selbstverständnis gehört, Risiken einzugehen. Jetzt arbeitet sie als Assistentin bei einem Fotografen – sie macht mal hier 150 Dollar, mal dort. Für sie fängt jetzt dieses aufreibende Leben an, das wir alle hatten – aber ich glaube, sie wird's packen.«

»Sie macht sich überhaupt keine Gedanken um die Zukunft«

Michele steigt gerade ins Berufsleben ein, und ihre Mutter freut sich über die Arbeitsmoral und Zielstrebigkeit ihrer Tochter. Andere Eltern wissen überhaupt nicht, was sie tun sollen, weil sie Angst haben, daß ihre Kinder sich keinen beruflichen Herausforderungen stellen wollen und keine Verpflichtungen eingehen, wie es einem Erwachsenen angemessen wäre. »Slakkers« ist eine Bezeichnung, die in jüngster Zeit aufgekommen ist, um die Zwanzig- bis Dreißigjährigen zu beschreiben, die von Stelle zu Stelle, von Stadt zu Stadt wechseln, ohne sich einer nach kapitalistischen Prinzipien arbeitenden Wirtschaft stellen zu wollen, in der sie ohnehin keinen Platz zu haben glauben. Ihr Lebensstil ist eine offene Kritik an der Arbeitsmoral ihrer Eltern; die Ziellosigkeit, die für sie einen positiven Wert darstellt, kann ihre Eltern jedoch auf die Palme bringen.

Die Notwendigkeit, einen sicheren Arbeitsplatz zu haben, war im Leben von Judith R. seit ihrer Kindheit eines der Hauptthemen. Ihr Vater hatte während der wirtschaftlichen Depression seine Arbeit verloren, und die Familie mußte für zwei Jahre zu den Großeltern ziehen. Als Judith und ihr Mann Mitte Dreißig waren, gab er seine sichere Stelle als Lehrer auf, um sich selbständig zu machen. Fünf Jahre später mußte er Konkurs anmelden. »Mein ganzes Leben lang habe ich mir Sorgen um Geld gemacht«, sagt Judith, »und ständig plane ich für die Zukunft. Meine Tochter Kim hat nie einen Gedanken an Geld verschwendet, sie schafft es zu leben, ohne an die Zukunft zu denken.«

Anfangs war Kim sehr zielstrebig, erzählt Judith. Zuerst arbeitete sie als Messeorganisatorin in San Francisco. Dann betrieb sie einen kleinen Catering-Service. »Ich engagierte sie für einige Feste«, sagt Judith, »und war sehr beeindruckt von dem, was sie leistete. Sie ist wirklich gut darin, etwas auf die Beine zu stellen.« Vor zwei Jahren versetzte Kim ihren Eltern einen Schrecken, als sie Kalifornien verließ, um ihrem Freund, einem ehrgeizigen jungen Musiker, in seine Heimat Rußland zu folgen. Sie leben von der Hand in den Mund, zahlen ihre Miete, wenn sie können, und kampieren im Wohnzimmer von Bekannten, wenn es hart auf hart geht. »Zur Zeit führt Kim eine Buchhandlung mit einem Café in Moskau, und sie scheint es gut hinzukriegen. Ich weiß nur nicht, wo das hinführen soll. Ich könnte es verstehen, wenn sie dort leben würde, weil es sie aus irgendwelchen Gründen unwiderstehlich dahin zieht, oder wenn sie sich dort ein eigenes Leben einrichten würde. Ich möchte einfach nicht, daß meine Tochter hinter einem Rockmusiker herzieht. Und ich vermute, daß sie diese Arbeit sowieso in Kürze aufgeben und etwas anderes machen wird – vielleicht eine Tour für ihn organisieren.

Sie hat keine Ansprüche. Ich sagte zu ihr: ›Ich möchte, daß du einen gewissen Komfort hast. Ich möchte zum Beispiel, daß du in einer schönen Wohnung lebst.‹ Sie interessiert sich nicht im geringsten für diese Dinge, sie reist mit leichtem Gepäck. Mein Mann sagte zu ihr: ›Ich wünschte, du würdest dir irgendwelche brauchbaren Fähigkeiten aneignen, mit denen du etwas anfangen kannst, wenn du weißt, was du machen willst.‹ Und sie antwortete ihm, daß sie ja noch nicht mal dreißig Jahre alt wäre. Sie glaubt, sie ist noch zu jung, um sich über solche Dinge Gedanken machen zu müssen.«

Der vorherrschende Ton in Judiths Beschreibung ihrer Tochter ist kritisch. Doch steckte hinter der Einschätzung von Kims Unzulänglichkeiten auch eine gewisse Anerkennung ihrer Fähigkeiten, etwas meistern zu können. Kim hat, wo auch immer sie lebte, Arbeit gefunden und sie gut gemacht; sie verdient sich ihren Lebensunterhalt selbst; soweit Judith weiß, scheint sie ihr Leben zu genießen. Geht man von Judiths eigener Geschichte und der heutigen Arbeitsmarktsituation aus, ist es vollkommen nachvollziehbar, daß sie wegen einiger von Kims Entscheidungen besorgt ist. Wenn Judith jedoch Kims Zähigkeit und ihre »Fähigkeit, die Dinge hinzukriegen«, mehr im Blick behalten könnte, wäre sie vielleicht optimistischer, was die Zukunft ihrer Tochter angeht.

Ein ungewöhnlicher Weg zum Erfolg

Carolyn Smith und ihr Mann waren zuversichtlich, daß ihre Tochter alles, was sie gern macht, auch gut macht. Sie fragten sich nur, ob sie daraus einen Beruf machen könne und ob die Schritte zur Erreichung ihres Ziels realistisch wären. Sie respektieren die Argumente, die ihre Tochter vorbrachte, auch wenn sie damit das in Frage stellte, was allgemein als vernünftig erachtet wird.

Mit achtzehn hatte Carrie Smith schon mehrere Jahre an Pferderennen teilgenommen und erwarb sich nach und nach einen Ruf als Trainerin von Jagdpferden. Sie wollte aus dieser Begabung einen Beruf machen. Carolyn erzählte uns: »Carrie hatte gerade ihren Abschluß an der Sewickley Academy gemacht. Sie ist sehr klug, sie wäre an guten Colleges aufgenommen worden. Alle ihre Klassenkameradinnen bereiteten sich auf ihr erstes Studienjahr vor. Da bat sie uns um ein Gespräch und eröffnete uns: ›Ich weiß, ihr wollt, daß ich aufs College gehe – für euch. Und das wäre auch gut für mich, aber gleichzeitig denke ich, es steht mir immer noch frei, später aufs College zu gehen. Wenn ich jetzt aufs College gehe, muß ich meine Berufspläne aufgeben. Ich meine, ich verliere alles, was ich habe – meine Energie und meinen Namen.‹ Da wir auch nicht die Mittel haben, sie zu finanzieren, mußte sie sich darauf verlassen, sich auf dem Markt mit ihren Fähigkeiten durchsetzen zu können. Sie konnte also entweder aufs College gehen und sich für einen anderen Beruf entscheiden oder bei den Pferden bleiben – und die Arbeit mit Pferden ist genau das, was sie will. Wir sahen uns an – es ging um Colleges, die 20000 Dollar im Jahr kosten – und dachten, wenn sie bereit wäre, aufs College zu gehen, wären wir bereit, das zu zahlen. Aber sie wollte es nicht. Warum sollten wir also uns und ihr Probleme schaffen, warum uns unglücklich machen?«

Carolyn und ihr Mann hatten immer gesagt, sie wollten ihre Kinder zu glücklichen Menschen erziehen. Die Kinder sollten nicht die Erwartungen der Eltern erfüllen. »Solange es Carrie gutgeht und sie in der Lage ist, sich selbst zu ernähren, sagten wir ihr, tu, was du tun möchtest. Aber von uns würde sie keinen Pfennig bekommen. Wenn sie sich jemals dazu entschließen sollte, aufs College zu gehen, und ein anderes Leben führen will, dann wären wir für sie da und würden ihr das Geld geben. Aber wir würden ihr nicht die Pferde finanzieren, das könnten wir auch gar nicht.«

Damals arbeitete Carrie gerade mit zwei bekannten Reitern zusammen. Sie trainierte ihre Pferde und ritt sie bei den Veranstaltungen, an denen die beiden nicht teilnehmen konnten. Nach und nach gewann sie neue Kunden hinzu, und sie machte sich einen Namen. Carolyn sagt: »Die letzten Jahre haben mir viel Geduld abgefordert. Sie hat uns nie um Geld gebeten, und sie hat sich auch nie darauf verlassen, daß ihr ein Mann einmal ihre Wünsche erfüllt. Inzwischen ist sie verheiratet, aber sie ist finanziell unabhängig. Ich kann mir vorstellen, daß sie eine der besten Trainerinnen in den Staaten wird.«

Was, wenn sie einen unrealistischen Traum verfolgt?

Was ist, wenn Ihre Tochter zwar die richtige Einstellung zur Arbeit hat und entsprechend hartnäckig ist, aber trotzdem nicht weiterkommt? Eine Mutter erzählte uns, daß ihre Tochter sich immer noch um die Zulassung für ein Medizinstudium bewirbt, obwohl sie schon viermal abgelehnt worden ist. Eine andere hat zusehen müssen, wie ihre fünfunddreißigjährige Tochter sich als Zeitarbeitskraft in Büros über Wasser hielt, während sie drei Romane schrieb, die von jedem Verlag abgelehnt wurden, dem sie sie angeboten hatte. Eine dritte regt sich darüber auf, daß ihre Tochter seit zehn Jahren in New York lebt und versucht, sich als Schauspielerin durchzusetzen. »Von Zeit zu Zeit kriegt sie Arbeit«, erzählte uns die Mutter. »Sie hat in kleinen Theatern außerhalb von New York gespielt. Sie hat in einem Fernsehfilm mitgespielt. Sie hatte eine Zeitlang eine kleine Rolle in ›Jesus Christ Superstar‹ bei einem Tourneetheater. Zwischen den Engagements jobbt sie als Kellnerin. Sie ist nicht glücklich, vielleicht weil sie genauso wie ich sieht, daß sie so nicht weiterkommt.« Was können diese Mütter sagen, damit ihre Töchter ein Ziel aufgeben, das in den Augen der Mütter nicht lohnenswert oder unerreichbar ist?

Jede dieser Mütter wußte, daß das ein heikles Thema ist. Jede sagte, daß ihre Tochter Jahre harter Arbeit in die Verfolgung eines Traums gesteckt hat, an dem ihr offensichtlich viel liegt und der viel mit ihrem Selbstbild zu tun hat, in dem sich ihr innerstes Wesen spiegelt. Jede dieser Mütter erzählte uns, daß sie Stunden damit zugebracht habe, Reden einzuüben, die sie dann nicht gehalten hat, Briefe zu entwerfen, die sie nicht abgeschickt hat, in dem Versuch, der Tochter mitzuteilen, daß ihr Ziel nicht realistisch sei, daß sie überlegen sollte, ob sie nicht etwas anderes tun wolle.

Wir fragten Phoebe Kazdin Schnitzer, welchen Rat sie diesen Frauen geben würde. Gibt es überhaupt eine Möglichkeit, der Sorge Ausdruck zu verleihen, daß die Tochter nicht talentiert genug ist, um Erfolg zu haben? Schnitzer antwortete: »Ich glaube, es ist immer möglich zu sagen, was man denkt, aber diese spezielle Situation erfordert besonders viel Einfühlungsvermögen, da es nicht gerade hilfreich ist, jemandem lediglich zu sagen, er sei nicht talentiert. Wahrscheinlich hat eine solche Mutter mit ihrer Tochter schon oft über diese Angelegenheit gesprochen und das Für und Wider erwogen. Ich würde dieser Mutter raten: ›Wenn Sie das Thema wieder zur Sprache bringen wollen, versuchen Sie sich zuerst darüber klarzuwerden, was genau Ihnen Sorgen macht, und formulieren Sie das für sich selbst. Und dann überlegen Sie sich, ob diese Sorgen es überhaupt wert sind, mitgeteilt zu werden – manche werden es sein, andere wiederum nicht. Wenn Sie sich Gedanken darüber machen, daß sie nie reich und berühmt werden wird, dann lohnt es sich vielleicht nicht, das mitzuteilen. Aber wenn es darum geht, finanziell zu überleben und ein zufriedenes Leben zu führen, ist das schon etwas anderes. Möglicherweise greifen Sie damit ja die Sorgen auf, die sie sich selbst wegen der Risiken und Schwierigkeiten ihrer Arbeit macht. Der Beruf einer Schriftstellerin oder Schauspielerin ist mit einem hohen Risiko verbunden. Vielleicht besteht Ihre eigentliche Sorge aber auch darin, daß schließlich Sie für den Unterhalt der Tochter aufkommen müssen – und das wäre für Sie beide frustrierend.‹«

Es mag sein, daß sich in diesen Sorgen die Angst einer Mutter zeigt, daß ihre Tochter nicht genug Talent hat, um erfolgreich zu sein. Schnitzer: »Was heißt das? Nicht talentiert genug für welche Art von Erfolg? Bedeutet ihr sogenannter Mangel an Talent, daß sie aus ihrer Arbeit keine Befriedigung zieht? Heißt das, sie wird keine Arbeit bekommen und von Woche zu Woche mit Absagen leben müssen? Daß es ihr schlechtgeht im Vergleich zu ihren Altersgenossen? Sie sollten sich fragen, was Ihrer Meinung nach durch diesen angenommenen Mangel an Talent passieren wird. Wenn man mit einem anderen Menschen spricht, ist es von zentraler Bedeutung zu wissen, was man mitteilen möchte. Ist es gut mitzuteilen, daß man nicht glaubt, sie wäre talentiert genug? Ich denke nicht. Aber vielleicht sollte man ihr sagen, daß man sich Sorgen über ihre Zukunft macht, hinsichtlich ihrer persönlichen Zufriedenheit und finanziellen Sicherheit.«

Phoebe Kazdin Schnitzer meint, wenn ein Thema schon einmal zu Spannungen zwischen Mutter und Tochter geführt hat, sollte jedes erneute Gespräch über diesen Gegenstand in einer Form stattfinden, die der Tochter signalisiert, daß ihre Mutter dieses Thema mit dem größten Respekt behandelt. »Ich würde versuchen, einem solchen Gespräch eine bestimmte Form zu geben. Ich würde einen Schritt zurücktreten und sagen: ›Ich habe über deine Arbeit nachgedacht und würde dir gerne etwas dazu sagen.‹ Besonders wenn meine Tochter schon erwachsen ist, würde ich nicht davon ausgehen, daß sie meine Meinung überhaupt wissen will. Ich würde mit sehr viel Respekt fragen, ob sie hören will, was ich mir denke, und wann ihr ein Gespräch passen würde. Ich würde nicht davon ausgehen, daß sie damit einverstanden ist. Vielleicht will sie ja nicht. Wenn sie ablehnt, dann würde ich ihr sagen, ich hoffe, daß wir darüber später einmal sprechen können.

Man darf nicht vergessen, daß keine dieser Töchter dumm ist. Es muß gute Gründe dafür geben, warum sie mit dem, was sie tut, weitermacht. Ich würde ihr anfangs zu erkennen geben, daß ich ihre Entscheidungen zu schätzen weiß und mit welcher Ernsthaftigkeit sie ihre Ziele verfolgt oder was Ihnen sonst Positives einfällt. Dann würde ich ihr meine Überlegungen darstellen, aber eindeutig von meiner Perspektive aus: ›Ich mache mir Sorgen um dich, weil ich mich frage, ob du davon leben kannst, ob du daraus die erhoffte Befriedigung ziehst und ob es die große Anstrengung lohnt, die du erbringst.‹ Oder: ›Ich mache mir Gedanken, weil du meiner Meinung nach deine Stärken auf anderen Gebieten gar nicht wahrnimmst. Ich möchte dich gern verstehen.‹ Wenn Ihre Tochter auf ihr Interesse reagieren kann und Ihnen ihre Gründe erläutert, warum sie diese Ziele verfolgt, dann werden Sie manches von dem, was sie tut, eher nachvollziehen können. Wenn sie Ihnen ihren eigenen Standpunkt aber nicht darlegen kann, sagen Sie ihr einfach, was Sie ihr zu sagen haben, und lassen es dabei bewenden.«

Kann man alles haben?

Seit der Zeit, als wir beide junge Mütter waren, haben sich die Berufsmöglichkeiten für Frauen erweitert, während die persönlichen Erwartungen an sie die gleichen geblieben sind. So sind in den meisten Industrienationen Programme und Unterstützung für berufstätige Mütter unzureichend. Wir fragten uns, welchen Rat Mütter ihren Töchtern hinsichtlich des ewigen Dilemmas arbeitender Frauen geben könnten: wie sie Familie und Arbeit unter einen Hut bringen können, ohne daß eines von beiden oder sie dabei auf der Strecke bleiben. Wie zu erwarten, neigten die Frauen dazu, von ihren eigenen Erfahrungen auszugehen.

Es gab keinen allgemeinen Konsens über die Frage, ob man alles haben könne. Die Frauen, mit denen wir gesprochen haben, meinten, das hänge von den Umständen ab, wie der finanziellen Situation einer jungen Mutter und davon, wie flexibel sie ihre berufliche Laufbahn, die sie gewählt hat, gestalten kann. Viele Frauen erzählten uns, daß sie hofften, ihre Töchter könnten entweder in der Lage sein, aufzuhören zu arbeiten, wenn die Kinder klein sind, oder sich eine Teilzeitstelle zu suchen, auch wenn sie durchaus die Möglichkeit in Betracht zogen, daß dies nicht machbar sein könnte. Sie glaubten, daß Tagesmütter oder Kindertagesstätten immer ein dürftiger Ersatz für die Zuwendung der Mutter sind, auch wenn ihnen bewußt war, daß sie unumgänglich sein könnten.

Viele, aber nicht alle, sprachen davon, daß die Tochter ihren Mann dazu bringen müsse, seinen Teil der Verantwortung bei der Erziehung der Kinder und im Haushalt zu übernehmen. Aber nur eine von einhundertunddreizehn Frauen sagte, sie habe vor, die Kinder der Tochter zu betreuen, damit diese weiterhin arbeiten könne. Wir hatten nicht den Eindruck, die Frauen wären egoistisch. Sie sprachen mit Freude davon, Zeit mit ihren Enkelkindern zu verbringen und ihren Töchtern zu helfen, wenn sie in einer Notlage sind. Aber sie wählten andere Wege, um ein erfülltes Leben zu führen – sie arbeiten, gehen wieder in die Schule, genießen die neuentdeckte Muße des Ruhestands –, oder sie waren von anderen familiären Aufgaben in Anspruch genommen. Was ihre Gründe im einzelnen auch sein mögen, sie wollten nicht, daß ihre Töchter es als Selbstverständlichkeit betrachteten, daß sie verfügbar oder gewillt sind, ihre Kinder zu hüten.

Den Spagat wagen

Susan Tully ist neunundvierzig Jahre alt und arbeitet als Innenarchitektin. Vor kurzem hat sich scheiden lassen. Ihr Sohn

Owen ist neunzehn Jahre alt und die Tochter Megan zwanzig. Susan gab ihre Arbeit als Management-Trainee bei einer großen Fluglinie auf, als ihre Tochter geboren wurde. Als ihre Kinder beide eingeschult waren, nahm sie eine Teilzeitstelle an und sorgte dafür, daß sie zu Hause war, wenn die Kinder aus der Schule kamen. Susan hat Megan erzählt, wie froh sie war, daß ihr das gelang. »Als Megan jünger war, wollte sie Ärztin werden«, sagt Susan. »Sie wollte ein Haus in New York und eines auf dem Land, und sie wollte Kinder und einen netten Mann. Sie wollte ganz einfach alles. Dann schlug sie plötzlich andere Töne an: ›Ich möchte einen Mann, der für mich sorgt.‹ Ich sagte ihr, daß ich noch nie etwas so Dummes gehört hätte. Ich erklärte ihr, daß wir immer noch damit zu kämpfen hätten, eine Lösung für das Dilemma, gleichzeitig einen Beruf und Kinder zu haben, zu finden.«

Viele der Kunden von Susan sind junge Paare. »Richtige Yuppies. Der Mann und die Frau arbeiten beide, sie haben Kinder und Kindermädchen. Ich habe mit Megan darüber gesprochen – manchmal ist es leichter, ihr an einem Beispiel etwas deutlich zu machen, als ihr zu sagen, tu dies oder das. Vor kurzem erhielt ich einen Auftrag von einer Ärztin, die zu spät zu unserem Termin kam. Sie hatte gerade eine Frau entbunden, und eine zweite lag schon im Kreißsaal, und zwischen diese beiden Geburten schob sie mich ein. Sie hat drei Söhne und baut gerade ein Haus. Meine Tochter fand diese Frau ganz toll und sagte: ›Mein Gott. Die hat alles.‹ Ich erzählte das der Ärztin, die nur erwiderte: ›Ich habe nicht alles. Ich mache alles, aber ich kann es wegen der ganzen Belastung gar nicht genießen. Man kann nicht alles haben.‹

Und jetzt arbeite ich wieder für ein Paar, beide sind Anwälte in einer Firma. Sie haben ein zweijähriges Kind, und die Frau ist wieder schwanger. Die einzige Gelegenheit, uns zu treffen, war während der Mittagspause in ihrem Büro. Wir sahen uns gerade ein paar Muster an, es war ungefähr halb zwei, als das

Telefon klingelte – das Kindermädchen. Die Frau sagte: ›Sie müssen uns leider entschuldigen. Wir haben jeden Tag eine Konferenzschaltung mit unserer Tochter, bevor sie ihren Mittagsschlaf hält. Wir fragen sie, was sie zum Frühstück gegessen hat, was sie am Vormittag gemacht hat und was es zu Mittag gab.‹ Sie erzählte, daß ihre Tochter abends bis halb zehn aufbleibt, so daß sie sie noch sehen, bevor sie ins Bett geht. Ich dachte, die sind verrückt. Und gleichzeitig dachte ich, diese Leute versuchen es wirklich.

Ich habe Megan davon erzählt. Schließlich wird sie mit diesem Problem in den nächsten Jahren konfrontiert werden, wenn sie im Beruf bleiben will. Wir sprachen darüber, nicht nur über die Rolle der Frau bei der Kindererziehung, sondern auch darüber, was sie von einem Mann verlangen kann und welche Pflichten er zu übernehmen bereit ist.«

Wie Susan Tully blieb auch Clarissa C. zu Hause, als ihre Töchter klein waren. Ihre ältere Tochter Donna, dreiunddreißig, trägt sich mit dem Gedanken, eine Familie zu gründen, hat aber Angst davor, ihre sichere Stelle und das damit verbundene Einkommen aufzugeben. »Ich würde es gerne sehen, wenn sie zu Hause bei ihren Kinder bliebe, solange sie klein sind«, sagt Clarissa. »Sehr gerne sogar. Ich glaube nicht, daß die Mutter während der ersten drei oder vier Jahre ersetzbar ist. Meine Töchter wissen, daß ich so denke. Aber Donna sagt immer wieder, daß sie keine Wahl haben werden, daß sie selbst keine andere Wahl haben wird. Ich glaube schon, daß es andere Möglichkeiten gäbe, wenn sie wirklich wollte. Sie könnte zumindest Teilzeit arbeiten oder von zu Hause aus ihre Werbung oder PR-Arbeit machen. Natürlich würde sie nicht soviel Geld verdienen. Sie kaufen gerade ein Haus, und sie macht sich furchtbar viele Sorgen wegen Schulden und all diesen Dingen. Ihr Mann ist gelassener, was das angeht, Gott sei Dank. Einmal saßen wir zusammen, und da sagte er zu ihr, nachdem er ihr eine

Zeitlang bei ihrer Schwarzmalerei zugehört hatte: ›Du mußt schon mal bereit sein, Risiken im Leben einzugehen.‹ Sie ist einfach hysterisch in diesen Dingen. Aber ich denke, wenn es erst einmal soweit ist, wird sie sich auch wieder fangen. Ich zähle darauf, daß dann ihre mütterlichen Gefühle in den Vordergrund treten.«

Auch Alice Trillin betont, wie wichtig es sei, daß eine Mutter in den ersten Jahren ganz für das Kind da ist. Alice unterrichtete Englisch am City College in New York, als ihre Töchter klein waren, aber sie erzählt auch, daß sie flexible Unterrichtszeiten hatte und jede Menge Unterstützung bekam. Erst nachdem ihre jüngste Tochter über zehn Jahre alt war, wechselte sie den Beruf – sie produziert seitdem Sendungen fürs Bildungsprogramm im Fernsehen. Sie hat lange Arbeitszeiten und ist oft auf Reisen. Die ältere Tochter von Alice, Abigail, will Anwältin werden – ein bekanntermaßen aufreibender Beruf –, und Alice ist sich nicht sicher, ob es Abigail möglich sein wird, mit dem Beruf auszusetzen, um für einige Jahre zu Hause zu bleiben. Ihre eigenen Erfahrungen, befürchtet Alice, entsprechen nicht unbedingt der Realität. »Ich denke, bei der Frage, wie man Beruf und Mutterschaft in Einklang bringt, war ich keine besondere Hilfe, weil ich das Problem gar nicht kenne. Ich hatte Glück. Da ich unterrichtete, konnte ich oft zu Hause bei meinen Kindern sein. Mir tut es nur um die Zeiten leid, die ich nicht mit meinen Kindern verbracht habe. Wenn ich so zurückblicke, kann ich ihnen nicht als Vorbild dienen, und darüber habe ich auch schon mit meinen Kindern gesprochen. Unser Leben entsprach nicht unbedingt der Realität. Bud arbeitete zu Hause, und die beiden konnten jederzeit zu ihm kommen. Wir hatten natürlich jemanden, der die Kinder betreute, und ich hatte darüber hinaus in meinem Beruf gewisse Freiheiten. Ich konnte um zwei oder drei Uhr zu Hause sein oder zwei bis drei Tage die Woche arbeiten gehen. Das wird für Abigail nicht der Fall sein.

Ich sagte also zu meinen beiden Töchtern: ›Ihr müßt euch einen Mann suchen, der einen Teil der Verantwortung übernimmt. Vielleicht werdet ihr ja auch eine Stelle finden, auf der ihr ein paar Jahre pausieren und dann zurückkehren könnt.‹ Aber ich habe auch gesagt: ›Ich weiß nicht, wie das bei euch letztlich laufen wird. Eure Ziele werden sich im Laufe der Zeit wandeln. Angenommen, ihr nehmt Erziehungsurlaub, wenn ihr in einer Anwaltskanzlei arbeitet, dann könnt ihr später vielleicht einen Zahn zulegen.‹ Ich weiß es nicht. Ich habe immer zu ihnen gesagt, daß sie versuchen müssen, ein Gleichgewicht zwischen beidem zu finden. Wenn man nicht arbeitet, wird man unzufrieden – man muß sich doch nur mal die frustrierten Frauen in der Generation meiner Mutter ansehen. Das wäre auch für die Kinder nicht gut. Aber wenn man jemals vor der Entscheidung Kind oder Karriere steht, sollte man sich für das Kind entscheiden. Das wichtigste im Leben ist, Kinder zu guten Menschen zu erziehen.«

Angela A. erzählte uns, daß ihre beiden Töchter, die achtundzwanzigjährige Gretchen und die sechsundzwanzigjährige Betsy, vielversprechende Positionen bei großen Firmen haben. Gretchen, die verheiratet ist, hat an der Einrichtung eines Kinderbetreuungsprogramms in ihrer Firma mitgearbeitet, noch bevor sie selbst schwanger wurde. Heute nutzt sie es für ihre sechs Monate alte Tochter. Eines Tages holte sie das Baby zu spät ab und fand es mit Fieber in seinem Bettchen vor. Sie machte sich sofort Vorwürfe, daß sie sich nicht genug um die Bedürfnisse des Kindes kümmert. Gretchen denkt über ein zweites Kind nach, und Angela vermutet, daß sie dann eine Zeitlang etwas langsamer treten wird. Angela sagt: »Gretchen hat gemerkt, daß sie einen Teil der Entwicklung ihres Babys nicht mitbekommt. Sie steht vor einer schwierigen Entscheidung. Sie überlegt, ob eine Teilzeitstelle sie intellektuell so befriedigen wird wie ein Vollzeitjob. Ich habe ihr gesagt, daß ich glaube, daß das Leben aus der ständigen Suche nach einem Gleichgewicht besteht. Meine Tochter steht wirklich unter Druck – alles, was sie macht, möchte sie perfekt machen. Ihre Frage ist, ob sie diese hervorragenden Leistungen erbringen und trotzdem Freude in ihrem Leben haben kann, ob sie es schafft, alles miteinander in Einklang zu bringen.«

Außer ihren zwei Töchtern hat Angela fünf Söhne. Als ihre Kinder klein waren, arbeitete sie als Studienberaterin in einer Privatschule. Ihre Arbeitszeit ließ sich mit ihrer Mutterschaft vereinbaren. Zu Hause hatte sie sich darüber hinaus eine Praxis für Psychotherapie eingerichtet. Als die Kinder größer waren, wechselte sie auf ihre jetzige Stelle als leitende Angestellte in einer kleinen Firma, die Computersoftware für Schulen entwikkelt. »Ich erzählte Gretchen, daß ich einmal eine Stelle ausgeschlagen habe, die perfekt zu sein schien, aber die damals einfach nicht in mein Leben paßte. Sie wollte wissen, wie ich mich dabei gefühlt hatte. Sie fragte mich zum Beispiel, ob ich glaubte, viel für meine Kinder geopfert zu haben. Aber dieses Gefühl hatte ich nie. Ich wollte eine große Familie haben und hatte an jedem meiner Kinder sehr viel Freude. Im Grunde glaube ich, daß ich ein Zehntel dessen gegeben habe, was mir die Beziehung mit jedem von ihnen gebracht hat.«

Wie Alice Trillin hat auch Angela gegenüber ihren Töchtern ihre ambivalente Haltung zum Ausdruck gebracht, ob eine junge Mutter ihre Karriere unterbrechen oder aufs Spiel setzen solle, wenn die Kinder klein sind. Solange unsere Gesellschaft arbeitende Mütter nicht entsprechend unterstützt, was unter anderem die Bereitstellung von genügend Tagesstättenplätzen beinhaltet, werden Frauen mit diesem Problem zu kämpfen haben. Da immer mehr Frauen ehrgeizige Karrierewege einschlagen und in Firmen und im öffentlichen Leben an Präsenz gewinnen und da Frauen stärker für die Belange von arbeitenden Müttern eintreten, werden vielleicht auch neue Modelle zur Tagesbetreuung entwickelt werden und an Akzeptanz gewinnen.

Frauen, die sich dafür entscheiden, vielleicht auch entscheiden müssen, Vollzeit zu arbeiten, wenn ihre Kinder klein sind, werden dann nicht länger gezwungen sein, sich gegenüber ihrer Umgebung und der Gesellschaft zu rechtfertigen.

Packen Sie's an

Nur zwei Frauen, die Spitzenpositionen in ihrem Beruf erlangt hatten, betonten, daß einem die Verbindung von Familie und Karriere zwar viel abfordert, aber daß es sich lohnt und daß eine junge Frau sich nicht scheuen sollte, beides anzustreben.

Susan Cole behauptet, daß es manchmal schwierig ist, Karriere und Familie in Einklang zu bringen, aber durchaus angestrebt – und erreicht – werden kann. Susan und ihr Mann haben zwei Kinder, den neunundzwanzigjährigen Simon und die fünfundzwanzigjährige Alexis. Ihr Mann ist Künstler, und daher war Susan immer diejenige, die das Geld nach Hause brachte. Als die Kinder klein waren, arbeitete sie in der Verwaltung eines Colleges. Sie war als stellvertretende Leiterin der Fakultät und Verwaltung am Rutgers tätig und ist heute Präsidentin der Metropolitan State University in St. Paul, Minnesota. Susan hat Neuerungen in dem Bereich der höheren Ausbildung für Minoritäten und andere Gruppen durchgesetzt, denen traditionell diese Möglichkeiten nicht offenstanden. »Lassen Sie mich es so sagen – ich denke, das Leben ist hart. Niemand hat mir jemals etwas geschenkt. Ich habe kein Geld geerbt oder Beziehungen gehabt oder irgend etwas anderes, das einem das Leben erleichtert. Was ich auch gemacht habe, immer mußte ich hart arbeiten, um dorthin zu gelangen. Aber ich glaube, wenn man etwas wirklich will, kann man hart dafür arbeiten und es auch bekommen. Es ist ein Fehler von mir, eine regelrechte Charakterschwäche, das zu glauben. Es stimmt einfach nicht immer. Man kann nicht immer etwas durch harte Arbeit und große Anstrengung erreichen, auch wenn ich das glaube. Das ist einer der Widersprüche des menschlichen Denkens, daß man Dinge glauben kann, die nicht wahr sind.

Was ich meinen Kindern mitgegeben habe, ist die Überzeugung, daß man alles erreichen kann, wenn man nur will. Und warum sollte man sich mit weniger zufriedengeben, als all dem, was einem wichtig ist? Es kam für mich nicht in Frage, den Gedanken an eine Familie und meine Rolle in der Familie aufzugeben und meine Zeit mit den Kindern zu beschneiden. Ich war nicht gewillt, auch nur einen Teil davon aufzugeben. Ich habe gebacken, ich habe meinen Kindern Schuhe gekauft, bin zu den Sportveranstaltungen und Konzerten gegangen. Aber ich war genausowenig bereit, meine Arbeit aufzugeben und weniger zu arbeiten. Ich denke, man kann all das unter einen Hut bringen. Man darf nur keinen Regeln folgen. Man sollte sich von niemandem sagen lassen, wie man etwas machen muß. Wenn man sich seine eigenen Regeln aufstellt, klappt es auch.« Susan lächelt und fügt hinzu: »Ob das nun stimmt oder nicht.«

Shirley Strum Kenny, Präsidentin der State University of New York in Stony Brook, hat vier Söhne und eine Tochter, die fünfundzwanzigjährige Sarah. Shirley Kenny erzählt, daß sie an einer Fahrgemeinschaft beteiligt war, als die Kinder klein waren. »Als ich einmal Fahrdienst hatte, sagte eines der Kinder zu mir: ›Sie tun sich Ihren Lippenstift an derselben Ampel drauf wie meine Mutter.‹ Das zeigte mir, in welcher Welt ich lebte – wir alle waren Mütter, die ständig auf dem Sprung waren. Als die Kinder klein waren, ging es wirklich hektisch zu. Ich war zu dieser Zeit Assistentin an der Uni. Meine Mann und ich bereiteten jeden Morgen, bevor wir in die Arbeit gingen, das Frühstück und das Mittagessen für uns sieben zu. Wir mußten lernen, gut zu organisieren. Jedenfalls hörte ich nie auf zu arbeiten, und das war zu meiner Zeit ungewöhnlich. Meine Kinder kamen in den sechziger Jahren zur Welt. Damals wurde erwartet, daß man seinen Kindern ein sehr kreatives Umfeld bot. Ich dagegen war unterwegs und verfolgte meine eigenen

Interessen. Das hat mir viele mißbilligende Blicke eingetragen – und ich hatte gräßliche Schuldgefühle –, aber ich dachte, für meine Kinder wäre das besser, ich hätte sie verrückt gemacht, wenn ich zu Hause geblieben wäre. Ich hatte einfach zuviel Energie.

Ich erinnere mich an das Jahr, in dem ich nicht unterrichtete. Mein erstes Kind war zwei und das nächste gerade unterwegs. Ich machte den Haushalt und arbeitete an meiner Dissertation und war damit ganz zufrieden. Ich sah mir die Supermarktanzeigen durch, um zu gucken, wo die Pfirsiche ein paar Pfennige billiger zu bekommen sind, und dreimal am Tag wischte ich durch das Haus, immer das Kind im Schlepptau. Es war kein Staubkörnchen mehr zu sehen, aber ich suchte wohl irgendeine Beschäftigung. Langsam habe ich dann gemerkt, daß ich nicht glücklich bin, wenn ich mich nur um meine Kinder kümmere, ohne sonst etwas zu tun zu haben.«

Shirley Kennys Tochter Sarah arbeitet in einer Buchhandlung. Sie hat vor, nächstes Jahr wieder zu studieren, um einen Abschluß in Bildhauerei zu machen. »Wir sind so verschieden, wie zwei Menschen es nur sein können«, sagt Kenny. »Sie ist künstlerisch veranlagt, während ich keinerlei künstlerische Talente habe. Sie ist ständig am Machen, sie gönnt sich keine freie Minute. Nebenbei singt sie auch noch in einer Band. Ich habe keine Ahnung, wo sie einmal landen wird. Was ich Sarah und den anderen jungen Frauen ihrer Generation raten würde, ist, daß sie tun sollen, was sie glücklich macht. Wenn es einem mit seiner Arbeit bessergeht, wie mir zum Beispiel, dann sollte man sie auch nicht aufgeben. Ich glaube, auch meine Kinder haben davon profitiert. Will man zu Hause bleiben, dann sollte man das tun. Beide Entscheidungen sind gut.«

Im März 1996 wurde Shirley Kenny von *Newsday* zum Thema Frauen im Beruf und der Frage, ob man alles haben kann, interviewt. Über ihre Studentinnen sagte sie: »Ich habe den Eindruck, sie gehen davon aus, daß sie berufstätig sein werden. Während meines Studiums war das anders. Als ich in den Beruf einstieg, wäre ich lieber gestorben, als jemanden wissen zu lassen, daß ich Kinder habe, während ich meinen Verpflichtungen an der Universität nachging. Als ich das erste Mal an einer Sitzung des Promotionausschusses teilnahm, war [mein Sohn] Jonathan eine Rutsche heruntergefallen, und ich sagte meinen Kollegen, ich müsse gehen, weil es einen Unfall gegeben habe … ich sagte ihnen aber nicht, um was es ging. Heute sitzen Männer in den Komitees, die bekanntgeben: ›Ich kann nur bis vier bleiben, weil ich dann die Kinder abholen muß.‹ So damit umzugehen ist doch viel natürlicher.«[5]

Finanzielle Angelegenheiten

Als wir die Frauen fragten, welches Thema ihnen im Gespräch mit ihren Töchtern am meisten Schwierigkeiten bereiten würde, erwarteten wir, daß die meisten antworten würden, Sex. Aber es war Geld. »Darüber sprechen wir nicht«, sagte eine Mutter, die keine Probleme hat, sich mit ihrer Tochter über so intime Themen wie die Frage, worauf man bei einem Liebhaber achten sollte, oder über ihre zeitweiligen Depressionen zu unterhalten. »Von Zeit zu Zeit bringe ich schon mal die Sprache darauf, aber sie unterbricht mich dann immer und sagt, daß sie darüber nicht sprechen will.« Eine andere Frau erzählte: »Mein Mann und ich sind uns nie einig in finanziellen Angelegenheiten. Wir haben Probleme mit diesem Thema, und bei unseren Mädchen können wir damit auch nicht umgehen. Es ist ganz klar der schwierigste Teil in unserer Beziehung zu ihnen.« Eine dritte Frau, die gemeinsam mit ihrem Mann eine Finanzberatungsfirma betreibt, ist der festen Überzeugung, daß ihre vier erwachsenen Söhne und Töchter jeglichen Ehrgeiz verlieren würden, wenn sie zuviel Geld hätten. Sie bekannte: »Wir haben unseren Kindern nicht einmal gesagt, wieviel Geld sie haben. Wir haben auf ihren Namen Geld angelegt, aber davon wissen sie nichts. Wir machen sogar ihre Steuererklärung, damit sie es nicht herausfinden.« Dieses Elternpaar hat seinen Kindern nicht einmal zum Collegeabschluß etwas geschenkt, was die Mutter heute für »erbärmlich und ziemlich daneben« hält.

Eine Mutter, die wir interviewten, eine Finanzberaterin mit einer therapeutischen Ausbildung, bestätigte unsere Feststellung. »Sexualität ist heutzutage viel weniger ein Tabu als Geld«, erzählte uns Meryl Siegel. »Ich kann immer wieder beobachten, daß Geld in einer Paarbeziehung und zwischen Eltern und ihren erwachsenen Kindern ein Problem ist. Ich glaube, daß beim Thema Geld ziemlich viele Ängste mitspielen.«

Wie und wann helfen Sie ihr aus?

Allzuoft müssen wir uns mit den Finanzen unserer erwachsenen Tochter beschäftigen, ohne klare Leitlinien zu haben, wie wir ihr helfen können, auf eigenen Füßen zu stehen. Vielleicht hat sie eine Stelle, verdient aber nicht genug Geld, um davon zu leben. Vielleicht verdient sie genug, um damit auszukommen, kann aber nicht das Leben führen, das sie sich wünscht. Vielleicht kann sie mit dem Geld, das sie hat, nicht umgehen. Sind wir verpflichtet, sie beim Start ins Berufsleben finanziell zu unterstützen? Wenn wir es tun, schadet ihr das? Die meisten Mütter, mit denen wir gesprochen haben, meinten, wenn man über die entsprechenden Mittel verfüge, sollte man die Tochter unterstützen, bis sie ihre Ausbildung abgeschlossen hat. Sie waren ohne weiteres bereit, ihre Kranken- oder Autoversicherung zu zahlen, wenn der Arbeitgeber dafür nicht aufkam und die Tochter nicht genug verdiente, um sie selbst zu bezahlen. Die Mütter gaben zu, daß diese Unterstützung auch dem Erhalt ihres eigenen Seelenfriedens diente.

Ansonsten gingen die Meinungen auseinander. Es gab Mütter, die sich entschieden dafür aussprachen zu helfen, wann immer man kann, und Mütter, die mit derselben Überzeugung davon sprachen, daß es dem Prozeß des Erwachsenwerdens einer Tochter abträglich sei, sie finanziell zu unterstützen.

Lyttleton Rich gehört zur »Du mußt es selbst schaffen«-Fraktion. Lyttleton arbeitet als Headhunterin in Charlotte, North Carolina. Sie hat ihren Töchtern Mary, vierundzwanzig, und Elizabeth, einundzwanzig, immer ganz klar gesagt, daß sie erwarte, daß sie ihre finanziellen Angelegenheiten selbst in die Hand nehmen. Während sie die High-School besuchten, mußten die Mädchen in den Sommerferien arbeiten. Als sie aufs College gingen, kaufte Lyttleton beiden ein Auto und zahlte die Versicherung, verband ihre Hilfe aber mit einer Bedingung: Sie durften die Autos behalten, solange sie einen bestimmten Notendurchschnitt erreichten. Als Elizabeth einmal schlechter war, nahm ihr ihre Mutter das Auto weg und mottete es in der Garage ein. Elizabeth hat das Vorgehen ihrer Mutter nie in Frage gestellt. »Ich bin streng, aber gerecht«, sagt Lyttleton, »sie wußte, daß ich nicht für dieses Privileg aufkommen würde, wenn sie es mißbraucht.«

Dieses Jahr beendet Mary ihre Ausbildung als Arzthelferin. Ihr Vater – Lyttletons Exmann – kommt für die Schulgebühren und die Krankenversicherung auf, Lyttleton zahlt das Auto. Mary kommt trotzdem mit ihrem Geld nicht hin, um ihre Lebenshaltungskosten decken zu können, und ihre Mutter springt nicht ein, um das Defizit auszugleichen. »Sie hat gerade einen Kredit aufgenommen, um dieses Jahr durchzukommen, und ich glaube, daß das ganz gut für sie war.«

Auch Lyttletons jüngere Tochter weiß, daß sie nicht darauf zählen kann, finanziell unterstützt zu werden, wenn sie nach Beendigung ihrer Collegeausbildung im nächsten Frühjahr versuchen will, sich als Schauspielerin in New York durchzusetzen. »Ich denke, ich werde meiner Tochter sagen: ›Du mußt selbst für deinen Lebensunterhalt aufkommen. Wenn du Schauspielerin werden willst, wunderbar. Und wenn du in New York arbeiten möchtest und in welchem Beruf auch immer Fuß zu fassen versuchst, auch gut. Aber du wirst dir einen Job als Bedienung suchen und auch samstags und sonntags arbeiten müssen. Ich werde dir keinen Unterhalt zahlen.‹« Es wäre für Lyttleton kein Problem, auszuhelfen, wenn sie nur wollte, aber sie ist der Meinung, ihrer Pflicht Genüge getan zu haben, indem sie ihren Töchtern die Ausbildung bezahlt hat. »Sie hatten das Privileg, auf die Schule gehen zu können, die sie sich ausgesucht hatten, und sie mußten während dieser Zeit nicht arbeiten ... Nein, ich glaube nicht, daß ich für ihren Unterhalt aufkommen werde.«

Wir fragten Lyttleton, ob sie bereit wäre, Elizabeth Geld für Schauspielunterricht zu geben, wenn sie sich ansonsten selbst finanzieren würde. »Da müßte sie mir schon genau erklären, wo das hinführen soll. Zwei Schauspielklassen am Vormittag – das wäre ziemlich viel verlangt. Ich möchte wirklich, daß sie weitermacht und alles probiert, aber inwieweit ich sie dabei finanziell unterstützen werde, weiß ich nicht.

Ich habe sie gefragt, ob sie nicht eine Lehrerausbildung machen möchte, so daß sie in Zukunft zumindest Drama unterrichten kann, wenn sie von der Schauspielerei nicht leben kann. Aber sie wollte das nicht. Das ist auch in Ordnung. Sie kann immer noch zurückgehen und die entsprechenden Kurse absolvieren. Ich habe Angst, daß sie sich mit der Schauspielerei ihren Lebensunterhalt nicht verdienen kann, aber sie muß es einfach probieren.«

Lyttleton Rich gehört einer Minderheit an, die Mehrzahl der Frauen meinte, so wie Lilian P., man sollte seinen Kindern soviel Unterstützung wie möglich geben. Lillian erzählte sehr nüchtern, daß sie von ihren Eltern keine Hilfe erhalten habe, und erklärte: »Ich kenne junge Leute, die ihre Träume aufgeben mußten, weil sie sich ihren Lebensunterhalt selbst verdienen mußten. Ich finde das ungerecht und traurig.« Lillian und ihr Mann haben beide gutbezahlte Jobs in Werbeagenturen. Sie unterstützten eine ihrer Töchter fünf Jahre lang, während diese versuchte, sich als Drehbuchautorin einen Namen zu machen. In den letzten beiden Jahren hat sie zwei Drehbücher an Filmproduzenten verkauft und kann jetzt selbst für ihren Lebensunterhalt aufkommen. »Ich bin froh, daß wir ihr helfen konnten«, sagt Lillian. »Ich glaube nicht, daß sie diese Situation jemals ausgenutzt hat. Sie hat schon immer hart gearbeitet.«

Nicht jeder hat die Mittel, über einen entsprechend langen Zeitraum so großzügig sein zu können wie Lillian, und nicht viele Frauen hatten Töchter, die in so hohem Maße finanziell abhängig waren. Bei den meisten Müttern bestand das Problem darin, wie sie uns berichtete, daß eine Tochter zwar arbeitete, aber nicht genug Geld verdiente, daß sie davon leben konnte, oder daß sie von Zeit zu Zeit eine Finanzspritze brauchte, um einen unerwarteten Engpaß zu überwinden. Carol Connolly, die als Schriftstellerin in St. Paul, Minnesota, lebt, hat drei Söhne und vier Töchter. Sie erzählte uns von ihren Erfahrungen: »Ich denke, man sollte für seine Kinder tun, was man kann. Es sollten ihnen alle Türen offenstehen. Ich glaube nicht, daß man seine Kinder verwöhnt oder ihr Leben ruiniert, wenn man ihnen ein Auto bezahlt oder ihnen unter die Arme greift, wenn sie sich ihr erstes Haus kaufen. Ich wünschte, mir wäre das möglich gewesen. Aber es ging nicht, ich hatte einfach nicht die Mittel. Ich konnte ihnen nur hier und da ein bißchen aushelfen. Man könnte sagen, daß meine Kinder, mit Ausnahme der ältesten Tochter, zur Generation X gehören. Finanziell geht es ihnen nicht besonders gut. Von Zeit zu Zeit frage ich sie dann, ob sie Geld brauchen, ob sie hinkommen und ob ich ihnen etwas leihen soll. Normalerweise lehnen sie das ab, es sei denn, sie brauchen es wirklich. Und dann tue ich, was ich kann.«

Pauline, Mutter dreier Töchter und eines Sohnes, hat immer versucht, ihre Kinder finanziell zu unterstützen. »Ich habe ihnen immer etwas zukommen lassen, vielleicht sogar zuviel. Meine Freunde kritisieren mich deswegen. Als ich vor ein paar

Jahren an meinen jetzigen Arbeitsplatz wechselte, sank mein Einkommen. Ich hätte das Geld, das ich ihnen über die Jahre gegeben habe, gut brauchen können, aber ich habe es ihnen gerne gegeben. Ich bereue es nicht, sie brauchten meine Hilfe. Eine meiner Töchter zahlt mir immer etwas zurück. Eine andere würde es tun, wenn sie das Geld hätte. Die anderen beiden werden das nie tun. Aber das macht mir nichts aus.«

Interessant fanden wir, daß wir keinen Zusammenhang feststellen konnten zwischen der Bereitschaft der Mütter, ihren Töchtern Geld zu geben, und der Art ihrer Beziehung zueinander. Töchter, die von ihren Müttern keine finanzielle Unterstützung erhielten, zogen sich deswegen nicht von ihnen zurück. Frauen, die sich dafür entschieden, ihren Töchtern etwas zu geben, erzählten nichts von einer größeren Abhängigkeit. Wir glauben, daß die Offenheit, mit der sie mit dieser Frage umgingen, wichtiger war als die Entscheidung, die sie trafen. Ihre Töchter wußten, mit welcher finanziellen Hilfe sie rechnen konnten, und das Thema war daher nicht so emotional aufgeladen, wie das sonst häufig der Fall ist.

Alexandra und Alicia, die Töchter von Brooke D., sind zweiunddreißig und dreißig Jahre alt. Brooke erzählt uns: »Ich bin überzeugt, daß man seinen Kindern Geld geben sollte, wenn man es sich leisten kann.« Sie hat eine Möglichkeit gefunden, es gar nicht erst zu Spannungen kommen zu lassen. Sie und ihr Mann haben es sich zum Prinzip gemacht, ihren beiden Töchtern jedes Jahr Geld zu schenken. »Ich halte es für sehr wichtig, den beiden denselben Betrag zu geben«, sagt sie. »Sonst gibt es nur Streit und Eifersüchteleien. Früher bin ich anders verfahren. Wir haben ihnen Geld gegeben, wenn sie uns darum gebeten haben, aber wir wollten wissen, wozu sie es brauchten. Als Alexandra Geld wollte, um sich einen BMW zu kaufen, war ich entsetzt. Ich sagte ihr: ›Wir geben dir 7000 Dollar, den Rest mußt du selbst aufbringen.‹ Ich gab ihr noch einen guten Rat, wie sie das anstellen könnte – nämlich einfach ein zinsloses Darlehen bei ihrem Großvater aufzunehmen. Ich habe ihr aber auch Vorhaltungen gemacht. Ich meinte, sie sollte sich ein billigeres amerikanisches Auto kaufen. Wir stritten deswegen. Sie war der Meinung, in ihrem Beruf sei ein solches Statussymbol wichtig. Sie bekam den Rest zusammen – sie ist ziemlich geschickt im Handeln. Heute würde ich es anders machen. Wir geben beiden einfach jedes Jahr eine runde Summe. Wenn Alexandra meint, das ganze Geld für ein schickes Auto rauswerfen zu müssen, bitte. Das geht mich nichts an.«

Brooke kam zu einer entscheidenden Erkenntnis. Wenn man der Tochter Geld gibt, egal wieviel, und die Bedingungen festlegt, wie sie es ausgeben darf, gibt man ihr eigentlich zu verstehen, daß sie nicht erwachsen genug ist, um selbst Entscheidungen zu treffen. Ein Geschenk, das an keine Bedingungen geknüpft ist, zeigt, daß man ihr zutraut, das zu tun, was richtig für sie ist.

Geld als Metapher

Die Entscheidung, ob sie ihrer Tochter Geld geben sollen oder nicht, fällt vielen Frauen schwer. Oft hat der damit verbundene Konflikt im Grunde genommen nichts mit Geld zu tun. Vielmehr geht es dabei um Liebe, Macht oder Einfluß.

Scottie W., siebenundvierzig, hat drei Töchter und einen Sohn. Sie wohnt in Connecticut, in demselben Vorort, in dem sie aufgewachsen ist und in dem ihre Eltern auch heute noch leben. Scottie erzählte von ihrer sehr komplizierten Beziehung zu ihrer Mutter, die bis zum heutigen Tag nicht anerkennen will, daß Scottie eine unabhängige Frau ist. Auch wenn Scottie den meisten Vorschlägen ihrer Mutter nicht folgt, wird sie von einer Lawine von Ratschlägen zu allen Fragen des Lebens überrollt, von der Religion über die Kindererziehung bis zu Ausbildung und Familienferien.

Als wir Scottie interviewten, war sie gerade dabei, sich beruflich zu verändern. Sie hatte eben ihre florierende Maklerfirma verkauft, die sie vor sechs Jahren gegründet hatte, und zog jetzt die Eröffnung eines Kunstgewerbeladens in Erwägung. Scottie erzählte uns, da ihr Mann Ned beruflich sehr erfolgreich ist, gehe es ihr eher darum, eine Arbeit zu machen, die sie interessiere, als ihr Einkommen zu erhöhen. Dieses Thema brachte Scottie auf ihre mittlere Tochter, die zweiundzwanzigjährige Nina, die gerade mit dem College fertig geworden ist und in Portland, Oregon, lebt. »Nina liebt das gute Leben. Sie hat immer viel Geld verdient, mehr als alle anderen jungen Leute, die ich kenne. Sie hat in einem Sommer einmal 4000 Dollar verdient. Auf dem College hatte sie einen Job im Wohnheim und mußte fürs Essen nichts zahlen. Aber sie gibt ihr ganzes Geld aus. In einem Semester beliefen sich allein ihre Strafzettel auf 400 Dollar. Während ihres ersten Studienjahres ging sie nach Madrid und ließ mich mit einem ganzen Packen Rechnungen zurück. Sie hatte mich gebeten, sie zu bezahlen, und gesagt: ›Das macht 15 Dollar und das ...‹ Am Schluß stellte sich heraus, daß sich die Rechnungen auf das Dreifache dessen beliefen, was sie angenommen hatte. Ich mußte dafür geradestehen. Damals sagte ich ihr, daß ich das nicht noch einmal machen würde.

Während ihres ganzen letzten Jahres auf dem College war sie in Geldnöten. Sie bat uns wieder um Geld. Sie und einige Freunde wollten über Weihnachten nach Portland, um sich nach einem Job umzusehen. Und wir dachten, in Ordnung, das ist gerechtfertigt. Eigentlich hatten wir ihr gesagt, daß wir nur für ihre Collegegebühren aufkommen würden, aber es schien uns nicht richtig zu sein, sie jetzt hängenzulassen. Sie fuhr also nach Portland. Und machte nur Ferien. Sie hat nichts unternommen, um eine Arbeit zu finden. Als sie dann zurückkam, haben wir ihr gesagt: ›Ist dir eigentlich klar, daß du dich nach dem Abschluß selbst ernähren mußt? Dafür mußt du schon etwas tun.‹ Es hat mich wirklich geärgert. Im letzten Frühjahr, bevor sie die Schule verließ, wurde das noch einmal zu einem großen Thema zwischen uns. Nina bat uns immer wieder um Geld, damit sie ins Berufsleben einsteigen könne. ›Wollt ihr mir gar nichts geben?‹ fragte sie, und ich erklärte ihr, daß wir ihr das schon auseinandergesetzt hätten. Aber es dauerte eine Zeit, bis das wirklich bei ihr angekommen war. Immer wieder sagte sie uns, wie schrecklich wir wären, weil wir das machten. Aber seit dem letzten Sommer waren wir entschlossen, von unserem Standpunkt nicht mehr abzurücken. Wir sagten ihr, daß wir es ihr erklärt hatten. Sie fand immer neue Einwände. Und sie versuchte uns gegeneinander auszuspielen. Zuerst ging sie zu ihrem Vater, dann kam sie zu mir. Zu ihrem Vater, zu mir. Aber sie erreichte nichts. Wir waren uns einig. Sie bekam keinen Fuß in die Tür. Nach drei oder vier Wochen gab sie auf.

Und dann waren da noch die Schulden, die sie während der Zeit im College gemacht hatte. Sie kauft sich ständig CDs, inzwischen hat sie eine riesige Sammlung. Sie geht liebend gern auswärts essen, immer in schöne Lokale. Sie hat eine Vorliebe für Wein entwickelt … Weiß Gott, sie liebt es, so zu leben. Auf diese Weise hatten sich ungefähr 2000 Dollar Schulden auf ihrem Kreditkonto angesammelt. Wir beschlossen, daß wir ihr zum Abschluß ihres Colleges diese Schulden bezahlen würden. Ich weiß, wir hatten ihr gesagt, daß wir ihr in Zukunft nichts mehr geben würden. Aber es schien nicht fair zu sein, daß sie die Schulden am Hals hat, wenn sie gerade ins Berufsleben einsteigt.«

Wir fragten Scottie, wie sich Nina ihren Lebensunterhalt verdiene, seit sie ihren Abschluß gemacht hat. »Sie hat sich eine gute Stelle in einem Reisebüro gesucht, aber mir kommt es so vor, als lebe sie noch immer über ihre Verhältnisse. Und so einfach, wie man an eine Kreditkarte kommt, geht das ja auch schnell. Ich sage ihr immer wieder, daß das so nicht weitergeht, und sie meint dann, daß sie nicht anders kann. Sie hat immer noch nicht kapiert, daß man so auf Dauer nicht zurechtkommt. Wenn sie auf die eine Kreditkarte nichts mehr bekommt, nimmt sie einfach die nächste. Ich habe mit ihr kurz darüber gesprochen, als ich sie das letzte Mal besuchte, und sie meinte nur: ›Ich möchte im Moment davon nichts hören. Ich habe es unter Kontrolle.‹ Eigentlich würde ich ja gerne noch etwas dazu sagen, aber ich werde das Thema nicht mehr zur Sprache bringen, bis sie mich bittet, wieder für irgend etwas zu zahlen.«

Was würde Scottie tun, wenn Nina sich heute an sie wenden würde, um sich Geld zu leihen? »Wenn sie wollte, daß ich ihre Schulden bezahle, würde ich sie auf ein bestimmtes Budget setzen und mir von ihr jeden Monat ihre Einnahmen und Ausgaben vorlegen lassen. Sie weiß auch, daß sie zu Hause wohnen und so die Miete sparen könnte, bis sie ihre Schulden beglichen hat, aber das will sie nicht. Ich hoffe, sie wird nicht mit einer solchen Bitte zu mir kommen. Ich hoffe, ich werde davon nie mehr ein Wort hören müssen.«

Wir fragten die Finanzberaterin Meryl Siegel, wie sie einer Frau wie Scottie helfen würde, das Durcheinander zu lösen, in das sie und ihre Tochter über deren Finanzen geraten sind. »Sehr oft setzen diese Mütter Ablösung damit gleich, ihren Kindern kein Geld mehr zu geben«, sagt sie. »Frauen, die nicht imstande waren, sich von ihrer sehr dominanten Mutter zu lösen, haben oft kein Vorbild, wie die Mutter einer erwachsenen Tochter die Kontrolle aufgeben und trotzdem die Beziehung aufrechterhalten kann. Sie haben Angst, daß sie auch die Bindung zur Tochter lösen, wenn sie die Kontrolle über die Finanzen der Tochter aufgeben.«

Siegel meint dazu: »Ich weise immer darauf hin, daß solche Situationen sowohl eine finanzielle als auch eine emotionale Seite haben. Man kann sein Leben nicht nur nach einem Rechnungsbuch leben. Oft sind doch die Eltern unschlüssig, ob sie ihrer Tochter Unabhängigkeit zugestehen sollen. Sie glauben, ihre Selbständigkeit zu fördern, und gehen gleichzeitig über ihre Entscheidungen hinweg. Es bringt nichts, ihre Rechnungen durchzugehen und dann zu erklären, wofür man selbst das Geld ausgegeben hätte. Für eine junge Frau kann es viel wichtiger sein, auswärts zu essen und CDs zu kaufen, als für einen selbst.«

Aber Meryl Siegel glaubt auch nicht, daß es nützt, wenn Eltern sich vollkommen aus den finanziellen Angelegenheiten der Tochter heraushalten. Sie rät: »Sie sollten sich zunächst vielleicht noch damit auseinandersetzen, aber auf konstruktivere Art als vorher. Statt über ihre Unfähigkeit zu meckern, allein mit allem zurechtzukommen, schießen Sie ihr vielleicht etwas zu, ohne zu fordern, daß sie Ihnen ihre monatliche Abrechnung vorlegt.«

Aber was passiert, wenn sie immer noch zuviel ausgibt und wieder kommt und um mehr Geld bittet? Siegel berichtet, daß sie dann den Eltern sagt: »›Sie müssen sich bewußt sein, daß sie Sie in eine Situation bringt, in der Sie stärker, als es vielleicht gut ist, involviert sind. Um über diesen Punkt hinauszukommen, haben Sie zwei Möglichkeiten. Entweder sagen Sie: ›Du wirst das selbst abbezahlen müssen‹ und bleiben auch dabei, oder Sie sagen: ›Ich helfe dir dabei, das abzuzahlen, aber du mußt all deine Kreditkarten vernichten.‹ Eine weitere Frage ist, ob sie das, was Sie ihr ausgelegt haben, zurückzahlen muß oder nicht. Es erfordert von Eltern viel Standfestigkeit und große Entschiedenheit, dem Kind klarzumachen, daß das ihr letztes Wort ist und daß sie zu keinen weiteren Verhandlungen bereit sind. Wenn das klappt, ist ein Durchbruch für beide Seiten gelungen.«

Und wenn nicht? Was ist, wenn die Tochter völlig abgebrannt oder sogar zu einer Bankrotterklärung gezwungen ist – sollen die Eltern da bloß zusehen? »Nicht das erste Mal, nein«, meint Meryl Siegel. »Aber wenn sich das wiederholt, ja. Wenn auch mit Widerstreben. Aber nur so kann sie jemals erwachsen werden.«

Veränderungen in Ihrem Leben

Anne Navasky ist eine fünfundfünfzigjährige Börsenmaklerin aus New York. Sie arbeitet mit ihrer vierundachtzigjährigen Mutter zusammen, die noch jeden Tag ins Büro geht. Anne und ihr Mann Victor haben drei Kinder – Bruno, achtundzwanzig, Miri, siebenundzwanzig, und Jenny, zwanzig; keines der Kinder lebt noch zu Hause. Anne vermittelt den Eindruck, als würde sie alle Stürme des Lebens überstehen können, von denen der bislang schlimmste zweifellos Brunos Krebserkrankung als Kind war. Wir fragten, wie sie heute über ihr Leben denkt. »Ich fühle mich sehr wohl mit meinem Alter«, sagt sie, »abgesehen davon, daß ich jedesmal, wenn ein Freund krank wird, denke, das kann auch mir jeden Augenblick passieren. Ich beobachte mich ständig selbst. Aber bis auf diese unnatürliche – oder natürliche – Angst, daß es mir gesundheitlich schlechtgehen könnte, ist alles wunderbar.«

Die große Neuigkeit in Annes Leben ist, daß sie Gitarren- und Gesangsunterricht nimmt. Mit vierzig hatte sie schon einmal angefangen, aber damals kam sie nicht zum Üben, weil ihre Kinder noch zu Hause lebten. Sie nahm den Gitarrenunterricht wieder auf, als sie fünfzig wurde. »Es packte mich sofort, und ich wußte gleich, damit würde ich nicht mehr aufhören. Es ist einfach wunderbar, wissen Sie. Meine Familie findet es toll. Ich traue mich nicht, vor anderen Leuten zu spielen, aber einmal gab ich in einem Altersheim ein Konzert, und die Kinder kamen und fanden es sehr schön. Ich mag einfach die Vorstellung, daß ich in diesem Alter noch etwas Neues lerne. Ich habe auch angefangen zu singen, und auch das macht großen Spaß. Das

Singen hat eine ganz eigene Richtung genommen, mit der Gitarre spiele ich inzwischen Jazz. Ich übe immer morgens, und wenn Victor das Haus verläßt, dann singt er. Den ganzen Tag über ist bei uns Musik zu hören.

Mittlerweile fliege ich auch, allerdings nur selten. Ich hatte immer Angst vorm Fliegen. Kürzlich flog ich nach Minneapolis, und ich erzählte meiner Mutter: ›Jetzt, wo die Kinder groß sind, kann ich das tun. Ich habe absolutes Vertrauen zu ihnen. Auch wenn sie noch nicht wissen, was sie tun wollen, habe ich das Gefühl, daß sich alles finden wird. Sie können auch ohne mich zurechtkommen, und deshalb kann ich heute fliegen.‹« Anne hält diesen Abschnitt ihres Lebens in vielerlei Hinsicht für befreiend. »Wenn ich ehrlich sein soll – ich vermisse meine Kinder nicht, wenn sie nicht da sind. Ich genieße es sehr, sie um mich zu haben, aber ich bin nicht deprimiert, wenn sie wieder gehen, was nicht heißen soll, daß ich mir das wünsche und denke: ›Mann, ich kann's kaum erwarten, daß sie wieder abhauen.‹«

Annes Zufriedenheit ist von dem Umstand beeinträchtigt, daß ihre außerordentlich vitale Mutter anfängt, Zeichen des Alterns zu zeigen. In den letzten Jahren war sie an Krebs erkrankt und hat an Herzbeschwerden und dem grünen Star gelitten. »Es trifft mich, daß ihr so etwas passiert. Auch weil man alles Schlechte, was der Mutter widerfährt, als das eigene Schicksal begreift. So wird es mir auch einmal ergehen, es ist, als würde es Schlag auf Schlag einen selbst treffen.«

Da Anne und ihre Mutter freundschaftlich und beruflich eng miteinander verbunden sind, fragten wir Anne, ob sie vorhabe, mit dem Arbeiten aufzuhören, wenn ihre Mutter in den Ruhestand geht. »Ich habe viel darüber nachgedacht, weil ich mich frage, inwieweit ich arbeite, um mit ihr zusammenzusein und damit sie etwas zu tun hat. Victor meint, ich solle gleichzeitig mit ihr aufhören, aber ich weiß nicht. Ich mag die Sicherheit, die mit einer regelmäßigen Lohnzahlung verbunden ist. Ich arbeite für eine große Firma, die wie eine riesige Mutter ist – ich habe zwanzig Jahre dort verbracht –, sie sorgen für dich, sie geben dir eine Pension, sie zahlen dir die Krankenkasse. Aufzuhören ist eine erschreckende Vorstellung.«

Die Art und Weise, wie Anne Navasky die guten und weniger guten Seiten ihres Lebens gegeneinander abwägt, scheint für viele Frauen unserer Generation typisch zu sein.

Vor gar nicht langer Zeit traten Frauen mit fünfzig, sechzig Jahren nicht mehr in Erscheinung – man dachte, sie wären in diesem Alter jenseits von Gut und Böse, schließlich hatten sie die wichtigste Aufgabe ihres Lebens erledigt – die Erziehung der Kinder. Das einzige, was noch vor ihnen lag, war, sich an den Enkelkindern zu freuen und dem Tod mit Würde entgegenzusehen. Da die Lebenserwartung und das verfügbare Einkommen gewachsen sind, hat sich diese Ansicht in den letzten Jahren gewandelt: Altern ist zu einem Geisteszustand geworden, und wenn Frauen nur eine positive Haltung einnehmen wollten und genug Yoga machten, dann könnten sie noch die nächsten Jahrzehnte uneingeschränkt vital bleiben, so die gängige Meinung.

Aus unseren Gesprächen mit Dutzenden von Frauen haben wir die Erkenntnis gewonnen, daß diese schöne Aussicht bis zu einem gewissen Grad sogar zutrifft. Frauen unserer Generation fühlen sich in dieser Phase ihres Lebens tatsächlich wohl, endlich haben sie die Gelegenheit und sind klug genug, jene Dinge zu tun, die sie schon immer tun wollten, und sie machen sie gut. Allerdings wird dieses Wohlgefühl durch das Bewußtsein der Sterblichkeit – der eigenen und derer, die wir lieben – beeinträchtigt. Unsere Zeit ist wertvoll, weil sie begrenzt ist.

AUS SUSANS TAGEBUCH, 23. DEZEMBER 1995

Heute abend waren Sarah und ich auf einer Party bei den Barrons – es sind zwar meine Freunde, aber sie sind zwanzig Jahre jünger als ich, also nur zehn Jahre älter als Sarah, und daher hat sie in vielerlei Hinsicht mehr mit ihnen und ihren Gästen gemein als ich. Als wir im Wohnzimmer standen und etwas tranken, gesellten sich ein paar Leute zu uns, stellten sich vor und fragten uns, ob wir Mutter und Tochter wären, weil wir uns so ähnlich sähen. Es war einer jener Momente, in denen ich mich in einer Situation befinde und gleichzeitig daneben stehe und das Ganze von außen beobachte: Ich freute mich, mit Sarah identifiziert zu werden und daß Sarah mit mir identifiziert wurde. Aber gleichzeitig wußte ich, daß die Leute uns als die Junge und die Alte betrachteten. Es war einer der Augenblicke, der mir meine Sterblichkeit bewußt machte. Der einzige Trost lag darin, daß ich hoffte, sie würden auch denken: ›Aber sie sieht ziemlich gut aus – für ihr Alter.‹«

Eine Bestandsaufnahme machen

Unser Engagement für unsere Arbeit und unsere Ideale, unsere aufgeschobenen und unsere neuen Träume, die Beziehung zu unserem Partner und unsere Fähigkeit, allein zu leben – diese Themen bilden den Rahmen, innerhalb dessen Frauen ihr Leben beurteilen. Im Leben von Lorelle Phillips gab es in jüngster Zeit einige Umbrüche. »Ich habe mich mit dem Gedanken abgefunden, sechzig zu sein. Roger und ich sind vor kurzem umgezogen. Wir hatten schon oft darüber nachgedacht, wo wir zu guter Letzt landen würden. Mein Traum war ein Haus am Wasser mit vielen offenen Kaminen. Wir hatten in Westchester ein großes Haus, in dem unsere Kinder aufgewachsen sind, und dann fanden wir eines direkt am Hudson, das wirklich unglaublich schön ist. Ich erklärte: ›Ich glaube, wenn ich hier leben kann, dann macht es mir auch nichts aus, das Haus in Larchmont zu verlassen.‹ Es war ein Mordsaufwand. Wir hatten fünfundzwanzig Jahre in diesem Haus gelebt, und es hatten sich so viele Dinge angesammelt, die man wegschmeißen oder durchsehen mußte, daß mir schon bei dem bloßen Gedanken daran schwindlig wurde. Wir haben es hinter uns gebracht, aber jetzt stehe ich plötzlich vor der Frage, was man eigentlich macht, wenn ein Traum in Erfüllung geht? Ich habe, was ich wollte, es bleiben mir keine Wünsche mehr. Jetzt kann ich nicht mehr leugnen, alt zu werden. Ich kann nicht mehr so tun, als lebte ich noch in dem Haus, in dem unsere Kinder aufgewachsen sind, und als wären sie noch jung und ich auch. Gleichzeitig sechzig zu werden und in das Haus zu ziehen, in dem ich alt werden soll, hat mir ganz schön zu schaffen gemacht.«

Letty Cottin Pogrebin glaubt, daß man nicht aufhören darf, neue Träume zu entwickeln. In ihrem Buch »Getting Over Getting Older« schreibt Pogrebin, wie wichtig es ist, in den mittleren Lebensjahren noch voranzugehen und sich zu verändern.[1] Letty Cottin Pogrebin erklärte uns: »Das Problem für meinen Mann und mich – wobei es nicht wirklich ein Problem ist – besteht darin, daß wir sehr zufrieden mit unserem Leben sind und dazu neigen, weiterhin das Altbekannte und Bequeme zu tun. Aber ich glaube, daß es in diesem Alter sehr wichtig ist, etwas Neues anzustreben. Da ich nicht vorhabe, eine neue Ehe einzugehen oder den Wohnort zu wechseln, möchte ich eine Veränderung draußen in meiner Umgebung bewirken.« Über ihr schon lang bestehendes Engagement in der Frauenbewegung hinaus ist Letty Pogrebin seit zehn Jahren in der amerikanischen Friedensbewegung für den mittleren Osten aktiv. »Das hält die grauen Zellen in Gang«, sagt sie.

»Ich schwanke zwischen zwei Philosophien. Auf der einen Seite meine ich, wenn das Leben gut ist und nichts darin falsch läuft, muß man es auch nicht ändern. Gleichzeitig bin ich mir sehr bewußt darüber, wie leicht man sich in diesem Alter zurückziehen kann, und Stillstand ist für mich eine Form des Rückzugs. Ich möchte die guten Seiten in meinem Leben nicht missen, aber gleichzeitig möchte ich auch nicht an Biß verlieren. Ich denke, man braucht neue Träume und Ziele. Sie können ganz einfach sein, zum Beispiel eine neue Sprache lernen oder wandern gehen. Mein Ziel ist zur Zeit, am Tag fünfzehn und später vielleicht einmal zwanzig Meilen zu wandern. Ich habe neue Orientierungspunkte, die ich gerne erreichen würde. Sie sind nicht bedeutend, aber sie bringen mich dazu, über das bisher Erreichte hinauszugehen.«

Für manche ist Reisen ein solcher Traum. Für andere die Möglichkeit, den ganzen Tag zu malen. Für viele ist es die Gelegenheit, wieder eine Ausbildung zu beginnen. Paula S. hat mit achtzehn Jahren geheiratet und bekam das erste von vier Kindern ein Jahr später. Mit ihren neunundfünfzig Jahren geht Paula heute wieder aufs College, um ihren Magister in Religionswissenschaften innerhalb eines Erwachsenenbildungsprogramms für Frauen zu machen. »Das Ganze ist eine sehr wichtige Erfahrung für mich«, sagt sie. »Es hat etwas, wenn eine Gruppe von Frauen zusammen ist, die die Probleme der anderen versteht und ähnliche Lebenserfahrungen hat: Sind Sie verheiratet? Haben Sie Enkelkinder? Wir teilen alle das Gefühl, das jetzt etwas Neues beginnt, und dieses Gefühl ist toll.« Eine von Paulas Töchtern findet es gut, daß ihre Mutter sich in eine neue Aufgabe stürzt, die andere hat sie gefragt: »Möchtest du in deinem Alter nicht nur deine Ruhe genießen?«

Die meisten der Frauen, mit denen wir gesprochen haben, erzählten uns, daß sie im Gegensatz zu dem verbreiteten Klischee, daß Eltern trauernd im leeren Nest zurückgelassen werden, aus ihrer neuen Freiheit Kraft geschöpft haben. Ihr Leben war von neuen Interessen und Aktivitäten ausgefüllt. Zu ihrer Überraschung behagte ihren Kindern die Vorstellung, daß sie sich ändern könnten, nicht besonders. Verdine Jones, deren zwei Töchter Mitte Zwanzig sind, hat eine aufreibende Stelle im kalifornischen Strafvollzug angenommen und begonnen, in Immobilien zu investieren. »Ich glaube, daß mich Rhonda und Stacy vor allem als Mutter sehen wollen, das ist bequemer für sie. Aber wenn ich sage, daß ich jetzt endlich tun möchte, was ich will, finden sie das gut und bestärken mich darin. Und doch suchen sie in mir immer noch die Mutter! Ich koche nicht mehr soviel, im Gegensatz zu früher, da habe ich regelmäßig gekocht. Als mich Stacy vor ein paar Tagen anrief und fragte, was ich an diesem Tag gekocht hätte, sagte ich ihr, daß sie genau wisse, daß ich das nicht mehr mache.«

Phyllis Wender, eine New Yorker Literaturagentin, sagte, daß ihr Geschäft so gut wie noch nie läuft und sie mehr denn je in Anspruch nimmt, und das zu einer Zeit, da ihr Mann Ira mehr Freizeit hat. Phyllis kommt später nach Hause und kocht seltener als früher. »Manchmal denke ich, daß ich eine Ehefrau brauche«, erzählte sie uns. »Ira meinte neulich zu mir: ›Vielleicht sollte ich kochen lernen.‹ Ich sagte ihm, daß ich das für eine sehr gute Idee hielte. Ira ist stolz auf meinen Erfolg. Er meint: ›Ich habe das mein Leben lang gemacht. Jetzt bist du mal dran.‹«

Einige der Erfahrungen, mit denen Frauen unseres Alters zu tun haben, gleichen denen unserer Töchter: die berufliche Laufbahn überdenken, an der Beziehung mit dem Partner arbeiten, einen neuen Partner suchen, über die Möglichkeit nachdenken, allein zu leben, und so weiter. Wir schlagen uns aber auch mit Problemen und Fragen herum, die spezifisch für diese Phase unseres Lebens sind: Wir müssen mit ernsthaften gesundheitlichen Problemen fertig werden, uns um unsere alternden Eltern kümmern und uns an die Tatsache gewöhnen, daß wir selbst nicht mehr länger jung sind. Eingedenk der verbreiteten Überzeugung, daß eine gute Mutter ihre Kinder nicht mit den eigenen Problemen belasten soll, erzählten uns viele Frauen, daß sie sich nicht im klaren darüber seien, inwieweit sie mit ihren Töchtern über diese Erfahrungen sprechen können oder sollen.

Arbeit und Selbstverständnis

Ungefähr ein Drittel der Frauen, mit denen wir gesprochen haben, erwähnten, daß sie gerade einen bedeutenden Wandel in ihrem Arbeitsleben vollzogen haben oder ihn erwarteten. Manche meinten, sie gelangten auf den Höhepunkt ihrer Laufbahn und fühlten sich angespornt, ein noch höheres Maß an Verantwortung zu übernehmen. Andere hatten den Eindruck, sie würden langsam durch jüngere Kollegen aus ihrer einflußreichen Position hinausgedrängt werden, die eher der Altersgruppe ihrer Töchter angehören als ihrer eigenen. Wieder andere sagten, daß jetzt die Zeit gekommen sei, einen neuen Anfang zu machen – eine kleine Pension zu eröffnen, sich als Computerfachfrau selbständig zu machen, Privatunterricht zu erteilen. Manche freuten sich auf den bevorstehenden Ruhestand, andere sahen ihm mit gemischten Gefühlen entgegen.

Für ungefähr 20 Prozent der interviewten Frauen war im Moment eine Krise, die im Zusammenhang mit der Arbeit stand, das zentrale Problem in ihrem Leben. Eine untergeordnete, wenn auch nicht unbedeutende Sorge war der mögliche Einfluß, den das auf ihre Töchter haben könnte.

Wie stark darf man sie mit den eigenen Problemen belasten?

Erica ist in einer PR-Firma angestellt, die für eine Reihe von Möbelherstellern arbeitet. Vor kurzem hat die Firma einige große Kunden verloren, und Erica hat Angst, ihre Stelle zu verlieren. Diese Sorge wird noch dadurch verschärft, daß ihr Mann im Moment arbeitslos ist. »Unsere ganze Generation leidet unter dieser Angst. Die Situation ist anders, als wir uns vorgestellt hatten. Wir hatten gedacht, daß wir uns mit dreißig, vierzig abkämpfen müßten, aber irgendwie erwartete man, daß man in diesem Alter etabliert ist und nicht mehr diese Unsicherheit und Angst durchstehen muß, die Furcht, nicht mehr länger tonangebend sein zu können. Plötzlich habe ich das Gefühl, ich müßte mich neu orientieren, aber ich weiß überhaupt nicht, wie. Ich könnte mir in meinem Beruf eine andere Stelle suchen. Ich könnte mich selbständig machen, aber davor habe ich riesige Angst. Ich könnte weiterhin im Verkauf bleiben, aber etwas anderes machen – einen Stoff- oder Antiquitätenladen zum Beispiel. Aber mich selbständig zu machen habe ich mir nie zugetraut. Darin unterscheiden Katya und ich uns. Sie zweifelt nie daran, etwas zu können, glaubt immer, daß sie jede Schwierigkeit überwinden kann.«

Katya ist Einzelkind. Sie arbeitet fürs Fernsehen. Innerhalb von drei Jahren ist die Sechsundzwanzigjährige von einer freiberuflichen Produktionsassistentin zur Drehbuchkoordinatorin für eine Zeichentrickfilmserie aufgestiegen. Sie überlegt, ob sie in die Werbung gehen soll oder beim Fernsehen bleiben und sich eine Arbeit vor der Kamera suchen soll – all das bespricht sie mit ihrer Mutter. »Wir reden über alles«, erzählte uns Erica, »ihr Privatleben, ihre Gefühle, ihre Nöte und Belastungen, ihre Ängste. Wir beide merken immer deutlicher, wie ähnlich wir einander sind, was, wie sie meint, Vor- und Nachteile hat, weil ich ein sehr angespannter, besorgter, nervöser Mensch bin.« Trotzdem ist Katya davon überzeugt, so erzählte uns Erica, sich auf sich selbst verlassen zu können, während Ericas Selbstbewußtsein leicht zu erschüttern ist.

Erica spricht mit Freunden und ihrem Mann über ihre Probleme, aber nicht mit Katya. Sie begründet ihre Zurückhaltung mit der Überlegung, ob Katya ihr überhaupt helfen könnte und daß sie ihr nur Sorgen bereiten würde. Aufgrund ihres engen Verhältnisses und ihrer Ähnlichkeit hat Katya vermutlich trotzdem mitbekommen, daß ihre Mutter unter Druck steht. Vielleicht hat Erica ihrer Tochter sogar unbewußt unübersehbare Hinweise auf ihre Unruhe gegeben.

Es ist verständlich, daß eine Mutter ihre Tochter vor Unannehmlichkeiten schützen möchte. Das gehört zu unserer Rolle, seit unsere Kinder auf die Welt gekommen sind. Aber ist es richtig, ein so zentrales Moment unseres Lebens vor einer sechsundzwanzigjährigen Frau zu verbergen, mit der Begründung, sie schützen zu wollen? Vermutlich nicht. Wenn Erica ihrer Tochter ihre Ängste mitteilen könnte und erfahren würde, was diese dazu meint – statt nur darüber zu spekulieren –, könnte sie möglicherweise die Ängste ihrer Tochter genauso wie die eigenen mindern. Sie entdeckt vielleicht, daß Katya wertvolle Einsichten zu vermitteln hat. Die Tochter an der drückendsten Sorge teilhaben zu lassen ist eine Möglichkeit, ihr zu sagen: »Ich habe Vertrauen in deine Fähigkeit, mit dieser Mitteilung über mich umzugehen, und daß du mir hilfst, diese Krise durchzustehen.«

»Ich habe vor zweieinhalb Monaten meinen Arbeitsplatz verloren«, waren praktisch die ersten Worte aus dem Mund von Carol Rusoff, als wir auf der Terrasse eines schicken Restaurants in ihrem Viertel in Venice Platz nahmen. Carol hat zwei Töchter: Rebecca, Lehrerin in Nordkalifornien, und Annie, die in Boston studiert. Carol hat die beiden von klein auf allein erzogen und ist gewöhnt, sie über ihr Leben auf dem laufenden zu halten. Ihre Offenheit entspricht ihrem Wesen und ihrer Art – sie ist unterhaltsam, redet gerne, ist angenehm zugänglich und begeisterungsfähig. Es war gerade diese Begeisterungsfähigkeit, die ihr Schwierigkeiten an ihrem Arbeitsplatz bescherte. Die private High-School, an der sie für die musischen Fächer verantwortlich war und Theater unterrichtete, entließ sie aufgrund von Auseinandersetzungen mit der Verwaltung. »Sie sagten: ›Wir wollen nicht, daß Sie gegenüber der Verwaltung als Anwalt der Künste auftreten. Wir erwarten, daß Sie sich der Verwaltung unterordnen, die für Ihre Abteilung zuständig ist.‹ Ich habe mir das angehört, habe aber keine Zugeständnisse gemacht. Ich war schon immer dieser rebellische, altmodische, künstlerisch veranlagte Mensch, den meiner Ansicht nach jede Institution braucht – aber da waren die anderer Meinung.«

Carol ist einerseits wegen der Entlassung wie vor den Kopf gestoßen, andererseits aber ist sie über die Möglichkeit der Veränderung begeistert. »Ich wurde für eine Arbeit bezahlt, die ich geliebt habe, und die vermisse ich. Ich merke natürlich auch, daß der Gehaltsscheck ausbleibt. Aber ich spüre in mir auch eine Möglichkeit zur Entfaltung, die aufregend ist – es sei denn, mich überkommt die Angst. Und ich habe Angst: Wer bin ich überhaupt? Ich habe keine Identität mehr. Ich bin arbeitslos. Alle sind im Moment in der Arbeit, und ich sitze hier und esse Mittag! Ich, die ich mein ganzes Leben lang eine so rigide Einstellung zur Arbeit hatte, habe Zeit, Mittag essen zu gehen. Als die Kinder klein waren, hatte ich sechs Monate ausgesetzt, aber sonst habe ich immer, immer gearbeitet. Ich interessierte mich einfach für meine Arbeit.«

Da die Schule ihr eine Abfindung zahlen mußte und ihre Krankenversicherung schon für die nächsten achtzehn Monate beglichen ist, steht Carol finanziell noch nicht unter Druck. Aber sie muß sich für die Zukunft nach einem neuen Job umsehen. Sie würde gern ein nichtkommerzielles Theater leiten, auch wenn es in diesem politischen Klima sicher schwer und deprimierend ist, Gelder aufzutreiben. Sie überlegt, ob sie das Angebot annehmen soll, in Gefängnissen Theater zu unterrichten.

Carol hat ihren beiden Töchtern von all diesen Überlegungen erzählt. »Es ist typisch, daß Rebecca größere Probleme damit hat, mich so schwach zu sehen. Sie hat mir unbeirrt nette und liebevolle Briefe geschrieben, was für eine tolle Frau ich doch sei, fast als wäre ich eine Göttin. Sie hat mich bessergemacht, als ich in Wirklichkeit bin. Ich glaube nicht, daß sie den Gedanken mag, ich könne versagen. Annie war den ganzen Sommer über hier. Sie war toll, sehr direkt in dem, was sie sagte, und hat mich weniger verklärt. Sie kann damit umgehen, mich so schwach zu sehen.

Annie ist wie ich. Sie bringt es auf einen ganz praktischen Nenner: ›Du hast eine Woche lang gelitten. Warum nimmst du jetzt nicht wieder etwas in Angriff?‹ Sie war am Anfang sehr nett … Wir hatten ein Ritual, als sie noch klein waren. Wenn sie ins Bett gehen sollten, habe ich gesagt: ›Klopft, wenn ihr fertig seid. Geht hoch, putzt euch die Zähne und macht euch fürs Bett fertig, und dann klopft ihr mit den Füßen auf den Boden. Dann weiß ich, daß ihr fertig seid, und komme hoch.‹ Als es mir jetzt so schlechtging und ich traurig war, sagte Annie: ›Geh hoch und klopf, wenn du fertig bist‹, und dann kam sie und setzte sich zu mir ans Bett, und wir redeten miteinander. Das war wie ein Geschenk für mich.«

Carol weiß, daß die Mädchen verschiedene Toleranzgrenzen haben, was ihre Offenheit angeht. Sie merkt, daß sich Rebecca vor ihrer Schwäche stärker schützen muß, und begreift es als ein Geschenk, daß Annie ihre Arme ausstrecken kann, um sie zu trösten. Mittlerweile wissen sie wahrscheinlich, daß ihre Mutter nicht zusammenbrechen wird, weil Carol ihnen diesen Eindruck vermittelt. Carol hat auf jeden Fall nicht das Gefühl, sie vor der Wahrheit schützen zu müssen. In ihrer Bereitwilligkeit, ihre Ängste und Enttäuschungen mitzuteilen, und in Annies sensiblem Umgang damit liegt die Möglichkeit zu einer neuen Beziehung zwischen Mutter und erwachsener Tochter – einer Beziehung, die auf Ehrlichkeit, Unabhängigkeit und der Fähigkeit, voneinander zu lernen, basiert.

Das ist die Lebensphase, in der Sie und Ihre Tochter die Gelegenheit haben, die Leitlinien Ihrer Beziehung neu zu definieren. Da Sie nun beide Erwachsene sind, sollte es möglich sein, von den Lebenserfahrungen der anderen zu profitieren. Die Rolle derjenigen, die Zuwendung schenkt, sollten nun nicht mehr nur Sie einnehmen, sondern sie sollte zwischen Ihnen beiden hin und her wechseln können.

Inwieweit müssen Sie ein Vorbild sein?

Im letzten Jahr schien auf einen Schlag alles zusammenzubrechen, was im Privat- und Arbeitsleben von Nan Lyons voraussehbar gewesen war, als Ivan, ihr Ehemann und Koautor, starb. In den Monaten nach seinem Tod stand Nan der beängstigenden Aufgabe gegenüber, sich alleine eine Karriere aufbauen zu müssen. Ihr erster Schritt bestand darin zu versuchen, den Vertrag für eine Reihe von Reiseführern zu erfüllen, den sie noch gemeinsam abgeschlossen hatten. Als wir mit Nan sprachen, war sie euphorisch, weil sie es geschafft hatte, den ersten dieser Reiseführer termingerecht abzugeben. »Wenn man mit jemandem zusammengearbeitet hat, sei es mit dem Ehemann oder einem anderen, dann fängt man an, daran zu zweifeln, ob man dazu auch allein in der Lage ist«, sagt Nan. »Ich jedenfalls habe daran gezweifelt, ob ich es könnte. Als Ivan starb, erklärte ich, daß ich aus diesem Vertrag aussteigen würde, weil ich nicht ohne ihn schreiben könne. Wir hatten selbst kurz vor seinem Tod noch darüber gesprochen, und er hatte gesagt: ›Du kannst auch alleine schreiben.‹ Ich sagte, nein, das kann ich nicht, und so ging das hin und her. Ich denke, das hatte ich die ganze Zeit über im Kopf. Es läuft noch nicht richtig gut, aber es ist beruhigend zu wissen, daß ich es kann. Es wird wunderbar sein, aber noch ist es zu früh, das so zu sagen.«

Daß ihre sechsundzwanzigjährige Tochter Samantha sich um sie sorgte, bestärkte Nan in ihrem Vorsatz. »Es war mir immer wichtig, Sam zu zeigen, daß ich gut bin. Ich wollte, daß sie sah, daß ich erreichen kann, was ich erreichen will. Immer. Ich habe mich ganz bewußt dazu entschieden, weil meine Mutter sich mir gegenüber immer als Opfer darstellte. Sam sollte ein anderes Bild von mir haben, sie sollte mich als jemanden verstehen, der all das schaffen kann, was ich schaffen mußte. Es würde mich verrückt machen, wenn sie den Eindruck hätte, daß ich nicht mit dem fertig werde, mit dem ich fertig werden muß. Und ich wollte, daß sie imstande ist, sich zu behaupten. Und das tut sie, sie läßt sich nicht abspeisen.«

Was also genau sagte sie zu Sam? »Ich war so ehrlich wie möglich, was die praktischen Konsequenzen dieses Problems betrifft. Daß es möglich sein könnte, daß mir der Verleger, auch wenn ich die Arbeit tun wollte und natürlich auch das Geld brauchte, den Boden unter den Füßen wegzieht. Dann besprach ich mit ihr die Alternativen. Daß ich schon dabei war, mich nach anderen Projekten umzusehen, wenn das nicht klappen sollte. Sie sollte wissen, daß eine Frau auch allein imstande sein muß, die Probleme anzugehen und mit ihnen fertig zu werden.«

Glaubt Nan, daß ihre Offenheit irgendeine Wirkung auf Sam gehabt hat? »Das weiß man natürlich nie genau. Früher war sie schüchterner, inzwischen geht sie mehr aus sich heraus. Man merkt so etwas daran, wie jemand einen Raum betritt und welche Präsenz er hat. So etwas ist jetzt stärker an Sam zu erkennen. Vielleicht hängt das nur mit dem Selbstvertrauen zusammen, das automatisch mit zunehmendem Alter kommt, aber ich habe das Gefühl jetzt häufiger. Erst vor kurzem hat sie etwas ganz Bemerkenswertes gemacht. Sie wurde bei einer ausgesprochen guten Universität angenommen, aber die, auf die sie eigentlich wollte, lehnte sie ab. Kurz vor Semesterbeginn marschierte sie in das Büro des Dekans und erklärte den Leuten dort, daß sie einen Fehler gemacht hätten, als sie sie abgelehnt hatten, und daß sie ihren Antrag noch mal überdenken sollten. Ich glaube, sie waren überrascht, aber sie nahmen sie ernst. Zu guter Letzt konnte sie sie tatsächlich überzeugen, und sie nahmen sie. Daß sie so ein Verhalten an den Tag legt, finde ich toll. Aber ich würde nicht so weit gehen, mir das anzurechnen.«

Vor einem Jahr heiratete Diane Asselin wieder, nachdem ihre erste Ehe vor fünfzehn Jahren gescheitert war. Während der Zeit, in der sie allein gelebt hatte, hat Diane den Unterhalt für sich und ihre Tochter Michele, inzwischen dreiundzwanzig, selbst aufgebracht. Sie hat Fernsehsendungen produziert, vor allem für Kinder und Jugendliche. Als Leiterin ihrer eigenen Produktionsfirma hat Diane gelernt, wie man Verträge an Land zieht und Projekte verkauft. In den Monaten seit ihrer Heirat haben sie und ihr Mann eine neue Wohnung eingerichtet, sind viel gereist, sie haben die Hochzeit seiner Tochter organisiert, Einladungen gegeben und die Freunde des jeweils anderen kennengelernt. Diane sagt: »Ich begreife mich nicht mehr so sehr über meinen Beruf. Früher war ich immer diejenige, die zusehen mußte, daß die Arbeit glatt über die Bühne ging.«

Während Diane diese Änderung in ihrem Leben für sehr wichtig hält, ruft sie bei ihrer Tochter gemischte Gefühle hervor. »Für Michele ist es nicht so, daß ich hart gearbeitet habe und jetzt ein Jahr vertrödeln und viel auf Reisen gehen darf. Sie fragt sich eher, was ich da eigentlich mache. All die Jahre hat sie mich als eine unabhängige Person gesehen. Sie fand es immer gut, wenn sie hörte, daß eher zuviel los war. Daher macht es sie ganz nervös, daß ich nun weniger arbeite. Sie hat darüber ihre Witze gemacht, aber ich bin überzeugt, sie will nicht, daß ich mich in eine Frau verwandle, die nur noch bummeln geht!«

Diane versucht allmählich wieder in den Wettbewerb einzusteigen. Das wird nicht leichter durch den Umstand, daß sich ihr Arbeitsumfeld ständig wandelt. »Die Branche wird von jungen Leuten dominiert. Ich weiß nicht mehr, an wen ich mich wenden soll. All die Leute, an die ich früher meine Arbeit verkauft habe, ziehen sich aus dem Geschäft zurück. Und die luxuriösen Zeiten sind vorbei, in denen man mit einem Projekt ankam, sie gaben einem das Geld, und man war im Besitz des Materials.« Vor kurzem hat sie einen Vertrag für die Umarbeitung alter Sendungen in ein neues Format abgeschlossen – eine große Erleichterung für Diane und ihre Tochter. »Michele sieht mich gerne als erfolgreiche Frau. Und auch wenn Richard sehr großzügig ist, bin ich mir sicher, daß ich innerlich meine Unabhängigkeit behalten habe. Ich tue wieder, was ich so lange getan habe, und bin wieder voll dabei. Was mache ich hiermit und was damit? Ich jongliere wie früher mit den Aufträgen – das ist mir vertraut. Irgend etwas in mir braucht das. Diese Mutter kennt und mag Michele, und genau dieses Vorbild möchte ich ihr auch geben.«

Nan und Diane haben es geschafft, wieder in ihren Beruf einzusteigen, und in den eigenen Augen und denen der Töchter ein Bild von sich bewahrt, das ihnen wichtig ist. Aber für manche Frauen mag der Preis zu hoch sein, den die Verbindung von beruflichem Erfolg und ihren mütterlichen Aufgaben bedeutet. Sie setzen sich beruflich unter Umständen nicht durch. Vielleicht wollen sie es auch gar nicht mehr. In jedem Fall muß die Vorstellung, daß die mütterlichen Qualitäten einer Frau ausschlaggebend sind, in Frage gestellt werden. Natürlich gibt es viele Möglichkeiten, wie Sie Ihrer Tochter weiterhin als Vorbild dienen können. Aber Sie sind nicht länger verantwortlich dafür, ihren Charakter oder ihr Leben zu formen. Da Sie beide nun erwachsen sind, müssen Sie ihr kein Vorbild mehr sein. Was Sie ihr aber weiterhin schulden – und was Sie wiederum von ihr hoffen, erwarten zu dürfen –, ist Respekt und Unterstützung. Wenn Entscheidungen über Ihr eigenes Leben anstehen, sollte Ihre erste Sorge sein, herauszufinden, was das Beste für Sie selbst ist.

Das Verhältnis zu Männern

Wie sehr sind unsere gerade erwachsen gewordenen Töchter damit beschäftigt, sich einen Partner zu suchen oder eine feste Beziehung aufzubauen! Vor dem Hintergrund der eigenen Bedürfnisse und Entscheidungen fragen sich unsere Töchter, wie wir, ihre Mütter, zu Männern stehen. Sie wollen wissen, warum wir uns entschlossen haben, ihre Väter zu heiraten, und warum wir noch oder nicht mehr mit ihnen zusammen sind. Sie wollen wissen, wie wir unsere Ehe intakt gehalten haben. Die Töchter von Frauen, die nicht verheiratet sind, wollen wissen, wie diese mit den Unwägbarkeiten einer lockeren Beziehung oder dem möglichen Alleinsein zurechtkommen.

In unerwarteter – aber durchaus angenehmer – Übereinstimmung der Interessen stellen wir uns selbst viele dieser Fragen. Warum gerade dieser Mann? Was muß ich leisten, um eine Beziehung lebendig zu halten? Ist es für mich die Anstrengung wert, oder würde ich lieber alleine leben? Oder umgekehrt, wenn ich alleine bin, wie wichtig ist es mir, jemanden zu finden, mit dem ich mein Leben teilen kann?

Und da jetzt die Zeit ist, in der die meisten unserer Töchter einen Partner auswählen, denken wir auch über den Einfluß unserer Entscheidungen auf ihre Partnerwahl nach.

Das Auf und Ab in einer Ehe

Wir trafen Sally und Bruce McMillan, als sie gerade in New York waren, weil Sally am Marathon teilnehmen wollte. Als wir in ihrem Hotel eintrafen, war Bruce im Begriff aufzubrechen – er wollte seine 8 Kilometer im Central Park laufen. Sie schienen ein ausgesprochen attraktives Paar zu sein. Wir hatten ein Interview mit Sally vereinbart, da sie nicht nur Mutter einer erwachsenen Tochter ist, sondern auch eine bekannte Historikerin am Davidson College in North Carolina. Sie hat sich auf das Leben der Frauen in den Südstaaten spezialisiert. Zunächst sprachen wir darüber, wie schön es sei, in einer Gemeinschaft wie der am Davidson zu leben und zu arbeiten. Dann wandte sich das Gespräch einer Auseinandersetzung über die gesellschaftlichen Muster zu, die immer noch Geltung für die Frauen im Süden haben, und schließlich kamen wir auf ihre Beziehung zu ihrer zweiundzwanzigjährigen Tochter Carrie zu sprechen, die einen Feinkostladen in Washington, D. C., führt. Plötzlich hielt Sally inne. »Ich glaube, was Carrie und mich einander wirklich nahe gebracht hat, war meine Scheidung, darüber haben wir auch gesprochen. Bruce ist mein erster und mein zweiter Ehemann.

1982 gab es in unserer Familie eine große Krise. Bruce verließ uns ohne größere Erklärung. Eines Tages erklärte er: ›Ich gehe weg. Ich brauche meinen Freiraum.‹ Das war, wie ich später erfuhr, eine Umschreibung von: ›Ich habe eine Affäre.‹ Innerhalb von ein paar Wochen war er verschwunden und die Familie auseinandergerissen. Es war schrecklich. Carrie hat ihm immer noch nicht ganz verziehen.«

Als Bruce ging, war ihr Sohn Blair zwölf und Carrie neun Jahre alt. Sally schloß damals gerade ihre Promotion in Geschichte ab. Nachdem die Scheidung 1985 vollzogen worden war, heiratete Bruce wieder, und Sally bekam ihre erste Stelle an der Middle Tennessee State University in Murfreesboro. Blair wurde ins Internat geschickt, und Sally und Carrie zogen nach Tennessee. »Wir kannten dort niemanden, aber ich hatte immerhin einen Job. Wir zogen in diese nette kleine Stadt, und sie ging in diese nette kleine Schule. Zwei Jahre lang lebten wir beiden Frauen allein, bis auch sie ins Internat kam. Wir kamen mit unserem Leben klar, und wir kamen miteinander aus. Sie nahm mir allerdings sehr übel, daß wir hierhergezogen waren und ich sie all dem ausgesetzt hatte.

Als wir noch in Murfreesboro waren, kam Carrie einmal wütend von der Schule nach Hause und weigerte sich, mir den Grund für ihren Ärger zu verraten. Ich sagte ihr, daß sie so lange auf diesem Stuhl sitzenbleiben würde, bis sie mir gesagt hätte, was los sei, und ich nicht von ihrer Seite weichen würde. Eineinhalb Stunden saßen wir stumm da, bis Carrie plötzlich anfing zu weinen. Sie brach richtig zusammen. Und da erst erzählte sie mir, wie sauer sie auf mich war, weil ich sie in diese schreckliche Stadt und in diese schreckliche Schule gebracht hatte. Sie weinte und weinte. Und wir redeten und redeten und redeten. Dadurch klärte sich vieles, auch wenn sich natürlich nicht alles lösen ließ. Ich hatte gar nicht gemerkt, daß sie soviel Groll in sich trug.«

Bruce und Sally waren sieben Jahre lang getrennt. Nachdem er seine zweite Frau verlassen hatte, begannen sie wieder, sich zu sehen. 1991 heirateten die beiden erneut. »Sie denken vielleicht, daß das leicht gewesen ist – wir mußten ja einfach nur die Familie wieder zusammenbringen. Aber so einfach ist das nicht.« Sally hat nach und nach begriffen, was Bruce dazu gebracht hatte, sie zu verlassen. »Wir waren wegen seiner neuen Stelle nach Charlotte gezogen. Es stand eine Menge auf dem Spiel, und dann stellte sich heraus, daß die Arbeit furchtbar war. Ich dagegen ging in meiner Tätigkeit richtig auf. Mein Leben war schön, und seines war furchtbar. Er veränderte sich vollkommen und drehte regelrecht durch.«

Die Kinder waren viel weniger bereit, ihm zu verzeihen, als Sally. Sie erzählt: »Ich erklärte ihnen zwar, daß ich diese erneute Heirat wollte und daß es mir besserging, aber besonders Carrie hatte Probleme mit ihrem Vater und hat sie noch immer. Sie war sauer wegen der Art und Weise, wie er gegangen war. Sie haßte die andere Frau. Sie nahm ihm übel, welches Leid er mir zugefügt hatte – und das war vielleicht mein Fehler, weil ich ihnen gegenüber mit nichts hinter dem Berg gehalten und erzählt hatte, was passiert war und wie es mir ging. Sie war immer noch wütend auf ihn, wie er mit ihr umgegangen war. Sie hatte das Gefühl, daß er zu hart reagierte, als sie etwas falsch gemacht hatte. In manchen Dingen war sie wirklich haarspalterisch, aber es war wichtig für sie.«

Während Carries Sommerferien vor zwei Jahren spitzte sich die Situation zu. »Ich weiß noch, wie ich eines Abends zu ihr reinging, um ihr einen Kuß zu geben, und sie weinte still vor sich hin. Ich fragte sie, was los sei, und sie meinte, ihr sei klar, daß sie mit Bruce sprechen müsse, aber nicht wisse, wie sie das anstellen solle. Sie hatte Angst. Ich sagte: ›Wir machen das folgendermaßen, ich setz mich hierher, und du machst eine Liste, und ich schreibe alles auf. Tu so, als wäre ich deine Sekretärin. Erzähl mir alles, weswegen du verärgert bist.‹ Zwei Stunden saß ich da und schrieb auf, was sie sagte. Sie weinte. Und ich sagte zu ihr, über all das müsse sie mit ihm sprechen.«

Sally verreiste für ein paar Tage und schlug vor, daß Carrie und Bruce in dieser Zeit miteinander reden sollten. »Sie gingen die Liste mit ihren Klagen durch. Bruce war nett und liebevoll. Sie sprachen über sehr vieles. Es war ein großer Schritt für die beiden.« Wir fragten, ob Bruce und Carrie ihre Probleme im wesentlichen gelöst hätten. »Alle nicht, aber ich will keine Vermittlerrolle einnehmen. Ich möchte sichergehen, daß die beiden über ihre Probleme reden.«

Welchen Einfluß hatte all der Aufruhr in der Familie auf Carries Verhältnis zu Männern? »Ich mochte die Typen, die sie bislang hatte. Ich glaube, sie nimmt Männern gegenüber eine ziemlich gute Haltung ein. Sie läßt die angemessene Vorsicht walten.« Sally lacht. »Demgegenüber, was das Leben so bringt. Ich habe im Jahr 1982 erfahren müssen, daß sich alles sehr schnell ändern kann, daß einem etwas entgleiten kann und dann weg ist. So ist das Leben.«

Das Kind einer intakten Ehe muß normalerweise keinen Unterschied machen zwischen dem leiblichen Vater und dem Mann, mit dem die Mutter verheiratet ist. Wenn eine Ehe in die Brüche geht und die Mutter wieder heiratet, kann eine Tochter das Verhältnis zu ihrem Vater und ihrem Stiefvater innerlich ohne weiteres trennen. Aber in diesem Fall ist Bruce praktisch sowohl Vater als auch Stiefvater von Carrie, auf den sie einmal sehr wütend gewesen ist und mit dem ihre Mutter nun ein neues Leben beginnt.

Eine der bemerkenswertesten Seiten dieser Geschichte ist, was Sally alles getan hat, um die Spannung, die diese Entwicklungen verursacht haben, abzuschwächen. Sie hat sich von ihrem eigenen Leid nicht vereinnahmen lassen, so daß sie den Einfluß der Ereignisse auf Carries Empfindungen hätte übersehen können. Sie vermochte zwischen den eigenen Bedürfnissen und denen ihrer Tochter zu unterscheiden. Als sie merkte, daß

Carrie nahe daran war, an ihrem Zorn zu ersticken, half sie ihr, diese Empfindungen auszudrücken, hörte ihr aufmerksam zu, fühlte sich dabei aber nicht von Carries Wut bedroht. Nachdem Sally und Bruce wieder zusammengekommen waren, erwartete sie nicht, daß ihre Tochter mit der Vergangenheit so umging wie sie. Zu guter Letzt half sie Carrie, sich mit Bruce offen auseinanderzusetzen, und ebnete den Boden zwischen ihnen, ohne dabei zwischen die Fronten zu geraten. Sie hat nie vergessen, daß sie weder die einzige Beteiligte an dieser Geschichte ist noch die Probleme aller anderen lösen kann.

Sandy Briggs, dreiundfünfzig, unterrichtet Englisch als Fremdsprache an einer High-School in San Francisco und hat als Verfasserin von Spanischlehrbüchern eine gewinnbringende zweite Berufslaufbahn eingeschlagen. Sie hat gemeinsam mit ihrem Mann Peter zwei Töchter, die zwanzigjährige Austen und die fünfundzwanzigjährige Samantha. Peter arbeitet seit drei Jahren in leitender Position in einem kleinen Technologieunternehmen. Als wir mit ihr sprachen, hatte er ihr gerade erklärt, daß er kündigen wolle. »Er hat das Gefühl, er kommt auf dieser Stelle nicht weiter. Er liebt es, in die Arbeit zu gehen und Probleme zu lösen, aber er will nicht ewig dort bleiben, weil das auf Kosten manch anderer Dinge geht, die man sonst noch im Leben tun könnte. Das interessiert ihn nicht. Mir ist schon länger klar, daß er seit einem Jahr damit beschäftigt ist, da wieder rauszukommen.«

Sandy hatte Peters berufliche Unbeständigkeit seit Beginn ihrer Ehe hingenommen. Es war schon einmal vorgekommen, daß Peter drei Jahre arbeitslos war, nachdem er eine Stelle gekündigt hatte. Da Sandy über ein festes Einkommen verfügt, mußten sie weder in eine andere Stadt ziehen noch die Mädchen von der Privatschule nehmen. Besonders in den Zeiten, in denen Peter keine Arbeit hatte, hat er sich viel mit den Kindern beschäftigt. »Er ist ein wunderbarer Vater«, sagt Sandy. »Meistens kocht er. Wenn ich schlechte Laune habe, sage ich manchmal zu ihm: ›Wir machen's so, ab heute koche ich, und du schaffst das Geld ran.‹«

Aber der letzte Stellenwechsel Peters könnte größeren Einfluß auf das Leben der Familie haben. »Ich glaube nicht, daß es so leicht ist, wieder Fuß zu fassen, wenn man dreiundfünfzig Jahre alt ist. In seiner Position und mit der Erfahrung, für welche Firmen er schon gearbeitet und was er alles gemacht hat, kann er nicht irgendeine Stelle antreten, wie es andere vielleicht tun würden. Allerdings sind wir inzwischen in einem Alter, in dem ich mir finanzielle Sicherheit wünsche. In den nächsten Jahren wird die große Frage sein, wie wir uns auf die Zeit vorbereiten sollen, in der keiner von uns beiden ein festes Einkommen hat. Die Antwort lautet, ich weiß es nicht. Ich bin aber dickköpfig genug, nicht einzusehen, daß ich meine Vorstellungen von einem finanziell sorglosen, nicht verschwenderischen, Ruhestand aufgebe, nur damit er sein Ding durchziehen kann. Das ist ein Punkt, über den wir uns streiten.«

Sandy schien verärgert, aber nicht wütend. Sie ist ein wenig fatalistisch. »Mein Leben lief nicht so wie geplant. Ich werde vielleicht noch unterrichten müssen, wenn ich fünfundsiebzig bin. Vielleicht habe ich wegen meines Sicherheitsbedürfnisses berufliche Möglichkeiten verpaßt. Aber gleichzeitig ist mir manches auch wieder in den Schoß gefallen, wie die Gelegenheit, Lehrbücher zu schreiben. Ich habe das Gefühl, daß mir noch viele Wege offenstehen. Ich bin bereit, das Leben als Abenteuer zu begreifen und abzuwarten, wohin es mich führt.«

Sandy hatte Austen und Samantha schon früher erklärt, welchen Einfluß Peters Unbeständigkeit auf sie hatte. »Ich wollte nicht, daß sie Angst haben, daß es mit unserer Ehe den Bach runtergeht. In etwa habe ich gesagt: ›Das ist für uns alle nicht ganz leicht, aber euer Vater und ich werden das auf lange Sicht schon durchstehen.‹ Er ist noch immer mein bester Freund. Sollte ich ihn wegen seiner Unbeständigkeit verlassen?

Nein. Es ist nur frustrierend, ich habe keinen Einfluß auf ihn, was das angeht. Aber wir werden's schon hinkriegen.« Sandy leugnet nicht die Wirklichkeit, und sie ist sich darüber im klaren, daß sie Kompromisse eingehen muß. Diese Einstellung versuchte sie ihren Töchtern zu vermitteln.

Es überrascht nicht, daß für Samantha heute, da sie erwachsen ist, eine gewisse Sicherheit wichtig ist. Sie macht sich Gedanken wegen ihres Freundes, der sich offensichtlich nicht entscheiden kann, welchen beruflichen Weg er einschlagen möchte. Anscheinend hat sie einen Mann gewählt, der ihrem Vater nicht unähnlich ist. Sandy möchte, daß Samantha weiß, daß innerhalb einer guten Beziehung das Fehlen von Sicherheit »nicht das Ende der Welt« bedeuten muß. »Ich erkläre ihr: ›Sieh mal, ich habe ein gutes Leben gelebt. Das heißt nicht, daß ich mir keine Sorgen mache. Das heißt nicht, daß ich nicht manchmal sauer wäre. Aber mein Leben ist gut so, und ich habe das Vertrauen, daß wir durchkommen werden!‹«

Wenn es einen neuen Mann in Ihrem Leben gibt

Wenn geschiedene oder verwitwete Mütter wieder eine Beziehung eingehen oder mit einem neuen Mann zusammenziehen, kommen ganz andere Kräfte mit ins Spiel. Verschiedene Frauen erzählten uns, sie hätten den Eindruck, daß ihre Töchter froh über ihre neue Beziehung waren und wahrscheinlich auch erleichtert, sich keine Sorgen wegen ihres Alleinseins machen zu müssen. Gleichzeitig wollten die Töchter aber auch nicht, daß die Mutter-Tochter-Beziehung in irgendeiner Weise durch die neuen Lebensumstände bedroht ist. »Ich habe gerade jemanden kennengelernt«, sagte eine kürzlich geschiedene Mutter von zwei Mädchen, die Anfang zwanzig sind. »Sie freuten sich sehr, daß ein neuer Mann in meinem Leben auftauchte, weil sie mitbekamen, daß ihr Vater mit vielen Frauen ausgeht, und sie sorgten sich, ich würde in Westchester vereinsamen. Sie erzählten ihren Cousinen – nicht mir –, daß sie sehr froh über meine neue Beziehung seien, daß ich aber hoffentlich nie wieder heiraten würde. Zumindest sind sie ehrlich!«

Diane Asselin, die letztes Jahr wieder geheiratet hat, nachdem sie über zehn Jahre allein gewesen war, erzählte uns: »Ich würde gerne glauben, daß diese Ehe keinen Einfluß auf die Beziehung zu meiner Tochter hat, aber ich denke, wenn Sie sie fragen würden, bekämen Sie eine andere Antwort. Weil es jetzt noch einen anderen Menschen in meinem Leben gibt. Vielleicht meint sie ja, daß ich jetzt weniger für sie da bin. Aber dagegen kämpfe ich an. Ich versuche so damit umzugehen, daß ich sage: ›Es hat sich nichts verändert, außer daß es in meinem Leben noch einen weiteren Menschen gibt.‹«

Lyttleton Rich hat vor knapp einem Jahr einen Mann geheiratet, von dem sie sagt: »Meine Töchter waren mehr davon überzeugt, daß ich ihn heiraten sollte, als ich es lange Zeit war.« Beide Töchter von Lyttleton, Mary, vierundzwanzig, und Elizabeth, einundzwanzig, leben nicht mehr zu Hause, und Lyttleton meint, daß es das für die beiden leichter macht, die neuen Lebensumstände ihrer Mutter zu akzeptieren. »Eigentlich haben sie ja schon das Nest verlassen. Ich denke, es wäre viel schwieriger gewesen, sie mit einem Stiefvater zusammen unter einem Dach aufzuziehen.«

Lyttleton hat eine ganz direkte Art. Seit ihre Töchter klein waren, hat sie genaue Vorgaben gemacht, was Angelegenheiten wie Ferienjobs, Ausgehzeiten und schulische Leistungen angeht. Auch wenn die Mädchen nicht immer einer Meinung mit ihrer Mutter waren, wußten sie genau, woran sie waren. Ähnlich wie damals brüteten Lyttleton und ihr neuer Mann über eine voreheliche Übereinkunft, in der sie finanzielle Vereinbarungen und Richtlinien für ihre neue Rolle als Stiefeltern schriftlich festlegten. Zu den zwei Töchtern von Lyttleton kommen die vier Söhne ihres Mannes, die im Alter von sechzehn bis fünfundzwanzig sind. Die beiden jüngeren besuchen abwechselnd an den Wochenenden ihren Vater; die beiden älteren Söhne kommen weniger regelmäßig.

»Noch bevor Tom und ich heirateten, kamen wir überein, daß wir uns nicht gegenseitig in die Erziehung der Kinder hereinreden würden – wir haben gesehen, daß das in anderen zweiten Ehen Probleme verursacht hat. Glücklicherweise sind unsere Kinder alt genug, daß das kein allzu großes Problem darstellt. Aber es taucht immer wieder auf. Mary lebt in Winston und kommt jedes Wochenende nach Hause. Fast immer übernachtet sie bei einer Freundin, aber sie geht bei uns ein und aus. Wir leben in einem dreistöckigen Haus mit einem Schlafzimmer und einem Bad im oberen Stock, das unseren Kindern zur Verfügung steht. Das Elternschlafzimmer liegt im zweiten Stock. Wenn Mary nach Hause kommt, benutzt sie immer unser Bad – sie nimmt unseren Fön, sitzt an meinem Toilettentisch, verwendet mein Make-up und läßt ihr Handtuch auf unserem Bett liegen. Tom fragte mich, ob das jetzt für immer so bliebe, und ich sagte ihm, er solle doch mit ihr reden. Daraufhin meinte er: ›Ich werde nicht mit ihr sprechen, das gehört zu unserer Vereinbarung.‹ Also habe ich mit ihr gesprochen und sie gefragt, ob es irgendeinen Grund gebe, warum sie nicht das Badezimmer im dritten Stock benutzt. Sie antwortete: ›Ich habe schon immer das Badezimmer mit dir geteilt. Es käme mir einfach seltsam vor, in den dritten Stock zu gehen. Das verbindet uns doch.‹ Ich bat sie, es doch zu tun, weil es einen Einbruch in Toms Privatsphäre darstelle und wir beide andere Möglichkeiten hätten, unsere Bindung aufrechtzuerhalten.« In gewisser Weise begreift eine Tochter den neuen Partner ihrer Mutter als einen Rivalen um die Liebe der Mutter und als eine sichtbare Drohung, nicht mehr im Mittelpunkt im Leben der Mutter zu stehen. Wie Lyttleton muß sich eine Mutter bewußt sein, was das Verhalten ihrer Tochter bedeutet. Sie mag es kritisieren, aber sie muß auf die Ängste reagieren, die sich dahinter verbergen. Lyttletons knappe Formel – »Wir haben andere Möglichkeiten, unsere Bindung aufrechtzuerhalten« – ist ihre Art, Mary wissen zu lassen, daß ihre Beziehung unzerstörbar ist.

Den töchterlichen Rat zu Männern annehmen

Eine ganze Reihe von Frauen erzählte von ihrem wechselhaften Liebesleben. Sie haben ein Verhältnis mit einem Mann, sie haben sich gerade getrennt, sie suchen jemanden oder fragen sich, ob sie jemals einen neuen Partner finden werden. Ihren Töchtern geht es nicht anders. Auffallend waren die manchmal komischen, manchmal rührenden Geschichten über eine neue Form der Wechselseitigkeit in ihrer Beziehung – jetzt sind die Töchter diejenigen, die praktischen, tröstenden und hellsichtigen Rat bieten.

Junge Frauen, die im Alter unserer Töchter sind, bestehen eher auf Gleichheit in einer Beziehung. »Wenn du mit ihm ausgehen möchtest, mußt du ihn anrufen«, werden sie wahrscheinlich sagen. Und sie kritisieren ihre Mutter, wenn sie meinen, sie wären zu anhänglich und von Männern abhängig, um glücklich zu sein. Im September sagte der Freund von Gail Seiden, mit dem sie mit Unterbrechungen seit sechzehn Jahren eine Beziehung hat, daß es mit ihnen vorbei sei. »Das kam wie aus heiterem Himmel, er war vollkommen ungerührt. Unter anderem sagte er: ›Ich muß da einen sauberen Schnitt machen.‹« Wochen später erzählte Gail ihrer Tochter Dina, wie schwer es ihr falle, nicht zum Hörer zu greifen und ihn anzurufen. »›Einen sauberen Schnitt, Mutter‹, sagte sie zu mir. ›Vergiß nicht, er sagte »einen sauberen Schnitt«. Tu's nicht. Erniedrige dich nicht selbst.‹ Jedes Mal, wenn ich jetzt überlege, ob ich ihn anrufen soll, erinnere ich mich an ihren Rat und lass' es bleiben.«

»Wenn ich einen neuen Mann kennenlerne, führe ich mich auf wie eine greinende Vierzehnjährige«, erzählte uns Carol Rusoff, die vor elf Jahren geschieden wurde. »Er wird niemals anrufen ... er hat angerufen ... er wird nicht noch einmal anrufen ... ich habe Angst. Die Männer, mit denen ich ausgehe und die mich mögen, sagen: ›Warum hast du nicht wieder geheiratet? Du bist doch eine tolle Frau.‹ Ich frage mich dann selbst, warum ich keine Beziehung gehabt habe. Es muß daran liegen, daß ich furchtbar ängstlich bin. Ich glaube, wenn man achtzehn Jahre lang verheiratet war, ist es so, als hätte man in einem Vakuum gelebt. Wenn ich in Gesellschaft von Männern bin, dann komme ich mir vor, als wäre ich unter Außerirdischen. Ich werde schüchtern, ich mach mich unmöglich. Ich hatte nicht besonders viel Erfahrungen mit Männern und habe großen Respekt vor ihnen. Ich glaube, wir sind das Produkt unserer Zeit. Auch wenn ich in einem Beruf bin, bei dem von Frauen viel erwartet wird, beschränkt sich meine Emanzipation im wesentlichen auf dieses Gebiet. Wenn sich ein Mann für dich als Frau interessiert, herrschen ganz andere Gesetze.«

Im Moment interessiert sich Carol für zwei Männer. Einer von ihnen lebt in New York. »Er hat auf eine Anzeige geantwortet, die meine Schwester für mich in der *New York Review of Books* aufgegeben hat. Er ist sechsundsechzig. Jede Woche schickt er mir Blumen, er ist sehr anhänglich.« Der andere lebt in der Nähe von Los Angeles. »Er schäkert mit mir, und wir gehen miteinander ins Bett.« Carol hat mit ihren Töchtern Rebecca und Annie über ihr Liebesleben gesprochen. »Ich kann ihn nicht um das bitten, was ich mir wünsche. Ich finde es zwar nicht richtig, mit meinen Töchtern über mein Liebesleben zu sprechen, aber mit Annie kam doch die Sprache darauf. Sie geht im Vergleich zu mir weit offener mit diesem Thema um. Und sie sagte mir ganz dezidiert: ›Du hast ein Recht darauf, deinen Spaß zu haben. Du mußt ihm sagen, was du willst. Woher soll er es denn wissen, wenn du es ihm nicht sagst?

Und wenn er blöd darauf reagiert, machst du einfach Schluß mit ihm.‹«

Aber Carol hat Angst, die Beziehung aufs Spiel zu setzen. »Das zu hören, sind meine Kinder langsam müde – ›Ach, ich wünschte, ich hätte eine Beziehung, ich wünschte, jemand würde mich lieben.‹ Dauernd jammere ich. Ich jammere, weil ich allein bin. Genauso wollen sie von meiner Verletzlichkeit nichts wissen. ›Weißt du, du hast so viele Freunde, du bist so beschäftigt, und dein Leben ist so toll.‹ Und ich jammere und jammere. Sie meinen, wenn ich eine gute Beziehung habe – prima, und wenn nicht, dann eben nicht. Sie wollen, daß ich stark bin.«

Sie wollen vielleicht, daß ihre Mutter stark ist, aber sie müssen sich klarmachen, daß sie auch nur ein Mensch ist. Carols Bereitschaft, ihre Töchter spüren zu lassen, daß sie in diesem Bereich des Lebens Bedürfnisse hat, ist ein Zeichen dafür, daß sie nicht meint, sich immer zusammenreißen zu müssen, um für sie ein perfektes Vorbild abzugeben. Sie ist fähig, ihre Abhängigkeit von ihnen zu zeigen und Verständnis zu verlangen. Wenn sich eine Mutter von Zeit zu Zeit so offenbaren kann, gibt sie ihrer erwachsenen Tochter die Möglichkeit, jene Art von wechselseitiger Unterstützung zu bieten, die liebevolle und ausgeglichene Beziehungen ausmacht.

Barbara Weene ist sechsundvierzig Jahre alt und ihre Tochter Rebekah sechsundzwanzig. Sie war geschieden worden, als Rebekah noch ein Kleinkind war. Vor kurzem hat sich Barbara von dem Mann getrennt, mit dem sie drei Jahre lang zusammenlebte. »Ich wollte eine mehr auf Gegenseitigkeit beruhende, verbindlichere Beziehung. Ich wollte über unsere Zukunft sprechen, er nicht. Er wollte es einfach so nehmen, wie es kommt. Er ist vierundvierzig und war nie verheiratet, daher war die Situation ein bißchen prekär. Die ganze Zeit über hat Rebekah gesagt: ›Ich akzeptiere deine Entscheidung, mit diesem Mann zusammenzusein. Du hast jedes Recht, dir den Menschen auszusuchen, den du magst. Er ist in vielerlei Hinsicht anziehend, ihr habt viele gemeinsame Interessen – wie zum Beispiel Sport und so weiter. Aber ich glaube, du nimmst zuviel hin. Das macht mir Sorgen, du hast so etwas doch gar nicht nötig.‹ Ich glaube, sie fühlte sich als Frau davon betroffen und wegen der Auswirkungen auf ihr eigenes Leben.

Er war auch immer sehr angestrengt, und das mag Rebekah genausowenig. Sie sagte immer: ›Er kann nicht locker sein und kann sich nicht anpassen, er ist richtig zwanghaft. Du brauchst jemanden, mit dem es entspannter zugeht, jemanden, der das Leben zu genießen versteht. Du verschließt dich. Ich hab das doch mitbekommen, und es frustriert mich zu sehen, daß du immer noch soviel tun mußt, selbst in einer Beziehung.‹ Ich glaube, das hat sie auch zu sich selbst gesagt.«

Manche Äußerungen von Rebekah verletzten Barbara, auch wenn sie wußte, daß die Beobachtungen ihrer Tochter zutrafen. »Ich wollte nicht glauben, daß sie recht hat, auch wenn die Situation irgendwann genau so war, wie sie prophezeit hatte.« Schließlich wollte Barbara die Unentschlossenheit ihres Liebhabers nicht mehr hinnehmen und bat ihn auszuziehen. Sie vermißt ihn sehr und hat das auch Rebekah erzählt. Sie will aber in den Gesprächen mit ihrer Tochter nicht mehr darauf zurückkommen. »Ich möchte sie nicht mit meinem Unglück belasten. Sie hat schon genug Probleme. Wenn wir miteinander sprechen, erzähle ich ihr nur, wie der Tag gelaufen ist und daß ich im großen und ganzen zurechtkomme. Was ja auch stimmt.«

Wir meinten, daß die bewußte und überlegte Art, in der Rebekah ihre Meinung dargelegt hat, genau dem entspricht, wie eine kluge Mutter mit ihrer Tochter reden sollte. Barbara pflichtete uns bei. »Wir achten die Gefühle und Meinung des anderen sehr. Ich glaube, wenn zwei Frauen nur sich haben und sich nur auf die andere verlassen können, kann sich das einstellen. Man kümmert sich um den anderen. Und auch wenn die Tochter deutlich jünger ist als man selbst, heißt das nicht, daß sie deswegen die Dinge weniger klar sieht.«

Barbara hat Gespräche zwischen zwei Ebenbürtigen beschrieben, die von Vertrautheit und einem nicht nachlassenden Interesse geprägt sind. Sie erzählte von der besonderen Nähe, die sie und ihre Tochter durch den Umstand gewonnen haben, daß sie eine alleinerziehende Mutter gewesen war. Wir sind überzeugt, daß der eigentliche Schlüssel darin liegt, daß sie und Rebekah, wie Barbara es ausdrückte, »die Gefühle und Meinungen des anderen sehr achten«. Eine solche Nähe ist für alle Mütter und Töchter erreichbar, die bereit sind, sich dem anderen zu öffnen und auf die Bedürfnisse des anderen zu achten.

Für die älter werdenden Eltern sorgen

Zum ersten Mal in der Geschichte gibt es eine große Anzahl von Frauen mittleren Alters, die immer noch in der Rolle der Tochter sind. Noch 1963 hatten weniger als einer von vier Erwachsenen über fünfundvierzig Jahren einen lebenden Elternteil. Heute lebt von ungefähr der Hälfte der Frauen unseres Alters noch ein Elternteil, und davon wiederum die Hälfte kümmert sich in irgendeiner Form um die ältere Generation. Es überrascht nicht, daß dazu vor allem unsere Mütter zählen, schließlich sind doppelt so viele Frauen wie Männer fünfundsiebzig Jahre oder älter. Die Verantwortung für die Pflege von Familienmitgliedern ist immer schon Frauen zugefallen.[2] Eine Studie, die in den frühen achtziger Jahren abgeschlossen wurde, besagt, daß Frauen über fünfzig im Durchschnitt fünfzehn Stunden die Wochen damit verbringen, sich um ihre Eltern zu kümmern, und Frauen in den Sechzigern dreiundzwanzig Stunden dafür aufwenden. Verwitwete, getrennt lebende oder geschiedene Frauen investierten dreimal mehr Zeit in den Kontakt als verheiratete.[3] Neueste Daten legen nahe, daß bei ungefähr 20 Prozent der Frauen, die in den Fünfzigern sind, ein Elternteil lebt, um den sie sich kümmern oder auch nicht.[4]

Mehr als die Hälfte der Frauen unserer Generation, deren Mütter noch leben, glauben, daß sie die wichtigste Vertraute und emotionale Stütze ihrer Mutter sind.[5] Die Frauen, mit denen wir gesprochen haben und deren Mütter noch lebten, erwähnten immer wieder, daß der Tag kommen würde, an dem ihre Mütter ein eingeschränkteres gesellschaftliches Leben führen würden und weniger Kraft aus sich schöpfen könnten, auch wenn sie im Moment noch selbständig wären. Die meisten der Frauen gingen fest davon aus, daß ihnen die Verantwortung für die Versorgung der Mutter zufallen wird. Manche hatten schon begonnen, die Finanzen der Mutter zu verwalten, die Rechnungen zu zahlen, zwischen ihr und ihren Ärzten zu vermitteln, Krankenschwestern anzustellen oder Gesellschaft für sie zu finden; sie kauften manchmal für sie ein oder kochten sogar für sie. Und weil so viele Frauen unserer Generation das erste Mal in der Geschichte berufstätig sind, merken sie, daß sie fast aufgerieben werden, wenn zu den sonstigen Ansprüchen an ihre Gefühle und Zeit auch noch die Pflege der Eltern kommt. Auch ihre Töchter waren von dem bevorstehenden Verlust ihrer Großmütter betroffen. Oft hatten Enkelin und Großmutter eine enge Beziehung. Die Mütter haben Trost darin gefunden, daß sie und ihre Töchter gemeinsam trauern.

Wenn die Mutter nicht mehr so ist, wie sie einmal war

Die Geschichte von Megan C. ist typisch. Vor zwei Jahren hat Megan ihren eigenen kleinen Verlag in New York gegründet. Ihre ältere Tochter Amber hat bei ihr gewohnt, um sich von einer schweren Krankheit zu erholen. Und zu all dem kam noch, daß Megan sich ihrer kranken Mutter in Ohio angenommen hat. »Meine Mutter ist über neunzig. Sie ist zäh. Sie hat sich alle möglich Knochen gebrochen, unter anderem eine Hüfte. Sie hat Emphyseme, einen Herzinfarkt, ein paar Schlaganfälle und jetzt auch noch Leberkrebs. Ihre Ärzte hatten schon vor drei Jahren prophezeit, daß sie bald sterben würde. Für sie ist meine Mutter ein regelrechtes Wunder. Sie pendelt zwischen Krankenhaus und Pflegeheim hin und her.« Da die Krankenversicherung nicht alle Rechnungen zahlt, springt Megan ein. Mit ihren Finanzen steht es allerdings nicht zum besten, weil sie alle paar Wochen auf einen Notruf hin nach Ohio hetzt. Auch ihr Gefühlshaushalt ist im Moment in einem desolaten Zustand, da ihre Mutter sich ihr entzieht. »Sie ist im Moment sehr wütend auf mich. Ich glaube, darin kündigt sich ihr Sterben an. Sie ist wütend, weil sie stirbt, und wegen ihrer Schlaganfälle kann sie nicht darüber sprechen.«

Ihre Töchter hatten beide eine engere Beziehung zu Megans Mutter als sie selbst. Jeden Sommer besuchten sie sie. Vor allem als ihre Großmutter gebrechlich geworden war, aber noch ihre Empfindungen ausdrücken konnte, besuchte Marjorie, die jüngere Tochter, sie, wann immer sie konnte. »Ich erinnere mich besonders an einen Besuch«, erzählte Megan. »Wir flogen zusammen hin, um sie in ihrem Pflegeheim zu sehen. Es war ein schönes Herbstwochenende. Jetzt noch habe ich das Bild vor Augen, wie meine Mutter und meine Tochter auf der Veranda sitzen und sich an den Händen halten. Meine Mutter strahlte. Sie wollte sie überhaupt nicht wieder gehen lassen. Während dieser ganzen schwierigen Zeit haben mir meine beiden Töchter zur Seite gestanden. Unsere gemeinsame Trauer hat uns einander noch näher gebracht.«

Oft betrauern wir schon den Verlust unserer Mutter, wie wir sie kannten, noch bevor sie stirbt. So sagt Carol Rusoff: »Ich vermisse die Frau, die meine Mutter einmal war – die stets neugierige, kultivierte, lebhafte und faszinierende Frau. Die wundervolle Großmutter, die sich mit meiner Tochter Becky im Meer treiben ließ und ihr beibrachte, den Himmel und die Wolken anzusehen und zu träumen. Diese Frau wurde ausgetauscht gegen eine hektische alte Dame, die für nichts mehr verantwortlich gemacht werden kann. Meine Schwester und ich haben also eine neue Aufgabe – nämlich uns um sie zu kümmern –, und wir ertappen uns dabei, wie wir zu ihren Pflegern sagen: ›Unsere Mutter ist sehr schwierig.‹ Sie hat gerade einen langjährigen Gefährten und ihren Bruder verloren, den letzten lebenden Verwandten ihrer Generation. Sie will keine Medikamente nehmen. Sie leidet unter starken Depressionen. Aber ab und zu hat sie Momente von unglaublicher Klarheit und Freundlichkeit. Das kommt alle paar Monate einmal vor. Aber das sind dann einzigartige, unersetzbare Momente.«

Carols Tochter Rebecca, inzwischen fünfundzwanzig, hatte das Glück, in einem dieser Augenblicke bei ihrer Großmutter zu sein. »Sie kam extra, um sie zu sehen. Es war ihr sehr wichtig«, erzählte uns Carol. »Wir gingen rüber in das Haus meiner Mutter, und Rebecca zog die alten Fotoalben der Familie heraus. Sie wollte all die Bilder beschriften. Wer war dieser Mann? Was hat meine Mutter auf diesem Bild gemacht? Wie ging es ihr, als es aufgenommen wurde?

Die beiden zusammen waren vielleicht ein Anblick. Becky ganz aufrecht sitzend, mit ihrem glänzenden Haar, und meine Mutter bucklig und nach vorne gekrümmt. Sie mußte ihre riesige Lupe verwenden. Manchmal fielen meiner Mutter die Namen und Orte nicht ein. Es war sehr anstrengend für sie. Dann schlief sie mitten im Satz ein, mit der Lupe in der Hand. Ihre Nickerchen waren wie ein Koma, eine Pause, dann wachte sie wieder auf und setzte den Satz fort. Ich weiß nicht, wem von uns dreien dieser Nachmittag am meisten bedeutete.«

Clarissa erzählte uns: »Gesundheitlich geht es meiner Mutter sehr gut. Sie muß keine Medikamente nehmen. Sie ißt gut und schläft viel, allerdings ist sie stocktaub, und das isoliert sie von ihrer Umgebung. Das Problem liegt eher in der Persönlichkeit meiner Mutter. Manchmal ist sie ganz die alte, aber dann ist sie wieder kaum wiederzuerkennen. Es ist so, als würde man seine beste Freundin verlieren. Mir tut es sehr weh, sie zu besuchen, mit ihr zusammenzusitzen und das mitzubekommen. Sie leidet nicht, aber du weißt, es gibt Dinge, über die du mit ihr nicht mehr sprechen kannst, zum einen wegen ihrer Taubheit, aber auch weil sie sich geistig verändert hat. Und das tut sehr weh. Sie ist schließlich nicht irgendeine Verwandte, sie ist meine Mutter!« Clarissa erzählte uns, daß ihre achtundzwanzigjährige Tochter Edith, die sie als sehr sensibel und anhänglich beschreibt, aufgrund des Verfalls ihrer Großmutter deprimiert und traurig sei. »Theoretisch wußte sie über die Folgen des Alterns Bescheid, aber jetzt bekommt sie hautnah mit, was es tatsächlich bedeutet, alt zu werden. Ich habe das bei meiner Großmutter erlebt. Ich war so alt wie Edith, und es hat mich damals tief getroffen.« Clarissas dreiunddreißigjährige Tochter Donna lebt weiter entfernt. Sie steht im Begriff, mit ihrem Mann ein Haus zu kaufen, und überlegt sich, ob sie ein Kind bekommen will. »Sie sieht ihre Großmutter nur ein- oder zweimal im Jahr, daher ist sie nicht in der Weise wie Edith der Erfahrung, was Altern und Sterben bedeutet, ausgesetzt.« Beide Mädchen können gut nachempfinden, was Clarissa durchmacht. »Sie wissen, daß jeder Besuch bei meiner Mutter eine Qual für mich ist. Man betritt eine Welt, die ganz anders ist als die eigene. Man ißt, wenn die Mutter ißt, man schläft, wenn sie es tut, vier- oder fünfmal am Tag taucht man ganz in diese Welt ab. Sie verstehen das, weil sie es selbst miterlebt haben. Sie verstehen auch, warum ich dort sein muß.

Du mußt deinen Ärger und deine Enttäuschung hinter dir lassen, daß die Mutter ihre Vergeßlichkeit, ihren Rückzug in sich selbst, überwinden könnte, wenn sie es nur wirklich wollte. Du mußt ihren momentanen Zustand akzeptieren, um deinen Frieden mit ihr machen zu können. Meine Mutter konnte ihren Zustand akzeptieren und gelangte lange vor mir zu einer Gelassenheit gegenüber dem Altern. Sie sagte dann: ›Was soll man tun? Ich bin alt. So ist es nun mal.‹ Sie war deshalb nicht niedergeschlagen. Inzwischen kann ich glücklicherweise sagen, daß ich diese ablehnende Haltung gegenüber ihrem Zustand und die Wut überwunden habe.

Von all dem habe ich gelernt, daß man eine schwierige Zeit durchmachen muß, um die eigene Mutter so zu akzeptieren, wie sie ist, und nicht versuchen darf, die Person zurückzuholen, die man einst kannte. Ich möchte, daß meine Töchter das verstehen und wissen, wenn es mir so geht wie meiner Mutter, wird es für mich leichter sein als für sie.«

»Ich möchte meinen Kindern nicht zur Last fallen«

Anne Navasky erzählte von der irrationalen Wut, die man angesichts der Gebrechlichkeit der Mutter empfindet. »Ich habe meine Mutter immer geliebt und bewundert. Im Vergleich zu anderen war mir meine Mutter ein Vorbild. Es war Krieg, mein Vater war weg, und wir waren allein. Das hat uns wahrscheinlich zusammengeschweißt. Es gab eigentlich keine Zeit, in der meine Mutter meiner Meinung nach versagt hatte. Aber jetzt, da sie älter wird, ist es sehr schwer für mich. Vor kurzem habe ich sie angebrüllt, und ich habe deswegen ein furchtbar schlechtes Gewissen. Das kam zum Teil daher, daß ich wütend bin. Ich möchte nicht, daß sie alt und schwach wird. Dieser Wunsch bricht sich in meiner Wut Bahn, und das gerade in einer Zeit, in der sie sehr verletzlich ist, in der sie einfach jemanden braucht, der ihr sagt, wie wunderbar sie ist. Sie ist vierundachtzig, sie hat drei schwere Krankheiten hinter sich und geht noch jeden Tag in die Arbeit. Man sollte doch glauben, daß ich stolz auf sie bin, statt sie anzubrüllen, weil sie schlecht hört oder schlecht sieht oder sich an die Namen meiner Freunde nicht erinnern kann – ich fühle mich furchtbar deswegen, wobei ich nicht glaube, daß ihr das bewußt ist. Ich reiße mich also zusammen und versuche vergnügt zu sein, aber eigentlich möchte ich sie dafür schlagen, daß sie mir das antut. Das ist schrecklich und sehr egoistisch von mir!

Was mir auch noch zu schaffen macht, ist, daß ich mich darauf verlasse, sie in der Arbeit zu sehen. Ich bin schließlich jeden Tag mit ihr zusammen – was bin ich doch für eine gute Tochter –, aber die übrige Zeit, ihre ganze freie Zeit über, ist sie allein, und deshalb habe ich Schuldgefühle. Aber maßt man sich da nicht etwas an und erzeugt eine Schuld, die einem gar nicht zugewiesen wird, wenn man denkt: ›O Gott, meine Mutter ist krank und einsam, ich muß mich um sie kümmern, auch wenn sie mich gar nicht darum gebeten hat?‹ Wieviel von dieser Last schaffen wir selbst, weil wir es für unsere Aufgabe halten, für unsere Pflicht? Meine Mutter sagt immer, daß ich gehen soll, und ich erwidere dann: ›Du bist meine Mutter, Ich kann dich doch jetzt nicht allein lassen.‹ Sie muß sich bald einer schweren Operation unterziehen, damit sie nicht vollständig erblindet – drei Monate wird sie sich davon erholen müssen –, und mein Urlaub steht an. Sie sagt, ich solle auf jeden Fall verreisen, da ich sowieso nichts für sie tun könne. Aber ich denke mir, daß ich auf jeden Fall für sie dasein muß.

Ich spreche mit meinen Kindern darüber. Als mein Vater vor sieben Jahren starb, war das sehr schlimm für mich. Ich will nicht, daß sie bei mir sind, wenn ich sterbe, und das habe ich ihnen auch gesagt. Das ist kaum zu ertragen. Ich habe ihnen klargemacht, daß ich das veranlassen werde, und wenn es mir nicht möglich sein sollte, dann müssen sie es tun. Ich habe mit Jenny über meine momentane Wut auf meine Mutter gesprochen und daß ich deshalb ein schlechtes Gewissen habe. Ich erzähle ihr so etwas, um mein Gewissen zu erleichtern, aber auch, damit sie weiß, daß es ihr vielleicht auch einmal so ergeht. Da sie über meine Gefühle Bescheid weiß, hoffe ich, muß sie nicht dasselbe durchmachen oder fühlt sich wenigstens nicht so schuldig.«

Anne trifft den Kern dessen, was viele von uns in diesem Lebensabschnitt erschreckt. Unsere Töchter bekommen gerade dann mit, wie wir mit der Gebrechlichkeit, Abhängigkeit und schließlich dem Tod unserer Mütter fertig werden müssen, wenn sie beginnen zu begreifen, daß wir irgendwann nicht mehr dasein werden. Was uns so erschreckt hat, war, daß selbst in den engsten Mutter-Tochter-Beziehungen der abhängige, alternde Elternteil schließlich zur Last wird. Keine von uns möchte der eigenen Tochter zur Last fallen, wie viele unserer alternden Mütter uns, auch wenn wir sehr wohl wissen, daß die meisten unserer Mütter genau dasselbe gesagt hatten. Aber wie läßt sich das vermeiden? Cynthia G. meint: »Wie soll man damit umgehen, wenn die eigene Mutter, die bei einem in Pflege ist, immer kindlicher wird? Wie mit ihrem Schwächerwerden? Wie beeinflußt das unser Denken und unser Verhältnis zu unseren erwachsenen Kindern? Meiner Meinung nach gehört es dazu, daß man zur Last wird. Darum geht es, wenn wir unsere Witzchen machen: ›Wenn ich je so werde, müßt ihr mich erschießen.‹ Aber das zeigt nur, daß wir nicht so werden wollen wie die Mutter, nur ist damit das Problem noch lange nicht gelöst.«

Die Mutter von Susannah Marks starb vor dreiundzwanzig Jahren, als Susannahs Töchter noch sehr jung waren. Susannah pflegte ihre Mutter die letzten Jahre bei sich zu Hause. »Ich würde meinen Töchtern gerne sagen, daß die Pflege meiner Mutter zu den befriedigendsten Erfahrungen in meinem Leben gehört. Ihre letzten Monate. Auch wenn es sehr schmerzhaft und schwer war, gehört es doch zu dem Wichtigsten, was ich je getan habe. Das würde ich ihnen gerne mitteilen. Wie kann man aber so etwas sagen, ohne daß es gleich bedeutet, man erwartet von ihnen das gleiche? Ich mußte das für meine Mutter nicht tun – na ja, psychologisch gesehen, wahrscheinlich doch. Trotzdem war es eine wundervolle und bereichernde Erfahrung. Das kann man aber nicht sagen. Sie haben es mitbekommen, aber sie haben auch viele schlimme Seiten des Alterns und des Sterbens gesehen, und ich weiß nicht, was ihnen all das bedeutet hat.«

Wir können nicht voraussehen, wie es uns im Alter gehen wird, auch wenn die Wahrscheinlichkeit hoch ist, daß wir lange leben und irgendwann auch pflegebedürftig sein werden. Es gibt kein Rezept, das uns unsere Sorge nehmen könnte, eines Tages unseren Töchtern zur Last zu fallen. Der einzige Rat, der etwas zu taugen scheint, lautet, den Töchtern nicht die Vielschichtigkeit unserer Gefühle zu verbergen, die man bei der Pflege der älteren Generation empfindet. Wenn man das tut, gibt man ihnen die Möglichkeit, die eigenen Gefühle – wie sie auch aussehen mögen – anzuerkennen, wenn sie uns einmal pflegen müssen.

Wenn man unter einer schweren Krankheit leidet

Frauen unserer Generation haben ein Alter erreicht, in dem die Nachricht über eine schwere Erkrankung unter unseresgleichen eher normal als überraschend erscheint. Auch wenn wir überzeugt sind, daß uns dasselbe nicht widerfahren kann, wissen wir doch, daß es das wird und schneller, als wir möchten. Der verdächtige Knoten, die Arthritis, der Verfall der Organe, die wiederkehrenden Hinweise auf eine körperliche oder geistige Krankheit machen uns unsere eigene Sterblichkeit bewußt. Wir sind inzwischen in einem Alter, in dem wir alles über Chemotherapien wissen, in dem wir, wie es unsere Mütter vor uns taten, Aufläufe und Kuchen für unsere Freunde zubereiten, wenn sie aus dem Krankenhaus oder von einer Beerdigung zurückkommen, in dem sich unsere Gespräche angesichts all der Leiden immer öfter der Frage nach dem Sinn zuwenden. Wir nehmen inzwischen einen ungewohnten Platz in der Generationenfolge ein. In dem Moment, in dem sich unsere Töchter bereit machen, um ihr eigenes Leben zu führen und ihre eigene Familie zu gründen, erkennen wir, wie verletzlich wir sind und daß die Aussichten schlechter stehen, das Schlimmste verhindern zu können.

Von den Frauen, mit denen wir gesprochen haben, erzählten uns fast 15 Prozent von einer ernsthaften Erkrankung in den letzten paar Jahren. Zwei Drittel von ihnen sagten, daß sie wegen einer Krebserkrankung in Behandlung waren, die meisten wegen Brustkrebses. Manche der Frauen fanden Trost darin, daß sich ihre Tochter ihrer Pflege annahm, andere beruhigten sich damit, daß ihre Krankheit das Leben der Tochter nicht weiter beeinträchtigte. Die schwerste Hürde war für die meisten Frauen gleich zu Beginn zu nehmen: Soll ich meiner Tochter sagen, daß bei mir eine ernsthafte Krankheit diagnostiziert wurde? Und wenn ja, wann? Und wie?

Unsere Gesprächspartnerinnen hatten ganz verschiedene Antworten auf diese Fragen.

Letty Cottin Pogrebin entschied sich, völlig offen gegenüber ihren Töchtern Abigail und Robin zu sein. »Vor ein paar Jahren gab es bei mir den Verdacht auf Brustkrebs. Ich erzählte den beiden vor der Biopsie davon, denn falls das Ergebnis positiv ausfallen sollte und sie nicht schon vorher darauf vorbereitet gewesen wären, dann hätten sie sich hintergangen gefühlt. Wenn in unserer Familie jemand vergißt, dem anderen etwas Wichtiges zu sagen, wird das sehr persönlich genommen. Jeder erzählt jedem nahezu alles. So drücken wir Nähe aus.«

Beth Currys Familie ist da weniger offen. Es schien Beth deshalb selbstverständlich, ihrer Tochter Caroline so lange nicht von einem möglicherweise bösartigen Tumor in ihrer Brust zu erzählen, bis die Diagnose sicher war. »Ich sagte ihr nichts davon, bis ich das Biopsieergebnis hatte, weil ich nicht glaubte, daß es ein Problem geben würde. Aber als der Arzt mir sagte, daß die Biopsie positiv ist, habe ich es ihr gesagt. Und sie meinte: ›Warum hast du es mir bloß nicht früher gesagt?‹« Wir fragten Beth, ob sie es das nächste Mal anders machen würde. »Nein«, sagte sie. »Vor ein paar Monaten bestand der Verdacht, daß auch die andere Brust betroffen sein könnte, und ich dachte, daß ich nicht bis ans Ende meiner Tage jedem immerzu mitteilen will, daß es ein Problem gibt. Ich sagte Caroline: ›Hör zu – ich werde es dir sagen, wenn etwas nicht stimmt, aber ich werde es dir nicht jedesmal sagen, wenn der Verdacht besteht, etwas könnte nicht in Ordnung sein.‹«

Auch Cynthia G. wollte ihre Töchter Leslie und Nicole nicht beunruhigen, bis sich die vorläufige Diagnose auf Brustkrebs bestätigte. Allerdings hörte Leslie zufällig ein Telefongespräch zwischen Cynthia und ihrem Arzt mit. »Sie fragte mich, warum ich es ihr nicht gesagt hätte. Ich erklärte ihr, daß ich sie nicht anlügen wollte, ich hatte es ihr nur nicht sagen wollen, bis ich wußte, was es ist. Und da sie es schon mal mitbekommen hatte, erzählte ich ihr gleich alles. Aber ich wußte noch immer nicht, ob ich es Nicole sagen sollte, weil sie so weit entfernt wohnt, und entschied mich schließlich, bis zur letzten Minute vor der Operation zu warten. Ich wollte ihnen die Sorge und Angst ersparen – und behandelte sie damit wie Kinder. Das gebe ich zu. Genauso verfuhr ich natürlich auch mit meiner Mutter – ich erzählte es ihr schließlich erst nach der Operation, als ich ihr etwas Genaues mitteilen konnte. Insofern behandelte ich auch sie wie ein Kind.«

Alice Trillin wurde vor zwanzig Jahren wegen Lungenkrebses behandelt. Ihre Töchter Abigail und Sarah waren damals sieben und vier Jahre alt. Seitdem engagiert sie sich in der Öffentlichkeit für Antiraucherkampagnen. Sie hat ganz neue Wege in ihrem Leben beschritten, um ihr Wissen über die Krankheit und die neuesten Behandlungsmethoden all jenen mitzuteilen, die dieselbe Diagnose erhalten haben. Sie verbringt sehr viel Zeit damit, Krebsleidenden Pflege und Hilfe anzubieten. »Ich habe viel darüber nachgedacht, wie man es seinen Kindern sagen soll, wenn man ernsthaft krank ist«, sagt Alice. »Man kann ihnen helfen und ihnen die Angst nehmen, wenn man sich mit ihnen darüber auseinandersetzt. Man muß ihnen ja nicht alles erzählen, aber das bleibt einem selbst überlassen. Man sollte ihnen aber so viel sagen, daß sie wissen, was passiert, und deshalb keine Angst davor bekommen oder es einem später übelnehmen, wenn man sie nicht eingeweiht hat.

Als ich das erste Mal krank wurde, waren meine Töchter noch sehr klein. Ich wollte nicht, daß sie wissen, daß ich eine lebensbedrohliche Krankheit habe, daß es Krebs ist. Am Abend vor der Operation setzte ich mit ihnen hin und zeichnete ihnen ein Bild von meiner Lunge. Ich erklärte ihnen, daß der Arzt etwas von dem Gewebe herausnehmen müsse, weil ich deswegen immer husten mußte. Ich erklärte ihnen das mit dem Skalpell. Ich zeigte ihnen eine kleine Biopsienarbe und die Stiche, die eben verheilten, und ich sagte ihnen, daß ich so etwas auf meinem Rücken haben würde. Später fand ich heraus, daß sie glaubten, ich hätte ein Stück Stoff – ›Gewebe‹ – in meiner Lunge. Auf jeden Fall hat niemand je das Wort Tod in den Mund genommen.«

Vor vier Jahren, als Alice in Kalifornien arbeitete und Sarah auf dem College war, hatte Alice Symptome, die vermuten ließen, daß die Krankheit möglicherweise erneut ausgebrochen war. »Ich erzählte ihnen, daß ich wegen einer Bandscheibenoperation ins Krankenhaus müsse. Ich habe sonst nichts weiter gesagt, und sie fragten auch nicht. Es stellte sich dann heraus, daß es falscher Alarm gewesen war, und dann erzählte ich ihnen die ganze Geschichte. Im allgemeinen halte ich es für falsch, ihnen etwas zu sagen, womit sie nichts anfangen und wogegen sie sowieso nichts unternehmen können.«

Genau das ist das Dilemma. Wann führt der Versuch, die Tochter vor unnötigem Schmerz zu bewahren, dazu, daß das Bedürfnis der Tochter, wie eine Erwachsene behandelt zu werden, nicht ernstgenommen wird. Wenn Sie in den kommenden Jahren mit diesem Problem konfrontiert sind, werden Sie vielleicht merken, daß es sehr befreiend ist, die Wahrheit – und die Ängste – zu teilen. Wann Sie es ihr mitteilen, ist eine andere Frage. Wenn ihre Tochter selbst gerade in einer Krise steckt, vor einem wichtigen Termin oder Examen steht, wollen Sie mit Ihrer Mitteilung möglicherweise warten, bis sie eher imstande ist, damit umzugehen. Wenn Sie es ihr aber erst einmal gesagt haben, werden Sie vielleicht feststellen, daß sie Ihnen eine unschätzbare Hilfe sein kann.

Immer wieder erzählten uns Frauen, daß sie bewegt waren, wie sehr ihre Töchter ihnen in dieser Krisenzeit zur Seite standen. Nachdem Beth Curry ihrer Tochter von ihrer Krebserkrankung erzählt hatte, bestand Caroline darauf, in Beths Behandlung einbezogen zu werden. »Sie kam aus Washington, um mich zu meinem ersten Besuch beim Onkologen zu begleiten. Das war das erste Mal, daß ich sie in der Rolle derjenigen gesehen habe, die mir helfen will. Sie hatte einen Stift und Papier dabei und fragte den Arzt verschiedene Sachen, und ich war fast versucht zu sagen: ›Moment mal, hier geht es um mein Leben!‹ Seitdem haben wir oft über meine damaligen Gefühle gesprochen.«

Leslie, die Tochter von Cynthia G., begleitete ihre Mutter zu allen Untersuchungen und Arztterminen. Sie kampierte praktisch im Krankenzimmer ihrer Mutter nach deren Operationen. »Ich kann das alles immer noch nicht objektiv betrachten, aber alle meine Freunde sagen, daß sie viel reifer geworden sei. In dieser Zeit entstand die Grundlage für eine tiefe Liebe zwischen einer erwachsenen Mutter und einer erwachsenen Tochter.«

Linda Censor ist seit beinahe zwanzig Jahren Diabetikerin. Vor vier Jahren führte ihre Krankheit zu akutem Nierenversagen. Linda mußte zur Dialyse, und die Suche nach einem potentiellen Nierenspender begann. Linda hat zwei Töchter, die siebenundzwanzigjährige Catherine und die vierundzwanzigjährige Rachel. Sie erzählte uns: »Dieses Ereignis brachte uns einander sehr nah. Wir hatten schon immer alle ein enges Verhältnis zueinander, aber das wirkte wie Zement. Ich denke da besonders an Catherine. Sie war damals sehr beschäftigt, aber als ich sie brauchte, kam sie und war nur für mich da. Sie brachte mich ins Krankenhaus, wo alles zur Dialyse vorbereitet wurde. Vorher hatten wir uns die Fingernägel in einem Maniküresalon um die Ecke machen lassen – ich erinnere mich noch, daß ich die ganze Zeit weinte.

Sie war auch diejenige, die mich zu meinem ersten Gespräch mit dem Chirurgen brachte, der die Transplantation vornehmen sollte. Sie lebte bei uns. Sie begleitete mich überallhin, und sie war diejenige, die mit mir sprach und das, was ich empfand, in Worte faßte. Und sie wählte genau die richtigen Worte.

Und dann war Rachel an der Reihe. Rachel war der einzige mögliche Spender in der Familie. Sie nahm die ganzen Untersuchungen auf sich, vereinbarte den Termin für die Operation und gab mir schließlich eine Niere. Wir lagen im Krankenhaus auf verschiedenen Stockwerken. Mein Mann kümmerte sich um Rachel und Catherine um mich. Catherine arbeitete den ganzen Tag über, aber sie war immer für mich da und rief mich jeden Tag an. Sie hatte die Fähigkeit entwickelt, über sich selbst hinauszuwachsen und sich ganz auf mich und meine Probleme einzulassen.«

Als man bei Rosemary T. Lymphdrüsenkrebs diagnostizierte, erzählte sie ihrem Mann davon, ihrer Schwester und engen Freunden, die in der Nähe von Chicago leben. Über ihre sechsundzwanzigjährige Tochter Candace sagt Rosemary: »Ich wollte es ihr erst nach der Operation sagen. Aber mein Mann und meine Schwester meinten, das könne ich nicht machen. Also riefen wir sie am Abend davor an. Sie bekam natürlich einen furchtbaren Schrecken. Aber trotzdem versuchte sie mich zum Lachen zu bringen. Sie kam dann zur Operation aus Washington nach Hause. Sie war ganz toll. Sie saß bei mir im Krankenzimmer und munterte mich auf. Sie war mir eine sehr, sehr große Hilfe.

Vor Jahren verbrachten wir einmal den Sommer in Upper Peninsula. An dem Tag, an dem wir aufbrechen wollten, streikte mein Rücken. Candace war damals ungefähr elf, und sie sagte: ›Du mußt dir keine Sorgen machen. Wir gehen zu Burger King, und du kriegst was zu essen, und wir werden uns um dich kümmern.‹ Sie war sehr fürsorglich. Ich erinnere mich aber nicht, daß sie diese Rolle noch einmal einnahm, bis ich dann krank wurde. Sie drückte sich nicht. Sie ging mit mir in den Fluren mit all meinen Infusionsflaschen auf und ab. Ich konnte es nicht fassen, wie schwach ich war und welche Schmerzen ich hatte. Sie ging an meiner Seite und brachte mich zum Lachen, indem sie darüber Witze machte, daß ich immer dieses Infusionsgestell vor mir herschieben mußte. Sie versuchte fröhlich zu bleiben, und das fiel ihr bestimmt nicht leicht. Sie ist sonst sehr ernsthaft. Sie kann sehr finster und depressiv sein, aber da war sie es nicht.«

Cynthia G. meint: »Ich weiß bis heute nicht, was es bei Leslie ausgelöst hat, sich ihrer oder meiner Sterblichkeit bewußt zu werden. Sie verbrachte im Krankenhaus viel Zeit mit Freunden von mir, und alle erzählten, wie ihre Mütter starben. Ihnen war gar nicht bewußt, daß sich bei ihr mit dem Wort Mutter nicht automatisch das Bild einer gebrechlichen alten Dame einstellte, die kaum mehr gehen kann. Stunde um Stunde hörte sie sich das bis in alle Einzelheiten an, und die Ängste, die diese Geschichten in ihr hervorriefen, waren größer, als ich gedacht hätte.«

Nachdem Cynthia aus dem Krankenhaus entlassen worden war, ließ sich Leslie immer weniger bei ihr blicken. »Sie hatte ein gewisses Maß an Unabhängigkeit aufgegeben, um sich ganz mir und meiner Krankheit zu widmen, und deshalb mußte sie wieder Abstand gewinnen. Um wieder ihr eigenes Leben zu leben.«

Wenn man die Liebe und Zuwendung der Tochter als ebenbürtige Erwachsene annimmt, kann das dazu führen, daß man sich zu sehr auf sie verläßt. Nähe kann zur Belastung werden. Eine andere Frau erzählte uns, daß in den Monaten nach ihrer Brustamputation ihre Tochter in die Mutterrolle rutschte. Es ist verständlich, daß man sich in Zeiten der Angst und des Leids wieder in ein Kind verwandeln möchte, um das sich jemand kümmert. Wie wunderbar ist es, daß man diese Zuwendung von seiner gerade erwachsenen Tochter bekommen kann. Aber diese intensiven Momente der Nähe müssen nicht andauern und können das vielleicht auch gar nicht. Wenn Ihre Tochter sich wieder zurückziehen muß, statt weiterhin einen großen Teil ihrer Kraft Ihnen zu schenken, müssen Sie sich darüber im klaren sein, daß sie ihr eigenes Leben zu leben hat, daß diese Zeit auch für sie zermürbend war und daß es Ihnen beiden nur nützen kann, wenn Sie gegenseitig Ihre Autonomie achten.

Mit der eigenen Sterblichkeit konfrontiert sein

Wie ihr sehr wohl bewußt ist, versuchte Cynthia G. mit dem Witz über ihre alternde Mutter – »Wenn ich je so werde, müßt ihr mich erschießen« – jede echte Auseinandersetzung über die Bedeutung unseres zwangsläufigen Alterns zu umgehen. Schon wir sind kaum bereit und noch weniger unsere Töchter, sich das wirklich klarzumachen. Nur ein paar von den Müttern, mit denen wir gesprochen haben, berichteten, daß sie schon angefangen hätten, offen über die Verfügungen zu reden, die sie in Hinblick auf ihren eigenen Tod getroffen hatten. Eine Frau erzählte uns: »Ich führte meine drei Töchter zu dem Aktenschrank, in dem ich meine Patientenverfügung und all diese Dinge aufbewahre. Ich zeigte ihnen, wo sie liegen, und sie nickten, sagten aber kein Wort, sondern wechselten so schnell wie möglich das Thema.‹« Eine andere sagte: »Sie wollte nichts davon hören, also habe ich alles in einem langen Brief niedergeschrieben und ihr gesagt, wo sie ihn findet, so daß sie weiß, was ich mir denke, wenn die Zeit gekommen ist, in der sie das wissen will.«

AUS MARILYNS TAGEBUCH, 26. AUGUST 1996

Kore kam von einem Wochenende im Strandhaus einer Freundin zurück und berichtete, daß der Vater der Freundin jeden Tag Golf spielte, während ihre Mutter und deren Freundinnen mit Kore und ihren Freunden viel Zeit verbracht hätten – sie gingen einkaufen, tratschten, haben ein Video ausgeliehen. Ich fragte, über wen sie getratscht hätten – vielleicht über Filmstars? Sie sagte: »Nein, wir haben viel über unsere Freunde gesprochen, was so läuft und so. Du weißt schon.«

Ehrlich gesagt, wußte ich es nicht. »Meinst du damit, ihr habt über euer Liebesleben gesprochen?« »Ja.« »Glaubst du, die Frauen waren neugierig, oder haben sie sich wie Freundinnen verhalten?« »Ein bißchen von beidem«, sagte sie, »aber du darfst nicht vergessen, die meisten Mütter meiner Freudinnen sind zehn oder fünfzehn Jahre jünger als du …« Dann merkte sie, was sie da gesagt hatte, und fügte hinzu: »Ich will damit nicht sagen, daß du alt bist. Du bist gut in Form. Du und Vater, ihr seid lebhaft und interessiert. Du siehst nicht alt aus und verhältst dich auch nicht so.« Ich hörte die Angst aus ihrer Stimme heraus, wie immer, wenn dieses Thema zur Sprache kommt. Jedesmal, wenn ich Zeichen des Alterns erwähne – Kurzatmigkeit, eine dicker werdende Taille –, versichert sie mir sofort, und sich selbst vielleicht auch, daß ich mich doch gut halte.

Dieses Mal fragte ich sie direkt, was das für sie bedeute. Sie antwortete: »Ich denke nie an dich als eine alternde Frau oder daß du sterben wirst oder so, wenn du das meinst.« Ich sagte: »Na ja, ich bin noch nicht wirklich eine alte Schachtel, aber ich werde natürlich älter.« Dann gerieten wir in eine kurze und ziemlich abgehobene Diskussion über den Unterschied zwischen beidem.

Wir sprachen auch allgemein über Nähe. Wie es manche Mütter von Freundinnen schaffen – besser als ich –, das Gespräch auf Freunde zu bringen, wie die meisten aber ihre Grenzen überschreiten und sich einmischen. Ich fragte sie, ob sie wünschte, daß ich öfter die Sprache auf dieses Thema bringe, ob sie das vermisse oder glaube, ich wäre zu zurückhaltend. Aber sie meinte, sie würde sich über solche Dinge sowieso lieber mit Kate unterhalten. Ich sagte ihr, ich würde versuchen, zugänglicher zu sein, wenn sie je mit mir über solche Themen sprechen wolle, und würde vielleicht sogar von Zeit zu Zeit ein Gespräch von mir aus beginnen.

Dann kam ich auf die Frage meines Alterns zurück. Aber sie schnitt mir regelrecht das Wort ab. Ich sagte, daß ich den Eindruck habe, das wäre nun wiederum etwas, worüber sie partout nicht sprechen wolle. Sie lachte, gab mir recht und beendete das Gespräch.

Anne S. und ihre Tochter Wendy haben offener über dieses Thema gesprochen. Wendy ist achtundzwanzig. Annes Mutter starb mit Ende Fünfzig an Bauchspeicheldrüsenkrebs, genauso wie zwei ihrer Onkel. Auch bei Anne bestand schon einmal ein Verdacht, und sie geht davon aus, daß sie früher oder später Krebs bekommen wird. »Ich habe keine Angst davor. Wenn es passiert, dann passiert es. Ich werde mich deshalb nicht verrückt machen. Ich möchte nur nicht vor mich hin vegetieren.« Sie hat zu ihrer Schwester gesagt: »Sieh zu, daß du genug Geld hast, um den Flug bezahlen zu können, damit du mich aus dem

Fenster schmeißen kannst. Ich mache mir Gedanken darüber. Ich möchte nicht dahinsiechen und leiden wie meine Mutter.« In ihrer Patientenverfügung hat Anne der Schwester die Vollmacht erteilt, in ihrem Namen medizinische Entscheidungen über die Behandlung zu treffen, wenn sie selbst nicht mehr dazu in der Lage ist. Sie hat all das ihrer Tochter erklärt. »Wendy meinte, es würde sie ein wenig verletzen, aber ich sagte ihr: ›Wendy, du bist meine Eigentumsverwalterin. Die meisten Kinder deines Alters könnten das nicht übernehmen, aber ich traue dir das ohne weiteres zu. Was ich dir nicht zutraue, ist, daß du die Apparate abschaltest. Denk mal darüber nach.‹ Am nächsten Tag sagte sie zu mir: ›Vielleicht bin ich doch nicht verletzt. Ich würde das wirklich nicht tun wollen.‹« Anne erzählte uns: »Wenn wir beide älter sind, ändere ich diese Verfügung vielleicht. Aber jetzt ist es, glaube ich, das Beste.«

Die Familie von Joy W. hat ihr Soll an körperlichem Leid übererfüllt. Ihre bettlägerige Mutter lebte während der letzten fünf Jahre vor ihrem Tod bei ihnen. Ihr Mann hatte mehrere Herzanfälle. Ihre älteste Tochter Amanda, dreiundzwanzig, war mit fünfzehn Jahren in einen schweren Autounfall verwickelt. Während dieser ganzen Zeit war Joy der ruhende Pol für die ganze Familie. »Vor einem Jahr bekam ich Krebs«, erzählte sie uns, »und ich wollte eine Patientenverfügung abfassen. Ich wollte, daß Amanda die Vollmacht bekommt, weil ich dachte, sie wäre vernünftiger als mein Mann. Ich wußte, er würde mich wiederbeleben lassen, damit ich das Essen mache. Ich wollte aber nicht mit einem Schlaganfall herauskommen und im Rollstuhl sitzend kochen müssen. Ich sagte ihnen also am Abend vor der Operation: ›Wenn ich einen Schlaganfall haben sollte, will ich nicht zurück, laßt mich nicht wiederbeleben.‹ Beide waren ganz außer sich. Amanda brach in Tränen aus und sagte: ›Du sollst bei mir bleiben, mindestens bis ich vierzig bin.‹ Mir war klar, daß ich mir etwas einfallen lassen mußte, und ich erwiderte: ›Ich werde dasein, mindestens bis du zweiundvierzig bist.‹ Und dabei ließ ich es bewenden. Ich wußte, daß ich die Sache nicht in zwei Minuten erklären konnte, wollte aber auch nicht die Nacht vor meiner Operation damit verbringen, sie zu trösten. In einer ruhigeren Minute möchte ich aber noch einmal darauf zurückkommen. Sie soll wissen, wie ich über diese Verfügung denke. Ich möchte wirklich, daß sie mich gehen lassen. Aber der Abend vor der Operation ist nicht der geeignete Zeitpunkt für so ein Gespräch. Es ist meine eigene Schuld, daß ich's bislang nicht gemacht habe.«

Ein Moment der Krise ist selten der beste Augenblick, um sich über so wichtige Themen auseinanderzusetzen. Wenn die Krise dann vorbei ist, neigen wir allerdings dazu, unangenehme Themen aus unserem Kopf zu verbannen. Aber dann verschenken wir die Möglichkeit, die Beziehung zu uns nahestehenden Menschen zu intensivieren.

Unserer Meinung nach sollte es möglich sein, daß Sie Ihrer Tochter über alle wesentlichen Dinge, die in dieser Phase Ihres Lebens passieren können, sprechen. Kann man das auf eine Art, die nicht aufdringlich – und Ihnen beiden angenehm – ist, vermag sie Sie tatsächlich kennenzulernen und Sie nicht nur als Mutter zu begreifen, sondern als eine eigenständige Person mit einem von ihr unabhängigen und vielschichtigen Leben. Sie bieten ihr ein Modell, an dem sie sich orientieren kann, wenn sie sich selbst mit den Herausforderungen des mittleren Lebensabschnitts konfrontiert sieht. Sie entwickeln die Gewohnheit, mit ihr als einer Erwachsenen über vertrauliche Themen zu sprechen.

Und es passiert etwas Neues. Ihre Tochter gehört zur kommenden Generation, und sie bringt in Ihre Beziehung eine andere Perspektive ein als die, die Sie gewohnt sind. Sie können von ihr lernen und von ihrer Erfahrung profitieren. Sie kann Ihnen unschätzbaren Rat, Trost und Hilfe zuteil werden lassen.

Die eigenen Erwartungen und das Leben der Tochter

Unsere Töchter sind Adressaten unserer Träume, unserer bewußten und unbewußten Erwartungen. Wir haben, wie es Phoebe Kazdin Schnitzer ausdrückt, »die Erwartung der Ähnlichkeit« und gehen davon aus, daß unsere Töchter unsere Wertvorstellungen, unseren Geschmack und unsere seelische Veranlagung teilen. Wir erwarten, daß unsere Töchter dasselbe wie wir tun – nur besser – und daß sie an unserer Stelle tun, was wir gerne getan hätten, aber nie geschafft haben.

Wenn Sie und Ihre Tochter wie selbstverständlich aufeinander abgestimmt handeln, bestimmte Werte teilen und einen ähnlichen Lebensstil wählen, kann das eine Bereicherung für Ihr Leben sein. Die Schauspielerin und Schauspiellehrerin Carol Rusoff erzählte uns: »Meine jüngere Tochter Annie schrieb letztes Jahr eine größere Arbeit über Mythen und Legenden für Kinder, ein Thema, wofür auch ich mich sehr interessiere, und meine andere Tochter ist Lehrerin und verwendete meine ganzen Aufzeichnungen über Kindertheater für ihren Unterricht, und ich dachte: ›Das ist wie ein Teil von mir. Das macht mich sehr glücklich.‹«

Wenn Sie und Ihre Tochter im Wesen aber sehr verschieden sind oder die Tochter bestimmte Entscheidungen aus Trotz zu fällen scheint, kann der Mutter ihr Handeln wie ein Betrug vorkommen. Wie eine Mutter es formulierte, die noch immer unter einem schlimmen Streit mit ihrer Tochter litt: »Da ist diese unsichtbare Nabelschnur, die dich mit deiner Tochter verbindet. Man kann ihre Gefühle verstehen, und man möchte ihr so gerne durch schwere Zeiten helfen. Wenn man eine Tochter hat, dann ist das gleichzeitig aber auch so, als würde man selbst eine zweite Chance bekommen, die Fehler, die man früher einmal gemacht hat, wiedergutzumachen. Wenn sie Erfolg im Leben hat, ist es so, als würde das alles, was man als Mutter geleistet hat, rechtfertigen. Verläuft ihr Leben aber anders, als man es sich vorgestellt hat, hat man ein zweites Mal im Leben versagt.«

Im Laufe unserer Interviews hörten wir Geschichten von hohen Erwartungen, die in Erfüllung gegangen waren, und solche von Frauen, die das schmerzhafte Gefühl hatten, daß alles im Leben der Tochter den Träumen der Mutter zuwiderläuft. Manchmal spürten diese Frauen, daß ihre Erwartungen an die Töchter und an das Verhältnis zu ihr unrealistisch waren, aber sie brachten es nicht fertig, ihre Hoffnungen fahrenzulassen und die Realität zu akzeptieren.

Es ist nicht möglich, Kinder großzuziehen und keine Wünsche mit ihnen zu verbinden. Genausowenig ist es möglich zu verhindern, daß man die eigenen Vorstellungen über die verschiedensten Dinge im Leben allein dadurch vermittelt, wie man handelt und spricht, welchen Hund oder welches Auto man besitzt – ganz abgesehen von den expliziten Äußerungen, mit denen man seine Moralvorstellungen klarmacht. Familien geben über Generationen hinweg eine ganze Reihe von Erwartungen weiter – Erwartungen hinsichtlich Geldes und Macht, hinsichtlich eines vermeintlichen Vorranges von Söhnen gegenüber Töchtern, der Geburtenfolge oder der Rolle, die Kindern zugewiesen wird, weil sie einer Tante oder einem Onkel ähneln.[1]

Die Frauen, mit denen wir gesprochen haben, erzählten uns, daß ihre Erwartungen an die Erstgeborenen oft am höchsten waren. Oder an das erste Mädchen. Shirley Strum Kenny hatte schon vier Söhne, als ihre Tochter Sarah geboren wurde. »Als mein jüngster Sohn zwölf Jahre alt wurde und verrückt zu spielen begann, fragten sich alle, was mit ihm los sei, und wir kamen dann zu dem Schluß, daß er diese typische Phase eines

Zwölfjährigen durchmache. Aber bei Sarah war das anders. Als Sarah in dieses Alter kam, fühlte ich mich so sehr mit ihr verbunden, daß ich erwartete, sie würde genauso auf bestimmte Dinge reagieren wie ich in dieser Zeit. Aber sie tat es nicht und tut es bis heute nicht. Es war sehr schwierig für mich, bis ich mich damit abgefunden hatte.«

Arlen M. und ihr Mann bekamen zuerst zwei Töchter und dann einen Sohn. Arlen ist heute klar, daß von Martha, der Ältesten, immer erwartet wurde, ein »gutes Mädchen« zu sein, und das hieß, alle Erwartungen ihrer Eltern zu erfüllen. Harper, die zweite Tochter, hatte mehr Freiheiten. Wie Arlen erzählt: »Harper ist das Kind, das nachts ein Kopfkissen unter die Bettdecke steckt und zu einer Party abhaut. Wir waren ihr gegenüber nie so streng wie bei Martha. Wenn ich zurückblicke, wünschte ich, wir hätten Martha nicht so unter Druck gesetzt. Könnte ich bei einem meiner Kinder noch einmal etwas anders machen, dann bei Martha. Sie steht zu sehr unter Spannung, und ich denke, das ist zum Teil unsere Schuld. Sie war dasjenige unserer Kinder, das zuallererst immer das machte, was von ihm erwartet wurde. Sie ist das typische erste Kind. Vom ersten Tag an tat sie widerspruchslos, was wir ihr sagten.

Freitagabend kam immer ›Dallas‹ im Fernsehen«, erzählt Arlen, »und Jerry verbot den Kindern strikt, die Sendung anzusehen. Einmal, da war Martha wohl in der fünften oder sechsten Klasse, übernachtete sie mit ein paar anderen Kindern bei einer Freundin. Da klingelte bei uns das Telefon. Martha war dran, die ihren Vater sprechen wollte. Sie sagte: ›Du, alle anderen gucken »Dallas«, muß ich jetzt aus dem Zimmer gehen?‹ Ich hab gedacht, ich faß es nicht. Mir wäre doch nicht im Traum eingefallen, das Zimmer zu verlassen, weil ›Dallas‹ läuft. Ich wäre einfach sitzengeblieben und hätte meinem Vater nichts davon erzählt. Harper hätte das auch so gemacht. Ich glaube, wir haben von Martha viel zuviel erwartet – zum Beispiel, ›Dallas‹ nicht zu schauen. Aber was soll das? Ist es schlimm, wenn man nicht immer brav und artig ist? Wenn man mal eine Zwei statt 'ner Eins schreibt? Wenn man sich für Soziologie statt Chemie entscheidet? Ich denke, wir hatten zu große Erwartungen, und es war nicht ihre Art, dem zu widersprechen.«

AUS MARILYNS TAGEBUCH, 31. AUGUST 1995

Nach den Gesprächen mit Marianne Collins und Shelagh C. in Rockville Centre. Während wir auf den Zug warteten, kamen Susan und ich wieder darauf zu sprechen, wie überkritisch wir beide sind und wie zufrieden und einverstanden diese Frauen offensichtlich mit ihren Töchtern waren und die Töchter mit ihnen. Susan überlegte, ob das vielleicht mit ihrem starken Glauben zusammenhänge, wie im Fall dieser beiden Frauen dem Katholizismus. Sie scheinen nicht besonders ehrgeizige Ziele für sich oder ihre Kinder zu verfolgen, sie scheinen das Gegebene eher zu akzeptieren. Während wir noch immer unglaublich ehrgeizig sind und uns selbst und unseren Kindern riesige Leistungen abverlangen.

Die, die uns unsere Eltern abverlangten. Wir mußten arbeiten, um von ihnen Anerkennung zu erhalten. Es gefiel ihnen besonders gut, wenn wir etwas taten, das nicht nur für sich Wert hatte, sondern darüber hinaus ein gutes Licht auf sie warf. Mein Bedürfnis, freundlich und gewinnend allen Leuten gegenüber aufzutreten, muß seinen Ursprung im Verhalten meiner Mutter von meiner frühesten Kindheit an haben. Es hätte schlimmer sein können, man hätte mich zwingen können, Klavierspielen zu lernen, oder, Gott steh uns bei, Ballett oder so etwas. Glücklicherweise durfte ich das tun, was ich konnte – schlau sein.

Ich glaube, ich hatte dasselbe von Kate erwartet, und als sie klein war, wurde sie dieser Erwartung auch gerecht – sie konnte schon sehr früh sprechen. Aber als sie mit ungefähr drei Jahren anfing zu fremdeln und schüchtern zu werden, machte mich das wütend, weil ich wollte, daß sie selbstbewußt ist und nicht ängstlich. Ich glaube, daß ich immer noch manchmal möchte, daß sie entschiedener auftritt. Kore tut das dafür um so mehr. Es scheint in ihrem Wesen zu liegen und muß durch meine ständige Bestätigung noch verstärkt worden sein.

Wir haben schon über Situationen gesprochen, in denen die Wünsche einer Mutter für ihre Tochter mit den Entscheidungen kollidieren, die diese trifft. Was zeigen die Streitereien über die Lebensweise und Gewohnheiten einer jungen Frau oder die Wahl ihres Partners anderes als die Nichtübereinstimmung von Erwartungen? In ein paar Interviews allerdings standen die Erwartungen der Mutter, wie die Tochter ihr Leben führen würde und inwieweit die Tochter diese Erwartungen erfüllte oder nicht, im Mittelpunkt.

Wenn sie Ihre Erwartungen erfüllt

Wir trafen Nancy Hernandez während ihrer Mittagspause am Lincoln Hospital in der South Bronx, wo sie für die Verwaltung von sechzehn ambulanten Krankenstationen zuständig ist. Nancy wurde vor fünfundvierzig Jahren in Puerto Rico geboren, lebt aber seit frühester Kindheit in New York. Kurz nach ihrem Abschluß an der High-School heiratete sie. Sie bekam die erste ihrer drei Töchter mit zweiundzwanzig, im selben Jahr begann sie für die städtische Krankenhausverwaltung zu arbeiten. Nancy ist gerade dabei, ihre Diplomarbeit über die Verwaltung im Gesundheitswesen am Lehman College in der Bronx abzuschließen. Sie und ihr Mann leben in der Nähe des Krankenhauses, in einer Gegend, die sie als »drogenverseucht« beschreibt, »überall auf den Straßen begegnet man Alkohol- und Drogenmißbrauch und Gewalt«.

Nancy tat schon früh für ihre Kinder alles in ihrer Macht Stehende, um ihnen den Weg zu ebnen. Sie legte großen Wert darauf, daß sie eine Ausbildung bekamen. Sie ermöglichte ihrer ältesten Tochter den Besuch einer der besten Privatschulen der Stadt. Sie kämpfte darum, daß alle drei in besondere Bildungsprogramme aufgenommen wurden. Nach der Schule und an den Wochenenden nahm sie sie mit in Museen und ließ ihnen Musik- und Tanzunterricht geben – »alles, um sie von ihrer Umgebung fernzuhalten«, sagt sie. Nancy erklärte ihren Töchtern: »Ich möchte nicht, daß ihr dasselbe durchmachen müßt wie ich – mit zwanzig zu heiraten, zwei Jahre später ein Kind zu bekommen, die Ausbildung nicht abschließen zu können. Ich hätte schon vor langer Zeit meinen Collegeabschluß machen sollen, und nicht erst jetzt, in meinem Alter. Ihr seid jung. Ich möchte, daß ihr eure Ausbildung beendet, solange ihr noch jung seid, und nicht erst, wenn ihr in den Vierzigern seid, weil es euch jetzt wesentlich leichter fällt. Zuerst gehe ich in die Arbeit, nach der Arbeit in die Seminare und dann nach Hause – und die ganze Lernerei, o Mann! Ich stehe morgens um fünf Uhr auf und setz mich hin zum Lernen. Ihr sollt es besser haben, ihr sollt euren Abschluß machen, ohne daß euch jemand dabei stört.«

Nancys Mann findet es gut, daß Nancy noch einmal aufs College geht, aber er tut nichts, um sie zu unterstützen. »Er ist altmodisch, ein richtiger Macho. ›Ich bin der Mann, du bist die Frau. Du kümmerst dich um die Kinder, gibst ihnen zu essen und ziehst sie auf. Ich bin da, wenn du mich brauchst, ansonsten mußt du allein zurechtkommen.‹ Ich war also eigentlich Mutter und Vater für meine Kinder, auch wenn er da war.«

Auch Nancys Mutter war sehr traditionell, was die Kindererziehung anging. Sie war zwar liebevoll, aber ihre strengen Verhaltensregeln machten es Nancy unmöglich, mit ihrer Mutter über Dinge zu sprechen, die ihr wichtig waren. Nancy wollte sich mehr auf ihre Kinder einlassen und eine engere Beziehung zu ihnen haben. »Ständig habe ich Bücher darüber gelesen, wie man den Kindern eine gute Mutter sein oder es zumindest versuchen kann. Und als ich dann wieder aufs College ging, hatten wir noch mehr gemeinsam.« Sie fragt ihre Töchter nach ihrer Meinung und achtet sie. »Wenn Yesenia und Veronica zu Hause sind, reden wir über aktuelle Themen, wie Politik, unser Viertel, was mit der Jugend heutzutage los ist, Drogen, Alkoholismus. Yesenia spricht mit mir über meine Arbeit, sie meint, ich sollte irgendwo arbeiten, wo ich mehr verdiene.

Ich bin sehr eng mit drei anderen Frauen im Krankenhaus befreundet, die im Sozialdienst arbeiten und daher ständig in unserem Viertel unterwegs sind. Sie erzählen mir oft von ihrer Arbeit mit jungen Leuten, und ich spitze dann immer die Ohren. Was ich gelernt habe, ist, daß man den Tatsachen ins Auge blicken, sich mit den Kindern zusammensetzen und mit ihnen reden muß. Meine Kinder sagen: ›Du warst immer für uns da. Du hast unsere Entscheidungen mitgetragen. Als wir weggingen, um das College zu machen, hast du geweint, aber nicht nein gesagt. Du warst da, als wir dich brauchten, und wenn wir jetzt für dich da sind, können wir dir davon nur einen kleinen Teil zurückzahlen.‹«

Nancys Töchter haben ihre Erwartungen übertroffen. Yesenia macht gerade ihren Abschluß in Wirtschaftswissenschaften. Letzten Sommer bekam sie eine sehr begehrte Praktikumsstelle an der Wall Street. Veronica ist im dritten Collegejahr. Sie hat vor, in amerikanischer Kulturgeschichte zu promovieren, und hat bereits ein Stipendium für die Universität in der Tasche. Die jüngste Tochter Omara geht auf dasselbe College wie Veronica. Omara möchte Meeresbiologin werden. »Als sie noch Kinder waren«, erzählte uns Nancy, »dachte ich, wenn sie die High-School abschließen, wär's das. Man muß sich nur mal das Viertel ansehen, in dem wir leben. Aber sie haben weitergemacht. Ich kann mir vorstellen, daß die Leute einmal zu ihnen aufsehen werden. Und daß sie etwas verändern können, vielleicht nicht besonders viel, aber immerhin etwas. Und darauf kommt es an. Ich bin wirklich sehr stolz auf sie. Ich weiß nicht, ob sie wissen, wie stolz ich auf sie bin. Mir geht das Herz auf, wenn ich sie sehe. Selbst wenn sie manchmal etwas frech sind, denke ich, na ja, das muß eben so sein. Sie können nicht perfekt sein, schließlich sind sie keine Engel.«

»Offen gesagt, glaube ich, daß man diese Welt in einem besseren Zustand hinterlassen muß, als man sie vorgefunden hat, und das denke ich, erreicht man über seine Kinder. Seine Nachkommenschaft. Daher wollte ich, daß meine Kinder ihr Bestes leisten«, sagt Geneva Leazer, Abteilungsleiterin in einer Textilfabrik in North Carolina. Geneva und ihre neun Geschwister wurden von den Großeltern aufgezogen. »Ich kam aus einer sehr armen Familie und wollte es zu etwas bringen. Nach der Schule arbeitete ich in einem Haushalt, putzte und kümmerte mich um die Kinder. Und ich dachte, Mensch, warum kann ich nicht ein solches Leben haben wie die? Ich schmiedete ständig Pläne, wie ich so schnell wie möglich wegkommen konnte. Eigentlich wollte ich Ärztin werden, aber es war mir klar, daß das nicht möglich war, weil ich niemanden hatte, der mir die Schule und das Studium zahlte. Aber im Grunde genommen gibt es keine Entschuldigung – man kann alles werden und machen, wenn man es nur versucht.«

Geneva heiratete sehr jung den Enkel eines angesehenen Farmers aus der Gegend. Sie haben zwei Kinder, John jr., heute fünfunddreißig, und Mary, fünfundzwanzig. Als John jr. vier Jahre alt war, suchte sich Geneva eine Stelle in einer Textilfabrik, die gerade angefangen hatte, Schwarze auch für andere Arbeiten als den Wachdienst einzustellen. »Ich war eine der ersten Schwarzen, die sie in der Fertigung einstellten. Was mußte ich alles tun, nur um genommen zu werden! Ich wurde Ausbilderin und dann Vorarbeiterin. Als man mir den Posten einer Vorarbeiterin gab – als erster Schwarzen –, kündigte die ganze

Abteilung. Nach drei Jahren wurde ich ohne Grund zurückgestuft und wieder an die Maschine gestellt. Mir wurden Leute vor die Nase gesetzt, die noch nicht einmal so lange dort arbeiteten wie ich. Der Personalleiter wußte das und sagte hinter vorgehaltener Hand zu mir, daß er das nicht richtig fände. Ungefähr drei Monate später war ich wieder Vorarbeiterin. Dann wurde ich Gruppenleiterin, und dann wurde mir die ganze Abteilung unterstellt. Egal, was sie mit mir machten, ich war entschlossen zu bleiben. Und ich bin immer noch da, nach einunddreißig Jahren.«

Geneva schwor sich, daß ihren Kindern solche Erfahrungen erspart bleiben sollten. »Keines meiner Kinder soll jemals in einer Textilfabrik arbeiten, und wenn, sind sie selber schuld. Ich habe darauf geachtet, daß sie eine Ausbildung bekommen. Ich bin überzeugt davon, daß eine Ausbildung wahrscheinlich das Wichtigste ist, was man haben kann, außer der Selbstachtung, und zu der kann wiederum eine Ausbildung verhelfen, denke ich.

Ich glaube an Leistung. Ich seh das so: Wem viel gegeben wird, von dem wird auch viel verlangt.« Ihr Sohn John jr. war einer der ersten schwarzen Studenten auf dem Davidson College. Er setzte sein Studium an der University of Pennsylvania fort und hat dort in Chemie promoviert. Inzwischen arbeitet er in der Forschungsabteilung von Merck in der Nähe von Philadelphia. »Und Mary – Gott hat auch sie mit Intelligenz gesegnet. Ich wollte, daß sie richtig gut ist. Wenn es bei ihr nicht zu mehr gereicht hätte, hätte es mir vollkommen genügt, wenn sie durchschnittliche Noten nach Hause bringt. Aber ich wußte, was in ihr steckt, ich wußte, daß sie viel lernt, und deshalb erwartete ich die besten Noten. Sie mußte nie Geschirr spülen, sie mußte mir nie beim Putzen helfen. ›Ich will nicht, daß dich irgend etwas daran hindert, gute Leistungen zu erbringen. Ich will einfach die besten Noten sehen.‹«

Marys Notendurchschnitt im letzten Jahr am Davidson erfüllte alle Erwartungen ihrer Mutter, und ihren Abschluß machte sie mit Auszeichnung. Nachdem sie ein Jurastudium an der University of North Carolina absolviert hatte, bekam sie eine Stelle bei der Staatsanwaltschaft in Mecklenberg County, wo die Familie lebt. Mary heiratete den Mann, mit dem sie schon auf dem College zusammengewesen war, während ihres zweiten Jahres an der juristischen Fakultät. Kurz nach ihrer Hochzeit schrieb sie einen Brief an ihre Mutter, den diese uns voller Stolz zeigte:

»Jetzt, wo ich älter werde, merke ich, daß ich sehr oft an dich denke. Ich möchte dir dafür danken, daß du mir immer eine so wunderbare Mutter gewesen bist. Die Menschen neigen dazu, einen Blick zurück auf ihr bisheriges Leben zu werfen, wenn wichtige Veränderungen in ihrem Leben stattfinden. Das war auch bei mir so, als ich geheiratet habe. Blicke ich auf mein Leben zurück, dann bist du das Stärkste, Liebevollste, Schönste und Mutigste, was mir begegnet ist – meine Mutter.«

Geneva streitet nicht ab, daß es auch Zeiten gab, in denen sich ihre Erwartungen und Marys Bedürfnisse nicht entsprachen. »Ich war sehr aufgebracht, als die Geschichte mit Mike begann. Ich war mit ihm nicht einverstanden und hatte Angst, daß er sie ablenkt, weil ihre Noten absackten, nachdem sie ihn kennengelernt hatte. Ich fuhr sofort zu ihr ins College und erklärte ihr: ›Du kannst nicht zwei Sachen auf einmal tun, weißt du, du kannst nicht eine Beziehung haben und gleichzeitig gute Noten kriegen.‹ Und dann habe ich ihr noch gesagt, daß ich nicht möchte, daß sie ihn weiterhin trifft. Sie verteidigte sich und meinte: ›Wenn Mike nicht willkommen ist, dann bin ich es auch nicht ...‹ Da gab ich nach. Kurz darauf schrieb sie mir einen Brief und versprach, sie würde wieder besser werden, und sie bekam dann auch wieder gute Noten.

Er war die ganze Zeit um sie herum. Und inzwischen ist er für mich wie ein eigener Sohn, er hat mein Herz erobert. Ich denke, sie hat ihn sich ausgesucht, weil sie die Stärkere von beiden ist. Er liebt sie sehr, und solange sie mit ihm zusammen ist, mache ich mir keine Sorgen. Ich weiß, Mike würde alles tun, um Mary zu beschützen. Ich kann mir ganz sicher sein, daß sie beschützt und geliebt wird.«

Mary und Mike überlegen, ob sie ein Haus auf dem Grundstück hinter dem Haus ihrer Eltern bauen sollen. »Du meine Güte, wir haben schon alles durchgeplant. Wenn Mary Kinder bekommt, werde ich in Rente gehen und die Enkel hüten. Marys Großmutter hatte sie bei sich, als ich arbeitete. Sie wird mir etwas zahlen – vielleicht 50 Dollar in der Woche. Dann hätte ich ein Taschengeld.« Geneva hat schon genaue Vorstellungen von der Zukunft ihrer Enkel und davon, was sie für sie tun will. »Ich kann sie zum Fischen und Bootfahren mitnehmen. Und dann sollen meine Enkel nach Harvard oder Oxford gehen, nicht aufs Davidson. Warum soll man nicht nach den Sternen greifen?«

Geneva war es möglich, ihre Träume auf ihre Tochter zu übertragen, ohne sie dadurch zu verschrecken. Auch Nancy Hernandez' Töchter schienen die Erwartungen der Mutter eher als einen Beweis dafür zu verstehen, daß ihnen ihre Mutter zutraut, sich durchzusetzen, denn als eine Bürde, die sie zu tragen haben. Wie haben es diese Frauen geschafft, die Nähe zu ihren Töchtern aufrechtzuerhalten, ohne sich in einer für die Tochter unerträglichen Weise einzumischen? Wie haben sie das fertiggebracht, woran so viele andere Mütter scheitern?

Zunächst muß man bedenken, daß in den Vereinigten Staaten eine gute Ausbildung für Angehörige von Subkulturen eine Möglichkeit darstellt, Zugang zu der herrschenden Gesellschaft zu bekommen.[2] Für Farbige macht eine gute Ausbildung oft den Unterschied zwischen bloßem Überleben und sozialem Aufstieg aus. Viele afroamerikanische Familien haben besonderen Wert darauf gelegt, daß ihre Töchter eine Ausbildung erhalten, um nicht als Hausangestellte arbeiten gehen zu müssen.

Für junge schwarze Frauen stellt eine Ausbildung den sichersten Weg zu einem erfüllten und unabhängigen Leben dar. Unsere Gesellschaft steht ehrgeizigen farbigen Frauen eher als Männern afro- oder lateinamerikanischer Herkunft offen, weil man meint, daß Männer die herrschenden Verhältnisse eher in Frage stellen. Latino-Mütter haben genauso wie afroamerikanische Frauen gemerkt, daß ihre Töchter mit höheren Einkommen und sozialem Status belohnt werden, wenn sie eine gute Ausbildung hatten.

Aber jenseits dieser ethnischen Besonderheiten sind die Geschichten, die uns Nancy und Geneva erzählten, für jede Mutter von Interesse. Die Töchter dieser beiden Frauen scheinen nicht stellvertretend für ihre Mütter leben zu müssen. Sie hatten selbst Erfolg, sie haben den Respekt von Freunden und Kollegen gewonnen und sind stolz auf das, was sie selbst erreicht haben. Die Töchter haben gesehen, daß die harte Arbeit der Mütter belohnt wurde, und konnten selbst wiederum Nutzen daraus ziehen. Wenn Nancy und Geneva von den Zielen für ihre Kinder sprechen, dann nicht als Frauen, deren eigene Ambitionen ständig durchkreuzt worden wären. »Es ist wahr, der eigene Erfolg macht es einer Mutter leichter, zufrieden zu sein. Sie hat dann ein erfülltes Leben und braucht nicht jemanden, um überhaupt Befriedigung empfinden zu können«, sagt Raquel Limonic, die als Psychologin im Rahmen des Latino Mental Health Program der psychiatrischen Abteilung am Cambridge Hospital und der Harvard Medical School tätig ist.

Wir sprachen mit Limonic und ihrer Kollegin Margarita Alvarez über die besonderen Probleme, denen Immigrantinnen und Frauen aus Minderheiten gegenüberstehen, wenn ihre Töchter sich in die herrschende Kultur integrieren. Die Gefahr für diese Mütter besteht darin, so Alvarez und Limonic, daß sie den Eindruck haben, ihre Töchter weisen im gleichen Maße, in dem sie sich assimilieren, sie und ihre Werte zurück. Die Töchter wiederum, die sich der herrschenden Kultur anpassen, haben oft das Gefühl, daß ihr Erfolg auf Kosten der Beziehung zu ihren Müttern geht. Aber Nancy Hernandez und Geneva Leazer machten auf uns nicht den Eindruck, als ob sie sich durch diese Veränderung bedroht fühlten. Nancy Hernandez hat einen ganz normalen Beruf ergriffen und die Werte der herrschenden Kultur übernommen und blieb trotzdem weiterhin in ihrer Gemeinschaft verwurzelt. Der Erfolg ihrer Kinder und ihre kulturelle Assimilation sind für sie die Fortführung des von ihr eingeschlagenen Wegs. Sie hat keine Angst, daß sie selbst dabei auf der Strecke bleibt. Und da die Töchter die Wertvorstellungen ihrer Mutter internalisiert haben, haben sie wahrscheinlich nicht das Gefühl, daß ihr Erfolg die Beziehung zu ihr gefährdet. Bei afroamerikanischen Frauen wie Geneva und Mary Leazer wiederum, so behauptet die Forschung, wird die Beziehung zwischen Mutter und Tochter aufgrund der Unterdrückung durch die Gesellschaft noch gestärkt, und Spannungen fallen weniger ins Gewicht, weil die Töchter gesehen haben, wie die herrschende weiße Kultur ihre Mütter behandelt hat und sie denselben Druck spüren.[3]

Und schließlich wurde in den Gesprächen mit Nancy und Geneva sehr deutlich, daß sie ihren Töchtern das Gefühl gaben, geliebt und unterstützt zu werden, selbst wenn die Töchter Entscheidungen trafen, über die die Mütter nicht glücklich waren. Geneva revidierte ihre Meinung über Mike, als Mary ihr zu verstehen gab, wie ernst es ihr mit ihm war. Nancy sprach von ihrer Bereitschaft, die Meinung ihrer Töchter gelten zu lassen, und zeigte Verständnis und Interesse gegenüber Problemen, die diese Generation berührten. Sie zeigte sich tolerant gegenüber gesellschaftlichen Verhaltensformen, die nicht den eigenen Vorstellungen entsprechen. Wie groß die Erwartungen dieser Mütter auch waren und noch sind, sie scheinen nie die Eigenständigkeit ihrer Töchter aus den Augen verloren zu haben.

Wenn sich die Erwartungen einer Mutter zerschlagen

Was passiert, wenn eine Tochter die Erwartungen ihrer Mutter nicht erfüllt? Wenn der »Anspruch der Ähnlichkeit« die Beziehung zu sehr belastet? Zwei Frauen, die wir interviewt haben, konnten über nichts anderes als ihre Enttäuschung und ihre Bestürzung darüber sprechen, daß ihre Töchter, um die sie sich so gekümmert hatten, sich ganz anders entwickelten, als sie gehofft hatten.

Lois A. und ihr Mann Phil leben in St. Louis. Ihr einziges Kind Karen, vierunddreißig, ist Anwältin in Boston. Die drei sind eng miteinander verwoben. Karen war immer eine gute Studentin. Nachdem sie ihren Abschluß an der Northwestern gemacht hatte, bestärkten ihre Eltern sie darin, Jura zu studieren. Lois ist Versicherungsmaklerin und hat gearbeitet, seit ihre Tochter drei Jahre alt war. Sie und Phil waren fest davon überzeugt, daß Karen in diesem Alter schon längst mit einem Kollegen verheiratet und damit beschäftigt sein müßte, Beruf und Mutterschaft unter einen Hut zu bekommen. Sie hatten vorgehabt, eine Wohnung in Vail zu kaufen, um ihre Enkel in der Nähe zu haben.

Statt dessen ist Karen noch immer nicht verheiratet, in ihrem Beruf unzufrieden und unglücklich, weil sie weiß, daß sie ihre Eltern enttäuscht hat. Lois erkennt ihre eigenen unerfüllten Hoffnungen in Karens Leben wieder und fühlt sich verantwortlich dafür. Sie ist auch enttäuscht, daß ihr Verhältnis nicht besser ist. »Unsere Beziehung steht auf sehr wackeligen Füßen. Wir achten bei jedem Wort darauf, was wir sagen. Meistens weiß ich nicht, was sie wirklich von bestimmten Dingen hält.« Obwohl es Augenblicke gibt, in denen sie sich selbst durchschaut – und dann auch über sich lachen kann –, scheint Lois nicht fähig zu sein, das Gefühl loszuwerden, als Mutter versagt zu haben.

Lois' größte Sorge besteht darin, daß Karen im Moment keine Beziehung hat und sich früher anscheinend immer für Partner entschied, mit denen Lois nicht einverstanden war. »Das erste Mal, als sie mir von Karl erzählte, hielt sie sich sehr bedeckt, aber mit der Zeit bekam ich mehr aus ihr über ihn heraus. Und wissen Sie was? Sie hatte ganz genau gewußt, ich würde mich seinetwegen aufregen, weil er nicht gebildet ist. Das störte mich am meisten an ihm. Karl war Automechaniker. Ein paarmal haben wir uns gesehen. Ich weiß, ich höre mich wie ein Snob an, aber er war wie aus einer anderen Welt. Er stammte aus einer kleinen Stadt in New Hampshire und schien aus einer ziemlich kaputten Familie zu kommen. Die Eltern hatten keine besonders gute Beziehung, und seine Schwester war unglücklich verheiratet. All das bereitete mir Kopfzerbrechen. Und dann fand ich ihn auch nicht besonders nett. Ich hatte mir vorgenommen, nichts zu sagen, aber schließlich kam es doch raus. Auch später, als sie sich schon getrennt hatten, blieb eine unterschwellige Spannung zurück, weil sie wußte, daß ich nicht gerade glücklich über die ganze Beziehung gewesen war.«

Der nächste Freund von Karen war Polizist. »Ich sagte zu Karen: ›Ein Mechaniker und ein Polizist. Wo treibst du die nur immer auf?‹, und ich habe mir überlegt, wen sie wohl als nächstes anschleppen würde – vielleicht einen Feuerwehrmann?« Lois lernte den Polizisten nie kennen, und sie weiß nicht genau, warum die Beziehung zu Ende ging. »Ich kenne die oberflächlichen Gründe. Er kam mit ihren Freunden nicht zurecht und war irgendwie ein Geizkragen. Karen ist wirklich nicht snobistisch, aber er nahm immer den Kassenzettel aus dem Supermarkt mit und rechnete jeden Pfennig nach.«

Es ist nicht klar, warum es mit Karens Liebesleben nicht klappt. Vielleicht hat sie bislang einfach Pech gehabt. Wie dem auch sei, die Wahl ihrer Männer, die nicht ihrem beruflichen oder ihrem Bildungsniveau entsprechen, legt nahe, daß sie entweder zuwenig Zutrauen in ihre eigenen Stärken und ihren eigenen Wert hat, oder es besteht ein Zusammenhang mit den Erwartungen ihrer Eltern. Genau diesen Zusammenhang meint Lois zu erkennen. Sie glaubt, daß ihre Tochter Männer mit demselben Bildungsniveau ablehnt, weil das ihren Eltern sehr wichtig ist. Doch wenn Karen mit einem Mann aus einem anderen Milieu zusammen ist, spürt sie selbst, daß ihr etwas fehlt. Lois sagt: »Ich habe nur Dinge getan, die meine Eltern glücklich gemacht haben. Ich heiratete einen Mann, wie sie ihn sich für mich gewünscht hatten. Meine Eltern hatten vorher sogar die Beziehung mit einem Jungen hintertrieben, mit dem ich im College befreundet war. All das behielt ich bei Karen immer im Gedächtnis. Ich habe ihr nie gesagt: ›Ich erwarte von dir, daß du dieses oder jenes tust‹, wenn es um einen Mann in ihrem Leben ging. Aber sie muß es gespürt haben, da sie zögerte, mir von dem Polizisten zu erzählen.«

Im Moment hat Karen keinen Mann. Sie hat zu ihrer Mutter gesagt, daß sie bereits jeden Mann in Boston kennengelernt habe, der überhaupt in Frage käme. Mutter und Tochter fangen an, die Möglichkeit in Betracht zu ziehen, daß Karen vielleicht nicht heiraten wird. »Es ist nicht wegen ihres Alters«, sagt Lois, »vielmehr geht es darum, welchen Platz sie sich selbst zuweist.« Am Abend vor unserem Gespräch, sagt Lois, habe Karen sie gefragt, was sie uns erzählen werde: »›Du kannst nicht über deinen Schwiegersohn sprechen oder über deine Enkelkinder‹, darüber sprechen die meisten Leute meines Alters, deren Töchter verheiratet sind. Es ist sehr interessant für mich, meine Freundinnen zu beobachten, die Töchter haben – plötzlich sind sie die besten Freundinnen, weil sie jetzt soviel gemeinsam haben.«

Karen ist nicht besonders glücklich mit ihrer derzeitigen Stelle. Seit einigen Jahren überlegt sie, ob sie zu einer anderen Firma wechseln soll. Lois meint: »Sie mag das ganze Anwaltsgeschäft nicht. Sie mag es nicht, irgendwo auftreten und sich oder die Kanzlei verkaufen zu müssen.« Hat sie mit dem Anwaltsberuf die richtige Entscheidung getroffen? »Als Karen das College beendete, fragten wir sie, was sie tun wolle«, sagt Lois. »Vergessen Sie nicht, daß wir Kinder der fünfziger Jahre sind. Als wir die Schule verließen, war klar, daß wir heiraten oder – im Falle eines Jungen – studieren würden. Mein Schwiegervater war Anwalt, und es stand außer Frage, daß auch Phil Anwalt werden würde. Als Karen beschloß, eine Zeitlang zu kellnern, dachten Phil und ich: ›Und dafür den ganzen Aufwand!‹ Aber dann sagte sie, daß sie vielleicht doch studieren wolle, Geschichte zum Beispiel oder Politikwissenschaften. Und Phil fragte sie: ›Was willst du denn damit anstellen?‹

Wir sind beide mittlerweile der Meinung, daß das der größte Fehler war, den wir je gemacht haben. Ich glaube, sie studierte Jura, weil es sich anbot. Wir haben ihr gegenüber betont, daß das ein richtiger Beruf sei und man am Ende des Studiums sicher sein könne, eine Stelle zu bekommen. Wenn ich alles noch einmal machen könnte, würde ich ihr soviel Zeit lassen, wie sie braucht. Ich rate meinen Freunden, die noch jüngere Kinder haben, sie nicht zu drängen, gleich nach dem College auf die Universität zu gehen. Sie war keine besonders gute Studentin. Ich denke, sie wäre, egal in welchem Fach, besser gewesen, wenn sie diese Atempause gehabt hätte.

Es gibt Dinge, von denen ich weiß, daß ich sie falsch gemacht habe. Als Karen das College verließ, sagte sie zu mir: ›Weißt du Mutter, ich mußte mit dreizehn mit euch nach Frankreich, weil du mit deinen Eltern, als du dreizehn warst, nicht in Frankreich gewesen warst. Und ich mußte durch ganz Amerika reisen, als ich vierzehn war, weil du als Vierzehnjährige nie durch ganz Amerika gereist bist. Und ich mußte mit sechzehn eine Klassenreise nach Europa machen, weil du als Sechzehnjährige keine Klassenreise nach Europa gemacht hast. Aber glücklicherweise‹, sagte sie, ›hast du das College selbst hinter dich gebracht, so daß du das auf deiner Liste schon abgehakt hattest und ich das nicht mehr für dich machen mußte.‹ Sie hat es hingenommen, daß sie in vielerlei Hinsicht stellvertretend für mich gelebt hat, daß ich wollte, daß sie Dinge tut, die ich nie tun konnte.« Indem Lois Karen das Gefühl vermittelte, daß sie – Karen – das Leben leben sollte, das Lois sich gewünscht hatte, nahm sie Karen unglücklicherweise die Fähigkeit, sich an den eigenen Leistungen zu freuen.

»Karen hat hart gearbeitet. Sie wollte immer gute Zeugnisse bekommen, weil sie wußte, daß ihr Vater und ich großen Wert darauf legten. Wenn sie mit neunundneunzig Punkten nach Hause kam, sagte sie: ›Ich wette, ihr wollt wissen, wer die 100 Punkte gemacht hat.‹ Das schlimme ist, daß Phil und ich genauso erzogen worden waren. Unsere Eltern hatte bestimmte Erwartungen und bestimmte Ziele. Wir wußten, was von uns erwartet wurde. Ich dachte, wir würden auf Karen keinen solchen Druck ausüben wie meine Mutter und mein Vater auf mich, aber wir taten es offensichtlich doch.«

Lois ist klar, daß die Erwartungen, die sie und Phil an ihre Tochter stellten, deren Leben stark geprägt haben. Jetzt muß Lois lernen, Karen als den Menschen zu sehen, der sie ist, und sie nicht an den Maßstäben zu messen, die sie und Phil anlegten: Vielleicht heiratet sie einen Mann, mit dem Lois nicht einverstanden ist; vielleicht heiratet sie überhaupt nicht; vielleicht wird sie nie glücklich in ihrem Beruf sein. Lois kann versuchen, die emotionale Kluft zwischen sich und ihrer Tochter zu verringern. Wie die Psychologin Kathy Weingarten meint: »Wenn eine Mutter von ihrer Tochter enttäuscht worden ist oder eine gewisse Distanz zu ihr spürt, geht es darum, die Enttäuschung über das, was nicht möglich ist, hinter sich zu lassen und sich dem zuzuwenden, was möglich ist. Mutter und Tochter können damit anfangen, daß sie ein, zwei Bereiche finden, in denen sie etwas gemeinsam haben, selbst wenn es etwas ganz Nebensächliches ist … eine Unterhaltung über Bücher, die sie gelesen haben, oder über Filme, die sie gesehen haben. Vielleicht verbringen sie gemeinsam ein Wochenende in einer Stadt, in der beide noch nicht gewesen sind. Nähe entsteht durch gemeinsame Erfahrungen, gemeinsame Unternehmungen. Die entscheidende Aufgabe der Mutter ist es, ihre Enttäuschung nicht in den Vordergund treten zu lassen, damit sie ihnen nicht auch die Augenblicke, in denen sie sich nahe sind, verdirbt. Man muß auf das zurückgreifen, was man hat.«

»Sie macht genau das Gegenteil von dem, was ich bin und was ich will«

Während Lois wegen der fehlenden Beziehung zu ihrer Tochter Reue empfindet, ist Mariella F. schlichtweg wütend. Bei unserem Treffen mit Mariella fiel uns auf, wieviel Wut in der Beschreibung der Beziehung zu ihrer Tochter Gabby, siebenundzwanzig, zum Vorschein kam. Mariella ist einundfünfzig Jahre alt und arbeitet als Studienberaterin in New York. Sie und ihr Mann lernten sich in in den sechziger Jahren in Greenwich Village kennen und heirateten. Mariella hält sich noch immer für einen unkonventionellen, politisch denkenden Menschen. Sie ist überrascht und entsetzt, daß Gabby mit jeder ihrer Entscheidungen alles abzulehnen scheint, was ihr selbst wichtig ist. In Mariellas Erzählung tauchte ein bestimmtes Muster auf, sei es, daß sie Gabbys Entscheidungen, was ihr College und ihre Universität betraf, kommentierte oder sich über ihren Beruf, ihren Mann, ihre Hochzeit oder ihren Lebensstil äußerte. Zunächst einmal mokierte sich Mariella über jede einzelne dieser Entscheidungen und verfiel dann in die Klage, wie verletzend sie für sie gewesen wären.

Über Gabbys Wahl eines Colleges sagt Mariella: »Sie wollte an die University of Michigan, was ich für falsch hielt. Sie ist künstlerisch sehr begabt und wäre an einer kleinen liberalen Kunstschule wie Bard oder Sarah Lawrence regelrecht aufgeblüht. Sie war nie glücklich in Ann Arbor, aber sie ging trotzdem hin und wollte unbedingt dort bleiben. Ich war zwanzig Jahre lang Lehrerin an einer High-School – ich hatte schon viele Kinder aufs College geschickt und habe mit ihnen darüber gesprochen, was meiner Meinung nach das Richtige für sie war. Dabei hatte ich immer die Interessen der Kinder im Auge und nicht die ihrer Eltern. Was ich damit sagen will, ist, daß mir immer die Belange der Kinder wichtig waren, und ich war der Meinung, daß ich das bei meiner Tochter auch gemacht habe. Als sie sich dann also entschied, nach Michigan zu gehen, war es so, als ob alles, was mir mein Herz, mein Verstand, mein Bauch sagten, keine Bedeutung für sie hatte.«

Über Gabbys Ehemann urteilt Mariella ebenso harsch. »Er ist der Typ, von dem ich gedacht hätte, sie würde nie auch nur ein Wort mit ihm wechseln – er ist einfach ein Spießer! Aber sie ist sehr glücklich, und ich denke, er tut ihr gut.« In diesem Punkt zumindest vermochte Mariella das Positive an Gabbys Entscheidung zu erkennen. Aber sie kehrte schnell zu ihrer negativen Einschätzung zurück. »Ich glaube, dieser Mann ist schlichtweg nicht fähig, eine Beziehung zu uns aufzubauen. Ich hatte nur ein einziges ernsthaftes Gespräch mit ihm, und ich kenne ihn immerhin schon seit zehn Jahren, seit er neunzehn ist. Ich habe überhaupt keine Beziehung zu dem Jungen. Mein Mann genausowenig. Ich wäre wesentlich glücklicher, wenn unser einziges Kind sich einen Mann ausgesucht hätte, bei dem wir das Gefühl haben, daß er zu uns und unserem Leben gehört. Aber dem ist nicht so. Das ist eine große Enttäuschung für uns.«

Gabby arbeitet seit vier Jahren für ein internationales Medienunternehmen in der Anzeigenabteilung. Mariella sagt, daß sie sich verändern will und nach einer Stelle sucht, die eine größere Herausforderung für sie darstellt und bei der sie ihre Kreativität besser entfalten kann. »Vor ungefähr eineinhalb Jahren«, erzählt Mariella, »arbeitete ich an einem Projekt, das ins Internet gehen sollte, und ich sagte ihr, ich glaube, daß jemand, der gute Internet-Anzeigen machen kann, gerade jetzt hervorragende Chancen habe. Sie ist künstlerisch sehr begabt und sehr kreativ. Und sie interessiert sich sehr für Werbung, für die Gestaltung von Anzeigen. Ich dachte, eine solche Bemerkung kann ja wohl nicht so schlimm sein. Aber, Mann, ich hab vielleicht mein Fett abgekriegt! Ich dachte, ich weiß, was sie will – diese Internetsache ist kreativ, hat mit Werbung zu tun, sie interessiert sich für Technik, es ist angesagt, es ist die Zukunft. Aber sie erwiderte: ›Ich bin an diesem ganzen Zeug nicht interessiert. Ich finde schon was, das ich machen möchte.‹ Sie hat dann einen Abschluß in Marketing gemacht. Immer wieder ermutige ich sie, doch was Neues auszuprobieren, aber dann wird sie sauer und meint, ich würde mich einmischen. Daß ich, wie in diesem Fall, eine Karriere für sie planen würde. Aber darum ging's mir doch gar nicht. Ich hab nur überlegt, was sie tut, was sie nach eigener Aussage mag und was gefragt ist. Ich habe nur versucht, all das miteinander in Verbindung zu bringen und ihr einen Hinweis zu geben. Ich habe das Gefühl, sie lehnt sich dagegen total auf, wenn ich ihr irgend etwas vorschlage. Sie macht genau das Gegenteil von dem, was ich bin und will.«

Nichts verletzte Mariella so sehr wie die Hochzeit ihrer Tochter. Das hat uns nicht überrascht. Bei einer Hochzeit prallen oft die Erwartungen der Mutter und das Selbstverständnis der Tochter aufeinander. Und weil diese Auseinandersetzung auch noch in der Öffentlichkeit geführt wird, steht für beide Frauen sehr viel auf dem Spiel. »Gabby wollte unbedingt eine Hochzeit mit allem Pipapo«, sagte Mariella verwundert. »Ich habe am Strand von Fire Island geheiratet, müssen Sie wissen – eine tolle Party, bei der auf eine sehr persönliche Weise zum Ausdruck kam, wer und was mein Mann und ich sind. Aber sie wollte etwas ganz und gar Traditionelles, und ich kannte natürlich keine einzige dieser Traditionen! Mir war gleich klar, wenn sie so etwas will – ich hatte auch, was ich wollte, so ist es nicht –, würde ich nicht sehr viel dazu beitragen können, weil ich doch keine Ahnung von so was habe. Ich fand's auch irgendwie blöd, mir von diesen Brautzeitungen sagen zu lassen, was man tun soll. Ich hielt mich also weitgehend raus.

Das erste, was sie tat, war, daß sie ein muffiges altes Gasthaus in Connecticut aussuchte. Es hatte keinerlei Bedeutung für uns, keiner von uns war jemals dort gewesen. Das war ja schon mal toll. Und dann wollte sie mit mir zum Einkaufen, um ein Kleid für mich auszusuchen. Es war mir überhaupt nicht in den Sinn gekommen, daß es irgend jemanden etwas anging, was ich anziehen würde. Sie wollte, daß ich so ein rosafarbenes gerüschtes Brautmutterteil trage. Aber das konnte ich nicht. Ich sagte: ›Das mach ich nicht. Das ist ja der reinste Alptraum.‹ Ich hatte so eine tolle Jacke, bestickt mit goldenen und silbernen Perlen, und dazu eine schöne schwarze Seidenhose, die einfach wunderbar und sehr bequem ist – man muß das alles ja den ganzen Tag lang tragen –, und ich sollte mir das von meiner Tochter genehmigen lassen! Und dann mein Mann – das war die andere Sache. Lou hatte noch nie in seinem Leben einen Frack getragen. Wir gingen also zu Barney's, und er kaufte einen sehr schönen Anzug. Schließlich mußte er ja die Braut zum Altar führen. Gabby und ihr Verlobter kamen rüber, und ich zog meine Jacke und die Hose an und Lou seinen Anzug – und sie waren nicht einverstanden. Ich dachte mir, das kann doch nicht wahr sein, was ist denn daran auszusetzen? Aber Lou reagierte sehr gut. Er sagte: ›Okay, es ist dein Tag, ich tue alles, was du willst.‹ Er kaufte sich also einen Frack. Ich hatte keine Lust, loszuziehen und Hunderte von Dollars auszugeben, also änderte sie hier und da etwas an meinem Outfit.«

Mariella vergnügte sich nicht besonders auf der Hochzeitsfeier. »Gabby meint, es wäre die perfekte Hochzeit gewesen. Sie konnte sich nichts Schöneres vorstellen. Ich hatte keine Beziehung dazu. Mir war das alles fremd.« Sie fühlt sich auch in dem Haushalt, den sich die Frischvermählten eingerichtet haben, nicht wohl. »Ich finde es sehr merkwürdig, in ihre Wohnung zu kommen und in einem kompletten Eßzimmer mit Anrichte, Geschirr und dem passenden Tafelsilber zu stehen. Da ist eine Frau, von der ich denken würde, sie habe einen wunderbar eklektizistischen Sinn für tolle und ausgefallene Dinge, aber so ist sie nicht! Genau das Gegenteil! Woher hat sie das? Woher wußte sie, welches Geschirr sie kaufen sollte? Woher wußte sie, wo man eine Eßzimmereinrichtung herbekommt? Wieso gefällt ihr so was? Ich habe oft das Gefühl, sie nicht mehr zu kennen. Das macht mich traurig.«

Während des ganzen Interviews waren Mariellas Befremden und ihr Kummer spürbar. Sie sagte uns immer wieder, wie enttäuscht sie sei, daß sie und Gabby sowenig gemeinsam hatten. Allerdings schien sie keine Ahnung zu haben, warum das so ist – sie war sich des Drucks, den sie auf ihre Tochter ausübt, nicht bewußt. Uns kam es so vor, als würde es Gabby die ständige Kritik nahezu unmöglich machen, Rat von ihr anzunehmen. Der Vorschlag zum Beispiel, daß sich Gabby nach den Möglichkeiten, Werbung fürs Internet zu machen, erkundigen könnte, mag eine gute Idee gewesen sein, aber Gabby lehnte ihn vermutlich ab, weil sie alles, was von ihrer Mutter kommt, als eine Infragestellung ihrer Person empfindet.

Kathy Weingarten erklärt: »Beziehungen zwischen erwachsenen Töchtern und Müttern geraten aus dem Gleichgewicht, wenn die Mutter zu kritisch gewesen ist. Hatte die Mutter an ihrer Tochter zuviel auszusetzen, faßt die Tochter auch ganz unschuldige Bemerkungen der Mutter als Kritik auf. Dann ist alles Gift, was die Mutter sagt. Eine solche Mutter vermag kaum eine Änderung herbeizuführen, weil sie die Entscheidungen ihrer Tochter nicht wirklich achtet. Nichts, was die Tochter macht, wird mit Aufgeschlossenheit oder Interesse betrachtet, geschweige denn mit Zustimmung. Eine Mutter, die an allem etwas auszusetzen hat, hat als Kind vielleicht eine narzißtische Verletzung erfahren, und sie fühlt sich jetzt verletzt, wenn ihre

Tochter nicht alles, was von ihr kommt, akzeptiert. Sie hält sich für einen Menschen mit unangreifbaren Wertvorstellungen und fragt sich dann: Woher hat das Kind das nur?«

Während Mariella ihrem Kummer darüber, wie sich das Leben ihrer Tochter entwickelte, sehr wohl Ausdruck verleihen konnte, schien sie keinen Versuch zu unternehmen, die Gründe für bestimmte Entscheidungen ihrer Tochter zu verstehen. Mariella ist überzeugt davon, daß ihre eigenen linksliberalen, antimaterialistischen Werte – die möglicherweise eine Reaktion auf die Post-Depressions-Zeit waren, in der sie aufwuchs – die einzigen sind, die man überhaupt vertreten kann. Ihre Tochter wuchs aber in einer vollkommen anderen Zeit, mit einer anderen Ideologie auf und stand unter anderem Konformitätsdruck. Doch Mariella stellt Gabby nicht als eine Person dar, die in einem eigenen Umfeld lebt und in einer Welt, in der es viele Einflüsse gibt – eben nicht nur den ihrer Mutter.

Eine solche Kollision der Wertvorstellungen wird dann zum Problem, wenn eine Tochter ihre Mutter darum bittet, etwas zu tun, das dem Selbstverständnis der Mutter zuwiderläuft. Gabbys Hoffnung, daß Mariella ein traditionelles Kleid zu ihrer Hochzeit tragen würde, war so eine Verletzung. Aber Mariella hätte anders reagieren können. Statt trotzig zu sagen: ›Das mache ich nicht‹, hätte sie versuchen können, einen Kompromiß zu schließen, ohne gleich das Gefühl zu haben, ihre Identität stünde auf dem Spiel. Gabby bat ihre Mutter nicht, ein bestimmtes Kleid zu tragen, weil sie wollte, daß ihre Mutter nicht sie selbst ist. Was sie wollte, war, daß die Mutter sich in ihre Vorstellung von einer Hochzeit einfügt, dabei geht es um viel mehr, als die Mutter dazu zu bringen, etwas Bestimmtes anzuziehen. Mariella hätte sagen können: »Ich verstehe ja, daß dir etwas Besonderes für deine Hochzeit vorschwebt und daß ich deshalb etwas tragen soll, was ich normalerweise nicht tragen würde. Ich hoffe, du weißt, ich tue das für dich, weil ich dich liebe. Ich hoffe, du kannst das anerkennen.« Kathy Weingarten meint: »Eine solche Bemerkung würde beiden das Gefühl geben, daß sie eine Abmachung getroffen haben. Daß es für beide, Mutter und Tochter, eine Bedeutung hat. Für mich hat das alles viel mit einem Spiel zu tun, bei dem jeder Spieler die Bedürfnisse des anderen anerkennt und ein Kompromiß nicht gleich bedeutet, daß man seine Integrität verliert.«

»Ich bin der lebende Beweis dafür, daß man sich ändern kann«

In den vergangenen drei Jahren hat Ann Gottlieb zu akzeptieren gelernt, daß ihre fünfundzwanzigjährige Tochter Mara in mancher Hinsicht ganz anders ist, als Ann das gehofft hatte, und sie erkennt inzwischen an, daß dieses Anderssein einen Teil der Person ausmacht, die sie liebt. »Ich bin der lebende Beweis dafür, daß man sich ändern kann«, sagt Ann. »Meine Beziehung zu Mara hat sich vollkommen geändert – zum Besseren.« Es bedurfte eines tragischen Ereignisses, damit dieser Prozeß der Versöhnung in Gang gesetzt werden konnte. »Es ist traurig, daß der Tod ihres Vaters und meines Mannes der Katalysator für diese Veränderung war. Ich brauchte sie damals in meiner Trauer. Und dadurch wurde mir bewußt, was es bedeutete, ihre Mutter zu sein, und zwar so, wie sie sich diese Mutter wünschte. Ich denke, das gilt auch im umgekehrten Fall – auch sie hat sich damit auseinandergesetzt. Damit unsere Beziehung besser wurde, mußte ich sie mit anderen Augen sehen und anders mit ihr umgehen. Ich glaube nicht, daß ich sie als eigenständige Person genug geachtet habe. Lange Zeit wollte ich, daß sie ist wie ich, und sie reagierte darauf mit totaler Ablehnung. Sie machte vieles anders als ich und interessierte sich für andere Dinge, und es dauerte eine Weile, bis ich sie so respektieren konnte, wie sie ist, als eine vollkommen eigenständige Person.«

Ann bekleidet einen verantwortungsvollen Posten in einem Kosmetikunternehmen. Ursprünglich kommt sie aus der Modebranche. Sie zieht sich sehr gut an. Sie ist eine äußerst gutaussehende Frau, der das Äußere offensichtlich viel bedeutet. Mara arbeitete bis zum vorangegangenen Herbst auf einem Polizeirevier und half Frauen, die Opfer häuslicher Gewalt geworden waren. Sie hat gerade begonnen, Sozialarbeit zu studieren. Mara interessiert sich nicht besonders für Mode. Sie meint, daß Anns Interessen oberflächlich sind. »Ich bin ein sehr visuell orientierter Mensch. Zwischen uns gab es immer wieder Reibereien, weil ich mir Gedanken darum machte, wie sie aussah und was sie anzog. Ich würde nicht sagen, daß sich Mara nicht für ihr Aussehen interessiert, aber trotzdem war es zwischen uns ein ständiges Thema. Ich habe schließlich gelernt, meinen Mund zu halten, was ihre Kleidung angeht. Wenn ich meine, daß es nicht schmeichelhaft ist oder daß es nicht zusammenpaßt, sage ich nichts. Es hat lange gedauert, bis ich soweit war, aber sie hat es mir königlich entlohnt – sie ist jetzt viel gelassener.«

Das Verhaltensmuster, das Ann und Mara über die Jahre ausgebildet haben, ist allzu bekannt: eine kritische Mutter, eine wütende, störrische Tochter, beide enttäuscht wegen der Erwartungen an die andere, die keine von beiden formulieren konnte. In ihrem Fall waren der Tod des Mannes und Vaters nötig und das Bedürfnis, sich gegenseitig eine Stütze in der schweren Zeit zu sein, um die Blockade zu durchbrechen. Ann mußte nicht nur lernen, sich in ihrer Kritik zu zügeln, sondern auch Mara zuzuhören und die sie betreffenden Klagen der Tochter zu akzeptieren.

»Sie hat mir sehr dabei geholfen, indem sie mir zeigte, was sie von mir wollte und was ich ihr nicht gegeben hatte – Respekt gegenüber ihren Freunden, Interesse an ihrem Leben –, und das ist immer noch ein großes Thema bei uns. Sie ist lesbisch, was ich natürlich akzeptiere, aber damit sind bestimmte Probleme verbunden, über die wir heute reden.« Daß Ann so selbstverständlich über Maras Liebe zu Frauen spricht, zeigt, daß sie mehr daran gearbeitet hat, die Individualität ihrer Tochter akzeptieren und respektieren zu können, als sie sich selbst wahrscheinlich anzurechnen bereit wäre. Sie respektiert natürlich Maras Bedürfnisse, wenn sie mit einer konkreten Situation in Maras Leben konfrontiert ist, gegen die sie Vorbehalte hat. Maras neueste Liebhaberin ist weniger gebildet und weltgewandt als Mara, und sie ist eine Frau, zu der Ann kaum eine Beziehung hat. Da aber auch Mara Zweifel hat, wieviel ihr diese Beziehung bedeutet, mußte Ann sich nicht mit dem Gedanken abfinden, daß Jan vielleicht für immer das Leben ihrer Tochter teilen würde. »Aber wenn Mara sie lieben würde«, sagt sie, »und der Meinung wäre, daß sie die Richtige ist, wäre es egal, was ich davon halte. Die Beziehung von Jan und Mara müßte unsere ja nicht berühren. Und ich wäre auch eher bereit, Jan zu akzeptieren, wenn klarwäre, daß sie Maras Lebensgefährtin ist, weil ich meine Tochter nicht verlieren möchte.«

Da Ann gegenüber Mara weniger kritisch geworden ist – und Mara ihre Bemerkungen nicht mehr als »Gift« auffaßt, um einen Begriff von Kathy Weingarten zu gebrauchen –, kann Mara die Ratschläge ihrer Mutter zu ihrem Vorteil nutzen. »Wir haben mittlerweile unglaublich großen Respekt voreinander. Deshalb kann ich ihr in Dingen, die ihre Arbeit betreffen, viel eher raten – wie sie mit Vorgesetzten umgehen und in bestimmten Situation verfahren könnte, solche Dinge.« Mara ist auch bereit, Anns Urteil in Modefragen anzunehmen. »Sie bewundert meinen Stil, aber ich will sie auf keinen Fall in eine jüngere Version von mir verwandeln. Wenn ich ihr etwas kaufe, dann nimmt sie meistens meinen Rat an, aber ich möchte nicht, daß sie sich etwas kauft, was sie nicht anzieht. Wir suchen dann einfach so lange weiter, bis wir etwas gefunden haben, was uns beiden gefällt. Aber wenn sie etwas wirklich mag, dann freue ich mich, es ihr schenken zu können, egal ob es mir gefällt oder nicht.«

Ann hat noch immer Träume und Hoffnungen für Mara, aber sie sind durch die klare Vorstellung umrissen, daß Mara eine vollkommen eigenständige Person ist. »Ich würde mich freuen, wenn sie eine Partnerin fände, die genauso neugierig ist und dieselbe Leidenschaft für ihre Arbeit hat wie meine Tochter. Mara will auf jeden Fall mit Frauen arbeiten – sie möchte ihnen in irgendeiner Weise helfen –, und ich hoffe, sie ergreift einmal einen Beruf, der ihr Freude bereitet. Ich weiß, wie wichtig das ist und wieviel Spaß mir das macht. Das Geld ist gar nicht so wichtig. Sie reist gerne, aber eigentlich hat sie keine hohen Ansprüche.«

Ann und Mara haben viel über ihren früheren Kummer gesprochen und den Wandel, den die Beziehung durchgemacht hat. »Ich weiß jetzt, was ich getan habe, und es tut mir aufrichtig leid, aber ich habe es nun mal getan, und jetzt ist es vorbei. Die eigentliche Frage für uns war, daß es an der Zeit ist, loszulassen. Wir richten unsere Energie lieber auf die Gegenwart und die Zukunft.«

»Lange Zeit wollte ich, daß sie ist wie ich.« Diese Worte nehmen die Beschreibung der Enttäuschung einer Mutter und den Rückzug einer Tochter schon vorweg. Wenn Sie merken, daß Sie zuviel von Ihrer Tochter erwarten und zuwenig bekommen, müssen Sie Ihre Erwartungen an die Beziehung noch einmal überdenken. Sie müssen versuchen herauszufinden, worin Sie sich ähnlich sind, und auf den gemeinsamen Interessen aufbauen. Schwieriger ist es, die Unterschiede zu akzeptieren – anzuerkennen, daß die Tochter eine eigenständige Person ist und eigene Wünsche für ihr Leben hat, die Sie vielleicht nicht unbedingt nachvollziehen können. Sie können die Kluft überbrükken, wenn Sie ihre Tochter darin bestärken, Ihnen mehr von dem mitzuteilen, was sie interessiert, und wenn Sie Ihre Tochter wissen lassen, warum Ihnen wiederum manches wichtig ist. Kurz gesagt, Sie müssen zulassen, daß sie so ist, wie sie wirklich ist, und nicht so, wie Sie es sich wünschen.

DIE BEZIEHUNG STÄRKEN

Die eigene Rolle im Leben der Tochter neu bestimmen

»Ich finde es interessant, wieviel ich von meinen Töchtern gelernt habe. Wenn man eine ganz bestimmte Vorstellung davon hat, wie Kinder sein sollten, und wenn sie dem dann auch noch entsprechen, dann kann man sich absolut sicher sein, daß es eine Menge Schwierigkeiten geben wird. Sind sie erst einmal erwachsen, hat man mehr mit ihnen gemeinsam. Man sieht, welche Wege sie gehen. Durch Austen habe ich gelernt zu vertrauen. Und ihr zu sagen, daß ich manches vielleicht anders machen würde, aber wenn sie es so machen will, in Ordnung, dann soll sie. Und zu wissen, wann man ihnen zeigt, daß man mit etwas nicht einverstanden ist. Aber wenn sie erst mal zwanzig sind, würde ich nichts mehr sagen, es sei denn, es geht um unser Geld oder darum, daß jemand aus der Familie verletzt werden könnte.«

Sandy Briggs, Mutter der zwanzigjährigen Austen und der fünfundzwanzigjährigen Samantha.

»Ich möchte mehr auf Keri hören. Ich bemühe mich darum, weil sie meint: ›Wenn du sagst, daß ich etwas eigentlich doch gar nicht tun will, dann heißt das doch im Grunde genommen, daß du – Lib – es nicht tun willst, und das ist etwas anderes als zu wissen, was ich tun möchte.‹ Wenn ich jetzt also irgendeinen Blödsinn rede, dann kann ich mir ihre Einwände in Ruhe anhören und ihr sagen, daß es mir leid tut. Und sie kann diese Entschuldigung auch annehmen.«

Lib O'Brien, Mutter von Keri, zweiundzwanzig.

»Sich zurückziehen zu müssen ist das schlimmste. Ich war ihr so nahe, und jetzt besteht meine einzige Aufgabe darin, mich zurückzuziehen. Ich glaube, Debbie grenzt sich von mir ab, und das heißt doch, sie kann sich mir gegenüber nicht behaupten. Ich glaube, ich habe einfach in vielerlei Hinsicht keine Ahnung, was mit ihr los ist. Manchmal läuft es sehr gut zwischen uns. Und daran muß ich mich halten, wenn sie irgendwo unterwegs ist und mir ihre Telefonnummer nicht gegeben hat und ich dann deswegen leide und das Gefühl habe, daß sie unendlich weit weg ist.«

Kaye T., Mutter von Debbie, zweiunddreißig, und Janis, sechsundzwanzig.

Worin besteht also die Aufgabe der Mutter einer erwachsenen Tochter? Diese Frage trat in fast jedem unserer Interviews in Erscheinung. Mitten im Erzählen hielten die Frauen inne und überlegten, worin die Beziehung zwischen Mutter und erwachsener Tochter eigentlich bestehen sollte: Wie weit darf eine Mutter in das Leben ihrer Tochter eingreifen? Welchen Wert hat meine Lebenserfahrung? Wieviel von dem, was ich zu bieten habe, kann sie akzeptieren? Wo soll mein Einfluß enden?

In ihrem Buch »The Motherline: Every Woman's Journey to Find Her Female Roots« beschreibt die Psychotherapeutin Naomi Lowinsky den Prozeß der Abgrenzung zwischen Müttern und ihren erwachsenen Töchtern. Lowinskys Vorstellung zufolge »stehen beide auf ihren eigenen Beinen und sind in den Kampf um ihre Identität, ihr eigenes Terrain und ihre Macht verwickelt. Wenn in der Jugend und im jungen Erwachsenenalter die Auseinandersetzungen um die Entwicklung hitziger werden, geht es darum, die Bedingungen der Beziehung neu zu definieren. Aber wie der Vater, der seinem Sohn das Boxen beibringt, weiß auch die Mutter, daß sie in diesem Kampf mit ihrer Tochter die Ältere ist und die Verantwortung trägt, und sie gibt der Tochter den Raum, ihr eigenes Potential zu entfalten. [...] Mütter und Töchter haben mit den Unterschieden hinsichtlich ihres Körpers, ihres Wesens, des Alters und normalerweise auch ihrer Empfindungen zu kämpfen. Für eine Tochter ist es ein großes Geschenk, wenn eine Mutter ganz sie selbst sein kann und zugleich die Auseinandersetzung der Tochter mit ihr zu schätzen weiß.«[1]

Einige der eindringlichsten Geschichten, die wir gehört haben, drehten sich um diesen Kampf. Bewegend erzählten die Mütter von ihrem Versuch, mehr Abstand zum Leben ihrer Töchter zu gewinnen; davon, daß sie merkten, daß sie ihre Töchter nicht vor Leid bewahren können, auch wenn sie das traurig macht; und von ihrer Feststellung, daß vieles von dem, was sie ihren Töchtern zu sagen vermochten, diesen wenig nutzte, auch wenn es gutgemeint war und durchaus angenommen wurde.

Wieviel Rat können Sie ihr geben?

Rat zu geben und anzunehmen ist ein wesentlicher Bestandteil des Dialogs zwischen Menschen. Wir fragen die Verkäuferin, ob uns die beigefarbene Bluse oder die weiße besser steht. Wir tauschen Tips über neue Produkte mit Leuten aus, denen wir zufällig im Supermarkt begegnen. Wir helfen einem Kollegen dabei, wie er am besten mit dem arroganten neuen Chef auskommen kann. Eine Mutter kann ihrer Tochter meist solche sachlichen Ratschläge geben, und diese kann sie annehmen: Ja, das ist eine gute Idee, die Schwiegermutter zum Mittagessen einzuladen. Nein, wahrscheinlich sollte sie das neue Rezept nicht bei einer größeren Essenseinladung ausprobieren ... Ruft die Tochter aber jeden Tag an, weil sie dies oder jenes wissen will? Scheint sie keine Entscheidung treffen zu können, ohne Sie vorher um Ihre Meinung gefragt zu haben? Gleichen sich die Situationen, in denen sie sich unsicher zu sein scheint? Fragt sie Sie erst nach Ihrer Meinung und wird dann sauer, wenn Sie sie ihr sagen?

Die meisten Mütter meinten, daß sie es nicht länger für angemessen hielten, ihren Töchtern Ratschläge zu erteilen, es sei denn, sie würden konkret darum gebeten. Alice Van Tuyl, Mutter der zweiunddreißigjährigen Sarah und der neunundzwanzigjährigen Elisabeth, erklärte: »Ich denke, eine Mutter, deren Töchter erwachsen geworden sind, sollte zuhören und beobachten können. Wenn man sich zu sehr einmischt, bringt man sie zum Verstummen, und es wird einem in Zukunft nichts mehr erzählt werden. Aber man sollte weiter aufmerksam bleiben und ab und an auch mal etwas sagen. Ich mache allerdings zu oft meinen Mund auf. Ich glaube, solange ein Rat nicht wirklich gefordert ist, muß man sie ihren Weg allein finden lassen. Es ist ja auch eine echte Erleichterung, ihnen nicht mehr ständig auf die Finger gucken zu müssen.«

Alice hat zwei wichtige Punkte formuliert, die auch von anderen Müttern immer wieder zur Sprache gebracht wurden: daß es wichtig ist, zuzuhören, und daß man nur dann einen Rat geben sollte, wenn er erbeten worden ist. Nellie Lou Slagle sagte über ihre zwei Töchter: »Ich möchte sie unterstützen und bringe ihnen und ihren Interessen Respekt entgegen, wie ich es bei jedem Erwachsenen tue. Ich will nicht kritisch sein. Susie hat ein sehr schönes Haus, sie hat es wunderbar eingerichtet und den Garten gestaltet. Manches finde ich nicht so gelungen. Wenn ich sie gewesen wäre, hätte ich den Garten anders angelegt. Aber schließlich ist es ihr Haus und ihr Garten! Meine Mutter hätte sich bestimmt eingemischt. Aber wem hätte das schon gedient?«

Wenn sich eine Mutter und ihre gerade erwachsen gewordene Tochter nicht genügend voneinander abgegrenzt haben, riskieren sie es, in einen ewigen Kreislauf aus Einmischung und Verstimmung auf seiten der Mutter und Abhängigkeit und Mißtöne bei der Tochter zu geraten. Eine Mutter erzählte uns von ihrer dreiunddreißigjährigen Tochter: »Carolyn bittet mich ständig um meinen Rat. ›Was, meinst du, sollte Amanda zu der

Geburtstagsfeier anziehen?‹ ›Ich mache gerade eine Tomatensoße. Meinst du, ich sollte etwas frisches Gemüse dazutun?‹ Sie fragt mich wegen jeder Kleinigkeit nach meiner Meinung. Das Problem ist nicht, daß sie die Ratschläge, um die sie mich dauernd bittet, nicht annimmt.« Nur hat uns diese Mutter fünf Minuten vorher erzählt, daß sie sich manchmal durch die ständige Fragerei ihrer Tochter überfordert fühlt. »Carolyn hat gesagt, ich würde denken, ich hätte immer recht und würde alles richtig machen. Ich weiß genau, die ganze Familie denkt, daß ich alles aushalte und alles kann. Aber manchmal ärgere ich mich einfach darüber, daß ich soviel für sie tue und das für sie anscheinend eine Selbstverständlichkeit ist. Manchmal denke ich, ich sollte sie dazu bringen, sich mal ein bißchen zurückzuhalten. Dann frage ich sie: ›Ja, und was hältst du selbst davon?‹ Worauf Carolyn antwortet: ›Aber genau das frage ich dich doch gerade.‹ Ich glaube, sie ist sehr abhängig und hilfsbedürftig. Wenn ich dann aber daran denke, wie hilfsbedürftig ich in ihrem Alter war und wieviel mehr Unterstützung ich von meiner Mutter gebraucht hätte, kann ich einfach nicht nein sagen. Ich glaube, ich weiß, was es für sie bedeuten würde, zurückgewiesen zu werden. Ich glaube, sie würde sehr darunter leiden.«

Die Verunsicherung dieser Mutter stellten wir auch bei anderen Frauen fest. Viele von ihnen hatten das Gefühl, daß ihre Töchter nicht wirklich Rat suchten, wenn sie sich an sie wandten. Die Hälfte der Frauen, mit denen wir gesprochen haben, berichtete etwa das Folgende: »Wenn ich mich zu sehr einmische, sagt sie: ›Ich frage dich doch gar nicht um deinen Rat, du sollst mir bloß zuhören.‹« Nicht, daß die Mutter tatsächlich nichts sagen darf – warum sollte die Tochter sich sonst die Mühe machen, ein Gespräch zu beginnen? Sie möchte vielmehr, daß man sie ausreden läßt; sie möchte, daß man auf sie eingeht und sie in ihren Überlegungen bestätigt. Aber sie möchte nicht, daß die Mutter sich hinstellt und gleich eine Lösung parat hat.

Letty Cottin Pogrebin gibt zu, daß sie oft zu bestimmend ist. »Im Laufe eines Gesprächs kommt immer raus, was ich denke. Eigentlich fragen meine Kinder nie: ›Was soll ich in diesem Fall machen?‹ Sie sagen eher Sachen wie: ›Ich habe ein Problem‹ oder ›Ich überlege gerade, ob ich …‹. Wir kauen das dann durch, und bevor ich's merke, habe ich schon wieder meine Meinung gesagt. Ich war leider immer schon zu schulmeisterhaft.«

Warum, meint sie, verhält sie sich so? Letty hat eine sehr persönliche Erklärung dafür: »Ich glaube, weil ich meine Mutter verloren habe, als ich noch sehr jung war. Ich wünschte mir so sehnlich eine Mutter, und deshalb gehe ich einfach davon aus, daß alles, was ich zu sagen habe, auf offene Ohren stößt. Wenn ich einfach zum Telefonhörer greifen und sie anrufen könnte, das wäre wunderbar. Wenn man mit fünfzehn Jahren seine Mutter verloren hat … Meine Mutter hat große Stücke auf mich gehalten und wollte immer das Beste für mich. Sie hat mich bedingungslos geliebt, und als sie dann nicht mehr da war, vermißte ich sie sehr. Und weil ich genau das für meine Töchter empfinde, gehe ich immer davon aus, daß sie froh sind, wenn ich mich einmische. Aber wahrscheinlich sind sie es nicht. Mit einem gewissen Abstand betrachtet, denke ich, ich sollte manchmal den Mund halten und warten, bis ich gefragt werde.«

Und was passiert, wenn sie ihre Grenzen überschreitet? »Das sagen sie mir ganz unverblümt: ›Glaubst du nicht, daß ich das selber weiß?‹ oder ›Meinst du wirklich, daß man mir das sagen muß?‹ oder ›Was soll ich mit diesem Rat anfangen?‹ Und im nachhinein muß ich sagen, daß ich diese Ratschläge auch nicht gewollt hätte. Ich denke, die meisten Kinder erwarten, daß ihre Eltern ihnen zutrauen, ihre Probleme selbst lösen zu können. Aber wenn ich einen Rat gebe, dann sage ich ihnen damit doch nicht, daß sie ohne mich aufgeschmissen sind. Mir geht es eher darum, ihnen zu zeigen: ›Ich interessiere mich für dich. Ich möchte mit dir darüber sprechen. Ich möchte an deinem Leben teilhaben.‹«

»Was, wenn ich unrecht habe?«

Ihre Tochter sagt, sie möchte, daß Sie zuhören, und nicht, daß Sie ihr Ratschläge erteilen. Prinzipiell stimmen Sie ihr zu. So wie Maureen E. von ihren drei erwachsenen Töchtern meinte: »Ich kann nicht ihr Leben für sie leben. Was, wenn ich unrecht habe – was würde ich dann für einen Schaden anrichten?« Auch Evelyn Tang glaubt, daß es schädlich sein kann, Ratschläge zu geben; aber sie ist auch der Meinung, daß es kein Problem sei, seinen Kindern Hinweise zu geben, solange man nicht Einfluß darauf zu nehmen versucht, was sie mit diesen Hinweisen anstellen. Evelyn ist Professorin für Neurologie an der University of Southern California Medical School. Vor einigen Jahren stand ihre Tochter Frances vor der Frage, ob sie in Biochemie promovieren oder Medizin studieren sollte. »Mein Mann und ich wollten sie nicht beeinflussen, und zwar aus ganz egoistischen Gründen – wir wollten nicht, daß sie uns später die Schuld geben kann! Das einzige, was wir sagten, war: ›Es ist deine Entscheidung.‹ Die Aufgabe der Eltern ist doch, den Kindern dabei zu helfen, eine gut überlegte Entscheidung zu treffen. Ihnen Hinweise und Tips zu geben. Aber wofür sie sich dann schließlich entscheiden, ist allein ihre Sache. Das einzige, was ich also sagte, war: ›Du hast schon einmal in einem Labor gearbeitet, und du hast mitbekommen, was ich mache. Wenn du in die Biochemie gehen willst, muß deine Leidenschaft der Forschung gehören, dir muß es Spaß machen, allein zu arbeiten, Daten zu sammeln und auszuwerten, und dann mußt du vielleicht Jahre warten, um ein Ergebnis zu bekommen. Wenn du dich aber für die Medizin entscheidest, dann gehst du damit zwar auch in die Wissenschaft, aber du arbeitest viel mit Menschen.‹ Mehr habe ich nicht dazu gesagt.«

Frances entschied sich für den Arztberuf und arbeitet inzwischen als Gynäkologin in einem großen Klinikum in Los Angeles. Selbst in unserem Gespräch sagte Evelyn nie – auch wenn es herauszuhören war –, daß sie glaube, Frances habe die richtige Entscheidung getroffen.

Auch Angela A. hütete sich davor, zu großzügig ihre Ratschläge zu verteilen, als ihre damals zweiundzwanzigjährige Tochter zwei Monate vor ihrer Hochzeit erzählte, sie habe Angst davor, vor den Traualtar zu treten. »Gretchen war damals geschäftlich in Belgien und rief uns spätabends an, um uns mitzuteilen, daß sie die Hochzeit abblasen wolle«, sagt Angela. »Damals meinte mein Mann, ich hätte sie sofort darin bestärken sollen. Alles was ich sagte, war: ›Kann es sein, daß ihr euch gestritten habt, und du jetzt sauer bist? Ich finde, du solltest keine Entscheidung treffen, wenn du irgendwo in Belgien steckst und dein Verlobter in Boston ist. Du solltest nach Hause kommen und mit ihm darüber sprechen, oder auch mit uns, wenn du das möchtest. Wofür auch immer du dich entscheidest, wir sind damit einverstanden, das sollst du wissen.‹ Als es dann zwei Jahre nach der Hochzeit in der Ehe kriselte, hat mein Mann immer wieder zu mir gesagt, ich hätte damals die Gelegenheit gehabt, sie davor zu bewahren. Aber ich hatte einfach das Gefühl, daß man seine Kinder nicht mehr vor irgend etwas bewahren sollte, wenn sie erwachsen sind. Wovor denn? Es ist doch ihr Leben.«

Ob, wann und wie kann man einer Tochter Rat anbieten, die kein Kind mehr ist – diese Frage stellten wir vier Mitgliedern eines schon lange bestehenden Frauenliteraturzirkels in San Francisco. Ihre Töchter waren zwischen siebenundzwanzig und siebenunddreißig Jahren alt. Die Frauen tauschten sich zwar über Literatur aus, aber ansonsten waren sie nicht besonders eng miteinander befreundet. Wie die folgende Wiedergabe des Gesprächs zeigt, stellten sie erfreut fest, daß ihre Meinungen zu diesem Thema nicht weit auseinanderlagen.

Anita M. (zweiundsiebzig Jahre alt, Grafikerin, Mutter von Ann, siebenunddreißig, und Maria, vierunddreißig): »Wenn meine Töchter zu mir sagen, ich würde mich einmischen, antworte ich ihnen: ›Ich kann mich einfach nicht zurückhalten, wenn es um euch geht!‹ Ich habe mich wirklich immer wieder eingemischt. Wenn sie mit irgendwelchen Problemen fertig werden mußten, konnte ich mich manchmal einfach nicht beherrschen, und ich habe gesagt, wozu ich ihnen raten würde. Ich glaube auch nicht, daß das falsch ist. Schließlich wissen sie, daß sie das Recht haben, mir zu sagen, ich soll das bleiben lassen. Ich gehe ja nicht her und sage ihnen: ›Na hör mal, warum hast du denn deinen Brokkoli nicht aufgegessen?‹ oder etwas in der Art. Soweit gehe ich ja auch wieder nicht. Aber wenn mir etwas auffällt, kann es schon sein, daß ich nachfrage. Und ich formuliere es dann so, daß sie sagen können: ›Nein, danke.‹«

Mildred G. (sechzig Jahre, Universitätsprofessorin, Mutter von Jean, siebenundzwanzig): »Dem kann ich nur zustimmen. Natürlich sage ich ihr, was ich denke. Ich sage dann: ›So und so sieht meine Meinung aus, stell damit an, was du willst.‹ Gelegentlich hat mir Jean dann auch geantwortet, daß sie das, was ich sage, nicht weiter interessiere. Es wird von Jahr zu Jahr leichter, weil ihr, je reifer sie wird, klar ist, daß sie nicht tun muß, was ihre Mutter will. Gleichzeitig fällt es ihr aber auch leichter, meinen Rat anzunehmen und etwas damit anzufangen.«

Meryl Siegel (sechsundfünfzig Jahre, Finanzberaterin, Mutter von Jennifer, siebenundzwanzig): »Hier gelten zwei Regeln: Man hat das Recht ihnen zu sagen, was man denkt, und sie haben das Recht, ihre eigenen Entscheidungen zu fällen.«

Anita: »Ich denke nicht, daß es darum geht, ob man ein Recht auf etwas hat. Man rät den Kindern – eigentlich allen Leuten – ja etwas, weil man sich Gedanken um sie macht.«

Joyce R. (einundsechzig, Psychiaterin, Mutter von Jane, einunddreißig, und Judy, vierunddreißig): »Mein Mann und ich haben einmal direkt interveniert, als unsere damals fünfzehnjährige Tochter eine Geschichte mit einem fünfunddreißigjährigen Mann anfing. Wir sagten ihr ganz deutlich, daß das aufhören müsse. Bei Teenagern kann man das machen. Wenn sie älter sind, muß man sich ihnen gegenüber anders verhalten. Auch wenn ich ihnen immer noch meine Meinung sage, tun sie letztlich doch, was sie wollen.«

Mildred: »Ich würde sagen, daß das Geheimnis darin liegt, sich darauf zu beschränken, was einem wirklich am Herzen liegt. Mit Unwichtigem sollte man sich gar nicht abgeben. Dann hat es mehr Gewicht, wenn man etwas sagt.«

Meryl: »Ich finde es immer wieder interessant, wie der andere das versteht, was man im Laufe eines Gesprächs sagt. Jennifer fragt mich oft um meinen Rat – wobei sie weiß, daß sie ihn nicht annehmen muß –, wenn sie sich mit einem Problem abquält, wie zum Beispiel der Frage, ob sie Jura studieren soll oder nicht. Wenn ich dann dafür bin, weil ich den Eindruck habe, daß sie das eigentlich will, dann kommt das bei ihr so an, als hätte ich gesagt, ich wolle, daß sie Jura studiert. Ich habe sie überhaupt nicht in diese Richtung gedrängt, aber so hat sie es aufgefaßt.«

Joyce: »Mein Gott, wie bekannt sich das anhört! Wie gehst du denn damit um?«

Meryl: »Ich habe ihr gesagt: ›Das meinst du vielleicht, gehört zu haben. Es stimmt, ich halte das für eine gute Idee, aber ich dränge dich zu nichts. Ob du dich für Jura entscheidest oder nicht, ist allein deine Sache.‹ Und dann haben wir lange darüber gesprochen, wie man das, was der andere sagt, interpretiert.«

Joyce: »Was immer ich auch gesagt habe, es war meistens falsch – na ja, es war nicht wirklich falsch, aber es war nicht das, was sie hören wollte. Eigentlich wollte sie sich überhaupt nichts sagen lassen. Sie wollte nur, daß ich ihr zuhöre.«

Mildred: »Vielleicht trifft das ja nicht nur auf Töchter zu, vielleicht gilt das für jeden.«

Anita: »Ich kann euch gar nicht sagen, wie frustrierend ich manche Gespräche mit meiner Tochter finde. Es kommt vor, daß sie sagt: ›Mutter, kannst du nicht einfach nur zuhören? Ich möchte gar nicht, daß du irgend etwas dazu sagst.‹ Als ob ich blöd wäre!«

Joyce: »Als mein Sohn ungefähr fünfunddreißig war, schickte er uns einen Brief, in dem eine Karte lag. Darauf stand: ›Wenn alles andere nicht klappt, versuch's mal mit dem, was dir deine Eltern vorgeschlagen haben.‹«

Meryl: »Ich hefte es mir wie einen Orden an die Brust, wenn eines meiner Kinder sagt: ›Du hattest recht.‹ Hin und wieder passiert das sogar. Und wenn, dann deshalb, weil ich mir sehr, sehr gut überlege, was ich sage. Nur ganz selten gebe ich ihnen direkt einen Rat. Ich sage eher: ›Ich würde es so und so machen, aber du mußt dich selbst entscheiden.‹ Etwas in der Art.«

AUS MARILYNS TAGEBUCH, 23. JULI 1995

Gestern ein langes, inniges Gespräch mit Kate über Harriette. Kate ist hin und her gerissen, ob sie nach Hause kommen soll, solange H. noch am Leben ist – zumindest technisch gesehen –, oder ob sie alles erledigen soll, was sie in Kalifornien noch machen muß, in der Hoffnung, daß H. noch lebt, wenn sie und Kelcey mit dem Auto hierherfahren. Letzteres ist wenig realistisch, glaube ich. Es ist wahrscheinlicher, daß sie irgendwann diese Woche über Nacht von Los Angeles oder von irgendwo unterwegs zur Beerdigung fliegen muß. Wenn sie gleich nach Hause kommt, um H. zu sehen, ist es denkbar, daß H. noch ein paar Tage lebt und Kate die Reise schließlich zweimal machen muß.

Sie fragte mich also um Rat. Und ich? Ich hab ihr keinen gegeben!!! Ich fragte sie, um was es ihr bei der Angelegenheit gehen würde, und sie sagte, sie versuche herauszubekommen, wie sie sich verabschieden solle. Ich meinte, daß das in diesem Stadium nichts mehr mit H. zu tun habe, sondern daß es nur noch darum gehen kann, wie wir es uns selbst leichter machen können. Ich sagte ihr, daß für jeden Menschen etwas anderes wichtig sei. Manch einem bedeutet es viel, tatsächlich anwesend zu sein. Sie wollen neben dem Bett sitzen, auch wenn der Sterbende gar nicht mehr bei Bewußtsein ist. Für solche Menschen ist es wichtig, auf dem Friedhof dabeizusein. Manche wollen sogar den Toten noch einmal sehen. Mir ist das alles nicht wichtig. Ich glaube, daß ich in Gedanken Abschied nehmen werde. Ich rufe mir lieber die Bilder ins Gedächtnis, als Harriette noch bei Bewußtsein war und Anteil an ihrer Umgebung nahm, und denke über sie nach und trauere um diese Harriette und nicht um jene bewußtlose Hülle ihres Körpers vor mir im Bett. Aber ich betonte Kate gegenüber, daß es ihre Entscheidung sei und sie sich selbst überlegen müsse, was ihr wichtig ist.

Ich weiß nicht, wie sie sich entscheiden wird, aber ich glaube, sie hat nach einer Grundlage gesucht, von der aus sie ihre Entscheidung treffen kann. Und ich hoffe, die konnte ich ihr geben.

30. JULI 1995

Harriette starb am Fünfundzwanzigsten. Das Begräbnis war am Siebenundzwanzigsten. Kate kam gerade noch rechtzeitig. Sie hat eine schöne Rede bei der Beerdigung gehalten – wie auch Kore – und flog dann wieder nach Kalifornien zurück, um ihre Reise anzutreten.

Eine Tochter sollte ihre Entscheidungen selbst treffen, weil sie nicht um ihre eigenen Erfahrungen gebracht werden sollte, um einen Reifeprozeß. Jane Morgan, deren zwei Töchter Leslie und Drew achtundzwanzig beziehungsweise dreiundzwanzig Jahre alt sind, erzählte uns: »Ich komme mir vor wie eine weise alte Frau, die auf ein langes Leben zurückblicken kann und alle Antworten kennt. Wenn sie mir von einem Problem erzählen, weiß ich genau, wie die Geschichte ausgehen wird. Ich weiß also, was passieren wird, und darf es ihnen nicht sagen – das macht mich rasend. Aber schließlich müssen sie selbst darauf kommen. Es fällt mir furchtbar schwer, mich herauszuhalten und ihnen nicht zu zeigen, daß ich die Antwort kenne. Sie fragen mich: ›Was hältst du denn davon? Du hast doch immer recht.‹ Oh, wie ich das hasse. Ich weiß es ja auch nur, weil ich schon so alt bin. Das ist mein größtes Problem, mich daran zu erinnern, wie es war, als ich zwanzig war. Ich darf ihnen keine Lektionen erteilen, sie müssen selbst aus ihren Erfahrungen lernen.« Wie Jane weiß, hat unser Rat für Töchter in diesem Alter noch großes Gewicht. Sie lassen sich oft stark davon beeinflussen, in guter und in schlechter Hinsicht. Bevor wir ihr unseren Rat anbieten, tun wir gut daran, uns zu fragen, ob dieser Rat das Urteilsvermögen der Tochter stärken oder schwächen wird.

Jane ist sich auch darüber im klaren, daß sie nicht davon ausgehen kann, daß der Rat, den sie ihrer Tochter gibt, der richtige ist – egal wie nah sie sich stehen und wieviel sie voneinander wissen. »Sie macht vielleicht ganz andere Erfahrungen als ich in ihrem Alter. Drew und ich sind schließlich zwei vollkommen verschiedene Menschen. Insofern wäre es lächerlich, wenn ich sagen würde, tu dies oder tu jenes. Es mag ja sein, daß ich die Antwort auf ihre Frage kenne, aber das ist in dieser Situation vielleicht nicht von Nutzen. Sie fragt: ›Sag mal, kannst du dir vorstellen, warum Soundso sich nicht für mich interessiert?‹ Ich weiß genau, warum. Weil sie ein richtiges Energiebündel ist, weil sie im Gegensatz zu ihm weiß, was sie will. Sie ist ein Dickkopf und hat keine Geduld – das könnte ich ihr alles sagen, aber ich habe keine Ahnung, ob sie was damit anfangen kann. Was weiß ich, was sie mit diesem Kerl vorhat. Was ihr dieser Mensch bedeutet. Das muß sie selbst herausfinden. Nicht ich.

Es ist nicht mein Leben. Sie führt ihr eigenes. Sie muß diese Lektionen lernen und ihr Leben auf ihre Art leben. Da muß ich mich raushalten.«

Wie sehr sollten Sie Ihre Tochter beschützen?

Unser ganzes Leben lang haben wir versucht, unsere Töchter vor Gefahren zu schützen. Davor, Fehler zu machen, und vor den unbeabsichtigten Folgen ihres Verhaltens. Gleichzeitig war uns bewußt, daß wir sie nicht vor allem bewahren können, und wir haben ihnen geholfen, ihrem Alter gemäß, immer mehr Verantwortung für sich selbst zu übernehmen. Wir erinnern uns an die Ängste, die wir ausstanden, als sie das erste Mal allein die Straße überquerten oder im Auto unterwegs waren oder als wir ihnen erlaubten, am Wochenende bis ein Uhr wegzubleiben, so daß sie mit ihren Freunden in die Diskothek gehen konnten. Wenn sie erwachsen sind, tritt unsere beschützende Funktion zwangsläufig in den Hintergrund. In jeder Phase ist es unsere Aufgabe als Mutter, wie Evelyn Bassoff schreibt, »das richtige Maß an mütterlicher Zuwendung mit dem richtigen Maß an mütterlicher Distanz zu verbinden«.[2]

Das richtige Maß an mütterlicher Distanz ist für die Mutter einer erwachsenen Tochter größer, als wir uns das vielleicht vorgestellt hatten. Oft sind wir auch nicht mehr diejenigen, die für das Wohlergehen der Tochter zuständig sind. Wofür wir noch Sorge tragen müssen, ist das Selbstvertrauen unserer Tochter, daß sie mit allem, was ihr das Leben bringen wird, auch ohne uns fertig wird.

Wenn sie chronisch krank ist

Wenn eine Tochter seit ihrer Kindheit oder Jugend an einer schweren chronischen Krankheit leidet, hat ihr die Mutter in der Vergangenheit geholfen, auf die Symptome und die Einnahme der Medikamente zu achten und mit den Einschränkungen, die die Krankheit für ihr Leben bedeutet, umzugehen. Wenn die Tochter dann erwachsen ist und von zu Hause auszieht, übernimmt sie zwangsläufig die volle Verantwortung für dieses Dinge. Wegen der möglichen schlimmen Folgen fällt es der Mutter oft besonders schwer, das richtige Maß an Distanz einzuhalten, wenn sie Gründe hat zu glauben, daß ihre Tochter nicht genug auf sich aufpaßt. Im Laufe unseres Projekts hörten wir von vier Töchtern, die mit chronischen Erkrankungen lebten, fünf hatten Epilepsie, drei waren Diabetikerinnen und zwei litten unter schweren Geburtsfehlern. Ihre Mütter hatten den Impuls überwunden, sich einzumischen, auch wenn ihre Besorgnis nie ganz verschwand.

Die zweiundsechzigjährige Leiterin der Planungsstelle an einer Privatschule in New York City, Peggy R., erzählte uns, daß bei ihrer achtundzwanzigjährigen Tochter Epilepsie diagnostiziert wurde, als sie auf dem College war. »Sie hatte Probleme, die Anfälle in den Griff zu bekommen«, sagt Peggy. »Sie durfte nicht lange ausgehen und feiern. Sie hat nur mit größtem Widerwillen ihre Medikamente genommen. Mitten in der Nacht kamen dann die Anrufe von einer Zimmergenossin, daß sie wieder einen Anfall hatte. Und dann war sie sauer auf uns, weil wir ihr jedesmal, wenn sie einen Anfall hatte, vorwarfen, ihre Medikamente nicht genommen zu haben.«

Als Leighs Diagnose gestellt wurde, hatte Peggy zunächst Schuldgefühle. Sie erinnerte sich an ein paar Vorfälle in ihrer Kindheit, die auf Epilepsie hätten hinweisen können. Wahrscheinlich ist die Krankheit ihrer Tochter angeboren. »Man fühlt sich schrecklich, wenn man sich überlegt, daß das eigene

Kind an etwas leidet, das man selbst verursacht hat und gegen das man nichts tun kann«, sagt Peggy. Heute glaubt sie, daß Leighs Krankheit sie einander nähergebracht hat, weil »wir beide leiden. Ich habe ein paar ihrer Anfälle mitbekommen, und Leigh hat irgendwann gemerkt, daß es fast schlimmer ist, einen solchen Anfall mitanzusehen, als ihn selbst zu erleiden.«

Leigh hat seit drei Jahren keinen Anfall mehr gehabt und spricht mit ihrer Mutter nicht mehr viel über ihre Krankheit. »Es hat lange gedauert, bis sie damit zurande kam«, sagt Peggy. Leigh arbeitete nach dem College einige Jahre in New York und besucht nun eine Universität in Chicago. »Sie lebte ein paar Jahre in Wohngemeinschaften und dann allein. Das hat ihr Selbstvertrauen sehr gestärkt. Ich habe mich damals bemüht, sie meine Ängste nicht spüren zu lassen, weil ich wollte, daß sie imstande ist, allein zu leben.«

Sie hat Angst, daß Leigh ihre Medikamente absetzen könnte, ohne sich vorher mit ihrem Arzt beraten zu haben. Peggys Krankenversicherung zahlt für die Medikamente, die Leigh bekommt. Kürzlich mußte sie Leigh daran erinnern, neue zu bestellen statt umgekehrt. »Ich habe nicht den Eindruck, daß sie das ganz im Griff hat. Wenn ich sie danach frage, weiß ich nicht, ob sie mir die Wahrheit sagt. Ich möchte weder sie noch mich in diese Lage bringen. Schließlich geht es um ihre Gesundheit und ihr Leben.«

Wenn sie unter einer akuten Krankheit leidet

Manchmal erkennen die Mütter erst in einer Krise, daß ihre Fähigkeit, die Tochter vor körperlichen Gefahren oder seelischem Leid zu bewahren, begrenzt ist. Als bei Jessica, der Tochter von Ellen A., mit dreißig Jahren eine Lymphknotengeschwulst diagnostiziert wurde, empfand Ellen dieselbe erschreckende Machtlosigkeit, wie sie jede Mutter empfinden würde, egal wie alt ihr Kind ist. »Man ist vollkommen hilflos, man kann nichts für sein Kind tun. Noch nie in meinem Leben habe ich mich so hilflos gefühlt. Ich bin eine sehr starke Frau, ich habe vier Kinder allein großgezogen, aber hier war ich vollkommen machtlos. Egal, wie sehr man seine Kinder liebt, egal, wie gerne man etwas für sie tun möchte, man kann ihnen ihre Krankheit nicht abnehmen, man kann nicht für sie sterben, das wird einem in einer solchen Situation klar. Alles was man tun kann, ist, ihnen zu sagen, daß man sie liebt und daß man für sie da ist.« Ellen flog zu Jessica, als ihr die Diagnose bestätigt wurde, sie blieb während ihrer ersten Chemotherapie und kehrte dann wieder nach Hause zurück.

Nicht lange danach, noch während ihrer Behandlung, rief Jessica vollkommen aufgelöst bei ihr an. »Sie war schrecklich niedergeschlagen, obwohl sie ihr zu dieser Zeit schon gesagt hatten, daß sie keinerlei Symptome mehr zeigte. Es kann aber wiederkehren. Das wissen wir. Sie rief mich also eines Abends weinend an und sagte: ›Ich habe so furchtbare Angst, ich möchte nicht an Krebs sterben.‹ Sie weinte, und ich konnte sie nicht beruhigen. Es gab nichts, was ich tun konnte, nichts. Ich sagte ihr: ›Ich nehme den nächsten Flug und komm zu dir. Es wird ein paar Stunden dauern, aber dann bin ich da.‹ Zuletzt beruhigte sie sich. Und es war ihr peinlich – als ob ihr so was peinlich sein müßte! Sie sagte: ›Ich rufe meinen Freund an. Wenn Jack da ist, kommt er vorbei und macht mir was zum Abendessen, und dann geht's mir schon besser.‹ Ich habe ihr gesagt, ich würde sie in drei Stunden noch einmal anrufen, um zu hören, wie es ihr geht. Und dann habe ich mich hingesetzt und überlegt, daß ich nichts für sie tun kann. Sie war am anderen Ende des Landes – was um Himmels willen sollte ich tun? Nach drei Stunden rief ich sie also noch mal an, und Jack war tatsächlich bei ihr, und sie sagte: ›Ich habe mich beruhigt. Mir geht's zwar nicht gut, aber ich habe mich beruhigt.‹ Also blieb ich zu Hause.

Während dieser Zeit war ich nicht oft bei ihr. Sie meinte, ich müsse nicht kommen. Das war natürlich furchtbar für mich, ich hatte das Gefühl, nicht gebraucht zu werden. Gleichzeitig wußte ich, sie hat alle möglichen Freunde, die sich um sie kümmern, und sie brauchte wahrscheinlich auch ihren Raum für sich, also ließ ich's dabei bewenden. Ich versuchte es von ihrem Standpunkt aus zu sehen, auch wenn ich mich vollkommen hoffnungslos und hilflos fühlte. Ich versuche immer, die Dinge mit den Augen meiner Kinder zu sehen, auch wenn es mir wahrscheinlich meistens nicht gelingt, ihren Standpunkt einzunehmen. Ich wollte selbst nicht wie ein Kind behandelt werden, und daher denke ich, ich kann sie verstehen.«

Wenn sie in einer Krise steckt

Die Tochter von Laurie W. hat ihrer Mutter ganz klar gesagt, daß sie allein mit einer traumatischen Erfahrung fertig werden müsse. Amanda studierte im ersten Jahr Jura in Philadelphia, als sie frühmorgens in ihrer Wohnung überfallen wurde. »Es war im Juni, während sie für ihre Klausuren lernte«, erzählte uns Laurie, eine fünfzigjährige Bankangestellte aus Chicago. »Sie rief mich tagsüber an und sagte in gefaßten Worten, aber mit relativ aufgeregter Stimme, daß sie vergewaltigt worden ist, es ihr aber ›gutgeht‹. Ich war außer mir. Nachdem ich mein Entsetzen und den ersten Schock überwunden hatte – es ist schwer zu glauben, daß solche Dinge jemandem aus der eigenen Familie zustoßen können, auch wenn man immer wieder davon liest –, war mein erster Gedanke, alle meine Termine abzusagen, das nächste Flugzeug zu nehmen und zu ihr zu fliegen. Denn wenn es eine Situation gibt, in der ein Kind seine Mutter braucht, dann diese. Abgesehen davon hätte es auch mir geholfen, sie zu sehen und bei ihr zu sein.

Als wir dann eine Stunde später noch einmal miteinander sprachen, erklärte ich, daß ich alle Vorbereitungen treffe, um zu ihr zu kommen. Und sie sagte sehr bestimmt, daß es ihr lieber wäre, wenn ich es nicht täte. Ich war wie vor den Kopf geschlagen. Das war wie eine Zurückweisung. Ich habe versucht herauszubekommen, was es für sie bedeuten würde, wenn ich käme oder nicht.

Sie sagte, sie habe viele Freunde und hätte schon ausgemacht, daß sie zur Mutter einer Freundin gehen kann, damit sie nicht in ihrer Wohnung sein muß. Daß sie mich zwar sehen will, sich aber nur zusammenreißen kann, wenn ich nicht da bin. Und daß sie sich auf ihre Freunde verlassen kann. Alle hätten ihr sehr geholfen – ihre Freunde, die Frauenbeauftragte der Fakultät, das Krankenhaus und die Polizei. Wenn ich da wäre, würde es ihr schwerfallen, ihre Fassung zu bewahren. Sie sagte, sie käme bald nach Chicago. Sie würde vollkommen zusammenbrechen, wenn ich käme.

Sie überzeugte mich schließlich. Wenn ich dagewesen wäre, hätte ich alles in die Hand genommen, und sie wäre wieder zum Kind geworden. Damit sie alles in der Hand behalten konnte, durfte ich nicht dasein.

Ich habe darüber nachgedacht«, sagt Laurie, »und kam zu dem Schluß, daß ich tun mußte, was sie wollte. Wir sprachen jeden Tag miteinander, manchmal zwei- oder dreimal am Tag. Sie wurde für die Prüfungen zurückgestellt, sie hat mit der Polizei gesprochen und mit dem Dekanat. Ich litt darunter, nicht bei ihr zu sein, aber ich hatte den Endruck, daß ich unter solchen Umständen ihr Bedürfnis achten sollte, alles so zu machen, wie es für sie am besten war. Ich habe auch gemerkt, daß ich dort nicht wirklich gebraucht wurde.

Wir sprachen darüber, als sie nach Hause kam. Ich gab zu, daß ich mich ausgeschlossen gefühlt hatte, zumindest aus meiner eigenen beschränkten Perspektive. Durch das Gespräch fühlte ich mich ihr wieder näher. Sie verstand, daß es schwer für mich gwesen war, nicht bei ihr zu sein, und gleichzeitig war ihr klar, daß das ein echter Beweis für mein Zutrauen in sie war. Rückblickend betrachtet, denke ich, daß es so richtig gewesen ist.«

In zehn Jahren würde Amanda vielleicht anders reagieren. Ihre Angst, die Kontrolle zu verlieren und in Hilflosigkeit zu verfallen, was sie unbedingt verhindern wollte, ist typisch für eine junge Erwachsene. In ein paar Jahren und mit mehr Lebenserfahrung verfügt eine Tochter vielleicht über mehr Selbstvertrauen und die Bereitschaft, die Hilfe der Mutter anzunehmen, statt sich von ihr bedroht zu fühlen.

Stefan Stein, Professor für klinische Psychiatrie am New York Hospital-Cornell Medical Center erklärte uns: »Es ist für die Mutter sehr schwer, sich im Hintergrund zu halten, wenn sie das Gefühl hat, daß ihr Kind leidet, und sie früher in solchen Fällen für das Kind dagewesen ist. Aber sie muß sich danach richten, was ihre Tochter will. Eine Krise kann ein entscheidendes Ereignis für den Übergang von der Jugend in das Erwachsenenleben sein, das zu Reife und einer neuen Selbstwahrnehmung führt. Bestimmte Leistungen zu erbringen ist eine Sache – das College abschließen, einen Beruf ergreifen, einen Partner wählen –, aber dieser Übergang läßt sich auch daran messen, inwieweit die Tochter fähig ist, mit Schwierigkeiten fertig zu werden. Es ist sehr wichtig, daß die Eltern das bei ihrem Kind zulassen können. Für die Eltern ist das eine neue Aufgabe – in den Hintergrund treten zu können. Jemandem, der es gewohnt ist, Verantwortung zu übernehmen, fällt das besonders schwer. Zurückhaltung wird zu einem neuen Maßstab für das Vertrauen der Eltern in die Fähigkeit des Kindes, mit den unvermeidlichen Wechselfällen des Lebens umzugehen.«

Es kann schwer sein, anzuerkennen, daß man nicht mehr im Mittelpunkt des Lebens der Tochter steht und sie sich zunehmend auf ihren Partner und ihre Freunde verläßt. Dabei ist es nur menschlich, daß man einen Stich fühlt, wenn sie sich an andere wendet, um getröstet zu werden, aber man muß sich klarmachen, daß das, was man als Ablehnung empfindet, Ausdruck ihres wachsenden Vertrauens in ihr eigenes Urteilsvermögen und ihre eigene Stärke ist.

Ihre Autonomie anerkennen

Was heißt es eigentlich, wenn man sagt, daß unsere Ratschläge unseren Töchtern oft unwichtig oder lästig sind oder daß wir sie vor körperlichem oder seelischem Leid nicht bewahren können? Es heißt, daß wir lernen, ihre Autonomie zu achten. Das ist unsere wichtigste Aufgabe als Mütter erwachsener Töchter. Da einer Frau das Bedürfnis, Macht auszuüben, traditionellerweise in ihrer Rolle als Mutter zugestanden wird, fällt es uns oft schwer loszulassen - besonders wenn wir einen Teil unserer Selbstachtung aus unserem Liebesvermögen bezogen haben.

AUS SUSANS TAGEBUCH, 4. SEPTEMBER 1996

Vor ein paar Tagen kam Phoebe zu Besuch aus Boston. Kaum daß sie da war, stellte sie entsetzt fest, daß sie vergessen hatte, ihre Augentropfen mitzunehmen. »Welche Augentropfen eigentlich?« fragte ich. Nun, vor zwei Wochen hatte sie wohl etwas ins Auge bekommen, das ihre Hornhaut angekratzt hatte, und sie mußte in die Notaufnahme. Dort entfernten sie ihr den Fremdkörper aus dem Auge, der sich als Metallsplitter entpuppte. Er war so tief eingedrungen, daß sie dreimal zum Arzt gehen mußte. Ihr waren Antibiotika verschrieben worden, damit sich das Ganze nicht entzündete. Ich konnte es kaum glauben, daß sie mir von alldem nichts gesagt hatte. Ich habe dauernd darüber nachgedacht, und schließlich habe ich sie gefragt, warum sie es mir nicht erzählt hatte. Sie sagte folgendes: Sie hätte nicht einmal daran gedacht, es mir zu erzählen, sie konnte ja allein damit fertig werden, und ich hätte ohnehin nichts tun können. Wenn es etwas Ernsteres gewesen wäre, hätte sie es mir gesagt; aber sie sei schließlich sechsundzwanzig Jahre alt, alt genug, um mit einem solchen Problem allein fertig zu werden. Ich sagte ihr, ich hätte den Eindruck, daß es an unserer Kommunikation haperte, daß wir nicht offen genug miteinander redeten. Sie meinte: »Blödsinn, wir sprechen über vieles, mehr als andere Mütter und Töchter.« Mich erinnerte das an die schreckliche Zeit, als sie auf die High-School ging und eine Abtreibung hatte und es mir und ihrem Vater erst hinterher erzählte. Das sagte ich ihr auch und fragte sie, ob dieselbe Überlegung bei ihr im Spiel war – ob sie mich auch dieses Mal, wie damals, nicht in Aufregung versetzen wollte.

Sie erwiderte: »Ich wußte, daß du das mit der Abtreibung zur Sprache bringen würdest und denkst, es wäre wieder so was! Nur haben diese beiden Sachen rein gar nichts miteinander zu tun. Ich bin inzwischen erwachsen. Ich wollte dich nicht vor irgendwas schützen, ich habe einfach gedacht, es ist keine große Sache und ich werd allein damit fertig.«

Ich muß zugeben, daß es mir nicht leichtfällt zu akzeptieren, daß sie mich nicht mehr so braucht wie früher, daß sie mich nicht mehr wegen so etwas anruft, und sei es auch nur, um sich bedauern zu lassen und über die Angelegenheit mit mir zu sprechen. Sieht so aus, als ob ich immer noch nicht richtig akzeptieren kann, daß sie erwachsen ist.

»Ich wünschte, sie würde mich mehr einbeziehen«, gestand uns Loretta G., deren Tochter Marie gerade mit ihrem Mann und ihrer kleinen Tochter in eine neue Wohnung gezogen ist. »Sie hat soviel zu tun mit ihrer Wohnung und mit der Versorgung des Kindes und all diesen Sachen. Ich würde ihr ja gerne helfen beim Einrichten oder Kleiderkaufen und all diesen netten Dingen, aber sie sagt immer: ›Danke, uns geht's gut. Wir haben Tisch und Stuhl, und ich muß auch nicht nackt herumlaufen. Es klappt schon alles.‹« Vor ein paar Monaten besuchten Loretta, ihr Mann und Diana, die jüngere Tochter, Marie, als sie gerade umgezogen war. »Die Wohnung war noch ganz leer. Der Fernseher stand mitten im Wohnzimmer auf dem Fußboden. Sie hatten sogar einen Laufstall um den Fernseher herum. Vorher hatte sie mich noch gewarnt, daß ich bloß nichts tun solle, daß sie alles selber machen will. Aber ich dachte, es würde ihr nichts ausmachen, wenn Diana und ich losgingen und einen Fernsehschrank kauften. Er war nicht besonders teuer, wir mußten ihn selbst zusammenbauen, und es dauerte zweieinhalb Stunden, bis er aufgestellt war. Zu guter Letzt stand das Ding, und der Fernseher lief. Peter – das ist Maries Mann – kam rein und sagte: ›Das ist ja toll.‹ Aber Marie brach in Tränen aus, als sie nach Hause kam. ›Ich habe dir doch gesagt, daß du nichts tun sollst.‹ Sie war richtig sauer. Es war schrecklich. Diana fing an zu heulen. Peter ging ins andere Zimmer. Mein Mann hob hilflos die Hände, und ich entschuldigte mich.« Loretta lachte. »So was werde ich nie wieder machen.«

Aber das Problem ist noch lange nicht vom Tisch. Loretta hat das Gefühl, als würde Marie ihre Versuche, ihr zu helfen, als Einmischung empfinden. »Sie war nicht immer so kompliziert. Aber ich habe den Eindruck, daß viele ihrer Freunde jetzt so sind – sie wollen alles alleine machen. Vielleicht möchte sie sich selbst und den anderen beweisen, daß sie es allein schafft. Ich muß also irgendwie darauf eingehen, auch wenn ich es nicht gerne tue.« Loretta hat sich noch nicht ganz daran gewöhnt, daß sie ihre Tochter in ihrem Autonomiegefühl verletzt, wenn sie ihr trotz ihres expliziten Verbots beispringt, um ihr zu »helfen«. Wie jede Mutter einer erwachsenen Tochter sollte sie Freude daran haben, die Tochter zu ermutigen, ihr Leben selbst in die Hand zu nehmen.

Es dauerte einige Wochen, in denen Termine vereinbart und wieder abgesagt wurden, bis Lucia C., Leiterin der Planungskommission an einer großen Universität im mittleren Westen, Zeit für unser Gespräch fand. Als wir uns dann schließlich trafen, wollte Lucia sofort mit uns über eine Verstimmung zwischen ihr und ihrer Tochter Hillary sprechen. Hillary ist mit ihren neunundzwanzig Jahren das älteste von Lucias drei Kindern und die einzige Tochter. Sie arbeitet für eine Softwarefirma in Nordkalifornien und lebt mit einem jungen Mann zusammen, den Lucia und ihr Mann Richard sehr mögen. Da Hillary vor ihrem dreißigsten Geburtstag steht, so meint ihre Mutter, zieht sie gerade Zwischenbilanz: »Möchte ich Kinder? Möchte ich keine Kinder? Möchte ich heiraten? Möchte ich nicht heiraten? Möchte ich den Rest meines Lebens in diesem Beruf bleiben? Oder möchte ich etwas ganz anderes ausprobieren?« Während unseres Interviews sagten wir kaum ein Wort, da Lucia von sich aus viele der Themen ansprach, die die Beziehung zwischen einer Mutter und ihrer erwachsenen Tochter ausmachen: ihre starke Identifikation mit Hillary, die Erwartung beider, sich ähnlich zu sein, der Wunsch, eine andere – und bessere – Mutter zu sein, als es ihre Mutter gewesen ist, und ihr wachsendes Bewußtsein, daß es nicht mehr länger ihre Aufgabe ist, die Angelegenheiten ihrer Tochter zu regeln. Lucia beschrieb ihre Beziehung als »ganz und gar offen gegenüber der anderen«. Sie sagt: »Ich liebe sie sehr, aber in dieser Krise habe ich gemerkt, daß wir noch einige Probleme zu lösen haben.

Vor ein paar Wochen rief sie mich an und hatte diesen ängstlichen Ton in der Stimme, den ich so gut kenne. Ich selbst bin ängstlich, meine Mutter war regelrecht hysterisch, und meine Großmutter hatte angeblich Panikattacken. Sie regte sich furchtbar wegen einer Hochzeit auf, zu der wir alle eingeladen worden waren. Nachdem sie die Einladung schon abgesagt hatte, gab ihr ihr Chef in letzter Minute doch noch ein paar Tage frei, und sie wollte hingehen. Sie erzählte, sie habe deswegen gerade ihren Cousin angerufen – das ist der, der heiratet –, und er hatte gesagt: ›Wir haben gerade die Gästeliste aufgestellt, sie ist schon sehr voll.‹ Und Hillary meinte nun: ›Das ist so schrecklich. Ich möchte so gerne hin. Außerdem habe ich die Nase von meiner Arbeit voll, ich möchte nach New York gehen und für MTV arbeiten. Aber was hätte das für Folgen für Arthur und mich?‹ Sie ging die ganze Litanei durch. Ich schnitt ihr das Wort ab und sagte kurz angebunden: ›Da kann ich dir auch nicht helfen. Ich weiß, daß sie nur eine kleine Gästeliste haben. Dein Vater hatte vor hinzugehen, aber ich denke, du könntest an seiner Stelle gehen. Ich weiß allerdings nicht, ob sie das nun wieder glücklich machen wird. Ich kann dir da auf jeden Fall nicht weiterhelfen.‹ Ich dachte nur, daß sie mir im Moment gerade noch gefehlt hatte, und gab sie an Richard weiter. Sie fragte ihn, was mit mir los sei, und er erklärte ihr: ›Deine Mutter hat eine harte Woche hinter sich. Sie arbeitet viel, und sie ist am Rande ihrer Kräfte. Sie ist einfach müde.‹ Danach haben wir ein paar Tage nicht miteinander gesprochen.

Ich denke, die meisten Mütter hätten sich genauso wie ich verhalten. Warum hat sie nicht einfach die Mutter der Braut angerufen. Dann hätte sie vielleicht hingehen können oder auch nicht. Ich konnte jedenfalls nichts machen.

Ungefähr eine Woche später rief sie an und fragte, als ob nichts gewesen wäre: ›Na, wie geht's?‹

Ich glaube, das war so eine Art Sollbruchstelle. Ich glaube, sie versucht sich zu lösen. Unsere ganze Familie machte vor ungefähr sechs Jahren eine Familientherapie. Der Therapeut sagte: ›Sie sind sich alle zu nah. Sie sind zu symbiotisch. Die Beziehung ist gut, aber sie müssen ein bißchen mehr Abstand voneinander bekommen.‹

Ich denke, das war ein Schritt in diese Richtung. Ich fühlte mich später allerdings furchtbar schlecht. Vielleicht hätte ich anders damit umgehen sollen. Aber ich hatte den Eindruck, daß in ihrem Leben eigentlich alles prima läuft – sie hat einen tollen Job, sie sieht phantastisch aus, sie hat einen wunderbaren Mann. Aber sie kann nicht auf diese Hochzeit! Instinktiv habe ich wohl richtig reagiert, als ich ihr sagte, damit müsse sie allein zurechtkommen. Sie kann mich doch nicht jedes Mal anrufen, wenn es ein Problem gibt. Ich glaube, sie dachte das gleiche. Allerdings hatte es das seit Jahren nicht mehr gegeben – diesen totalen Abbruch der Kommunikation. Natürlich gab es Streitereien. Aber das war anders, jetzt hatten wir nicht genug miteinander gesprochen.

Sie hatte auch wirklich im falschen Moment angerufen. Ich war vollkommen gestreßt. Es war schon nach Mitternacht. Ich hatte eine anstrengende Sitzung mit einigen Verwaltungsräten hinter mir. Der ganze Tag war schlimm gewesen. Ich war einfach fertig. Ich wollte bloß noch, daß jemand zu mir sagt: ›Ruh dich aus, ich kümmere mich um dich‹, wie es mein Mann gerade getan hatte. Und dann kam sie, und das gab mir den Rest. Zuerst habe ich versucht, vernünftig mit ihr zu reden: Es ist doch nur eine Hochzeit. Du hast doch einen wunderbaren Freund, und wenn du erst einmal eine große Nummer in der Computerbranche bist, kannst du deinen eigenen Betrieb in Seattle oder in New York oder sonstwo aufmachen. Und ich redete und redete, und sie sagte nie, ich verstehe, was du meinst. Am Schluß konnte ich einfach nicht mehr.

Das Problem ist, daß ich sie immer zu sehr behütet habe. Ich glaube nicht, daß Richard etwas damit zu tun hat. Ich denke, ich habe es ihr immer zu leichtgemacht, ihr den Eindruck vermittelt, daß die Mutter es schon richten wird. Es muß ihr also regelrecht den Boden unter den Füßen weggezogen haben, als ich ihr das erste Mal im Leben sagte: ›Tut mir leid, da kann ich dir nicht helfen.‹

Als Hillary sich nach einem College umsah, zog sie diejenigen in die nähere Auswahl, die am weitesten von zu Hause entfernt lagen. Sie ging nach Berkeley, an die Westküste. Daher dachte ich, sie wollte Abstand zu uns gewinnen, und ich schrieb nicht sehr oft und rief sie nicht an. Sie war ganz aufgebracht deswegen und sagte: ›Alle anderen Mütter rufen an. Warum tust du das nicht?‹ Ich erklärte ihr, daß ich den Eindruck hatte, daß sie Abstand gewinnen und mehr für sich sein wollte. Darauf sagte sie, daß sie das sehr verletzte. Sie war tatsächlich verletzt. Dabei wollte ich ihr nur die Möglichkeit geben, sich zu lösen. Aber sie meinte, sie wollte überhaupt nicht, daß ich sie gehen lasse, und daß es ihr ein Bedürfnis sei, von ihrer Mutter im College angerufen zu werden.

Sie fängt immer wieder damit an. Als es vor ein paar Jahren diese schrecklichen Brände in Oakland gab, haben wir nicht angerufen, weil sie damals in San Francisco lebte und wir gehört hatten, daß die Stadt selbst verschont geblieben war. Sie sagte damals zu einer Freundin: ›Siehst du – meine Mutter hat nicht angerufen. Meine Mutter denkt bestimmt, daß es mir gutgeht. Meine Mutter hat auch die ganze Zeit, als ich auf dem College war, nicht angerufen.‹ Sie läßt einem einfach keine Chance.

Erst jetzt fängt sie langsam an, sich selbst kennenzulernen. Dabei ist sie fast dreißig! Sie hat das auch schon zu mir gesagt: ›Ich habe Freunde, die sind schon viel weiter als ich. Warum bin ich nur so ein Spätzünder?‹ Vermutlich ist es aber gar nicht mein Fehler, wissen Sie. Kinder entwickeln sich einfach, und so hat sie sich eben entwickelt. Allerdings habe ich sie ganz bestimmt zu sehr behütet. Ich habe versucht, ihr alles aus dem Weg zu räumen, und wenn sie jemand verletzt hat, war das so, als hätte mich jemand verletzt. Ich habe mich zu sehr mit ihr identifiziert. Ich hatte kein Gefühl für Distanz. Richard sagte mir all die Jahre: ›Du läßt dich zu sehr von ihr vereinnahmen. Sie ist sauer, du bist sauer. Sie ist enttäuscht, du bist enttäuscht.‹

Meine Mutter starb vor einem Jahr. Sie war weder eine gute Mutter noch ein besonders netter Mensch. Sie hat mir immer gesagt, daß ich nicht hübsch sei. Daß ich nicht niedlich sei. Daß ich nicht klug genug sei. Daher stand natürlich für mich fest, wenn ich Kinder habe, würde ich genau das Gegenteil machen. Immer liebevoll sein und ihnen immer helfen. Immer für sie dasein, nie krank. Meine Mutter war ständig krank. Ich würde mich niemals nachmittags mit einem Tuch über den Augen hinlegen.

Hillary und ich haben viel Spaß miteinander. Wir lachen viel. Wir haben lange und vertraute Gespräche. Wir sind ehrlich zueinander. Sie erzählt mir fast alles aus ihrem Liebesleben. Allerdings möchte sie von meinem nichts wissen. Sie fragt mich um Rat, und ich sage ihr meine Meinung oder gebe ihr einen Tip, was sie dazu lesen könnte, und frage sie dann, wie die Geschichte ausgegangen ist.

Ich glaube, sie bespricht fast alles mit mir. Aber seit kurzem merke ich, daß sie nicht mehr so oft anruft, besonders seit der Sache mit der Hochzeit. Ich glaube, dieser Anruf war so etwas wie ein Wendepunkt für uns. Aber ich bin mir da nicht sicher.

Sie und Arthur werden ungefähr zur gleichen Zeit dreißig. Sie haben eine große gemeinsame Feier geplant. Wir haben uns entschieden, nicht hinzugehen. Wir werden natürlich anrufen und Geschenke schicken, aber das ist ganz allein ihr Fest, und das sollte es auch sein.«

Lucias immer wiederkehrende Feststellung – »Da kann ich ihr auch nicht helfen« – tauchte in vielen unserer Interviews auf. Was meinen die Mütter damit? Sie scheinen damit im wesentlichen sagen zu wollen: »Ich kenne die Antwort nicht, ich habe keinen Zauberstab, und selbst wenn ich einen hätte, glaube ich nicht, daß ich ihn für dich noch einmal einsetzen sollte. Ich bin überzeugt davon, daß du in der Lage bist, deine Angelegenheiten selbst zu regeln.« Oder, um mit Naomi Lowinsky zu sprechen, diese Mütter geben ihren Töchtern »Raum, das eigene Potential zu entfalten«.

Lucia behauptet, diese Erkenntnis wäre wie eine Offenbarung für sie gewesen. In einem Moment der Erschöpfung. Wenn sie bei Hillarys Anruf nicht selbst so auf Unterstützung angewiesen gewesen wäre, hätte sie möglicherweise nicht so heftig reagiert. Wenn sie und ihre Tochter andererseits schon früher damit angefangen hätten, eine Beziehung zu entwickeln, die auf Gegenseitigkeit beruht, wären vielleicht auch all die Dinge zur Sprache gekommen, die an diesem Tag schiefgegangen sind, und Hillary wäre von sich aus darauf gekommen, Lucia Unterstützung und Verständnis entgegenzubringen.

Mutter und Tochter haben gerade erst damit begonnen, sich stärker über ein wechselseitiges Verhältnis zu definieren. In Zukunft wird es bestimmt zu Rückschlägen kommen, zu Zeiten, wenn sie beide in die Situation zurückverfallen, daß Lucia in einer Sache eingreift, die Hillary vermutlich selbst regeln sollte. Jedenfalls hat diese Krise Mutter und Tochter zu der Einsicht verholfen, ihr bisheriges Verhalten, sich ständig in das Leben der anderen einzumischen, aufzugeben. Ein wichtiger Schritt bestand darin, daß Lucia einsah, Hillary könnte ein so einschneidendes Ereignis wie ihren dreißigsten Geburtstag ohne ihre Eltern feiern. In dieser Phase des Lebens unserer Töchter müssen wir uns der Erkenntnis stellen, daß wir als Eltern eine weniger zentrale Rolle im Leben einer jungen Frau einnehmen und einnehmen sollten.

Die Unterschiede tolerieren

Die Töchter sollen ein starkes Gefühl für ihre eigene Identität entwickeln und gleichzeitig die Beziehung zu ihren Müttern aufrechterhalten – das ist die vorherrschende Meinung in unserer Gesellschaft. Andere Kulturen messen der Autonomie der Tochter weniger Wert bei. Margarita Alvarez arbeitet als Psychologin am Latino Mental Health Program der Psychiatrieabteilung am Cambridge Hospital und der Harvard Medical

School und ist selbst Immigrantin. Sie vertritt die Auffassung, daß in den Gemeinschaften von Neueinwanderern die Gefahr besteht, daß es zu schmerzhaften Verschiebungen zwischen den Generationen kommt. »Was passiert, wenn das, was die Mutter zu bieten hat, in der alten Kultur hoch geschätzt wurde, aber in der neuen unwichtig zu sein scheint? Was, wenn eine Tochter meint, sie könne mit dem, was ihre Mutter zu vermitteln hat, nichts anfangen? Die Vorstellung dessen, was eine junge Frau in Amerika ›kompetent‹ macht, stimmt nicht mit der traditionellen Definition durch die Mutter überein. Die Mütter kamen hierher, um ihren Töchtern ein besseres Leben zu ermöglichen, und fühlen sich dann oft im Stich gelassen, weil die Tochter mehr von der neuen Kultur übernimmt als von der ihrer Mutter. Die Ablösung wird für beide sehr schwer.« Margarita Alvarez glaubt, daß sich dieses Problem lösen läßt. »Mutter und Tochter müssen sich entgegenkommen, um einige der Unterschiede tolerieren zu können. Wenn die Mutter tolerieren kann, daß die Tochter etwas Neues ausprobiert, dann kann vielleicht auch die Tochter einiges von dem, was die Mutter zu bieten hat, annehmen, und die Tochter wird schließlich imstande sein, sich von der Mutter abzugrenzen, ohne die Beziehung zu ihr aufzugeben.«

Los Angeles ist die prototypische amerikanische Stadt der Zukunft. Mehr als ein Drittel der Bevölkerung stammt aus einem anderen Land, mehr als die Hälfte spricht zu Hause kein Englisch. In San Fernando Valley gibt es Straßenzüge, wo Englisch fast vollständig von Khmer, Thai, Chinesisch, Spanisch oder Koreanisch verdrängt worden ist. Als wir zu unserer Verabredung mit Farouz P. fuhren, stellten wir fest, daß die meisten Ladenschilder in Farsi geschrieben waren, während die Bauweise der Häuser in der Gegend – niedrige weiß verputzte Häuser mit Terrasse und Swimmingpool im Garten – dem typischen südkalifornischen Stil entsprachen. Die Einrichtung des Hauses von Farouz – schwere, seidenstoffbezogene Möbel, verzierte Kupferteller und Kerzenleuchter, dazu die große Schüssel mit Pistazien, die sie vor uns hinstellte – sprach von ihrer Verbundenheit mit dem iranischen Erbe.

Farouz verließ Teheran mit ihrem Mann und zwei Töchtern vor achtzehn Jahren. Die beiden Töchter Isabelle und Clemence sind inzwischen fünfundzwanzig beziehungsweise dreiundzwanzig Jahre alt; ihr Sohn Edouard, sechzehn, wurde in Los Angeles geboren. Farouz unterrichtet Mathematik und Buchführung an einem College, auch ihr Mann ist Dozent. Sie ließen sich in Kalifornien nieder, weil sie wußten, daß ihre Kinder hier eine gute Ausbildung bekommen würden. Das ist Farouz sehr wichtig, sie möchte, daß ihre Kinder in diesem Land zu Wohlstand kommen. Wirklich am Herzen liegt ihr aber bei der Erziehung ihrer Kinder, ihnen die Bedeutung der Familie zu vermitteln. Alles, was junge Menschen tun, sollte im Kontext ihrer Familie geschehen; bis zu ihrer Heirat sollten die Kinder bei ihren Eltern leben; ihr soziales Leben sollte sich innerhalb des familiären Rahmens abspielen; junge Männer kommen dann als Ehemänner in Frage, wenn sie aus einer »guten Familie« stammen.

Farouz hat sich darum bemüht, in ihrer Familie die Werte zu bewahren, mit denen sie in Teheran aufgewachsen ist. Sie hat versucht, ihren Töchtern denselben Schutz angedeihen zu lassen, den junge Frauen dort genießen. »Ich habe meine Kinder nie sich selbst überlassen. Ich habe sie nie bei einem Babysitter abgegeben. Wir gingen überall gemeinsam hin. Ich war immer bei ihnen. Ich habe sie immer geführt. Die Eltern sind diejenigen, die sich um sie kümmern müssen. Bis die Mädchen das College abgeschlossen hatten, habe ich sie überall mit dem Auto hingefahren. Ich habe sie von der Schule abgeholt und zur Arbeit gebracht. Ich wollte nicht, daß sie nachts über einen Parkplatz gehen müssen.« Die Mädchen lebten während und noch nach ihrer Zeit auf dem College zu Hause. Und tatsächlich ist Isabelle, die letzten Winter »einen Mann aus einer guten persischen Familie« geheiratet hat, nach der Hochzeit für zwei

Monate nach Hause zurückgekommen, bis ihr Mann ein Haus in Seattle gefunden hatte, wohin er versetzt worden war.

Zwischen den Generationen manifestierten sich kulturelle Unterschiede schon früh in der Sprache. »Ich spreche Farsi mit ihnen, und sie antworten mir auf englisch. Sie können Farsi auch nicht lesen.« Aber Farouz erzählt, daß es keine ernsthaften Differenzen mit ihren Mädchen gab, bis sie erwachsen wurden. »Vor zwei Jahren ungefähr haben sie angefangen, allein auszugehen. Ich habe ihnen gesagt, sie sollten mich anrufen und sagen, wo sie sind. Aber ihre Freunde haben gemeint: ›Was bist du für ein Baby, daß du immer deine Mutter anrufen mußt.‹ Ich mochte ihre Freunde nicht, genausowenig die Partys, auf die sie gingen. Ich dachte, daß elf Uhr eine angemessene Zeit für sie wäre, um nach Hause zu kommen. Statt dessen brachen sie erst um elf Uhr auf, weil die Partys dann erst beginnen, wie sie mir erklärten. Ich finde das nicht gut.« Auf Farouz' Versuch, eine bestimmte Zeit, wann sie zu Hause sein müssen, durchzusetzen, reagierten die Mädchen mit Widerstand, und sie hat mit ihnen ein paar Tage lang nicht gesprochen. »Ich habe geweint. Ich konnte das Haus nicht verlassen. Ich hatte nicht soviel Einfluß auf sie, wie ich mir gewünscht hätte. Meine Liebe ist zu groß. Wir lieben unsere Kinder, wir lieben uns, auch wenn wir verschiedener Meinung sind. Wir sind füreinander da. Wir versuchen unser Bestes. Über so etwas mache ich mir Gedanken. Im Moment versuchen wir einen Kompromiß zu finden.

Gibt es Streit mit den Kindern, braucht man überhaupt nicht zu denken, daß sich irgend etwas dadurch lösen läßt, daß man nicht mit ihnen spricht. Nein, man darf ihnen die Freundschaft nicht entziehen, man darf ihnen nicht die Liebe entziehen. Sie müssen immer wissen, daß man hinter ihnen steht, daß man ihnen hilft. Wenn man nicht mit ihnen spricht, kann sehr vieles verlorengehen. Diese Erfahrung habe ich jedenfalls gemacht – wir waren einander sehr nah, wir haben uns tatsächlich geliebt, und dann taten sie etwas Falsches, und ich habe aufgehört, mit ihnen zu reden. Erst kommen sie dann noch und umarmen mich und küssen mich. Aber wenn sich das wiederholt, kommt nichts Gutes dabei heraus. Man geht getrennte Wege, und das ist nicht gut. Ich bin so. Ich überlege mir, was ist passiert? Warum ist es jetzt so? Ich muß etwas tun. Ich muß das Problem lösen. Ich habe versucht, ihnen klarzumachen, wenn ich ihnen etwas sage, dann nur, weil ich sie liebe. Ich möchte mich nicht in ihr Leben einmischen. Ich habe versucht, ihnen klarzumachen, wenn Eltern etwas sagen, dann aus Liebe, nicht weil sie ihnen nicht trauen.«

Farouz wird immer noch wütend, wenn ihre Mädchen etwas tun, was sie mißbilligt, aber sie versucht, nicht die Geduld zu verlieren. »Ich bemühe mich immer, mit ihnen zu sprechen, auch wenn ich etwas mitbekomme, was mir nicht gefällt. Aber manchmal kann ich mich nicht zurückhalten.« Zum Beispiel kann sie es nicht leiden, daß sie sich wie alle jungen Leute in Kalifornien benehmen und sich nachlässig anziehen. »Ich sage immer, ein Mädchen muß wie eine Königin aussehen. Es muß wie eine Königin gehen und wie eine Königin sprechen. Ich möchte keine Schimpfwörter aus ihrem Mund hören. Ich glaube, Isabelle raucht, wenn auch nicht in meiner Gegenwart. Einmal sah ich sie mit einer Zigarette in der Hand, aber sie trat sie sofort aus. Manchmal schimpfe ich mit ihnen, aber das hilft nichts. Wenn sie versuchen, etwas vor mir zu verbergen, denke ich, es ist besser, wenn ich nichts sage.

Man muß Kompromisse schließen. Im Moment bin ich, glaube ich, dabei, mich zu ändern. Wir sind früher immer alle zusammen ausgegangen. Wenn wir irgendwo eingeladen waren, wollte ich immer mit der ganzen Familie erscheinen. Als meine Kinder da nicht mehr mitmachen wollten, war das nicht leicht für mich, aber inzwischen akzeptiere ich es. Ich habe sogar angefangen, es zu genießen, allein mit meinem Mann auszugehen, aber vorher war das schwierig für mich.«

Um mit den Worten von Margarita Alvarez zu sprechen:

Farouz lernt, das Neue, das ihre Töchter für ihr Leben entdekken, zu tolerieren – ihre Freunde, ihre Lebensweise, ihre Unabhängigkeit. Sie hat gemerkt, daß ihre Töchter dann eher bereit sind, einige der Werte anzunehmen, die sie ihnen vermitteln will – den Stellenwert von Familie, den Respekt vor Bildung und die Bedeutung ihrer kulturellen Herkunft. Sie hilft ihnen, sich von ihr abzugrenzen, ohne die Verbindung kappen zu müssen. »Ich glaube, man muß sehr achtgeben, sonst verliert man seine Kinder. Man darf nicht sagen, daß man verletzt ist und nicht mit ihnen sprechen will. Das weiß ich inzwischen. Vielleicht ist man ja verletzt, aber die Kommunikation darf man trotzdem nicht abreißen lassen. Es passiert etwas ganz Unwichtiges, und schon ist die Beziehung kaputt. Deshalb müssen Eltern achtgeben. Wenn eine Schüssel zerbricht, kann man sie vielleicht kleben, aber den Riß wird man immer sehen. Es gibt ein sehr schönes Gedicht in Farsi: Wenn man ein Band zerschneidet oder zerreißt, kann man es wieder zusammenknüpfen, aber man wird immer sehen, wo es gerissen ist.«

Der kulturelle Konflikt, in dem Farouz steckt, ist eine extreme Form des Kampfes, den jede Mutter mit ihrer erwachsenen Tochter ausficht. Wir alle müssen lernen, nur dann Ratschläge zu erteilen, wenn wir gefragt werden, wir müssen uns damit abfinden, daß wir unsere Tochter nicht vor den vielfältigen Erfahrungen einer Erwachsenen schützen können, und wir müssen akzeptieren, daß sie sich an andere um die Hilfe wenden wird, für die wir einmal zuständig waren. Aber diese Veränderung in der Beziehung muß nicht zum Schlechten sein; sie sollte uns nicht mit einem Gefühl des Verlustes zurücklassen. Wir sollten fähig sein, den, wie Naomi Lowinsky formuliert, »Reichtum« zu erfahren, »der darin liegen kann, wenn sich Mutter und Tochter mit ihrer Unterschiedlichkeit auseinandergesetzt haben und ihren Platz im Leben gefunden haben«, da »diese Art der Auseinandersetzung, weit entfernt davon, zu einer Trennung zu führen, der Beginn einer echten Beziehung ist.«[3]

Die Schuld hinter sich lassen

Mütter quälen sich ständig mit dem Gedanken ab, was sie falsch gemacht haben. Wenn eine Tochter Ängste davor hat, einen neuen Lebensabschnitt zu beginnen, wenn sie sich nur solche Partner auszuwählen scheint, die sie weniger unterstützen als umgekehrt, wenn sie sich nicht für einen Partner oder Beruf entscheiden kann, dann denken wir, das wäre unser Fehler. Immer wieder erzählten Mütter, was sie alles bereuten: »Ich habe ein schlechtes Gewissen, weil ...«, »Wenn ich nur nicht ...«, »Ich würde heute alles anders machen, wenn ...« Und selbst wenn Mütter sagen, sie hätten ihr Bestes getan, dann steckt dahinter auch der Gedanke, jemand anderes hätte es vielleicht besser machen können. Wir messen uns an einem Ideal, das sich zusammensetzt aus einem Wunschbild, welche Mutter wir selbst gerne gehabt hätten, und jener stets aufmerksamen und sensiblen Mutter, die durch die Erziehungsbücher geisterte, die wir als junge Mütter gelesen haben. Wir haben eher aus Bescheidenheit als aus Überheblichkeit die Bürde auf uns genommen, allein für die Gestaltung des Lebens unserer Töchter verantwortlich zu sein.

Wie Alice Trillin, Mutter der siebenundzwanzigjährigen Abigail und der vierundzwanzigjährigen Sarah, es formulierte: »Man versucht doch immer herauszubekommen, wie man es anstellt, nichts falsch zu machen. Bei jedem Schritt. Das hört nie auf. Das Problem ist doch, daß wir als Mütter perfekt sein müssen und daß der Gedanke unerträglich ist, Fehler gemacht zu haben. Die Angst verfolgt uns, dieselben Fehler wie die eigene Mutter zu machen. Ständig sagen wir uns, daß wir nicht in das alte Muster zurückverfallen wollen. Manchmal passiert uns das natürlich trotzdem. Es erstaunt mich, wie wichtig man es nimmt, nichts falsch zu machen – wahrscheinlich zu wichtig. Ich leide immer unter der Vorstellung, etwas nicht richtig gemacht zu haben, wenn es um gar nichts Wichtiges ging. Natürlich mache ich ständig Fehler, und normalerweise hat das keine schlimmen Folgen. Aber bei jedem winzig kleinen Patzer denke ich, wenn ich das nur wieder zurücknehmen könnte. Das ist wichtiger als alles andere.«

Die Schuld auf sich nehmen

Warum nehmen Mütter die Last der Verantwortung und Schuld auf sich? Das Gefühl, verantwortlich zu sein, vermittelt uns vor allem unsere Kultur. In ihrem Buch »Das Erbe der Mütter« beschreibt Nancy Chodorow, warum es so ist, daß »Frauen inner- und außerhalb der Familie die Hauptverantwortung für die Aufzucht der Kinder haben, daß Frauen sich Kinder wünschen und davon befriedigt und beglückt werden, daß Frauen letztlich, trotz aller Widersprüche und Konflikte, erfolgreich muttern.«[1] Nancy Chodorow bestreitet, daß eine Frau, abgesehen von der Geburt und dem Stillen, biologisch in irgendeiner Weise für das Großziehen der Kinder geeigneter ist als ein Mann. Unsere Gesellschaft hat Frauen die primäre Rolle bei der Kindererziehung aus wirtschaftlichen und psychologischen und nicht unbedingt aus biologischen Gründen zugewiesen. Im Zuge der Durchsetzung kapitalistischer Wirtschaftsformen erfolgte die Trennung von Wohnort und Arbeitsplatz, und die Bereiche von Produktion und Handel wurden zum Wirkungskreis des Mannes, das Heim dagegen zum Betätigungsfeld der Frau. Die Frau soll ihre Kräfte auf »die Aufgabe der Kinderaufzucht und die Fürsorge für die Männer« verwenden.[2] »Als Mütter produzieren Frauen Töchter, die wiederum mütterliche

Fähigkeiten und Bedürfnisse – den Wunsch nach einem Kind – haben. Diese Fähigkeiten und Bedürfnisse entstehen in und aus dem Mutter-Tochter-Verhältnis. Im Gegensatz dazu produzieren Frauen als Mütter (und Männer als Nicht-Mütter) Söhne, deren mütterliche Fähigkeiten und Bedürfnisse systematisch beschnitten und unterdrückt werden.«[3] Auch wenn sich Chodorow und andere feministische Wissenschaftlerinnen wünschen, daß diese Verhältnisse anders aussehen, ist ihnen klar, daß Männer in der Welt, in der wir leben, die Kindererziehung und die Verantwortung für die Zuwendung an Frauen delegieren und Frauen die Rolle bereitwillig übernehmen.

Es ist nur ein kleiner Schritt, zusätzlich zur Verantwortung für die Erziehung der Kinder freiwillig die Schuld für alles, was schiefgeht, auf sich zu laden. Die Soziologin Grace K. Baruch legte kurz vor ihrem Tod ein Arbeitspapier mit dem Titel »Reflections on Guilt, Women, and Gender« vor, in dem sie sich mit der Untersuchung der Frage beschäftigte, ob Frauen das schuldige Geschlecht sind, und wenn ja, warum.[4] Baruch zeigt einige »Risikofaktoren« für die Entstehung eines Schuldgefühls auf, die sie aus der Forschung herausgefiltert hatte. Ihre Beobachtungen lassen sich folgendermaßen zusammenfassen:

Frauen wurden dazu erzogen, Verantwortung für das Wohlbefinden anderer zu übernehmen, und sie leiden unter dieser Belastung.

Aufgrund der starken Identifikation zwischen Mutter und Tochter und der engen Beziehung zueinander in frühen Jahren ist es wahrscheinlich, daß sich zwischen ihnen eine besondere Empathie entwickelt, die von Generation zu Generation weitergegeben wird.

Diese Empathie wird noch durch den Umstand verstärkt, daß Frauen, denen traditionell kein sozialer Status und keine Macht in unserer Gesellschaft zuerkannt werden, besonders aufmerksam auf ihre Umgebung reagieren müssen.

Untersuchungen über die Frage, wie Menschen mit negativen Ereignissen im Leben anderer umgehen, weisen darauf hin, daß Frauen eher bereit sind zu glauben, daß sie auf ein Ereignis Einfluß hätten nehmen können, und sich deshalb schuldig fühlen. Wenn sie sich klarmachen würden, daß sie den Gang der Ereignisse nicht hätten beeinflussen können, würden sie sich weniger schuldig fühlen und eher wütend werden – und die Schuld etwas oder jemand anderem zuweisen. Umgekehrt erleichtert es den Männern ihre Sozialisation, Schuld von sich zu weisen und statt dessen andere verantwortlich zu machen.

Die Psychologie und Soziologie des 20. Jahrhunderts haben die Vorstellung, daß Frauen die Hauptverantwortung für die Kinder tragen – und deshalb auch die Schuld, wenn irgend etwas in der Erziehung schiefzulaufen scheint –, noch bestätigt. Freud und seine Schüler haben auf die Bedeutung von Erfahrungen während des Säuglingsalters und der Kindheit für die Bildung der Persönlichkeit des Menschen verwiesen. Ihre Theorien haben unsere ganze Kultur beeinflußt. Die Frauen unserer Generation haben die Erklärungen, die von Spock und vielen anderen neo-freudianischen Erziehungswissensschaftlern verbreitet wurden, internalisiert, die behaupten, daß es lebenslange Folgen für die psychische Gesundheit des Kindes haben kann, wenn man nicht mit völligem Verständnis auf die Wünsche und Bedürfnisse während der Entwicklung in einem Abschnitt oder einer Krise im Leben des Kindes reagiert.

Adrienne Rich ist gegen das »ganze Gewicht und die volle Last der mütterlichen Schuld« ins Feld gezogen – gegen »jene täglichen, nächtlichen, stündlichen Fragen ›Tue ich das Richtige?‹, ›Tue ich genug?‹, ›Tue ich zuviel?‹«,[5] an denen Mütter zu tragen hatten, deren Kinder in den fünfziger und sechziger Jahren auf die Welt kamen.

Daran hat sich bis heute nur wenig geändert. Nancy Chodorow und Susan Contratto haben in ihrem Aufsatz »The Fantasy of the Perfect Mother« festgestellt, daß die »Schuld und die

Idealisierung von Müttern inzwischen zu Glaubenssätzen unserer Kultur geworden sind.«[6]

Grace Baruch meint, daß Frauen besonders anfällig für, wie sie es nennt, »falsche Schuldgefühle« sind. Falsche Schuldgefühle resultieren weniger aus unserem Gefühl heraus, gegen das Diktat unseres Moralempfindens verstoßen zu haben, sondern werden vielmehr »vom Leid oder der Mißbilligung anderer, von der Angst vor Beziehungslosigkeit und Trennung ausgelöst, nicht von Gewissensbissen. [...] Frauen sind anfällig dafür, sich um Beziehungslosigkeit Sorgen zu machen, und das kann sie dazu bringen, Gefühle der Einsamkeit, der Angst und besonders der Wut in Schuldgefühle zu verwandeln oder zu sagen: ›Es ist mein Fehler.‹«[7] Mütter, deren Töchter wichtige Entscheidungen treffen, von denen sie glauben, daß sie im Widerspruch zu den von ihnen vermittelten Werten stehen, oder Mütter, die das Gefühl haben, beiseite geschoben zu werden, wenn ihre Töchter mehr Zeit mit ihren Freunden und der eigenen Familie verbringen wollen, machen sich oft ihre Angst, zurückgewiesen zu werden, nicht bewußt und genausowenig ihre Wut auf die Töchter – die zuzugeben sie sich natürlich noch mehr scheuen. Lieber weisen sie sich für eine solche Entwicklung die Schuld zu. Wenn ich nur eine bessere Mutter gewesen wäre, so denken sie, wäre das nie passiert.

Ein vernünftiges Maß an Verantwortung übernehmen

Den meisten unserer Interviewpartnerinnen fiel es schwer, sich von Schuld freizusprechen. Leah P. sagte: »Meine Tochter Joan ist ein wunderbarer Mensch. Sie ist Sozialarbeiterin, und das ist kein Wunder, sie ist ein Mensch, der sich um alles und jeden kümmert. Sie ist sehr hilfsbereit und sorgt gerne für Kinder, Tiere, für alles mögliche eben. Sie liebt ihre Arbeit. Sie hat im

Moment einen Freund, aber ich habe den Eindruck, die Beziehung ist ziemlich problematisch. Durch diese Beziehung ist mir richtig bewußt geworden – irgendwie wußte ich das wahrscheinlich immer schon –, wie bedürftig sie selbst ist. Er ist auch sehr hilfsbedürftig, insofern passen sie durchaus zusammen. Es fällt mir schwer zu glauben, daß sie sich so nach Liebe sehnt, daß sie sie bei diesem labilen Mann sucht. Ich frage mich, ob ich ihr nicht genug Liebe gegeben habe. Sie hat sich in diese Beziehung gestürzt. Darin erkenne ich auch mich selbst wieder. Vor kurzem sah ich einen Film, ›The Brothers McMullen‹, über drei irische Brüder, die auf Long Island leben und schließlich alle eine Frau finden. Ich war sehr gerührt und traurig, als ich aus dem Kino kam, weil ich angefangen habe, über Beziehungen nachzudenken und wie Menschen sich in einer Beziehung verlieren können. Mir selber ging es nicht anders, als ich jung war – ich war so von einem anderen Menschen vereinnahmt, daß ich jedes Gefühl für mich selbst verloren habe. Als ich dann gemerkt habe, daß Joan genauso ängstlich und bedürftig ist, dachte ich, das könnte ja ich sein. Es gehört nicht viel dazu zu erkennen, daß sie das von mir hat. Ich habe das auf sie übertragen, als sie klein war. Weil ich zu fordernd und zu kritisch war und meine Ängste auf sie übertragen habe. Das schlimmste aber war, daß ich ihr irgendwie das Gefühl vermittelt habe, nicht geliebt zu werden, oder daß sie sich meiner Liebe nie sicher sein konnte, weil ich zu fordernd war. Irgend etwas in der Art. Solche Gedanken gehen mir immer wieder durch den Kopf.

Dann frage ich mich, ob ich mir das anrechnen kann, wenn sie, was oft der Fall ist, glücklich ist. Ich tu's nicht. Ich denke, alles Gute in ihrem Leben geht auf sie selbst zurück, und an allem Schlechten bin ich schuld.«

Kathy Weingarten meint dazu: »Ich persönlich neige dazu, nicht in Kategorien persönlichen Versagens zu denken, wenn ich versuche einer Frau zu helfen, die ihre Beziehung zu ihrer

Tochter überdenkt. Statt dessen versuche ich so viele Einflüsse aus dem Umfeld wie möglich einzubeziehen: die Veranlagung eines Kindes, sein Wesen, die Rolle des Vaters des Mädchens – hat er seine Frau unterstützt, welche persönlichen Eigenheiten hat er in die Beziehung eingebracht? –, die Geschwister, die Schule, Altersgenossen und die Freunde des Kindes. Welche Rolle spielte all das bei der Prägung der Persönlichkeit der Tochter?«

Im Laufe unseres Gesprächs erzählte uns Leah, daß Joan ein nervöses Baby war, das unter Koliken litt, daß sie in ihrer Kindheit schwere Mittelohrentzündungen hatte und deshalb mehrmals ins Krankenhaus mußte. Ihr drei Jahre jüngerer Bruder dagegen war ein sehr guter Schüler und Sportler, auch noch während seiner Zeit auf dem College. Darüber hinaus sagt Leah von ihrem Mann, einem Musiker, daß er eine sehr enge Beziehung zu den Kindern hat und daß auch er ängstlich und unentschieden ist. Aber diese Umstände schien sie in keinen Zusammenhang mit Joans Entwicklung zu bringen; wie sie sagte, war all das, was zu der Verletzbarkeit ihrer Tochter führte, ihr Fehler, und daß sie allein die Schuld daran trage.

Wenn eine Mutter all die mildernden mitentscheidenden Faktoren bedenken würde, wäre es ihr eher möglich, »vernünftige« statt »der allumfassenden Verantwortung« zu übernehmen, wie es Kathy Weingarten nennt. In ihrem Buch »The Mother's Voice« schreibt sie: »Ein vernünftiges Maß an Verantwortung schließt nicht aus, daß auch andere, Erwachsene wie Kinder, Verantwortung tragen. Genausowenig wie sie die Verantwortung der Gesellschaft – um die sie sich fatalerweise nicht kümmert – verschleiert, die Bedürfnisse von Müttern und Kindern und deren Familien zu berücksichtigen.«[8]

Wenn eine Mutter dieses vernünftige Maß an Verantwortung auf sich nimmt, kann sie sich bewußt machen, daß sie nur eine begrenzte Anzahl der vielen Faktoren, die prägend auf das

Leben der Tochter gewirkt haben, beeinflussen konnte. »Meine Tochter Emily fragte mich einmal, ob ich mir die Schuld für ihre Probleme geben würde«, erzählte Martha von ihrer dreißigjährigen Tochter, die als Krankenschwester in der Notaufnahme arbeitet. Martha, eine siebenundfünfzig Jahre alte Hausfrau, leidet seit über dreißig Jahren an regelmäßig wiederkehrenden Depressionen. Auch ihre Mutter, die Schwester und einige Cousinen sind depressiv. Bei Emily zeigten sich erste Anzeichen dieser Krankheit, als sie aufs College ging; einmal waren ihre Symptome so stark, daß sie sich in stationäre Behandlung begeben mußte. Emily scheint ihre Krankheit durch eine Kombination aus Psychotherapie und Medikamenten im Griff zu haben, sie kommt, wie Martha erzählt, »mit ihrem Zustand zurecht«.

Martha ist zwar traurig darüber, welche Auswirkungen sie auf die Entwicklung ihrer Tochter hatte, läßt sich davon aber nicht überwältigen. Sie ist überzeugt, daß die Ursachen von Emilys Krankheit jenseits ihres Einflußbereichs lagen. »Ich kann nichts dafür, daß sie diese Konstitution hat.« Sie hat mit Emily darüber gesprochen, welche Folgen ihre eigenen depressiven Schübe zweifellos auf die Kindheit ihrer Tochter gehabt hatten. »Ich habe ihr gesagt, daß ich mein Möglichstes getan habe. Meine Krankheit, meine Depressionen spielten eine Rolle – wer ich bin spielte eine Rolle. Wer weiß, wie oft ich nicht verfügbar war, als sie mich brauchte? Mir tut vieles leid, aber ich fühle mich nicht schuldig. Es tut mir leid, daß ich meine Sache nicht besser gemacht habe, aber so ist es nun mal. Ich glaube, ich bin eine gute Mutter. Als mich Emily damals gefragt hat, ob ich mir selbst die Schuld gebe, erwartete sie, glaube ich, daß ich mich verteidigen würde. Aber sie hat darüber nachgedacht, sie ist überhaupt ein Mensch, der bereit ist, die Dinge noch einmal neu zu überdenken. Ich hoffe also, daß sie mich für eine gute Mutter hält, weil ich mich sehr darum bemüht habe.« Mütter müssen wie Martha akzeptieren, daß sie ihr Möglichstes getan haben, und sich gleichzeitig bewußt sein, daß es nicht unbedingt das gewesen ist, was ihre Töchter am meisten gebraucht haben.

Auch wenn wir vielleicht zu der Einsicht kommen, daß andere Menschen und Ereignisse eine wichtige Rolle dabei gespielt haben, wie das Leben unserer Töchter verläuft, sind wir doch zutiefst überzeugt, daß jeder mögliche Einfluß, den wir auf sie hatten, und jede Entscheidung, die wir in ihrem Namen getroffen haben, an einem Vollkommenheitsideal gemessen werden muß. Eine gute Mutter ist gegenüber ihren Kindern immer aufmerksam. Eine schlechte Mutter stellt die eigenen Bedürfnisse über die ihrer Kinder. Eine gute Mutter schützt ihre Kinder vor jeglicher Unbill. Eine schlechte Mutter liefert sie den Wechselfällen des Lebens aus. Wenn wir nicht alles für unsere Töchter getan haben, dann haben wir versagt.

Und doch wissen wir, daß es so etwas wie die perfekte Mutter nicht gibt. Eltern können gar nicht anders, wie Naomi Lowinsky schreibt, als manchmal zu versagen, wenn sie ihre Kinder schützen und für sie sorgen wollen – das ist »eine unumgängliche Bedingung des Lebens wie der Tod. Es ist unumgänglich, daß wir aufgrund unserer menschlichen Grenzen gegenüber unseren Kindern versagen. Auch wenn wir Eltern sind, müssen wir doch auch Menschen bleiben; wir werden immer unsere eigenen Bedürfnisse gegen die anderer abwägen. Wir machen garantiert Fehler, was das Zuviel oder Zuwenig an Kontrolle angeht, Strenge, Liebe, Hilfe, Aufmerksamkeit, Geld. Es gehört zu unserem Schicksal, bei jenen zu versagen, die wir am meisten lieben. [...] Enttäuschung und Wut sind Bestandteile in jeder Eltern-Kind-Beziehung, da wir den Kindern etwas völlig anderes bedeuten als sie uns.«[9]

Wie die Väter sich aus der Verantwortung stehlen

Wenn wir Frauen uns weiterhin als die Erziehenden und Sorgetragenden begreifen, und wenn wir weiterhin die Verantwortung auf uns nehmen, die Töchter zu den Frauen erzogen zu haben, die sie sind – welche Rolle spielen dann eigentlich die Männer respektive Väter? Viele Mütter erzählten uns, daß ihr Mann zwar genauso besorgt über bestimmte Dinge im Leben der Tochter sei wie sie selbst, sich aber nicht so sehr in sie verwickeln läßt. Und auch wenn beide Eltern eine Position einnehmen, die nicht dem entspricht, was die Tochter gern hätte, bekommt die Mutter doch den Löwenanteil der Schuld ab. Die folgenden Geschichten stehen für einige der typischen Situationen, die entstehen können, wenn Väter und Mütter ihre gesellschaftlich festgelegten Rollen übernehmen.

»Üblicherweise sind wir einer Meinung, was die Probleme mit unseren Töchtern angeht. Er regt sich genauso auf wie ich, aber er mischt sich nicht ein. Er sagt zu mir: ›Warum räumen sie nicht mal auf? Kauf doch ein paar Möbel. Häng was an die Wand‹, wenn wir dann aber bei Marie zu Besuch sind, sagt er: ›Ist das nicht schön hier? So luftig und sauber!‹« Loretta G., Mutter von Marie, zweiunddreißig, und Diana, achtundzwanzig.

»Wenn Mandy sauer auf uns ist, weil wir irgend etwas gesagt oder getan haben, dann richtet sich ihre Wut gegen mich, nicht gegen meinen Mann. Dabei habe ich schon so oft meinen Mann wegen ihr besänftigen müssen! Ich bin diejenige, die sich entschuldigt, aber weil er sich zurückhält, ist er unangreifbar. Ich bin verletzbarer, die ideale Zielscheibe.« Priscilla D., Mutter von Patsy, dreißig, und Mandy, siebenundzwanzig.

»Ihr Gewicht war ein Problem. Nicht nur zwischen Karen und mir, auch mein Mann hat sich viele Gedanken darüber gemacht. Er sagte mir – und ich sollte es wiederum an sie weitergeben –, sie sei der netteste und charmanteste Mensch der Welt, daß man sich aber leider in unserer Gesellschaft zu Markte tragen müsse und er den Eindruck habe, daß sie ihr Gewicht fast als einen Schutzschild gebraucht.« Lois A., Mutter von Karen, vierunddreißig.

Wenn die Mütter in solchen Geschichten ihre Wut äußern, nehmen sie ihr doch gleich wieder mit einem Achselzucken oder Lachen die Schärfe, als ob sie sagen wollten: »Ach, Sie wissen ja, wie Männer sind.« Wir hatten den Eindruck, als hätten sie sich in irgendeiner Weise damit abgefunden, daß ihre Töchter bei den Vätern nicht dieselben Maßstäbe anlegten. In diesen Diskrepanzen, was Sorge- und Konfliktverhalten angeht, kommen Prämissen einer Gesellschaft zum Ausdruck, die den Müttern die ganze Verantwortung für die Kindererziehung überträgt und ihnen auch die ganze Schuld zuweist, wenn etwas schiefgeht. Kathy Weingarten erklärt: »Ich glaube, der Diskurs über Mütter und Töchter unterscheidet sich stark von dem Diskurs oder den kulturellen Glaubenssätzen über Väter und Töchter. Zunächst geht es darum, wie wir in bezug auf unsere emotionale Reaktion sozialisiert wurden. Die Abgrenzung zwischen Müttern und Töchtern ist weniger ausgeprägt.

Ich arbeite sehr viel mit Jugendlichen, jungen Leuten Anfang Zwanzig und ihren Familien, und dabei kann ich beobachten, daß eine Mutter sich genausoviel Gedanken um einen Sohn wie eine Tochter macht, allerdings besteht ein großer Unterschied zwischen dem, worauf sich eine Mutter alles einläßt – die geringere Abgrenzung einer Mutter –, und dem, worauf sich ein Vater einläßt. Eine Mutter scheint sehr viel empfänglicher zu sein, und der Vater scheint sich wesentlich stärker abzugrenzen. Wenn Sie empfänglicher sind, wenn Sie also die Spannungen oder den Kummer der Tochter stärker nachempfinden können, haben Sie viel stärker das Bedürfnis, etwas dagegen zu unternehmen. Ich vermute, wenn sich ein Vater über etwas aufregt, gibt es einen Moment der Durchlässigkeit, und dann bilden sich seine Grenzen wieder neu, und er ist wieder intakt – wie bei Amöben, die sich teilen und sich dann neu formieren. Der Vater denkt die meiste Zeit nicht darüber nach, während Mütter einen halbdurchlässigen Zustand beschreiben, aus dem ein gestörtes Gleichgewicht entsteht. Und das wiederum verursacht bei den Müttern großes Leid und Beunruhigung.«

AUS MARILYNS TAGEBUCH, 30. JULI 1995

Das Buch von Mary Field Belenky und anderen hat mich sehr angeregt; es baut auf Carol Gilligans Arbeit über die Bedeutung, die Frauen ihrem Umfeld und Beziehungen beimessen, auf. Mir ist in den Tagen seit Harriettes Tod wieder einmal die Stärke weiblicher Kontinuität und Verbundenheit bewußt geworden, besonders weil Tante Mitzi und die Mädchen bei uns zu Besuch waren. Hugh und einige Mitglieder seiner Familie stehen sich sehr nah, aber sie halten das Netz an Beziehungen doch nicht in dem Maße aufrecht wie Frauen.

Ich kenne keinen Mann, der Verbindungen so sehr pflegt wie Hugh. Er hat sehr enge Freunde und Freundinnen, mit denen er stundenlang telefoniert oder mit denen er sich zum Mittag- oder Abendessen trifft. Ich glaube, er bringt viele seiner Freunde, vor allem Männer, dazu, mit ihm über intimere Dinge zu sprechen, als sie es sonst mit jemanden tun. Und doch tue ich, wenn es um die Familie geht, mehr als er. Ich erinnere mich an die Geburtstage und Jubiläen seiner Verwandten. Das kann nicht nur daher kommen, daß ich aus einer Familie stamme, in der auf diese Dinge Wert gelegt wurde. Wenn wir auf eine Party gehen, bin ich diejenige, die ihn daran erinnert, daß die erste Frau von Soundso dasein könnte und daher dieses oder jenes Thema vermieden werden sollte. Ich bin diejenige, die ihm aus der Klemme hilft, wenn wir jemanden treffen, den wir vor einem Jahr bei einem Abendessen kennengelernt haben, und er dabei ist zu sagen, wie nett es ist, ihn kennenzulernen.

Ich betrachte Beziehungen eher wie ein Muster, besonders die zu unseren Töchtern, Hugh ist dagegen eher situationsgebunden. Ich sehe die Kontinuität unserer Beziehung zu den Mädchen als eine Abfolge von Entwicklungen. Als sie Teenager waren, habe ich viel Zeit damit verbracht, den Mädchen sein Verhalten zu erklären und umgekehrt. Ich denke viel über die Entwicklung der Mutter-Tochter-Beziehung nach. Auch wenn Hugh alle meine Überlegungen bereitwillig anhört, macht er sich doch kaum Gedanken über Beziehungsmuster an sich.

Was ist mit dem Vater, der über etwas, was die Tochter macht, genauso unglücklich ist wie die Mutter, sich aber ihrem Zorn entzieht? Kathy Weingarten glaubt, daß dies auf geschlechtsspezifische Unterschiede in der Art der Auseinandersetzung zurückgeht. Frauen sprechen viel eher miteinander. Männer können Schweigen besser ertragen. »Nüchtern betrachtet, sind Mütter und Töchter im Gespräch sehr viel flexibler, egal ob es um einen Konflikt geht oder nicht. Die Gesprächswege zwischen Müttern und Töchtern sind normalerweise kürzer als die zwischen Vätern und Töchtern. Die Mutter bietet einen ständigen Dialog an, selbst wenn er aus fortgesetzten Streitereien und nicht aus echten Gesprächen besteht. Das unterscheidet sich von dem, was der Vater anbietet.« Nicht, daß der Vater sich weniger über die Tochter aufregen würde als die Mutter, oder auch die Tochter über ihn, beide haben nur weniger Erfahrung darin, sich aufeinander einzulassen, als Mutter und Tochter. Mütter wollen dieses Vermögen, mit ihren Töchtern im ständigen Austausch zu sein, nicht aufgeben und sind daher bereit, gelegentlich den Sündenbock zu spielen, da die Beziehung zwischen Vätern und Töchtern nicht so eng oder zumindest anders ist.

Auch wenn eine Mutter irgendwann einmal verstanden hat, daß sie nicht für alles Leid ihrer Tochter verantwortlich ist, auch wenn sie einsieht, daß der Zorn und die Schuldzuweisungen ihrer Tochter in keinem Verhältnis zu dem stehen mögen, was sie getan hat, möchte sie vielleicht trotzdem dem Zustand, immer über eine vermeintliche Schuld nachzudenken, ein Ende bereiten und es besser machen. Wie kann sie das anstellen?

Mollie M. kam sehr überstürzt zu unserem Interview, fing sofort an zu reden und hörte nicht mehr auf. Nicht daß die Sätze unkontrolliert aus ihr herausquollen, Mollie wußte vielmehr immer genau, was sie sagen wollte. Sie erzählte interessante Geschichten, die einen Anfang, einen Mittelteil und ein Ende hatten und oft auch eine Pointe. Immer wieder machte sie sich in ihren Anekdoten über sich selbst lustig. Alles, was Mollie uns erzählte, hatte seine witzigen Seiten, als wäre sie eine Komikerin und wären wir das Publikum, das sie für sich gewinnen wollte. Sie präsentierte sich als nette Hausfrau aus der Vorstadt mit einem ganz normalen Beruf. In Wahrheit war sie eine sehr erfolgreiche Immobilienmaklerin im kalifornischen La Jolla, und ihr Leben war alles andere als langweilig verlaufen: Mollie war zum viertenmal verheiratet (»immer die Braut, nie die Brautjungfer!«), sie erzählte von ihrem exzessiven Drogenkonsum in den siebziger Jahren, sie mußte mit einem drogensüchtigen Stiefsohn zurechtkommen und mit zwei wütenden Töchtern. Mollie beschrieb Tracy, die ältere Tochter, als »achtundzwanzigjährige Aussteigerin«, die die letzten fünf Jahre in Bali gelebt hatte. (»Diese spirituellen Menschen leben doch immer an den schönsten Plätzen. Sie leben in Santa Fe, sie leben in Malibu, in Mill Valley, in Kauai. Mein Mann fragt sich, warum es eigentlich in Detroit keine spirituellen Menschen gibt.«) Ihre zweite Tochter, die zweiundzwanzigjährige Marissa, beschreibt Mollie als einen »abgebrannten Yuppie vor dem Start ins Berufsleben«.

Zu Beginn unseres Gesprächs erzählte Mollie, daß sie vom Schicksal auserkoren gewesen sein müsse, an unserem Projekt teilzunehmen. Ihre Hippie-Tochter meinte, das Ganze wäre »kosmisch«, da es zwischen Mollie, Tracy und Marissa eine Woche vorher zu einer Aussöhnung gekommen war, nachdem die Töchter über Jahre hinweg ihrer Mutter Vorwürfe gemacht hatten und Mollie sich immer hatte verteidigen müssen und sich schuldig gefühlt hat. »Ich habe viele meiner Träume in die Tat umgesetzt«, sagt Mollie. Sie hat geschäftlichen Erfolg, führt – endlich – eine gute Ehe, hat gute Freunde, ein schönes Zuhause. »Nur an der Beziehung zu meinen Töchtern hat es gehapert. Das hat ständig an mir genagt. Mein ganzes Leben lang hatte ich Angst, daß ich furchtbar bestraft werde. Vor meiner ersten Ehe hatte ich Angst, schwanger zu werden. Das war nicht der Fall. Dann hatte ich Angst, nicht schwanger zu werden. Das war nicht der Fall. Sogar meine Ehemänner waren alle nett. Die letzten Jahre dachte ich dann, daß wohl meine Töchter meine Strafe sind. Sie werden immer wütend sein, und wir werden uns nie verstehen. Wir werden nie fähig sein, unsere Probleme zu lösen. Aber inzwischen arbeite ich daran, und ich glaube, es geht schon besser. Sie tun das auch.«

Tracy entstammt Mollies sehr früher, sehr kurzer Ehe. Sie hatte seit ihrer frühen Kindheit keinen Kontakt mehr zu ihrem leiblichen Vater. Marissa wurde während Mollies ebenso kurzer zweiten Ehe geboren; ihr Vater adoptierte Tracy und hat zu den beiden Mädchen eine enge Beziehung, obwohl er sehr weit entfernt lebt. Neun Jahre war Mollie mit ihrem dritten Mann verheiratet, die Ehe mit ihrem jetzigen Mann besteht seit zwölf Jahren. Aber die heutige Stabilität in ihrem Leben kann keinen Ausgleich für die Unruhe in den früheren Jahren schaffen. »Als die Kinder klein waren, war ich selbst noch jung und ziemlich verrückt. Daß meine Mädchen bei mir aufgewachsen sind, hat seinen Tribut von ihnen gefordert. Sie waren sehr, sehr wütend, und ich sagte zu ihnen: ›Ich habe dafür gesorgt, daß ihr immer in derselben Stadt geblieben seid. In den Vororten, die ich haßte. Aber gut, wir sind eine nette Familie.‹ Ich habe eine Entscheidung getroffen, die im Rückblick richtig war – nämlich dafür zu sorgen, daß wir in derselben Stadt blieben. Wegen ihrer Freunde und der Schule. Das zumindest habe ich getan. Aber sie litten sehr unter all den Umbrüchen und dem Auf und Ab.«

Mollie glaubt, daß sie eine wesentlich bessere Mutter gewesen ist, als ihre eigene es war. Ihre Mutter harrte lange Jahre in einer unglücklichen Ehe aus und verwandte ihre ganze Energie auf ihren Beruf als Kostümbildnerin beim Film. Mollie nahm es ihrer Mutter immer übel, daß sie selten zu Hause und egoistisch und selbstbezogen war, wie sie meinte. »Wenn jemand sie in einem Film spielen sollte, müßte das Katherine Hepburn sein, mit Zigarette und Anzug. Ich wollte immer eine Mutter haben, die einen Kuchen für die ganze Klasse backt. Ich habe das getan. Ich machte die Schulausflüge mit und brachte sie zum Ballettunterricht. Wir aßen immer gemeinsam zu Abend, Essen, das ich frisch zubereitet hatte, und all diese Dinge. Ich dachte, so muß eine Mutter sein, und verstand daher nicht, warum meine Töchter so wütend auf mich sind. Und sie sind beide sehr wütend.

Die Wut hatte sich über lange Zeit aufgestaut. Eines Tages sagte Marissa zu mir: ›Führ dir vor Augen, wie du zu Großmutter stehst, dann weißt du auch, wie ich zu dir stehe.‹ Das hat mir die Sprache verschlagen. Das war der Augenblick, in dem ich angefangen habe, mein Verhältnis zu ihnen zu überdenken. Aber sie waren noch zu jung, um sich in Ruhe mit ihnen darüber auseinanderzusetzen.« Als Tracy aus Bali zurückkam, dachte Mollie, jetzt wäre der richtige Zeitpunkt für eine Aussprache gekommen. Sie bat die Mädchen, sich einen Tag für ein gemeinsames Treffen freizuhalten, um über alles zu sprechen. Und dieses kosmische Ereignis fand an dem Samstag vor unserem Interview mit Mollie statt.

Sie verabredeten sich zum Frühstück in einem ruhigen Café

und beendeten das Treffen nach fünf Stunden und vielen Tassen Kaffee mit einem Mittagessen. Zu Beginn des Gesprächs sagte Mollie zu ihren Töchtern: »Ich mache mir viele Gedanken um unsere Beziehung. Ich bin eifersüchtig, wenn ich sehe, wie nah sich andere Mütter und Töchter sind. Bei uns ist alles so oberflächlich, wir gehen Mittag essen, treffen uns sonntags, aber die Beziehung ist nicht besonders eng. Ich bin neidisch auf Leute, die das haben, und ich glaube, jetzt wäre die Gelegenheit, einiges zu klären.« Dann forderte sie die beiden auf zu sprechen. Sie hatte sich vorgenommen, sich nicht zu verteidigen, sie würde sie alles, was sie sagen wollten, sagen lassen und die beiden nicht unterbrechen, um sich zu rechtfertigen oder dem Gesagten zu widersprechen. Erst wenn sie ihren ganzen Ärger herausgelassen haben würden, wollte sie sich dazu äußern. Nicht daß sie ihr etwas Neues gesagt hätten, aber, wie Mollie meinte, »das erste Mal in meinem Leben hörte ich wirklich zu. Sie sind alles losgeworden.«

Sie überhäuften sie mit Vorwürfen, in denen es vor allem um ihre Selbstsucht ging. Sie sagten ihr, daß sie unter ihrem sprunghaften Eheleben sehr gelitten hätten. »Ich hätte einfach den einen Mann durch einen anderen ersetzt. Das war hart für sie. Tracy meinte, es sei der schlimmste Tag in ihrem Leben gewesen, als meine Ehe mit ihrem Vater in die Brüche ging. Sie sagten, ich sei mir selbst immer die Nächste gewesen. Was ich ja wiederum immer über meine Mutter gesagt habe, sie hat sich für ihren Beruf entschieden oder ihren Mann oder sonst etwas. Die beiden behaupteten: ›Du hast uns keine emotionale Unterstützung gegeben. In den praktischen Angelegenheiten warst du besser als Großmutter, du warst da, hast uns pünktlich irgendwo abgeholt und so, aber was den emotionalen Bereich angeht, warst du keinen Deut besser.‹

Sie warfen mir vor, daß ich gemein zu ihnen gewesen wäre. Ich fragte, was sie damit meinten, weil ich mir das beim besten Willen nicht erklären konnte. Sie sagten, daß ich sie beleidigt hätte, daß ich zu ihnen gesagt hätte, sie wären verzogen und freche Bälger. Solche Dinge. Sie haben mir vorgeworfen, ich hätte gesagt, daß sie selbstbezogen und egoistisch seien, und beinahe hätte ich erwidert, daß das ja auch stimmte, aber ich habe es nicht getan. Nein.

Mein Mann hatte vorher zu mir gesagt: ›Heute machen sie dich fertig.‹ Aber ich traute meiner Intuition. Meine Intuition sagt mir, daß sie recht haben mit dem, was sie mir vorwerfen, daß sie ehrlich und aufrichtig sind. Ich schulde es ihnen, daß ich ihnen zuhöre. Als sie dann mit allem fertig waren, entschuldigte ich mich bei ihnen. Ich sagte ihnen, daß es mir sehr leid täte, daß sie unter diesen Umständen bei mir aufgewachsen sind. Ich erzählte ihnen, daß viele Experten während der siebziger und achtziger Jahre gesagt haben, daß man zum Wohle der Kinder eine schlechte Ehe beenden sollte. Ich sagte ihnen, daß ich jung und unreif gewesen bin. Und daß ich erst richtig erwachsen wurde in der Zeit, als sie Kinder waren. Es war eine verrückte Zeit. Und daß es mir sehr leid tut, wie wenig ich von ihrem Kummer mitbekommen habe.«

Mollie wußte, daß es nicht genügt, sich zu entschuldigen oder das eigene Verhalten zu rechtfertigen. Eine aufrichtige Entschuldigung sollte beinhalten, daß man zugibt, etwas falsch gemacht zu haben, daß man weiß, dem anderen mit seinem Verhalten Leid zugefügt zu haben, und daß man sein Verhalten in Zukunft ändern will. Mollie tat das alles. Sie stellte die Sichtweise ihrer Töchter auf die Vergangenheit nicht in Frage. Sie gestand ein, daß sie in ihrem rastlosen Wechseln von Mann zu Mann mehr an sich selbst gedacht hatte als daran, welche Folgen das für ihre Kinder haben könnte. Auch wenn sie in vielen Dingen nicht so egoistisch wie ihre Mutter war, meinten ihre Kinder, daß sie in anderen genauso egoistisch gewesen sei. Indem sie ihnen sagte, daß es ihr leid tue, was sie ihnen angetan hat, bestätigte sie die Gefühle ihrer Töchter im nachhinein. Sie ließ sie wissen, daß sie sich von nun an anders verhalten wollte.

Wir fragten sie, wie sich ihrer Meinung nach die Beziehung zwischen ihr und ihren Töchtern verändern würde. »Ich denke, wir haben einen guten Anfang gemacht. Sie haben sich nicht gegen mich verschworen. Ich hatte das Gefühl, für sie hat sich durch dieses Gespräch die Bindung eher verstärkt. Ich habe gemerkt, wie sehr sie es brauchten, das alles einmal zu sagen, und wie wichtig es für mich war, ihnen zuzuhören. Ich habe ihnen auch schon ganz bewußt Friedensangebote gemacht. Zum Beispiel – also bislang habe ich meine Briefe und Nachrichten immer mit ›Mutter‹ unterschrieben, ich nenne mich selbst ›Mutter‹. Sie meinten: ›Mutter bezeichnet eine Institution. Wir wollen, daß du eine Mom für uns bist.‹ Als ich neulich Marissa einen Zettel hingelegt habe, habe ich ihn mit Mom unterschrieben. Als ich heute bei ihr geklingelt habe, sagte ich: ›Ich bin's, Mom.‹ Solche Kleinigkeiten. Tracy sagte, sie wollte öfter von mir umarmt und geküßt werden. Als ich mich also am Sonntag auf dem Weg zum Flughafen machte, habe ich gesagt: ›Komm, ich möchte dich umarmen.‹ Sie sagten, was sie sich wünschten und was sie brauchten, und ich gebe es ihnen. Und zwar von Herzen.«

Solche kleinen Schritte scheinen für Außenseiter bedeutungslos zu sein, aber Mollie sagt: »Man muß die Dinge zunächst ganz bewußt angehen, und dann gehen sie einem hoffentlich irgendwann in Fleisch und Blut über. Ich glaube, Menschen sind immer fähig, sich zu ändern. Ich bin die verbesserte Version meiner Mutter. Insofern bin ich guter Dinge. Aber wer weiß?«

Es ist eine unschätzbare Wohltat für Ihre Tochter, wenn Sie ihr einmal wirklich zuhören. Mollies Wunsch, die Beziehung zu Tracy und Marissa zu verbessern, war stark genug, um ihnen zuzuhören und gleichzeitig zuzulassen, daß die Töchter die ersten Schritte vorgaben, um etwas wiedergutzumachen. Es ist nicht leicht, die Tochter über die Verletzungen sprechen zu lassen, die Sie ihr ihrer Meinung nach zugefügt haben, und dabei dem Impuls zu widerstehen, ihr die eigene Version der Geschichte aufzutischen. Sie müssen imstande sein, einen Angriff hinzunehmen, der wie ein Schlag ins Gesicht wirkt, ohne sich dabei wie ein Opfer zu fühlen. Eine Mutter, die unter dem vorwurfsvollen Tonfall ihrer Tochter leidet, aber nicht weiß, ob sie während einer solchen Konfrontation ihre Ruhe bewahren kann, könnte auch vorschlagen, daß sie sich beide ein paarmal mit einem Dritten als Vermittler zusammensetzen. Eine andere Möglichkeit besteht darin, sich brieflich über dieses Problem zu verständigen. Eine Mutter könnte vorschlagen, daß sie und ihre Tochter ihre Gefühle in einem oder mehreren Briefen darlegen, so daß es beiden möglich ist, die Worte der anderen zu lesen, aufzunehmen und darauf zu antworten, wenn die erste Wut verraucht ist.

Mit der Vergangenheit erpressen

Es hat wenig Sinn, wenn eine Mutter eine vermeintlich versöhnliche Geste in Form einer Reise oder eines Geschenks macht oder sich auf andere Art großzügig zeigt. In einer belasteten Beziehung wird eine solche Geste von der Tochter vor dem Hintergrund ihrer langen gemeinsamen Geschichte vielleicht ganz anders aufgenommen.

»Ich war zu sehr damit beschäftigt, Karriere zu machen, und habe dabei zuwenig an sie gedacht«, sagt Natalie S., zweiundsechzig und Mutter der zweiunddreißigjährigen Elizabeth. »Sobald sie sprechen konnte, fragte sie immer: ›Mom, wann kommst du nach Hause? Warum mußt du nach New York fahren?‹ Ich habe mir nichts weiter dabei gedacht, ich war vollkommen mit meinem eigenen Leben beschäftigt. Mein Mann Patrick war normalerweise da, und er hatte eine Hilfe im Haus. Es schien ihr gutzugehen. Jetzt, wo ich sehe, welche Folgen das hatte, muß ich ständig darüber nachdenken.«

Natalie gehörte zu den wenigen Frauen ihres Jahrgangs, die einen Collegeabschluß in Wirtschaft gemacht haben, und war eine der ersten, die einen leitenden Posten in der Buchhaltung einer Werbeagentur im mittleren Westen bekommen hat, in der sie inzwischen Creative Director ist. »Selbst wenn ich daheim war, war ich nicht da. An den Abenden, an denen ich zum Essen zu Hause war, habe ich die halbe Zeit am Telefon verbracht. Ich kann mich an einen Kinobesuch mit der ganzen Familie erinnern, bei dem ich während des Vorspanns rausrannte, um einen Kunden anzurufen. Ich dachte, es würde nur drei Minuten dauern. Nach anderthalb Stunden legte der Typ endlich auf, und ich hatte den ganzen Film verpaßt. Manchmal nahm ich Liz auf eine Geschäftsreise mit. Ich dachte, das wäre eine richtig nette Unternehmung für Mutter und Tochter, und habe immer dafür gesorgt, daß wir zum krönenden Abschluß in ein gutes Restaurant gingen. Aber wenn ich mir das jetzt überlege, dann mußte sie stundenlang im Hotelzimmer auf mich warten oder allein im Swimmingpool des Hotels herumplanschen, während ich gearbeitet habe. Ich hatte immer den Eindruck, daß es ihr dabei gutging, aber so war es nicht. Sie hatte nicht viele Freunde und quälte sich außerdem mit ein paar Kilo Übergewicht herum. Unsere Beziehung war nicht wirklich gut, aber sie war auch nicht schlecht. Im Rückblick glaube ich, daß sie mir nicht vertraut hat, und ich glaube, sie denkt, ich sei nicht für sie dagewesen. Damit hat sie recht. Ich habe furchtbare Schuldgefühle, weil ich diesem liebenswerten Kind so etwas angetan habe. Sie hätte viel mehr Aufmerksamkeit von ihrer Mutter verdient, als sie bekommen hat. Ich habe das alles schon sehr bereut.«

Die Beziehung zwischen Mutter und Tochter ist gespannt. Über lange Zeiträume hinweg ruft Elizabeth nicht an, und selbst wenn sie miteinander reden, ist es Natalie deutlich bewußt, daß sie wenig darüber erfährt, was im Leben ihrer Tochter oder ihrer beiden Enkelsöhne geschieht. Natalie sagt:

»Manchmal habe ich das Gefühl, wenn ich kein Geld hätte, würde sie überhaupt nicht anrufen.« Elizabeth bittet sie oft direkt um Geld, oder sie erzählt ihrer Mutter von einem Wunsch, den sie sich selbst nicht erfüllen kann. Natalie fühlt sich dann veranlaßt, ihr das Gewünschte zu schenken. »Ich freue mich, daß ich in der Lage bin, ihr schöne Geschenke zu machen, aber andererseits ärgere ich mich, weil ich glaube, sie interessiert sich nur insofern für mich, als ich ihr etwas kaufen kann. Und was mich wirklich erstaunt, ist, daß sie mich nach allem, was ich getan habe, immer noch wie Dreck behandelt.«

Jeden Winter mieten Natalie und Patrick eine Ferienwohnung in Utah und laden Elizabeth und ihre Familie für ein oder zwei Wochenenden ein. Sie räumen die Wohnung für einige Zeit, damit die Tochter und ihr Mann sie mit den Enkeln für sich haben. In den vergangenen Jahren hat Natalie jedes Jahr für die ganze Familie einen einwöchigen Urlaub in einem Badeort in Kalifornien arrangiert. Doch obwohl Natalie versucht, die Familie zusammenzubringen und so Wiedergutmachung für jene Zeit zu leisten, in der sie sich gefühlsmäßig oder räumlich nicht sehr nah waren, verhält sich Elizabeth so ablehnend wie eh und je.

Elizabeth zieht ihren Vorteil aus den Schuldgefühlen ihrer Mutter, indem sie sich einen Ausgleich auf finanzieller Ebene verschafft. Wenn Natalie anbietet, ihr einen Jeep zu kaufen, findet Elizabeth zehn Gründe, warum es unbedingt ein Range Rover sein muß. Wenn Natalie anbietet, den Anbau einer Terrasse an Elizabeths neuem Haus zu bezahlen, schlägt Elizabeth gleich noch einen Whirlpool heraus. Natalie hat natürlich das Gefühl, daß sie mit der Vergangenheit erpreßt wird, sie traut sich aber nicht, die Zuwendungen zu streichen, weil sie befürchtet, daß sie dann überhaupt keinen Kontakt mehr zu ihrer Tochter haben wird. Da aber nichts von dem, was Natalie anzubieten hat, als Entschädigung für das gelten kann, was in Elizabeths Augen schiefgelaufen ist, wirkt es wahrscheinlich immer noch wie der Versuch, sich loszukaufen. Natalie ist bereit zu zahlen und gleichzeitig verärgert, daß Geld zur Metapher für die Beziehung geworden ist, während Elizabeth bereit ist, Geld von ihrer Mutter anzunehmen, sich aber genauso ärgert, daß ein Austausch zwischen ihnen nur über Geld stattfindet.

Wenn die Beziehung zwischen Mutter und Tochter besonders kompliziert ist, kann die kleinste, vermeintlich noch so unschuldige spontane Geste zum Schuß nach hinten werden. Martha B. ist zweiundsechzig Jahre alt und gehört zu den besseren Kreisen von Louisville. Sie und ihre Tochter Kate, die in Vermont lebt, haben über Jahre hinweg immer wieder heftige Auseinandersetzungen gehabt und sich anschließend versöhnt. Jedesmal, wenn sie streiten, scheint eine ganze Reihe von Problemen an die Oberfläche zu kommen. Kates Wut darüber, daß sich ihre Mutter scheiden ließ und dann einen Mann geheiratet hat, mit dem Kate nie zurechtkam, ihr Gefühl, daß ihre Mutter und deren zweiter Ehemann nie für sie dawaren und Kate und ihren jüngeren Bruder der Obhut von wechselnden Kindermädchen überlassen hatten, ihre Überzeugung, daß ihre Mutter sie in eine kurze, unglückliche Ehe gedrängt hat, weil Kate schwanger war und Martha sich geschämt hat, daß ihre ledige Tochter ein Kind bekam, und dergleichen mehr. Martha sagt: »Ich bin mir im klaren darüber, daß ich in der Vergangenheit immer das getan habe, was das Beste für mich war. Ich habe mich aber in den letzten Jahren oft dafür entschuldigt, und trotzdem kann meine Tochter immer noch nicht über ihre Wut hinwegkommen.«

Wenn Kate sauer ist, beschuldigt sie ihre Mutter, selbstsüchtig zu sein. Wie fühlt sich Martha dann? »Schuldig. Und erbärmlich.«

Martha erzählt: »Manchmal ist sie auch lieb und nett. Wir führen ruhige und vertrauliche Gespräche, sie macht mir Geschenke und ist ganz fürsorglich, aber manchmal denke ich, sie tut das nur, weil sie eine Gegenleistung von mir erwartet. Ich weiß nicht, ob sie mich wirklich liebt.« Martha erzählte uns von einem Vorfall vor zwei Monaten, nachdem sie von einem der üblichen anstrengenden Besuche bei ihrer Tochter zurückgekehrt war. Seit Jahren töpfert Martha zum Vergnügen. Sie hat Töpfe und Schüsseln an viele ihrer Freunde und auch an Kate verschenkt. »Sie mag meine Töpfe. Sie verwendet sie gerne zum Kochen und Essen, sie sieht sie sich gerne an und nimmt sie in die Hand. Kurz nachdem ich nach Hause gekommen war, fand ich eine Kiste mit fertigen Töpferwaren und schickte sie ihr. Zwei Wochen später kam sie zurück. Kate meinte, sie brauche keine weiteren Schüsseln. Ich fragte sie, warum sie sie nicht einfach weggeworfen oder verschenkt hätte. Warum sie mich verletzen mußte, indem sie mir die Kiste zurückschickte? Kate sagte: ›Na ja, ich dachte, vielleicht willst du sie jemand anderem schenken.‹«

Laut Kathy Weingarten sind solche Vorkommnisse in einer schwierigen Beziehung oft typisch dafür, daß eine Mutter ihrer Tochter etwas schenkt, von dem sie glaubt, daß sie es gern hätte, ohne sich darüber im klaren zu sein, daß ihre Tochter in dieser Geste etwas ganz anderes sehen könnte. In diesem Fall verbirgt sich hinter dem Zurückschicken der Schüsseln vermutlich die eigentliche Botschaft, als ob Kate sagen wollte: »Schenk mir keine Sachen, die ich nicht will. Als ich jünger war, hast du mir das, was ich wollte und brauchte, nicht gegeben. Warum bekomme ich jetzt Dinge von dir, die ich nicht brauche?« Kathy Weingarten sagt dazu: »Es ist wahrscheinlich keine gute Idee, wenn man in einer angespannten Beziehung spontan handelt. Eine spontane Geste von seiten der Mutter – wenn kein enges Verhältnis besteht – kann in der von der Mutter gewünschten Weise verstanden werden, genausogut aber auch falsch. Selbst wenn die Mutter nichts anderes als großzügig sein möchte, muß man in einer belasteten Beziehung vermutlich vorsichtiger sein.«

Auch wenn sie sich noch so sehr bemühen, sind viele Mütter nicht in der Lage, die Schuldgefühle zu überwinden, die sie empfinden und die sich ihre Töchter zunutze machen. Anders als Mollie M. haben sie vielleicht nicht soviel Selbstvertrauen und Nachsicht, um sich hinzusetzen und anzuhören, was die Tochter vorbringt. Es ist eine Sache zuzugeben, daß sie recht hat, wenn sie sagt »Du hast dieses und jenes gemacht«, aber eine ganz andere, sich anhören zu müssen, »Du hast das alles gemacht und dir nie wirklich überlegt, wie es mir dabei gegangen ist«.

Wenn eine Mutter bewußt oder unbewußt mit ihrem Kind so verfährt, daß sie ihren eigenen Bestrebungen folgen kann, verletzt sie das Selbstwertgefühl des Kindes. Es spielt kaum eine Rolle, ob das Kind dagegen protestiert oder es hingenommen hat oder ob es gegenüber dem, was passierte, anscheinend sogar positiv eingestellt war, weil es dachte, daß die Mutter es von ihm erwartete. In jedem Fall wurden die Gefühle des Kindes unterdrückt oder nicht beachtet. »Es ist ureigenes Bedürfnis des Kindes, als das, was es jeweils ist, und als Zentrum der eigenen Aktivität gesehen, beachtet und ernstgenommen zu werden«, schreibt Alice Miller in »Das Drama des begabten Kindes«.[10] Das bedeutet, daß man die Empfindungen und Wahrnehmungen des Kindes respektieren muß und sein Recht, diese zu äußern. Sofern eine Mutter die Beziehung zu ihrer Tochter ändern möchte, ist es nie zu spät, ihr aufmerksam zuzuhören, wenn sie über ihre Gedanken und Gefühle spricht.

Kathy Weingarten ist davon überzeugt, daß man Vertrautheit schaffen kann, »wenn man bereit ist, offen über das zu reden, was einen wirklich bewegt, und sich bemüht zu verstehen, was für den anderen wichtig ist. [...] Man muß dem anderen auch genau zuhören, um ihn zu verstehen. Das fällt vielen offensichtlich sehr schwer. Wir glauben oft, daß wir jemanden verstehen, während wir doch eigentlich nur das verstehen, was der andere unserer Meinung nach gesagt hat. [...] Ich habe mir abgewöhnt zu glauben, daß man jemandem einen Gefallen tut, wenn man ihm sagt: ›Ich weiß genau, was du meinst.‹«[11]

Ihre Tochter soll wissen, daß Sie ihr zuhören, wenn sie etwas Wichtiges erzählt, sie soll wissen, daß Sie nicht davon ausgehen, daß Sie sie von vornherein verstehen, weil Sie es schon mal gehört haben oder die Antwort kennen, weil Sie genau das gleiche selbst schon durchgemacht haben oder aus anderen Gründen eine Meinung parat haben. Sie soll sich soviel Zeit nehmen, wie sie will, um selbst herauszufinden, was sie wirklich empfindet. Wenn Sie ihr auf diese Weise zuhören, schaffen Sie die Grundlage dafür, daß sie die Vorstellung von sich selbst entwickeln kann, die sie mit Ihnen teilen möchte. Über bloße gegenseitige Beschuldigungen hinaus nähern Sie sich damit einem wechselseitigen Dialog.

Die eigene Stimme zum Ausdruck bringen

Lois A. und ihr Mann Phil haben eine Tochter, die vierunddreißigjährige Karen, die in Boston lebt. Lois erzählte uns, daß sie Karen gegenüber das Interview für dieses Buch erwähnt hatte. »Karen fiel dazu ein Vorfall ein, als wir sie in ihrem zweiten Studienjahr ins College brachten. Sie erinnerte sich, daß wir über irgend etwas diskutierten und daß ich sagte, ich sei nicht ihre beste Freundin, ich sei ihre Mutter. Das habe sie nie vergessen. Ich war sprachlos. Ich war überrascht, daß sie das im Gedächtnis behalten hatte, denn ich konnte mich nicht daran erinnern. Sie sagte: ›Ich hatte immer das Gefühl, daß du damit die Parameter unserer Beziehung festgelegt hast.‹ Ich fragte sie, ob sie sich darüber ärgere, und sie meinte: ›Nein, ich bin mir dessen einfach bewußt. Ich habe mit meinen Freundinnen gesprochen, und sie sagen, daß ihre Mütter ihre besten Freundinnen sind, und ich habe mich immer daran erinnert, was du zu mir gesagt hast.‹ Das hat mich schon ein bißchen verletzt, ich habe allerdings nichts dazu gesagt. Es ist wohl richtig, daß ich genau das gesagt hatte, als sie achtzehn oder neunzehn war, aber es tut mir leid, daß dieser Satz eine so nachhaltige Wirkung auf sie hatte, daß wir heute, wo sie vierunddreißig ist, immer noch keine engen Freundinnen sind.«

»Wir lieben uns«, spricht Lois weiter, »aber wir können nicht wirklich unbefangen miteinander umgehen. Wir überlegen genau, was wir uns gegenseitig mitteilen. Es ist sehr schwierig, wenn die Kommunikation hauptsächlich in Form von Ferngesprächen stattfindet und man jemandem dabei nicht ins Gesicht sehen kann.« Lois glaubt, daß Karen weder in ihrem Beruf noch ihrem Privatleben glücklich ist, ihr ist jedoch deutlich bewußt, daß sie wenig über die Gefühle ihrer Tochter weiß. Während des Gesprächs wurde uns klar, wie wenig sie mit ihrer Tochter über ihre Gedanken, Gefühle, Überzeugungen und Erfahrungen gesprochen hat. Als Lois vor zehn Jahren eine Brust abgenommen wurde, hat sie Karen erst nach der Operation davon erzählt, um sie nicht aufzuregen. Als es ein paar Jahre später in der Ehe von Lois und Phil eine ernsthafte Krise gab, haben sie Karen überhaupt nichts davon erzählt. Im letzten Jahr starb Lois' Mutter an Magenkrebs, und Lois war fast täglich bei ihr, um sie während des Endstadiums der Krankheit zu pflegen. Wenn sie in dieser Zeit mit Karen telefonierte, sprach sie jedoch meistens über nebensächliche Dinge, weil sie ihre Tochter nicht mit ihrem Kummer belasten wollte.

Lois wünscht sich mehr Nähe zu ihrer Tochter, aber, wie Kathy Weingarten schreibt, »eine Mutter muß bereit sein, sich selbst zu offenbaren, um Nähe zu ihrem Kind herstellen zu können. Für einige Mütter – Mütter wie mich, die in dem Glauben aufwuchsen, daß wir ›selbstlos‹ sein müssen, daß es das Wichtigste für Eltern ist, in jeder Situation die Autorität zu wahren, Mütter, die ihre Kinder nicht belasten wollen – ist es sehr schwierig, sich zu offenbaren, darüber zu reden, wie sie selbst sich sehen. Aber tatsächlich ist es die Grundlage für Vertrautheit.«[1]

Lois weiß nicht, wie sie Karen ihre innersten Gedanken und Empfindungen mitteilen soll, und Karen fehlt deshalb ein Vorbild, wie eine vertraute Beziehung zu ihrer Mutter aussehen könnte. Lois ist anscheinend der Meinung, daß eine »gute« Mutter mit ihrer Tochter nur über erfreuliche Dinge sprechen dürfe. Eine »gute« Mutter darf ihre Tochter nie merken lassen, daß sie verletzlich ist. Eine »gute« Mutter darf niemals ihre wahren Gefühle zeigen, um ihre Tochter nicht zu überfordern.

Lois war nicht in der Lage, vertraute Gespräche mit Karen zu führen, weil ihr die richtige Stimme dafür fehlte. Sie ist sich selbst nicht im klaren darüber, was sie über die entscheidenden Fragen in ihrem Leben denkt und fühlt, und kann es deshalb auch nicht ausdrücken.

Die weibliche Stimme war Gegenstand ausführlicher Untersuchungen und Diskussionen, seit Carol Gilligan und andere vor fast zwanzig Jahren begonnen haben, sich mit dem Thema zu beschäftigen. Carol Gilligan beschreibt in ihrem Buch »Die andere Stimme« die Unterschiede in der männlichen und weiblichen Entwicklungspsychologie, wonach die Ablösung von der Mutter die Voraussetzung für die Entwicklung von Männlichkeit ist, während die Entwicklung von Weiblichkeit nicht von der Ablösung von der Mutter abhängt und Frauen diese Bindung aufrechterhalten.[2] Ablösung setzt eine Psychologie voraus, die auf dem Verständnis von Rechten und Gerechtigkeit beruht – auf der Entschlossenheit, Grenzen zwischen den Menschen zu bilden und zu bewahren. Bindung setzt eine Psychologie voraus, die auf dem Gefühl der Empathie, der Fürsorge und der Bereitschaft, Verantwortung für andere zu übernehmen, beruht. Da unsere Gesellschaft von Männern dominiert wird und den Theorien der Entwicklungspsychologie die Untersuchung männlicher Verhaltensmodelle zugrunde liegt, so behauptet Gilligan, verlassen Frauen sich nicht mehr auf ihr eigenes Wissen, sie verlieren das Vertrauen auf Verbundenheit als sozialen Wert und den Glauben daran. Die psychologische Entwicklung von Frauen wird oft als defizitär betrachtet, teils, weil das männliche Verhalten zum Maßstab genommen wird, aber auch, weil Frauen zögern, »angesichts der ihnen durch ihre Machtlosigkeit und die Politik der Beziehungen zwischen den Geschlechtern auferlegten Hemmnisse, ihre eigenen Überzeugungen zu vertreten.«[3]

Laut Gilligan und ihrer Kolleginnen verlieren Mädchen die Fähigkeit, offen und ehrlich über ihre Gefühle und Erfahrungen zu sprechen, wenn sie heranwachsen – sie verlieren ihre Stimme. Sie vergessen oder verdrängen, »was sie erfahren und gewußt haben«. Wenn sie erwachsen sind, haben sie die Selbstzweifel verinnerlicht und sich die Vorstellung zu eigen gemacht, daß »Frau-Sein die dissoziative Unterscheidung zwischen der eigenen Erfahrung und dem, was im allgemeinen für die Wirklichkeit gehalten wird, erfordert«.[4] Die wahre Stimme von Frauen wie Lois wurde zum Schweigen gebracht, und zwar, wie Gilligan sagen würde, von einer »inneren Stimme, die ihre Fähigkeit zu sprechen beeinträchtigte. Diese innere oder internalisierte Stimme sagte der Frau, daß es ›egoistisch‹ wäre, in Beziehungen mit ihrer eigenen Stimme zu sprechen, daß sie vielleicht gar nicht genau weiß, was sie wirklich will, oder daß sie sich nicht auf ihre Erfahrung verlassen darf, wenn es darum geht, Entscheidungen zu treffen.«[5]

Lois ist sich darüber im klaren, daß sie sich in allen Beziehungen davor gescheut hat, ihre Bedürfnisse geltend zu machen – ihre Stimme zum Ausdruck zu bringen. Lois war ein Einzelkind. Ihr Vater starb vor zwei Jahren. Als er noch lebte, hat seine Frau ihr Leben und das von Lois an seinen Bedürfnissen ausgerichtet. »Als er starb, dachte ich, das sei vielleicht endlich die Chance, mit meiner Mutter die Dinge zu tun, die ich nicht tun konnte, als er noch lebte – das, was Frauen eben so machen. Aber kurz nach seinem Tod wurde sie krank, und es ist sehr schade, daß wir nie mehr dazu gekommen sind.«

Lois heiratete Phil, der damals kurz vor dem Abschluß seines Jurastudiums stand, unmittelbar nachdem sie das College beendet hatte. Ihre Eltern hielten ihn für eine ausgesprochen gute Partie. Auch Phil war ein Einzelkind, er hatte zu seinen Eltern immer eine enge Beziehung gehabt und unterstützte sie bis zu ihrem Tod vor ein paar Jahren. »Phil wurde Rechtsanwalt, weil seine Familie das von ihm erwartete. Ich glaube, er hat seinen Beruf nie wirklich geliebt. Er war ein pflichtbewußter Sohn.« In ihrer Ehe hat sich Lois bisher meistens Phils Wünschen gebeugt. Im allgemeinen ist er derjenige, der ihrer Tochter Ratschläge erteilt. »Obwohl ich manchmal vielleicht etwas anderes gesagt hätte, wenn nicht er dafür zuständig gewesen wäre«, sagt Lois. Doch Phil bestimmt zweifellos die Bedingungen dieser Beziehung, und Lois akzeptiert es. »Sehen Sie, wenn wir drei zusammen sind, ist nie jemand anderes dabei. Ich habe darüber nachgedacht, ob es eine Möglichkeit gibt, manchmal allein etwas mit Karen zu unternehmen, aber mein Mann hat kaum andere Interessen als die gemeinsamen Unternehmungen der Familie. Er ist nicht der Typ, der mit seinen Golffreunden auf Tour geht. Ich glaube, er könnte es nur schwer verstehen, wenn ich zum Beispiel allein mit Karen in Urlaub fahren wollen würde.

Gestern abend rief Karen an. Ich ging unten ans Telefon und redete mit ihr. Phil kam herein, und ich sagte ihm, daß Karen am Telefon ist. Er sagte: ›Ach ja, gut, danke‹, ging nach oben ins Schlafzimmer und schaltete sich am anderen Apparat in das Gespräch ein. Ich telefoniere nur sehr selten allein mit Karen. Immer bin ich an dem einen Apparat, und Phil ist am anderen. Ich habe sie noch nie allein in Boston besucht, wir fahren immer gemeinsam hin.« Lois erkennt die Parallelen zwischen ihrem und Phils Umgang mit Karen und der Familiendynamik, die sie mit ihren Eltern erfahren hat. »Ich habe im Zusammenhang mit den Besuchen bei meinen Eltern darüber nachgedacht. Seit ich verheiratet bin, bin ich immer zu ihnen in die Stadt gefahren, und ich kann mich nicht erinnern, jemals mit meiner Mutter allein gewesen zu sein. Immer waren beide Eltern da. Ich würde an unserer Situation gerne etwas ändern, aber ich weiß nicht, wie ich das machen soll, ohne meinen Mann zu verletzen, und das will ich auf keinen Fall.«

Die Art, wie Lois das Problem darstellt – sie möchte Karen näherkommen, ohne Phil zu verletzen –, läßt erkennen, daß hier einige Unklarheit hinsichtlich echter Fürsorge besteht. Wie Carol Gilligan darlegt, scheint das Integritätsgefühl von Frauen mit einer Ethik der Anteilnahme verknüpft zu sein. Wenn wir das Erwachsenenalter erreichen, müssen wir den Begriff der

Anteilnahme grundlegend neu definiert haben. Wir sollten in der Lage sein zu unterscheiden, wann wir anderen helfen und wann wir ihnen nur einen Gefallen tun wollen. Wenn wir uns immer noch verzweifelt um die Billigung durch andere bemühen, ist das ein Hinweis darauf, daß unser Gefühl für persönliche Integrität und Stärke beeinträchtigt ist.[6] Wie viele andere Frauen verwendet auch Lois zuviel Energie auf den Wunsch, andere Menschen glücklich zu machen. »Ich glaube, ich habe mein ganzes Leben lang versucht, es jedem recht zu machen. Ich wollte es meinen Eltern recht machen, ich wollte es meinem Ehemann recht machen – ich hatte damit offensichtlich nicht besonders viel Erfolg. Ich will es sogar fremden Leuten recht machen, wenn ich Versicherungen abschließe. Es hat immer mit Gefühlen zu tun ... Eine Freundin erzählte mir, sie habe vor Jahren die Wendung ›ich sollte‹ aus ihrem Vokabular gestrichen, und das sei sehr befreiend gewesen – sie gehört allerdings zu der egoistischeren Sorte von Menschen –, aber das ist gar nicht so schlimm, wie es vielleicht klingt. Ich glaube, ich komme langsam auch an diesen Punkt. Ich frage mich, wann es bei mir soweit ist.«

Es war bezeichnend, daß Lois den Begriff egoistisch benutzte, um eine Frau zu beschreiben, die sich anscheinend besser durchsetzen kann als sie. Wie so viele von uns, verurteilte Lois unwillkürlich die Frauen, die mehr Rücksicht auf ihre eigenen Gefühle nehmen. Wir sind so damit beschäftigt, die Wogen in einer Beziehung zu glätten, Auseinandersetzungen zu vermeiden und es allen anderen recht zu machen, daß wir dabei unsere eigenen Bedürfnisse oft außer acht lassen. Mit Gilligan gefragt: »Wenn es gut ist, auf andere Menschen einzugehen, Rücksicht auf die Gefühle und Gedanken anderer zu nehmen, anstatt sie zu ignorieren, anderen Mitgefühl und Aufmerksamkeit entgegenzubringen, warum ist es dann ›egoistisch‹, wenn wir auch unseren eigenen Bedürfnissen Beachtung schenken?«[7] Wir sollten uns klarmachen, daß unser Bedürfnis, die eigenen Gedanken und Wünsche zu äußern, den gleichen Stellenwert hat wie das Bedürfnis, auf die Vorstellungen und Wünsche der Personen einzugehen, die uns wichtig sind.

Wir finden unsere Stimme in Beziehungen. Wir glauben gern, daß wir über ein gefestigtes Selbst und grundlegende Werte verfügen, die wir in all unseren Beziehungen beständig zum Ausdruck bringen wollen. In Wirklichkeit hat aber unsere Beziehung zu dem Menschen, der uns zuhört, Einfluß auf die Art und Weise, wie wir in der jeweiligen Situation handeln. Wir sprechen auf eine bestimmte Art mit Menschen, die Macht über uns haben, und auf eine andere Art mit Menschen, die wir als gleichrangig betrachten, und wiederum anders mit Menschen, von denen wir glauben, daß sie von uns abhängig sind. Wir verändern ständig unsere Stimme, je nachdem, ob wir schmeicheln oder einschüchtern wollen, ob wir jemanden ablehnen oder uns auf andere Weise mit unserem Gesprächspartner auseinandersetzen wollen. Selbst in der Familie, wo wir annehmen, unsere vermeintlich wahre innere Stimme am freiesten zum Ausdruck bringen zu können, verändern wir diese Stimme ständig als Reaktion auf die Menschen, auf deren Antworten wir am besten eingestellt sind.

Wie kann es Lois anstellen, ihre Stimme zum Ausdruck zu bringen? Sie muß mit kleinen Schritten beginnen, um ein lebenslanges Muster zu durchbrechen, nach dem ihr, zuerst von ihrem Vater und dann von ihrem Mann, immer wieder vermittelt wurde, daß ihre Stimme nicht zähle. Es könnte ihr helfen, ihre Familiendynamik als Dreiecksbeziehung zu begreifen – eine gängige Konstellation, die oft aufgelöst werden kann, wenn man die Erkenntnisse aus der Familientherapie anwendet, die dem verstorbenen Theoretiker Murray Bowen zu verdanken sind. In Dreiecksbeziehungen können zwei Familienmitglieder die zwischen ihnen bestehenden Spannungen auf ein drittes Familienmitglied ablenken. Die Probleme, die Lois und

Phil wahrscheinlich unter sich klären sollten, wirken sich nachteilig auf die Beziehung zu Karen aus. Außerdem scheinen sich beide Elternteile gegenseitig die Schuld für alles zuzuweisen, was in der Beziehung zu ihrer Tochter schiefläuft.

Lois könnte anfangen, das Dreieck aufzubrechen, indem sie getrennte, offene Zweiergespräche mit ihrem Ehemann und ihrer Tochter führt. Zunächst sollte sie sich Zeit nehmen, um mit Phil über das zu sprechen, was sie stört. Insbesondere könnte sie ihm deutlich sagen, daß sie mehr Zeit allein mit Karen verbringen möchte und ungestört mit ihrer Tochter telefonieren will. Vielleicht hat er ja denselben Wunsch. Dreiergespräche am Telefon sind meistens schwierig. Wenn Phil etwas mit Karen besprechen möchte, muß Lois nicht an dem Gespräch teilnehmen. Wenn sich Lois und Karen unterhalten wollen, sollte Phil sich zurückziehen. Wenn Lois und Phil miteinander reden, ist es wichtig, daß sie in der Ichform sprechen, »ich würde gern ...«, »ich möchte ...«. Wenn es Lois zu schwerfällt, diese Gespräche allein durchzuhalten, könnte sie Phil vorschlagen – und zu gegebener Zeit Phil und Karen –, gemeinsam einen Therapeuten aufzusuchen.

Lois muß auch einen Weg finden, Phil mitzuteilen, wenn sie nicht einverstanden ist mit dem, was er ihrer Tochter sagt. Vielleicht würde er sich zu sehr angegriffen fühlen, wenn sie das in Gegenwart der Tochter tut, aber sie könnte ihm hinterher sagen, daß er nur für sich gesprochen habe und daß sie in Zukunft manche Dinge vorher besprechen sollten, um festzustellen, ob sie einer Meinung sind. Falls sie sich nicht einigen können, wird es Karen nicht schaden zu hören, daß ihre Eltern in manchen Fragen nicht übereinstimmen.

Lois könnte ihre Tochter auch einladen, gemeinsam ein paar Tage an einem Ort zu verbringen, den Karen aussucht. Lois sollte nicht erwarten, daß sie plötzlich offen miteinander umgehen werden, nachdem es der Beziehung bisher an Vertrautheit mangelte. Aber was auch immer sie gemeinsam unternehmen werden – miteinander ein paar ruhige Stunden genießen, ein Museum besuchen, einen Einkaufsbummel machen, zusammen in den Schönheitssalon gehen, einen Videofilm ansehen –, es wäre ein erster Schritt zu größerer emotionaler Nähe.

Die Stimme der Mutter

Die meisten Frauen unserer Generation glauben, daß ihre Mütter nicht gerne etwas von sich preisgeben wollten. Sie haben die Nähe zu uns geopfert, um ihre Rolle als »Mutter« beibehalten zu können. Unsere Gesellschaft legt Wert auf die Achtung vor den Eltern – eine Knechtschaft, die sich von Generation zu Generation fortsetzt –, und viele Frauen haben nur dadurch Bestätigung erfahren, daß sie in ihrer mütterlichen Rolle geachtet wurden. Für unsere Mütter sind wir immer Kinder geblieben, und selbst als Erwachsene sollten wir von ihren Geheimnissen nichts wissen. Wir wurden selten in ihre innersten Gedanken und ihre Schwächen eingeweiht, nicht einmal in ihre süßesten Tagträume, denn wenn wir die Vielschichtigkeit ihrer Persönlichkeit kennengelernt hätten, hätten wir sie eher mit einem realistischen als mit einem ehrfürchtigen Blick betrachtet. Da die meisten unserer Mütter die weitverbreitete Ansicht verinnerlicht hatten, das, was sie – als Frauen – zu bieten haben, sei sowieso nicht so wichtig, folgerten sie, daß wir, würden wir ihre Stimmen deutlich hören, auch erkennen würden, wie wenig es wert ist, was sie zu sagen haben – und wie wenig sie selbst wert sind.

Einige Frauen hatten Mütter, die sich ihren Töchtern trotz der herrschenden gesellschaftlichen Zwänge öffneten und ihre Töchter ermutigten, ihnen gegenüber ebenfalls offen und ehrlich zu sein. Angela A. hatte eine solche Mutter. »Meine Mutter hat mir eine sehr glückliche Kindheit bereitet, und sie war einer der unabhängigsten Menschen, die ich jemals getroffen habe.

Sie hatte zu allem eine Meinung und interessierte sich auch dafür, was ich zu sagen hatte. Sie war immer für mich da, wenn ich mit ihr reden wollte.« Das Beispiel ihrer Mutter hat Einfluß auf Angelas Beziehung zu Gretchen, achtundzwanzig, und Betsy, sechsundzwanzig. Angela hat ihren Töchtern gegenüber immer betont, wie wichtig es sei, sich auszutauschen, Erfahrungen zu teilen, ein Gleichgewicht zwischen Familie und Beruf zu finden, zwischen Unabhängigkeit und Bindung. Bevor Angela ihre jetzige Stelle als leitende Angestellte bei einer Computersoftwarefirma annahm, studierte sie Psychologie und arbeitete einige Jahre als Psychologin in einer Beratungsstelle. Diesem Werdegang verdankt sie das Vokabular und das Hintergrundwissen, um auszudrücken, was sie wahrscheinlich intuitiv von der Familiendynamik begriffen hat.

Angela, die außer den beiden Töchtern noch fünf Söhne hat, ist fest davon überzeugt, daß es normalerweise dazugehört, deutlich zu sagen, was sie denkt, um sich ihren Kindern verbunden zu fühlen. Sie erzählte uns: »Ich finde es angenehm, daß ich meinen Töchtern alles sagen kann, auch so etwas wie ›ich glaube wirklich nicht, daß du das tun solltest‹, wenn sie mich nach meiner Meinung fragen. Aber auch wenn sie nicht fragen und ich mich über etwas aufrege, fühle ich mich berechtigt, mich dazu zu äußern. Wenn sie anderer Meinung sind oder nicht weiter darauf eingehen wollen, lasse ich es einfach dabei bewenden, es ist ihr Leben.« Als Gretchen vor fünf Jahren mit den Vorbereitungen für ihre Hochzeit beschäftigt war, nahm Angela regen Anteil. »Wir haben uns kein einziges Mal wegen der Hochzeit gestritten. Zu unserem Verständnis von Freundschaft gehörte es, daß ich da war, um ihr bei der Durchführung ihrer Pläne zu helfen. Als sie etwas plante, was ich nicht gut fand, erklärte ich ihr meinen Standpunkt, und sie konnte sich dann entscheiden. Das faszinierende daran ist, daß sich die Entscheidung eines Kindes meistens irgendwie mit den eigenen Vorstellungen deckt, wenn man keinen Einfluß darauf nimmt.

Bei unseren Diskussionen ging es nicht um Macht – es ging einfach nur darum, wie wir es am besten machen könnten.

Angela läßt ihre Töchter gerne an ihren eigenen Erfahrungen teilhaben, an dem, was sie über das Arbeitsleben, die Beziehungen zwischen Mann und Frau, die Höhepunkte und Schwierigkeiten, die es in jeder Ehe gibt, und über das Familienleben gelernt hat. Doch wenn die Mädchen über eine Entscheidung nachdenken, die ihr eigenes Lebens betrifft, ist sie in ihren Äußerungen viel zurückhaltender. Sie glaubt, daß es manchmal von größerem Nutzen ist zuzuhören, als die eigene Meinung zu äußern, nicht weil sie Angst hätte zu sagen, was sie denkt, sondern weil sie überzeugt ist, daß die Mädchen manche Dinge selbst herausfinden müssen. Sie glaubt außerdem, daß sie wirklich nicht wissen kann, was das Beste für ihre Töchter ist.

AUS MARILYNS TAGEBUCH, 20. JANUAR 1996

Susan fragte mich neulich, ob ich denke, daß meine Töchter mich kennen. Ich erwiderte, daß sie mich wohl ziemlich genau beschreiben könnten, aber daß sie wahrscheinlich unterschätzen, wie unsicher ich manchmal bin, weil ich ihnen das nie gezeigt habe. Ich glaube nicht, daß Phoebe Schnitzers Behauptung, es falle vielen Frauen schwer, ihren erwachsenen Töchtern zu sagen, daß sie ihr eigenes Leben leben und mit ihren Problemen umgehen müssen, auf mich zutrifft. Ich glaube, meine Kinder haben das immer mitbekommen.

Durch die Interviews, die wir geführt haben, ist mir jedoch klargeworden, daß ich im Vergleich mit vielen anderen Frauen vielleicht nicht so viele offene Gespräche mit den Mädchen führe. Wir haben uns nicht zusammengesetzt und vertrauliche Gespräche über Gott und die Welt geführt. Möglicherweise habe ich die Zurückhaltung meiner Mutter bei bedeutsamen

Themen stärker verinnerlicht, als mir bewußt war. Was ich denke, sage ich eher in einem allgemeinen Gespräch, in einer Unterhaltung über jemand anderen oder auf andere, indirekte Weise.

Stimmt das wirklich? Ich habe sehr offen mit ihnen darüber gesprochen, daß ich annehme, sie würden ihre Sexualität ausleben, wenn sie dazu bereit sind. Das heißt, ich habe das immer aus meiner Vorstellung heraus gesagt. Ich habe offen über meinen eigenen Tod und mein Älterwerden gesprochen. Wahrscheinlich deswegen, weil beides sowohl für sie als auch für mich sehr weit entfernt zu sein scheint. Aber es war zumindest kein Tabuthema für mich. Ich habe mit ihnen über Geld gesprochen, wahrscheinlich mehr als andere.

Weniger offen habe ich über meine Gefühle, Träume und Hoffnungen gesprochen. Ich habe über die Ehe gesprochen und angedeutet, daß ich annehme, sie würden heiraten und Kinder haben, und ich habe wohl auch durchblicken lassen, daß man aus Liebe heiratet, aber davon ausgehen sollte, daß die Ehe auf Dauer eine von Kompromissen getragene Beziehung ist. Aber ich habe das ganz gewiß nie so gesagt, als ob ich ihnen etwas vorschreiben wollte.

Ich habe erwähnt, daß ich ein Gefühl von Fremdheit gegenüber meinen Eltern verspürte, und ein paar Einzelheiten erzählt, aber im Grunde genommen immer versucht, ihnen zu sagen, daß es in Ordnung ist, die eigenen Eltern zu kritisieren. Daß man sie als Menschen sehen soll. Und daß es traurig für beide Generationen ist, wenn man sich nicht näher sein kann.

Gretchen ist seit fünf Jahren verheiratet, und obwohl Betsy zur Zeit keine feste Beziehung hat, beginnt sie darüber nachzudenken, welche Bedeutung die Ehe für sie hätte. Beide Mädchen wollten wissen, wie Angela die Kindererziehung und ihren Beruf unter einen Hut gebracht hat, als sie klein waren, und wie sie heute ihre Ehe lebendig hält. »Mein Mann und ich heirateten, als ich noch sehr jung war, wir sind jetzt seit vierunddreißig Jahren zusammen. Sie wollten wissen, wie man in späteren Jahren eine Beziehung lebt. Ich finde es gut, daß wir solche Gespräche führen. Mein Mann und ich waren nie der Ansicht, daß man in Gegenwart der Kinder nicht streiten sollte. Ich habe ihnen gesagt ›Wißt ihr, in einer Ehe kann man manche Dinge gemeinsam klären. Aber über einige Probleme wird man immer wieder diskutieren und nie zu einer Lösung kommen – in manchen Bereichen wird es immer Konflikte geben.‹ Das hat sie sehr beeindruckt. Ich glaube, daß es Gretchen geholfen hat, als sie Probleme mit ihrem Mann hatte – sie dachte, es lohne sich, weiterzukämpfen. Sie hatte miterlebt, daß es für ihren Vater und mich Zeiten gab, in denen wir kaum glauben konnten, daß wir mit dem anderen verheiratet waren, und uns andererseits nicht vorstellen konnten, nicht miteinander verheiratet zu sein. Sie hat gelernt, daß es in einer Beziehung Höhen, Tiefen und ruhige Zeiten gibt. Darüber hinaus haben beide Mädchen gesagt, daß sie den Wert einer Beziehung unabhängig von den beiden Partnern betrachten. Für sie ist es wichtig, wie man es schafft, ein festes Band zu knüpfen.«

Angela erzählte, daß die engsten Freundinnen von Betsy allmählich alle feste Beziehungen eingehen. »Sie fragte mich, wie man weiß, daß man bereit ist, sich auf eine solche Verpflichtung einzulassen, wie man sicher sein kann, den richtigen Partner gewählt zu haben. Wir haben ausführlich darüber gesprochen, daß man den Richtigen nicht trifft, bevor man bereit ist zu heiraten. Man würde ihn gar nicht erkennen, man hätte nichts in diese Beziehung einzubringen. Ich habe ihr gesagt, daß man in dieser Zeit an sich arbeiten muß, daß man lernen muß, mit sich allein zurechtzukommen. Wenn man das geschafft hat, kann man sich selbst genügen, egal ob man nun jemanden trifft oder nicht. Meine Töchter und ich haben darüber gesprochen, daß man nicht allein deswegen schon eine unabhängige Frau ist, weil man einen guten Beruf hat und mit Geld umgehen kann.

Es bedeutet auch, daß man in emotionaler Hinsicht für sich sorgen kann. Wenn es einem aus irgendeinem Grund schlechtgeht, weiß man, was man tun muß, damit man sich wieder besser fühlt. Man kann für sich selbst etwas tun. Bevor man dazu nicht in der Lage ist, kann man auch für keinen anderen Menschen sorgen.«

Da Angela nicht in Begriffen wie »ich sollte das tun« oder »als Mutter sollte ich jenes tun« denkt, ist sie in der Lage zu erkennen, was für ihr eigenes Wohlbefinden wichtig ist, auch wenn das ihrer Tochter nicht gefällt. »Ich habe in ihnen die Erwartung geweckt, daß ich immer für sie dasein werde, aber jetzt möchte ich mehr mein eigenes Leben leben«, sagt sie. Sie erzählte uns, daß Gretchen in ein paar Monaten mit ihrem Baby nach Hause kommen wird. »Ich glaube, sie hat sich etwas geärgert, als ich sagte, daß ich weiterhin drei Tage in der Woche ins Büro gehen würde. Gretchen fragt sich wohl, wieso ich nicht meine ganze Zeit mit dem Schatz, den sie mitbringen wird, verbringen will. Doch ich habe meinen Teil an Kindererziehung geleistet, und außerdem finde ich es nicht richtig. Ich habe Verpflichtungen meinen Kollegen und unseren Kunden gegenüber. Ich habe außerdem ein großes Bedürfnis danach, allein zu sein, manchmal will ich einfach für mich sein. Selbst als die Kinder noch klein waren, habe ich mich nachmittags für ein paar Stunden in mein Zimmer zurückgezogen, ich habe gelesen oder genäht oder geschrieben. Sie durften jederzeit hereinkommen und sich still beschäftigen. Das machte ihnen damals nichts aus, weil sie einander hatten, aber als sie größer wurden, fanden sie meinen Wunsch nach Einsamkeit manchmal etwas egoistisch.« Die Art, wie Angela diesen belasteten Begriff – egoistisch – aussprach, ließ erkennen, daß ihr die unterschiedliche Bedeutung, die er für ihre Töchter und für sie hat, bewußt war. Für ihre Kinder ist egoistisch negativ besetzt und bedeutet »Mutter kümmert sich nicht um uns«, für sie hat er die positive Bedeutung: »Ich kümmere mich um mich selbst.«

Angela spricht mit großem Selbstvertrauen über ihre Arbeit und ihre Familie. Ihre Fähigkeit, der eigenen Persönlichkeit mühelos Ausdruck zu verleihen, führt sie darauf zurück, daß ihre Mutter ihr das beste Beispiel dafür gegeben hat. Im Gegensatz dazu erzählte Erica R., daß ihr Leben von einer unglücklichen Kindheit und einem ständigen Gefühl der Fremdheit gegenüber der Mutter überschattet war. Sie sprach freimütig über ihr mangelndes Selbstvertrauen in ihren Beziehungen mit Männern und im Beruf. Mit psychotherapeutischer Hilfe hat Erica einen Großteil ihrer Energie darauf verwandt, das Gefühl der Isolation, mit dem sie aufgewachsen ist, nicht an ihre einzige Tochter, die mittlerweile sechsundzwanzigjährige Katya, weiterzugeben. Die Vertrautheit in der Beziehung zwischen Erica und Katya entspricht ihrem zurückhaltenden, vernünftigen Wesen.

»Wir haben ein gutes Gespür dafür, wann sich die andere in einem inneren Aufruhr befindet«, sagt Erica. »Wir versuchen herauszufinden, was los ist, aber wenn eine von uns nicht bereit ist, darüber zu sprechen – das ist wirklich eine eiserne Regel –, drängen wir sie nicht. Wenn ich merke, daß sie eine Sperre hat und nur zögernd und ausweichend antwortet, ist mir klar, daß es nicht der richtige Zeitpunkt ist, darüber zu sprechen. Doch es fällt uns beiden nicht schwer, über ein Problem zu reden, wenn wir schließlich dazu bereit sind. Jede kennt die Persönlichkeit der anderen, und deshalb finde ich es normal, daß wir uns nicht gegenseitig mit etwas belasten wollen, wenn eine von uns nicht in der Lage ist zuzuhören.« Ericas Vorgehensweise läßt ein wesentliches Merkmal von Vertrautheit erkennen: Wenn der Gesprächspartner die Gedanken und Gefühle, die man mitteilen will, nicht aufnehmen kann oder will, ist es eher Einmischung als Vertrautheit, wenn man es trotzdem versucht.[8]

Wenn Sie denken, Ihre Stimme ist auch die Ihrer Tochter

In dem Versuch, unserer Tochter nahe zu sein, gehen wir manchmal davon aus, daß unsere Gefühle und Gedanken die gleichen sind wie die ihren. Es handelt sich dabei um das »Ich weiß genau, was du meinst«-Syndrom, das wir am Ende des vorangegangenen Kapitels beschrieben haben. Als Mutter haben wir vielleicht die besten Absichten, aber wenn wir unserer Tochter nicht wirklich bis zum Ende zuhören, kann jede Meinungs- oder Gefühlsäußerung verletzend wirken. Nach einer vielbeachteten Studie von Mary Belenky und anderen über die Art und Weise, wie Frauen ihre Stimme zum Ausdruck bringen oder unterdrücken, akzeptieren Mütter, die nicht richtig zuhören, »die inhärente Ungleichheit, die in die Eltern-Kind-Beziehung eingebaut war, als ständige Bedingung«.[9] Sie lassen sich die Chance entgehen, eine Beziehung aufzubauen, in der »Gleichheit, Kollegialität und Vertrautheit zwischen Töchtern und Eltern – besonders Müttern – [...] als wichtige Leistungen gewertet« werden.[10]

Von allen Frauen, mit denen wir gesprochen haben, war Ginny P. sicherlich am empfindlichsten – unserer Meinung nach sogar überempfindlich –, was die Wirkung angeht, die jede ihrer Äußerungen auf ihre Töchter Barbara, vierunddreißig, und Sandra, neunundzwanzig, haben könnte. In dem Bemühen, sich auf keinen Fall einzumischen, ist sie mit sich selbst sehr streng. »Ich glaube, daß fast alles, was man zu sagen hat, sich nachteilig auf sie auswirken kann«, sagt Ginny. Ihre Haltung beruht auf der Erkenntnis, die sie über ihre Beziehung zu ihrer eigenen Mutter gewonnen hat. Sie nannte uns ein anschauliches Beispiel:

»Kurz bevor ich heiratete, war ich sehr deprimiert. Aus gutem Grund. Meine Mutter kam in mein Zimmer und fragte mich, ob ich mir wegen der Hochzeit Sorgen machte. Ich sagte:

›Ja. Ich denke, es hat damit zu tun.‹ Sie wollte, daß ich mir Gedanken machte, also habe ich mir darüber Gedanken gemacht. Sie erzählte mir, daß ihre Mutter sie nach Atlantic City geschickt hatte, als sie so alt war wie ich, ebenfalls kurz vor der Hochzeit stand und Depressionen hatte. Sie wollte mir damit sagen, daß das auch anderen Leuten passiert und daß sie sich nicht hatte abhalten lassen und meinen Vater trotzdem geheiratet hatte. Diese Volksweisheit sollte mir helfen. Und sie hat mir geholfen! Es hat mich getröstet. Nicht das, was sie mir sagte – ich hatte recht, ich hätte Tom niemals heiraten sollen. Und meine Zweifel waren eigentlich sehr vernünftig gewesen, soweit sie ihn betrafen. Aber sie hatte mir etwas von sich selbst gegeben – das hatte sie noch nie getan. Das entscheidende war nicht, daß sie mir etwas über die Ehe erzählt hatte oder daß es ihr genauso gegangen war, sondern daß meine Mutter mit mir sprach. Meine Mutter zeigte Mitgefühl. Meine Mutter zeigte mir, daß sie sich mir verbunden fühlte, sie war hier bei mir, das war es, was sie mir mitteilte. Deshalb ging es mir besser.

Wenn jemand zu mir gesagt hätte: ›Vielleicht solltest du die ganze Sache noch mal überdenken. Oder, willst du die Hochzeit verschieben? Weswegen machst du dir denn Gedanken – ist es seinetwegen, oder bist du nur nervös?‹ Aber wenn ich meine Empfindungen so stark mit den ihren gleichsetze, lasse ich mir etwas wegnehmen. Es nimmt mir eine Erfahrung, mein eigenes Urteilsvermögen. Wie will man das auseinanderhalten?«

Ginnys Mutter brachte mit ihrer Stimme die Stimme Ginnys zum Verstummen, indem sie, was oft genug vorkommt, annahm, sie wüßte, was ihre Tochter empfindet, weil sie selbst eine ähnliche Situation erlebt hatte.

Mary Belenky stellt fest, daß es Eltern gibt, die zwar sagen, was sie beschäftigt, die sich aber nicht bemühen, den Standpunkt ihrer Töchter zu verstehen. Diese Beziehungen gründen auf »Einbahn-Gesprächen«, wie Belenky sie nennt. »[Diese Eltern veranstalten] das ganze aktive Denken und Reden über das Drum und Dran und das Richtig und Falsch der Situation. [Sie erwarten], daß ihre Töchter ihre Ideen in sich aufnehmen, aber sie ermutigen ihre Töchter nur selten, die Dinge für sich selbst zu durchdenken.«[11] In einem »zweispurigen Gespräch«, wie wir es nennen würden, bieten die Eltern dagegen Gleichheit und Kollegialität als Rahmen für einen wirklichen Dialog. Nur ein solches Gespräch erzeugt Vertrautheit und hilft der Tochter, eine eigene Stimme zu entwickeln.

Den Dialog fördern

Es kostet viel Kraft, das Gespräch mit der Tochter aufrechtzuerhalten, wenn beide in einer Angelegenheit, die das eigene Selbstverständnis zutiefst berührt, völlig unterschiedlicher Meinung sind. Maureen E. hat mit zweien ihrer drei Töchter das Aufeinanderprallen verschiedener Wertvorstellungen erlebt. Sie hat es geschafft, ihre Meinung zu dem Thema, über das sie uneinig waren, zu sagen, und ihren Töchtern gleichzeitig zu verstehen gegeben, daß es ihr wichtig ist zu hören, was sie zu sagen haben.

In diesem Fall ging es um Religion. Maureen und ihr Mann sind gläubige Katholiken und haben ihre fünf Kinder religiös erzogen. Im Leben ihrer beiden jüngeren Töchter, Margaret, fünfunddreißig, und Patricia, neunundzwanzig, hat die Zugehörigkeit zu einer protestantischen, evangelikalen Glaubensgemeinschaft den größten Stellenwert. Obwohl Maureen vehement behauptet, daß ihr Glaube weder in diesem Leben noch in der kommenden Welt der richtige ist, stellt sie nicht in Abrede, daß es ihren Töchtern mit ihrem Bekenntnis Ernst ist oder daß sie das Recht haben, eigene Entscheidungen zu treffen. Da die Religion in der Erziehung der Töchter eine wichtige Rolle spielte, ist es vielleicht nicht verwunderlich, daß sie sich entschieden haben, die Mitgliedschaft in der Kirche zum Mittelpunkt ihres Lebens zu machen. Zu ihrer Glaubensgemeinschaft stießen sie jedoch eher durch Zufall. »Vor etlichen Jahren gehörte ich in unserer Gemeinde einer Gruppe von Leuten an, die als ›Charismatiker‹ bekannt waren«, erzählt Maureen. »Einmal hat mich Margaret begleitet, obwohl sie zu der Zeit mehr mit Jungs und ihrer Cheerleadergruppe im Sinn hatte als mit Religion. Wie dem auch sei, vor vier Jahren ungefähr lebte sie in Manhattan und ging überhaupt nicht in die Kirche, und da traf sie jemanden, der ihr von einer ähnlichen Gruppe berichtete. Sie ging da mal hin, und so kam es, daß sie sich der Gemeinde anschloß. Als Patricia in die Stadt zog, rief sie Margaret aus heiterem Himmel an und bat sie, sie mit in die Kirche zu nehmen. Ein paar Wochen später ging sie wieder hin, und ich glaube, sie steckt da mittlerweile tiefer drin als Margaret.«

Das verstärkte Engagement der Töchter beunruhigte die Mutter. Beide gaben ihre Berufe auf, um Vollzeit für die Kirche zu arbeiten. Patricia bereitet sich darauf vor, als Missionarin ins Ausland zu gehen, und Margaret arbeitet in der zentralen Verwaltung in New York. Auch Margarets Ehemann ist aktives Kirchenmitglied.

»Ich habe an ihrem Lebensstil nichts auszusetzen«, sagt Maureen, »daran, wie sie jetzt und in Zukunft leben wollen, aber ich bin enttäuscht, daß sie das, was sie suchten, nicht in der katholischen Kirche gefunden haben.«

Wieviel erzählt Ihnen Maureen von ihren Gefühlen? »Na ja, unsere Glaubenssysteme sind unterschiedlich. Sie glauben nicht an das, was ich glaube, und umgekehrt, wir diskutieren darüber, und manchmal schreien wir uns auch an. Mein Mann regt sich noch viel mehr auf als ich.« Wie weit geht sie? »Sie sind erwachsene Frauen. Es ist ihr Leben. Ich kann ihnen nur sagen, was ich denke. Sie müssen mir nicht zuhören. Und oft beschließen wir auch, eine Zeitlang nicht mehr darüber zu reden, weil wir uns wirklich nur aufregen.«

Worauf gründen sich Maureens Einwände? »Die Fundamentalisten denken, daß die Bibel das Maß aller Dinge ist – was in der Bibel steht, das stimmt, so und nicht anders ist es gewesen und fertig. Ich glaube das einfach nicht. Ich glaube an die wesentlichen Aussagen, aber ich denke, daß es daneben eine Menge Geschichten oder Parabeln gibt, die einem helfen sollen, mit manchen Dingen zurechtzukommen. Aber sie glauben, daß es Adam und Eva gab und daß sich alles genau so abgespielt hat, wie es da steht. Es gab einen Jonas, der von einem Wal verschluckt wurde. Und ich sage dann: ›Überlegt doch mal, was ihr da erzählt! Benutzt doch mal euren Verstand!‹ Sie glauben, daß man nicht errettet werden kann, wenn man nicht wiedergeboren wird, und das beunruhigt mich wirklich. Ich frage sie immer wieder, ob sie glauben, daß ihr Vater und ich nicht errettet werden. Ich weiß, daß ich sie damit verwirre, weil sie das nicht glauben wollen. Dann wiederum sagen sie Dinge zu mir, die mich innehalten lassen und zum Nachdenken bringen. Es ist schwierig, mit ihnen zu diskutieren, weil sie die Bibel genau kennen, sie können Kapitel und Vers zitieren. Manchmal schlage ich etwas nach und denke ›Das ist es! Damit kriege ich sie!‹ Aber sie haben sofort eine passende Antwort parat. Trotzdem gibt es bestimmte Dinge, die weiß man ganz einfach in seinem tiefsten Inneren, egal, was da irgendwo geschrieben steht, und ich weiß, daß ich in diesem Fall recht habe, obwohl ich es nicht so gut beweisen kann wie sie.«

Maureen ist auch bestürzt darüber, daß sich die Mädchen von religiösen Zeremonien abgewandt haben, die ihren Eltern großen Trost bedeuten. »Wenn ihnen etwas zustoßen sollte und sie sterben würden, dann gäbe es in ihrer Kirche keine Zeremonie. Katholiken haben jede Menge Zeremonien. Ich fragte sie, wie das vor sich gehen würde, wo die Aussegnung stattfinden würde. In der katholischen Kirche bringt man den Verstorbenen in die Kirche, es gibt eine Totenmesse, der Priester begleitet die Trauergemeinde auf den Friedhof. Bei ihnen gibt es das alles nicht. Sie sagten, sie bräuchten es auch nicht. Und ich erwiderte: ›Gut, aber ich würde es brauchen.‹ Dazu kommt noch, daß meine Enkel weder zur Erstkommunion noch zur Firmung gehen werden. Darüber mache mich sehr viele Gedanken.«

Maureen weicht der Auseinandersetzung nicht aus, sondern geht in einer Weise auf ihre Töchter ein, die wechselseitigen Gesprächen förderlich ist. Ihr Ton ist nicht vorwurfsvoll. Sie sagt den Mädchen nicht, was sie tun sollten. Sie will ihnen keine Schuldgefühle einimpfen – der Subtext ihrer Äußerungen ist niemals ›wie konntet ihr mir das antun?‹. Statt dessen versucht sie, aus dem zu lernen, was sie ihr anbieten, sie hört ihnen zu, wenn sie ihr etwas erklären, und ist sich bewußt, daß ihre Entscheidung wichtig für sie ist. Um den Standpunkt ihrer Töchter besser zu verstehen, besuchte Maureen einen der Gottesdienste. »Ich sagte mir, ich muß da hingehen und mit eigenen Augen sehen, um was es geht. Mein Mann wird niemals einen Fuß in ihre Kirche setzen, und ich glaube, das bereitet ihnen Kummer. Ich habe herausgefunden, daß es sich nicht um eine Sekte handelt. Der Pfarrer hat eine Reihe von Büchern geschrieben, die ich gelesen hatte. Auf dem Hinweg sagten sie: ›Also, Mom, irgendwann wird gefragt, ob jemand zum ersten Mal anwesend ist, und wenn du dann aufstehst, werden alle klatschen.‹ Und ich entgegnete, das könnten sie vergessen, ich würde nicht aufstehen. Und als ich dann dort war und der Pfarrer fragte: ›Ist jemand unter uns …‹, stand ich schon, bevor er überhaupt ausgeredet hatte, und alle Leute umarmten mich. Ich bin sehr froh, daß ich hingegangen bin, weil ich jetzt gesehen habe, was das für Leute sind. Ich kam aus der Kirche mit einem sehr guten Gefühl, was diese Gemeinschaft betrifft, weil ich die Älteste war – ich sah junge Leute, Familien, jede Hautfarbe, jedes Alter.

Das sind sehr nette Leute. Ich kann jetzt besser einschätzen, was es für das Leben der Mädchen bedeutet, weil es ihnen sicher viel Gutes gebracht hat. Ich könnte mir nichts Besseres wünschen – sie trinken nicht, sie rauchen nicht, sie tratschen nicht, sie tun nichts Unrechtes, sie führen ein gutes Leben. Trotzdem denke ich, sie sollten sich mehr mit anderen Dingen beschäftigen.«

Trotz ihrer unterschiedlichen Auffassungen sind sich Maureen und ihre Töchter nicht fremd geworden. »Ich glaube, wir stehen uns sehr nah. Ganz bestimmt. Zur Zeit fühle ich mich Margaret am nächsten, ich weiß nicht, warum. Vielleicht, weil sie erst vor kurzem geheiratet hat und mir bei den Vorbereitungen wirklich freie Hand gelassen hat!« In welchen Angelegenheiten fragen ihre Töchter sie um Rat? »In allen. Das reicht von Kochrezepten über die Wohnungseinrichtung bis hin zu ihren Beziehungen. Es ist schon seltsam, daß sie meinem Mann und mir immer wieder erzählen, daß sie zu ihrer Glaubensgemeinschaft gefunden haben, weil wir so gute Vorbilder für sie waren, weil unsere Religion für uns so wichtig war.«

Die Diskussionen gehen weiter, aber getragen von gegenseitigem Respekt, der jeden erkennen läßt, wann die Grenze erreicht ist. »Meistens fangen mein Mann und ich davon an«, sagt Maureen. »Glücklicherweise können wir das tun und sie dann fragen, ob sie vielleicht was trinken gehen möchten.« Patricia ist momentan für ihre Gemeinde in Rußland. Sie wird demnächst für einen Monat nach Hause kommen, und Maureen meint: »Ich weiß, daß wir uns wahrscheinlich wieder streiten werden. Ich weiß, daß wir über Religion diskutieren werden und ich versuchen werde, sie umzustimmen.«

Wir fragten, ob Patricia auch versuchen wird, sie umzustimmen. »Sicher. Aber ich bin zweiundsechzig, und ich werde mich nicht mehr ändern. Ich glaube, daß ich recht habe. Deshalb lasse ich sie wahrscheinlich auch nicht in Ruhe«, antwortete Maureen und lachte. »Vielleicht sehen sie ja eines Tages ein, daß wir recht haben.«

AUS SUSANS TAGEBUCH, 28. FEBRUAR 1996

Eine ganze Weile hat es jetzt schon keine Spannungen mehr zwischen meinen Töchtern und mir gegeben. Ich denke, das liegt daran, daß ich mich mehr zurückhalte, auch wenn ich nicht einverstanden bin mit etwas, was sie tun oder sagen. Andererseits versuche ich, mich klar und deutlich auszudrücken, wenn mich etwas stört. Ein typisches Beispiel: Ich war letztes Wochenende in Boston und habe Phoebe besucht. Am Samstag mittag, wir hatten in einem Restaurant gegessen und wollten gerade gehen, fragte sie mich, ob sie sich noch ein zweites Paar von den gleichen Stiefeln kaufen sollte. Sie mag diese Stiefel und fürchtet, daß dieses Modell später nicht mehr hergestellt werden könnte. Ich hatte das Gefühl, daß sie mich dazu bringen wollte, sie ihr zu kaufen. Ich sagte: »Hör zu, ich kaufe sie dir, aber ich will mich nicht dazu gedrängt fühlen. Wenn du möchtest, daß ich dir etwas kaufe, dann sei ehrlich und sag es einfach, und ich entscheide dann, ob ich es tun will oder nicht.« Sie erwiderte: »Ich wollte es eigentlich gar nicht erwähnen, weil ich wußte, daß du dann denken würdest, du sollst sie mir kaufen, aber ...« Sie fing an zu lachen. Sie hatte mich verstanden, und ich glaube, daß sie in Zukunft nicht mehr versuchen wird, mich auf diese Weise rumzukriegen. Natürlich habe ich ihr die Stiefel gekauft.

»Ich habe versucht, ihr Vertrauen in ihre Stimme zu fördern«

Barbara Weene ist sich bewußt, daß sie zum Schweigen erzogen wurde. Sie erzählt: »Ich habe sehr jung geheiratet, weil meine Familie wollte, daß ich Nonne werde, und ich mich dagegen zur Wehr setzte. Die Schwester meiner Mutter war Nonne, und sie haben mich sehr unter Druck gesetzt. Meine Eltern dachten, Mädchen bräuchten keine Ausbildung, ich hatte also keine Alternative. Als ich mich später scheiden ließ, hat sich meine Mutter furchtbar aufgeregt. Sie fragte: ›Womit habe ich das verdient?‹ Sie hat mir ständig gesagt, daß sie wegen diesem und jenem von mir enttäuscht sei. Das hat sie häufiger gesagt als alles andere. Sie hat sich niemals gegen meinen Vater zur Wehr gesetzt, wenn er sich ihr gegenüber schrecklich benommen hat, selbst dann nicht, wenn er sie in aller Öffentlichkeit beleidigt hat, weil Frauen ihrer Generation das einfach nicht taten. Auch von mir hat sie erwartet, daß ich mich passiv verhalte, denn Töchter werden grundsätzlich dazu erzogen, still zu sein, keine Stimme zu haben. Ich glaube, meine Schwäche ist typisch für Frauen – ich versuche, für andere Leute alles zu regeln, es soll ihnen gutgehen. Aber für mich ist das überhaupt nicht gut.«

Barbara hat versucht, diesen Teufelskreis bei der Erziehung ihrer eigenen Tochter, Rebekah, sechsundzwanzig, zu durchbrechen. »Ich habe sie ermutigt, den Mund aufzumachen. Ich habe mich ganz bewußt bemüht, ihr zu zeigen, was ich empfinde, ihr soviel von mir mitzuteilen, wie sie meiner Meinung nach verkraften kann. Ich spreche mit ihr über meine Schwierigkeiten mit Männern, darüber, wie einsam ich mich manchmal fühle, über meine Zukunftsängste. Ich sage ihr auch, wenn ich mich über etwas freue und warum. Und ich merke, daß es sich lohnt. Mein Vater hat meiner Mutter in Gegenwart anderer Leute den Mund verboten, und meine Mutter hat nur verlegen gelächelt und war still. Es hat mich immer geärgert, daß sie nie sagte: ›Entschuldige mal, aber das lasse ich mir vor anderen Leuten nicht von dir sagen.‹ Ich habe meine Tochter ermutigt, anderen Paroli zu bieten. Sie sagte mal: ›Großpapa, wenn du dich so benimmst, gehe ich. Es ist unhöflich, und es ist mir ganz gleich, was Großmama gemacht hat, ich finde es einfach nicht angemessen.‹ Dann ging sie aus dem Zimmer. Er meinte: ›Du hast deine Tochter dazu erzogen, ihren Großvater nicht zu mögen.‹ Ich erwiderte ihm: ›Du hast deine eigene Beziehung zu ihr, ich bin nicht dafür verantwortlich. Und ich will dir noch was sagen, ich habe mir mein ganzes Leben lang gewünscht, dir einmal genau das zu sagen, was sie gerade gesagt hat.‹ Ich bin wirklich sehr stolz auf sie, weil sie den Mut hat, das zu tun, was ich bisher nicht geschafft habe.

Es liegt noch einiges vor ihr, aber sie arbeitet daran. Sie weiß, daß sie sich immer wieder auf Beziehungen mit Männern einläßt, in denen sie die Hauptlast trägt. Sie war mit einem Typen zusammen, den ich nicht besonders mochte, aber ich habe nichts dazu gesagt. Sie hat mir erzählt, daß sie eines Morgens um sechs Uhr aufwachte, in Tränen ausbrach und sich fragte: ›Was mache ich hier eigentlich? Dieser Mann ist nur mit sich selbst beschäftigt, er tut überhaupt nichts für mich. Mir wurde klar, daß er mir nicht helfen würde, daß er sich niemals für mich einsetzen würde. Also bin ich aufgestanden, habe meine Sachen zusammengesucht und bin gegangen. Ich sagte mir: Das ist dein Leben, du mußt an dich denken. Ich habe beschlossen, mich in nächster Zeit erst einmal um mich selbst zu kümmern.‹«

Es ist großartig mitzuerleben, wie eine erwachsene Tochter mit der eigenen Stimme für sich selbst spricht. Die Verbreitung feministischer Ideen unter den jungen Frauen, und sogar den jungen Männern, aus der Generation unserer Töchter bietet ihr einen gesellschaftlichen Rückhalt, den die meisten von uns nicht hatten. Aber Sie können sie unterstützen, indem Sie aufrichtig mit ihr sprechen – indem Sie ihr von ihren Gedanken und Empfindungen erzählen, sie an Ihren Erfahrungen teilhaben lassen und in einen offenen Dialog mit ihr treten, der es ihr erlaubt, Sie wirklich kennenzulernen. Damit geben Sie ihr zugleich ein Beispiel, wie sie Ihnen mehr von sich zeigen kann. Wenn Sie einander zuhören und sich gegenseitig darin bestärken können, Ihre wahre Stimme zum Ausdruck zu bringen, sind Sie wirkliche Freundinnen.

FÜR EINE GEMEINSAME ZUKUNFT

Freundinnen fürs Leben

Marianne Collins, dreiundsechzig, arbeitet als Koordinatorin für die katholische Jugend in Merrick, Long Island. Ihre drei Töchter sind zwischen neunundzwanzig und achtunddreißig Jahre alt, wohnen nur fünfzehn Fahrminuten von Marianne entfernt und verbringen im Sommer jedes Wochenende mit Marianne und ihrem Mann am Strand. Marianne gehört zu einer Gruppe von zwölf Frauen, die sich angefreundet haben, als ihre Kinder noch klein waren, und die nun miterleben, wie sich die Bande der Freundschaft auf die nachfolgende Generation übertragen. »Es ist schon allein deshalb eine wunderbare Gruppe, weil es durchaus nicht ungewöhnlich ist, daß sich alle Mütter und Töchter treffen – wir gehen miteinander essen oder so –, das ist einfach toll. Solche Unternehmungen sind etwas ganz Besonderes. Ich habe erst neulich zu den Mädchen gesagt, daß es an der Zeit ist, wieder mal ein Mutter-Tochter-Treffen zu veranstalten. Auch die Mädchen untereinander verstehen sich gut, nicht nur innerhalb der Familie. Sie sind eine Clique, eine Gruppe, wie immer Sie es nennen wollen.

Wissen Sie, die Kinder sind miteinander aufgewachsen. Das war jedesmal ein Riesenereignis, wenn wir uns alle getroffen haben. Und für uns war es wichtig, weil wir uns gegenseitig viel Unterstützung geben konnten. Es war so, als ob die Kinder nicht nur eine Mutter, sondern zwölf Mütter gehabt hätten. Das klingt zwar seltsam, aber es war wirklich sehr wichtig. Vieles wurde dadurch einfacher. Als sie in das Alter kamen, in dem man Entscheidungen über seinen weiteren Lebensweg trifft, sagten wir zu ihnen: ›Geh zu Mary Jane, die ist Sozialarbeiterin.‹ Oder ›Sprich mit Eileen, sie ist Bibliothekarin.‹ Von allen konnten sie sich Anleitung und Rat holen.

Ich zog 1961 nach Merrick. Zwischen 1961 und 1965 schlossen sich alle der Gemeinde an. Alles lief über die Kirche oder über die Schule. Wir waren eine eingeschworene Gemeinschaft. Unsere Kinder gingen miteinander in die Schule. Es gab eine Zeit, da waren es zweiunddreißig Kinder. Wir kannten jedes einzelne, vom größten bis zum kleinsten. Die Jüngste von uns war überzeugt, daß wir nicht mehr dasein würden, wenn ihre Kinder groß werden. Aber wir waren noch da. Und wir stehen uns heute so nah wie eh und je.«

Viele Frauen, mit denen wir gesprochen haben, erzählten, wieviel Freude ihnen diese Verbundenheit über die Generationen hinweg bereite. Sie sehen sich als Glieder der »Mutterkette«, wie sie Naomi Lowinsky nennt: Jede von uns ist die Tochter einer Mutter, die ihrerseits Tochter einer Mutter war, und das setzt sich immer so fort, genauso wie jede von uns die Mutter einer Tochter ist, die in der Zukunft vielleicht wieder Mutter sein wird. »Wir haben unsere Töchter geboren, so wie wir von unseren Müttern geboren wurden«, schreibt Lowinsky. »Ein Sohn ist anders. Es ist der Mutter nicht so leicht möglich, sich mit ihm zu identifizieren. Durch die Verantwortung für sein Anderssein entwickeln sich ihre Vorstellungen darüber, wie ihr Sohn einmal sein wird.«[1]

Sind wir mit unseren Töchtern vertrauter als mit unseren Söhnen?

Wir fragten Frauen, die sowohl Töchter als auch Söhne haben, ob es ihrer Erfahrung nach aufgrund des Geschlechts unterschiedliche Grade an Vertrautheit in der Beziehung zu ihren Kindern gibt. Tina S., Mutter von Todd, einunddreißig, und Christy, siebenundzwanzig, sagte: »Ich liebte meinen Sohn vom ersten Augenblick an. Ich liebe ihn von ganzem Herzen bis zum heutigen Tag. Ich fühle mich ihm eng verbunden. Er ist mir in vieler Hinsicht ähnlicher als meine Tochter. Doch in dem Moment, als ich dieses kleine Mädchen zum ersten Mal im Arm hielt, spürte ich die außergewöhnliche Bindung zwischen uns. Ich wußte, daß etwas mit mir geschehen war. Sie war nicht nur ein weiteres Kind, das ich liebte. Sie war ein Mädchen – sie war eine Tochter. Ich fühlte die gleiche Verbundenheit mit meiner Mutter, obwohl wir uns auf eine andere Art nahestanden als meine Tochter und ich. Wir standen uns insofern nahe, als daß wir viel miteinander redeten und weil ich ihre Tochter war. Diese Bindung war einfach da. Sie ist so stark, und ich denke, es gibt kein stärkeres Band. Dieses Band zwischen Mutter und Tochter besteht aus Eisen. Wie immer die Beziehung sich auch entwickeln und was auch immer drumherum passieren mag, es ist einfach unglaublich.«

Arlen M., die Mutter von Martha, sechsundzwanzig, Harper, dreiundzwanzig, und Jeremy, sechzehn, erzählte: »Es fällt mir viel leichter, Jeremy einfach nur zu lieben. Ich habe versucht, herauszufinden, warum das so ist. Mein Mann reagiert viel nervöser auf das, was Jeremy tut oder nicht tut. Das liegt daran, daß ich ihn nicht als Erweiterung meiner selbst betrachte. Ich habe nicht das Gefühl, daß ich ihm dieses oder jenes mitgegeben habe oder daß ich dafür verantwortlich bin, daß er sich in einer bestimmten Weise entwickelt. Ich übertrage einfach nicht so viele von meinen Vorstellungen auf diese Beziehung. Ich fühle mich viel stärker für die Mädchen verantwortlich, dafür, wer sie sind und was aus ihnen werden wird. Ich habe mich immer gefragt, warum Jerry die Mädchen nicht versteht. Ihm fehlt der weibliche Blick – das ist etwas, was ich für sehr wichtig halte. Zum Beispiel die Beziehungen der Mädchen zu ihren Freundinnen – er hatte keine Ahnung, was da vor sich ging, wenn sie wegen irgend etwas aneinandergerieten, weil Männer mit ihren Freunden anders umgehen als Mädchen mit ihren Freundinnen. Manche Probleme erkannte er im Gegensatz zu mir überhaupt nicht. So geht es mir mit Jeremy.

Ich sehe, wie sich meine Mutter meiner Schwester und meinem Bruder gegenüber verhält. Sie vergöttert meinen Bruder, er kann nichts falsch machen, sie läßt ihm Dinge durchgehen, an die sie bei uns im Traum nicht denken würde. Sie nörgelt an mir und meiner Schwester herum – aber nicht an meinem Bruder. Zum Teil hängt das wohl damit zusammen, daß sie sich ihm nicht so nahe fühlt wie uns.«

Mildred G., die Mutter von Walter, dreißig, und Jean, siebenundzwanzig, sagte: »Die Biologie ist wohl ein Grund für die Nähe zwischen Mutter und Tochter. Es ist möglich, mit einer Tochter über grundlegende Dinge zu reden – über Menstruation, Sex, Verhütung, Schwangerschaft und Geburt, übers Stillen und über Kindererziehung. Diese Gemeinsamkeiten gibt es mit einem Sohn nicht.«

Shirley Strum Kenny hat vier Söhne und eine Tochter, die fünfundzwanzigjährige Sarah. Sie sagte: »Nach vier Söhnen war dieses Kind wie ein Geschenk für mich. Ich hatte keine Schwester, und sie hat keine Schwester, und ich glaube, wir erfüllen uns gegenseitig dieses Bedürfnis. Wenn es ihr nicht gutgeht, spricht sie mit mir darüber, und wir können einander trösten, umgekehrt kann ich mit ihr darüber reden, wenn es mir nicht gutgeht. Wir haben diese Art von Beziehung, eine ganz besondere Nähe, und ich glaube, wir empfinden manche Dinge anders als die Männer in unserer Familie.«

Letty Cottin Pogrebin, Mutter der dreißigjährigen Zwillinge Abigail und Robin und des achtundzwanzigjährigen David, erzählte uns: »Die Mutter-Tochter-Beziehung ist anders, weil sie so stark mit dem eigenen Leben verwoben ist. Sie ist viel gegenwärtiger. Wenn ich einen Tag lang nicht mit einer meiner Töchter gesprochen habe, habe ich das Gefühl, daß mir etwas fehlt. Bei David dagegen können drei Tage vergehen, bis ich merke, daß wir nichts voneinander gehört haben, und das Gespräch dauert dann vielleicht nur zwei Minuten – wie geht's? was hast du gemacht? womit bist du gerade beschäftigt? –, ich will einfach nur seine Stimme hören. Er fragt mich dasselbe, und das ist es dann auch schon. Mit den Mädchen plaudere ich zehn, fünfzehn Minuten. Der Unterschied liegt darin, wie lange wir uns unterhalten, und nicht, worüber.«

Adrian P., Mutter von Camilla, fünfundzwanzig, und Michael, zweiundzwanzig, sagte: »Ich liebe beide Kinder, aber auf unterschiedliche Weise. Ich liebe beide gleich stark und von ganzem Herzen, trotzdem denke ich, daß meine Beziehung zu Camilla etwas Besonderes ist. Vielleicht liegt es daran, daß sie als Frau eine bestimmte körperliche Entwicklung durchmacht oder bestimmte Schwierigkeiten hat, oder daran, daß man mit Mädchen mehr Körperkontakt haben kann – es fällt mir leichter, sie mal in den Arm zu nehmen, ich berühre sie überhaupt häufiger als ihn. Ich mache mir mehr Gedanken um sie. Ich glaube, ich leide mehr mit ihr als mit ihm. Weil er ein Mann ist. Ich kann ihre Situation besser nachempfinden als seine.«

Angela A. hat fünf Söhne und zwei Töchter, Gretchen, achtundzwanzig, und Betsy, sechsundzwanzig. Da sie eine Ausbildung als klinische Psychologin absolviert und sich intensiv mit feministischen Entwicklungstheorien beschäftigt hat, haben uns ihre Äußerungen besonders nachdenklich gemacht. »Ich habe als Mutter die Erfahrung gemacht, daß meine Mädchen von Geburt an anders waren als meine Jungen«, erzählte uns Angela. »Auch die Mädchen sind sehr verschieden, aber es fiel mir schon immer leichter, meinen Töchtern offen zu zeigen, wie ich bin. Auch meine Söhne brauchen meine Offenheit, aber sie scheinen weniger Nähe zu brauchen. Sie wurden in ihrer Entwicklung gestärkt, indem ich ihnen mehr Abstand von mir erlaubte, während die Mädchen durch das Wissen gestärkt wurden, daß sie die Verbindung niemals ganz aufgeben müssen, um sich abzulösen. Den Unterschied sah ich – mein Mann und ich haben das sehr deutlich erlebt –, als die Jungen mit dem

Studium begannen und erst nach drei Wochen das erste Mal zu Hause anriefen. Die Mädchen riefen bereits nach drei Minuten an. Während des Semesters meldeten sich die Jungen vielleicht alle zwei Wochen einmal, die Mädchen riefen an, wann immer sie reden wollten – und das war sehr oft der Fall. Nun ja, entweder benutzen Männer und Frauen das Telefon unterschiedlich – auch das trifft wohl zu –, oder es ging um etwas anderes. Ich glaube, es gab den Mädchen Kraft zu wissen, daß sie immer wieder auf diese ursprüngliche Bindung zurückgreifen und sich holen konnten, was sie brauchten, um sich dann den Herausforderungen zu stellen, mit denen sie konfrontiert wurden. Die Jungen schienen ihre Stärke dadurch auszudrücken, daß sie nicht auf diese Bindung zurückgriffen.

Ich glaube, wenn man meine Söhne und Töchter auffordern würde, den Begriff Nähe zu definieren, würden meine Töchter ihn im Sinne von Verbundenheit und Kontakt definieren und über Gefühle sprechen. Meine Söhne würden Nähe vermutlich anders beschreiben. Sie würden davon sprechen, daß man etwas zusammen macht. Ich glaube, dieses Frau-Sein, als Frau zu leben … Wir sind bisher dreimal miteinander verreist, alle drei Generationen zusammen, meine Mutter, ich und die Mädchen. Beim letzten Mal fiel mir auf, daß meine Töchter eine ganze Reihe von Fragen an meine Mutter hatten, fast dieselben, die sie auch mir gestellt hatten: Wie gehst du mit Eheproblemen um? Wie gibst du Kindern die richtigen Werte mit auf den Weg? Wie hältst du die Familie zusammen? Wie findest du Zeit für dich? Die Antworten waren wichtig für sie. Ich hatte in meiner Generation den gleichen Druck gespürt und meine Mutter in ihrer. Es war ganz in Ordnung, daß es ihnen genauso ging.«

Angelas Söhne suchen diese Gespräche weder mit Angela noch mit ihrem Vater. Angela sagt: »Mir ist aufgefallen, daß mein Mann und meine Söhne zu Beginn jedes Gesprächs fragen: ›Wie läuft's im Geschäft?‹ Oder ›Was machst du zur Zeit?‹ Oder ›Hast du diesen Artikel gelesen?‹ Meine Töchter und ich beginnen jedes Gespräch mit der Frage ›Wie geht es dir?‹ Wir interessieren uns viel mehr dafür, wie es der anderen geht, als dafür, was gerade passiert. Unsere Empfindungen dabei sind wichtig.«

Gretchen, die in London lebt, hat vor kurzem ein Baby bekommen. Die räumliche Entfernung führte zwangsläufig dazu, daß die Beziehung nicht mehr so eng sein konnte. »Ich glaube, daß sie jede Woche unzählige Male am liebsten zum Telefonhörer gegriffen und mit mir über Veränderungen in ihrem Körper geredet hätte, über ihre Vorstellungen von Mutterschaft. Ich hatte meine Termine so gelegt, daß ich sobald wie möglich nach der Geburt zu ihr fahren konnte. Meine Mutter hatte das auch nach jeder meiner Schwangerschaften getan. So konnte ich meinen neuen Status als Mutter genießen und gleichzeitig miterleben, wie eine Bindung zwischen meiner Mutter und ihrem Enkelkind entstand. Die Frauen in meiner Familie schätzen es sehr, daß sie sich aufgrund ihrer Erfahrungen gegenseitig helfen können. Gretchen und ich haben zweieinhalb wunderbare Wochen mit dem Baby verbracht. Sie ist jetzt ungefähr so alt wie ich, als ich sie bekommen habe.«

Wir fragten Angela, ob ihrer Ansicht nach die stärkere Verbundenheit mit ihren Töchtern biologisch begründet und damit von vornherein gegeben ist. Oder ist sie etwas, was unsere Gesellschaft von uns verlangt? »Wahrscheinlich von beidem etwas«, meinte sie. »Ich glaube, sie ist von Anfang an da, und wahrscheinlich verstärken wir sie, indem wir auf unterschiedliche Weise mit unseren Töchtern und Söhnen umgehen, wenn sie größer werden. Was ich spannend finde, ist, ob sich Söhne und Töchter der Mutter gegenüber unterschiedlich verhalten und wir nur darauf reagieren oder ob sich die Mutter von Anfang an anders verhält.«

In den vergangenen Jahrzehnten haben sich feministische Psychologinnen mit der Frage beschäftigt, warum Mütter und

Töchter oft eine besondere Vertrautheit miteinander empfinden und ob diese Vertrautheit notwendigerweise von einer Generation auf die nächste übertragen wird. In einem der vorangegangenen Kapitel haben wir Nancy Chodorows These zitiert, daß die besondere Nähe zwischen Frauen eher das Ergebnis kultureller Annahmen über die Beziehungen zwischen den Geschlechtern ist als das Resultat biologischer Gegebenheiten. Kathy Weingarten greift diese Behauptung in ihrem Buch »The Mother's Voice« auf, geht aber noch einen Schritt weiter und stellt sie aufgrund ihrer eigenen Erfahrung als Mutter und Psychologin in Frage.[2] Chodorow argumentiert, daß Mütter ihre Söhne in stärkerem Maße als »anders« betrachten als ihre Töchter. Weingarten führt dagegen an, daß die Unterschiede zwischen ihr und ihrem erstgeborenen Sohn keinen Einfluß auf die Verbundenheit hatten, die sie mit ihm empfand – daß Verschiedenheit nicht per se gegen Nähe sprechen muß. Tatsächlich fühlte sie sich ihrem Sohn vom ersten Augenblick an mehr verbunden als jedem anderen Menschen in ihrem Leben, auch mehr als ihrem zweiten Kind, einer Tochter. Als er heranwuchs, gewannen der Geschlechtsunterschied und der gesellschaftliche Anspruch, daß er – und sie – auf eine bestimmte, festgelegte Weise damit umgehen, an Bedeutung. Im Lauf ihrer gemeinsamen Geschichte hat sie sich bemüht, das ursprüngliche Gefühl von Verbundenheit zu bewahren. Aufgrund ihrer eigenen Erfahrungen ist Kathy Weingarten davon überzeugt, daß die kulturelle Annahme, Männern fehle die Fähigkeit, eine Verbindung aufrechtzuerhalten, widerlegt werden kann, wenn sich die Mutter Mühe gibt, ihren Sohn zu verstehen und von ihm verstanden zu werden.

Diese Argumentation ist provozierend. Sie fordert von den Müttern, Gleichheit nicht mit Nähe zu verwechseln. Sie fordert von ihnen, die Verbindung zu ihren Söhnen nicht aufzugeben. Sie verlangt von ihnen, sich von der Vorstellung zu lösen, daß zwischen ihnen und ihren Töchtern von vornherein eine starke

Bindung besteht, und die Beziehung statt dessen so zu sehen, wie sie wirklich ist, und nach Möglichkeiten zu suchen, wie sie sie verbessern könnten.

Können wir Freundinnen sein?

Auf die Frage, wie sie ihre Beziehung zu Gretchen und Betsy beschreiben würde, antwortete Angela »herzlich« und »wunderbar«. Die beiden Begriffe fielen immer wieder neben Beschreibungen wie »intensiv«, »aufrichtig«, »vertraut«, »empathisch«, wenn wir unseren Interviewpartnerinnen diese Frage stellten. Aber der Begriff, der alle diese Gefühlsäußerungen zusammenfaßt und der am häufigsten genannt wurde, war »Freundin«.

Nellie Jenkins, Mutter der einundzwanzigjährigen Natalie, sagte: »Ich glaube, wir werden allmählich zu richtigen Freundinnen. Vorher war es eine Sache zwischen Mutter und Tochter. Vorher hatte ich mehr Verantwortung. Das ist jetzt nicht mehr notwendig.«

Constance J., Mutter von Abby, zweiunddreißig, sagte: »Ich glaube, wir sehen uns jetzt als Freundinnen und nicht mehr so sehr als Mutter und Tochter. Wenn sie heute anruft und mich wegen irgend etwas um Rat fragt, könnte sie genausogut eine Freundin anrufen. Ich glaube nicht, daß sie mich anruft, weil ich eine Autoritätsperson für sie bin, oder daß ich mehr weiß als sie, es geht eher darum, gemeinsam eine Antwort zu finden. Dasselbe gilt für mich. Ich frage sie um Rat, aber ich könnte auch eine meiner Freundinnen fragen. Ich wende mich an Abby, weil ich in mancher Hinsicht ihre Meinung mehr schätze als die einer Freundin. Ich sehe sie einfach nicht länger als Tochter in dem Sinn, daß ich ihr etwas vorzuschreiben oder irgendeinen Einfluß auf ihr Leben habe. Das will ich auch gar nicht. Ich betrachte sie als erwachsene Frau, und vielleicht kann ich ihr ganz einfach helfen, ein paar Entscheidungen in ihrem Leben zu treffen.«

Vivian Hedges, Mutter der einunddreißigjährigen Tina: »Wir sind ganz sicher Freundinnen. Aber ich rufe sie nicht an, um meine Probleme bei ihr abzuladen. Ich sage zu ihr: ›Hallo, Liebling, was machst du gerade?‹ Oder ›Laß uns mal wieder einen Einkaufsbummel machen, wir waren ewig nicht mehr in der Stadt.‹ Es ist keine Freundschaft, in der wir alles voneinander wissen müssen.«

Lorelle Phillips, Mutter von Sarah, dreiunddreißig, sagt: »Ich glaube, Sarah und ich haben eine wunderbare Beziehung. Fürsorglich, eng, positiv. Und komplex. Wir haben Konflikte, wir können sie lösen und von da aus weitermachen, wir nehmen Anteil am Leben der anderen, wir haben Spaß miteinander – ich könnte mir nichts Besseres vorstellen.«

Evelyn Tang, Mutter von Frances, dreißig: »Für mich ist es immer etwas Besonderes, wenn wir zusammensitzen und einfach nur plaudern, wenn wir uns gegenseitig besuchen. Es gibt keine großen Diskussionen, wir tauschen einfach Erfahrungen aus.«

Helen Rucker, Mutter von Bridget Mary, dreißig: »Als sie die High-School besuchte, konnte ich es gar nicht haben, wenn die Leute sagten, daß wir ja so gute Freundinnen seien. Nein. Ich war ihre Mutter. Ich habe mich hingesetzt und sie gefragt, ob sie schon die Bewerbungen fürs College geschrieben habe oder ob sie sich nicht mal um ihre Pflichten im Haushalt kümmern wolle. Das war meine Rolle als Mutter. Aber als sie größer wurde, entwickelte sich daraus Freundschaft. Auf jeden Fall, als sie begann, sexuell aktiv zu werden. Oder als sie von zu Hause auszog.«

»Ich glaube, meine Töchter sind die wichtigsten Frauen in meinem Leben«, sagt Letty Cottin Pogrebin. »Natürlich habe ich Freundinnen, aber wenn mich jemand fragen würde, wen ich zuerst anrufen würde, um etwas Wichtiges zu erzählen oder um eine gute oder schlechte Nachricht loszuwerden, dann wären das mein Mann, dann meine Töchter und schließlich mein Sohn. Ich muß zugeben, daß mir die Meinung meiner Töchter wichtiger ist als die meiner Freundinnen oder zumindest genauso wichtig. Sie erklären mir immer ganz offen, warum sie etwas Bestimmtes sagen. Sie kennen mich sehr gut, sie kennen meine Schwächen besser als meine Freundinnen.«

Wahre Freundschaft zeichnet sich durch Aufrichtigkeit, Respekt, Großzügigkeit, Loyalität und Vertrauen aus, wie Letty in »Among Friends« schreibt.[3] In diesem Buch untersucht sie die Freundschaften zwischen Männern, Frauen, Männern und Frauen, Familienmitgliedern, Arbeitskollegen, innerhalb ethnischer Gemeinschaften und über kulturelle Grenzen hinweg. Wir fragten sie, warum sie Mütter und ihre erwachsenen Töchter nicht in die Untersuchung aufgenommen hat. Letty ist der Ansicht, daß Gleichheit eine Voraussetzung für Freundschaft ist, und ihre Töchter waren erst achtzehn, als sie das Buch schrieb – sie waren mehr ihre Kinder als Gleichgestellte. Wenn sie es heute schreiben würde, würde sie das Thema vor dem Hintergrund ihrer eigenen Erfahrungen behandeln. »Das Problem ist doch, wie man erwachsenen Kindern gleichzeitig Freundin und Mutter sein kann«, sagt sie. »Wenn man immer noch Kontrolle über sie ausüben will – wenn es ein Ungleichgewicht in der Machtverteilung gibt –, ist es keine Freundschaft.«

»Freundschaft ist nicht das, was ich will«

Einige der Frauen, die wir interviewt haben, waren fest davon überzeugt, daß »Eltern immer Eltern bleiben sollten«, wie es eine von ihnen formulierte. Vielleicht wollten sie ein leichtes

Ungleichgewicht der Macht aufrechterhalten, vielleicht wollten sie den Alleinanspruch auf die Rolle der Sorgetragenden nicht aufgeben. Obwohl sie sich ihren Töchtern eng verbunden fühlen, wollen sie keine vertraute wechselseitige Beziehung. Paula S., Mutter der vierunddreißigjährigen Maud und der achtundzwanzigjährigen Jessie, beschreibt ihr Verhältnis so: »Ich glaube, ich möchte gar keine Freundschaft. Zur Freundschaft gehört eine Form der Vertrautheit, des Mitteilens. Ich will eindeutige Grenzen, die respektiert werden. Mir gefällt die Kluft zwischen den Generationen. Ich will diese Kluft. Ich denke, das ist für alle Beteiligten gesünder. Ich will die Mutter sein. Ich will nicht der Kumpel meiner Kinder sein.«

Sylvia Karchmar sagt über ihre Kinder Lara, achtundzwanzig, und Dorian, fünfundzwanzig: »Sie sollten immer wissen, daß sie mit allem, was ihnen auf der Seele liegt, zu mir kommen können, aber sie sollen mich nicht als ihre Freundin betrachten. Ich will als Mutter glaubwürdig bleiben, man hat nur eine Mutter. Man kann jede Menge Freunde und Freundinnen haben, aber die Beziehung zu einer Mutter liegt auf einer völlig anderen Ebene.«

Martha R., die Mutter von Emily, dreißig, ist ebenfalls mißtrauisch, was die Wechselseitigkeit der Beziehung anbelangt. »Ich kann mich nicht richtig mit der Vorstellung anfreunden, daß Mütter und Töchter dicke Freundinnen sind. Emily und ich stehen uns sehr nah – wir vertrauen einander –, aber ich bin immer noch ihre Mutter. Ich bin nach wie vor der Meinung, daß es bestimmte Dinge gibt, über die man mit seinen Kindern nicht reden sollte. Ich will sie beschützen. Ich will sie nicht beunruhigen. Ich will nicht, daß sie mich als Belastung empfindet. Ich will nicht, daß sie das Gefühl hat, sie müßte sich um ihre Mutter Sorgen machen.«

Nancy Washington, Mutter der zweiunddreißigjährigen Linda und der achtundzwanzigjährigen Laura, meinte dazu: »Ich würde uns nicht als Freundinnen bezeichnen. Ich wollte nie, daß uns die Leute anschauen und fragen, ob wir Schwestern sind. Ich halte das nicht für ein Kompliment. Ich sage dann sehr bestimmt: ›Ich bin ihre Mutter.‹ Ich wollte immer so wie meine Tante Jean sein. Sie kann anderen sehr viel Trost geben.«

Trostspendend, beschützend, fürsorglich sind Eigenschaften, die sich durchaus mit Freundschaft vereinbaren lassen. Wir schätzen unsere Freunde, die uns Zuspruch und Zuwendung geben, wenn wir das brauchen, und denen wir zur Seite stehen, wenn sie eine schwierige Zeit durchmachen. Freunde verstehen und akzeptieren es, daß sich Bedürfnisse und Verantwortung vorübergehend verschieben können, aber auf Dauer kann eine Freundschaft nur bestehen, wenn man sich im gleichen Maß umeinander kümmert und auf die Bedürfnisse des anderen eingeht. Die Mütter, die keine Freundinnen sein wollen, nehmen die Rolle der Sorgenden oder der Autoritätsperson für sich allein in Anspruch. Sie legen nicht soviel Wert auf die beiderseitige Vertrautheit, die eine wahre Freundschaft erst möglich macht.

Aber wie gesagt, es waren nur wenige Frauen.

Freundinnen – Eine Kategorie für sich

Die meisten unserer Interviewpartnerinnen freuten sich über die zunehmende Gleichberechtigung zwischen ihnen und ihren Töchtern. Sie waren erleichtert, daß die Beziehung zu ihrer Tochter nicht mehr von der Sorge um sie bestimmt wurde. Trotzdem ist es nicht einfach für eine Mutter, diese lange Zeit als Trösterin, Betreuerin und Erzieherin zu vergessen und hinter sich zu lassen. Das wechselseitige Geben und Nehmen, das andere Freundschaften kennzeichnet, kann es zwischen Eltern und erwachsenen Kindern wahrscheinlich nie geben, weil die Mutter ihre Mutterrolle nie ganz aufgeben wird. Lucy Rose Fischer hat die Beziehungen zwischen erwachsenen Töchtern und ihren Müttern aus der Sicht der Töchter untersucht. In ihrem Buch »Tochter bleibst Du immer« stellt sie fest: »Die meisten Mütter und Töchter scheinen sowohl nah als auch fern zu sein, und die meisten [Beziehungen] sind sowohl gleichrangig als auch hierarchisch.«[4] Sie ist der Ansicht, daß aufgrund der Muster, die Familienstrukturen inhärent sind, völlig gleichberechtigte Freundschaften eher ungewöhnlich sind und oft etwas Nüchternes an sich haben, während Beziehungen, in denen ein »gegenseitiges Bemuttern« vorherrscht, üblicher und vertrauter sind. Unter gegenseitigem Bemuttern versteht sie, daß jede Frau auf die Bedürfnisse der anderen der jeweiligen Situation entsprechend eingeht und abwechselnd die Sorgende ist und für sich sorgen läßt. Weil Mütter eine lange Geschichte als Sorgetragende hinter sich haben, halten sie an dieser Rolle wahrscheinlich stärker fest als die Tochter, aber das Verhältnis von Geben und Nehmen ist ausgewogen genug, damit sich beide Frauen wohl fühlen.

Mütter, die glücklich darüber sind, die Beziehung zu ihrer Tochter als Freundschaft bezeichnen zu können, sehen darin zwar einen Widerspruch, aber sie sind bereit, damit zu leben. Alice Van Tuyl, Mutter von Sarah, zweiunddreißig, und Elizabeth, neunundzwanzig, beschreibt das so: »Freundschaft ist nur ein Aspekt unserer Beziehung – wir sind mehr als Freundinnen. Man kann niemals einfach nur die Freundin der Tochter sein, es sei denn, man hatte nichts mit ihr zu tun, als sie aufwuchs, und ist erst dann auf der Bildfläche erschienen, als sie einundzwanzig war. Ich glaube, das geht einfach nicht. Die Beziehung läßt sich mit dem Wort Freundschaft nur unzureichend beschreiben. Hinter der Freundin steht immer die Mutter. Man kommt niemals ganz davon los. Man macht sich immer noch Sorgen. Bei einer Freundin ist das nicht so, ganz gleich, wie eng die Freundschaft ist. Man macht sich keine Gedanken darüber, ob sie vorsichtig fährt. Ich weiß, daß sie übers Wochenende nach Boston gefahren sind und bin dann erleichtert, wenn das Telefon klingelt und ich höre, daß sie gut zu Hause angekommen sind. Auch die beste Freundin ruft nicht an, wenn sie wieder zu Hause ist.«

Die Freundschaft zu Töchtern unterscheidet sich auch in anderer Hinsicht von sonstigen Freundschaften. Häufig ist eine ähnliche Lebenserfahrung die Voraussetzung für Freundschaft. Wie Alice Van Tuyl verwendet auch Jane Morgan den Begriff Freundin, wenn sie die Beziehung zu ihren Töchtern Leslie, achtundzwanzig, und Drew, dreiundzwanzig, beschreibt, aber sie weiß, daß sich diese Freundschaft wegen ihrer unterschiedlichen Lebenserfahrung nicht mit der Freundschaft zwischen Gleichaltrigen vergleichen läßt. »Ich genieße es, sie um mich zu haben«, sagt Jane. »Sie regen mich auf intellektueller Ebene an. Sie bringen mich zum Lachen. Ich wäre mit niemandem lieber zusammen. Ich kann mich immer auf sie verlassen. Sie sind meine Freundinnen, aber sie sind nicht die Menschen, mit denen ich über meine innersten Gefühle spreche. Dazu gehört für mich Reife, eine intellektuelle Entwicklung, Erfahrung, die jemand mit Mitte Zwanzig noch nicht haben kann. Man muß das Leben gelebt und einiges verstanden haben. Meine Kinder sind wunderbar, und ich genieße unsere gemeinsamen Unternehmungen, aber ich würde sie nicht als meine besten Freundinnen bezeichnen. Ich weiß, daß sie mich als eine ihrer besten Freundinnen betrachten, und ich betrachte meine Mutter als eine meiner besten Freundinnen, aber ich weiß auch, daß das umgekehrt nicht der Fall war.

Ich bin bestimmt nicht so wie meine Mutter. Das Beste, was sie für mich getan hat, ist, daß sie mich niemals kritisiert hat, kein einziges Mal. Sie hat mich so genommen, wie ich war. Ich kann mich nicht daran erinnern, daß sie jemals zu mir gesagt hätte, ich sähe furchtbar aus oder ich würde nicht genug fürs Studium arbeiten. Sie hat mich einfach sein lassen, wie ich war.

Und sie hatte ihre Freude an mir, obwohl wir wirklich kaum etwas gemeinsam hatten. Aber wir waren gute Freundinnen, so wie Mütter und Töchter eben Freundinnen sein können.«

Die Freundschaft zwischen Mutter und Tochter ist tatsächlich eine ganz besondere Freundschaft. In gewisser Hinsicht bleibt sie hinter anderen Freundschaften zurück, weil sie niemals wirklich auf Gegenseitigkeit beruhen kann. Victoria Secunda merkt in ihrem Buch »When You and Your Mother Can't Be Friends« an, daß eine Tochter wahrscheinlich den Schlüssel zur Wohnung ihrer Mutter hat, aber die Mutter keinen Schlüssel zur Wohnung der Tochter.[5] Es ist jedoch, wie eine Mutter feststellte, »mehr als Freundschaft, weil man ein Leben lang miteinander verbunden bleibt«. Die Freundschaft zwischen Mutter und Tochter kann über andere Beziehungen weit hinausreichen, weil sie sich in all den gemeinsam verbrachten Jahren genau kennenlernen konnten und gelernt haben, das Verhalten der anderen zu verstehen, weil sie gemeinsame Erinnerungen haben, weil die Mutter für ihre Tochter gesorgt hat und diese unter ihrer Obhut aufgewachsen ist und weil sie die Erfahrung teilen, eine Frau zu sein.

Verschiedene Arten von Freundschaft

Cathy Ravella, vierundfünfzig, lebt als Krankenschwester und Therapeutin in Pittsburgh. Dreieinhalb Jahre lang arbeitete sie für eine katholische Hilfsorganisation in Kenia, wo ihre Tochter Erica und ihr Sohn Damien geboren wurden. Erica, dreißig, ist bei der Library of Congress in Washington angestellt und trat bis vor kurzem als Tänzerin mit einer Rock-and-Roll-Band auf. Cathy erzählte uns, daß sie sich mit ihrer Mutter sehr gut verstanden habe, obwohl ihre Mutter eine »imposante Person« gewesen sei. »Wir haben stundenlang miteinander telefoniert. Ich wußte, daß ich ihr einfach alles erzählen konnte. Selbst als sie sehr schwer krank war und es dem Ende zuging, bin ich nach Buffalo gefahren, um bei ihr zu sitzen und mich mit ihr zu unterhalten. Wir hatten eine sehr unkomplizierte Beziehung.«

Cathy ging davon aus, daß sie und Erica sich genauso nahestehen würden, aber das war nicht der Fall. »Erica erzählt mir viel, aber sie spricht nicht sehr gern über ihre Gefühle. Ich dachte immer, daß sie mich auf Abstand hält, aber mittlerweile glaube ich, es ist einfach ihre Art. Erica telefoniert auch nicht gerne. Ich sagte neulich zu ihr, daß ich meine Mutter vermisse, daß wir stundenlang telefoniert hätten. Und Erica erwiderte: ›Irgendwie kann ich mir gar nicht vorstellen, daß ich mit dir und Großmutter verwandt sein soll.‹ Sie weiß, daß sie anders ist.

Ich habe eine Freundin, deren Tochter das Abbild ihrer Mutter ist. Sie stehen sich wirklich nah und telefonieren täglich miteinander. Irgendwann habe ich mir das auch gewünscht. Ich fragte mich, was in unserer Beziehung schiefgelaufen ist, bis ich mir sagte, na gut, ich bin nicht meine Mutter, und Erica ist nicht ich. In unserer Beziehung läuft nichts schief. Ich muß sie einfach nehmen, wie sie ist. Es hat lange gedauert, bis ich dazu in der Lage war – anzuerkennen, daß sie eine eigenständige Person ist und nicht nur ein Teil von mir.«

Wir sind uns alle im klaren darüber, daß uns einige unserer Freunde vertrauter sind als andere und daß wir sie trotzdem alle gleichermaßen schätzen. Obwohl Cathys Freundschaft mit Erica nicht so innig ist, wie sie es sich wünscht, hat sie gelernt, sie so zu schätzen, wie sie ist. »Der Begriff Freundin hat sehr viele unterschiedliche Bedeutungen«, sagt Cathy. »Ich habe Freundinnen, die einfach anrufen und mit denen ich über alles reden kann. Die Beziehung zwischen mir und Erica ist anders, insofern sind wir keine Freundinnen. Aber wir sind andererseits Freundinnen, weil wir gerne zusammen sind. Sie genießt meine Gesellschaft und umgekehrt. Wir empfinden zunehmend Respekt füreinander – wegen unserer Verschiedenheit, und nicht weil wir uns ähnlich sind.«

Da Mütter glauben, daß die Mutter-Tochter-Beziehung das Potential hat, auf einzigartige Weise vertraut und erfüllend zu sein, sind sie enttäuscht, wenn das Verhältnis zu ihrer Tochter anders ist. In diesem Fall, welche Gründe es auch immer dafür geben mag, ist es wichtig, sich auf die bestehende Bindung zu konzentrieren. Und zu hoffen, daß sich darauf aufbauen läßt. Wie Cathy Ravella es beschreibt: »Ich hoffe, daß die Beziehung zwischen Erica und mir so eng bleibt, wie sie jetzt ist, und vielleicht noch enger werden wird. Wir werden vielleicht nie mehr in der gleichen Stadt leben, und das macht die ganze Sache schwierig, weil sie nicht gerne telefoniert. Wahrscheinlich muß ich mich mehr bemühen, aber das macht mir nichts aus. Ich glaube nicht, daß beide unbedingt gleich viel dafür tun müssen.«

Wenn Sie mehrere Töchter haben, wissen Sie, daß Sie an jeder dieser Freundschaften etwas anderes schätzen und daß es verschiedene Formen von Nähe gibt. Vielleicht hat die Reihenfolge der Geschwister Einfluß auf den Grad der Vertrautheit, die anders gelagerte Beziehung zum Vater, der Umstand, daß Sie mit der einen mehr gemeinsame Interessen haben als mit der anderen. Die Beziehungen zu Ihren Töchtern unterscheiden sich möglicherweise auch deshalb, weil die eine verheiratet ist und die andere nicht, weil eine Ihnen ähnlich sieht oder Sie an einen geliebten Elternteil oder eines Ihrer Geschwister erinnert oder weil sie gefühlsmäßig mehr auf einer Wellenlänge liegen oder weil eine – die Ihnen überhaupt nicht ähnlich ist – eine neue Sichtweise auf manche Dinge in Ihr Leben bringt. Es geht nicht darum, daß Sie die eine mehr lieben als die andere, sondern daß die Freundschaft mit jeder einzelnen auf ihre Art wertvoll ist. Verdine Jones sagt über ihre Töchter Rhonda, achtundzwanzig, und Stacy, fünfundzwanzig: »Rhonda trägt kurze Kleider, Stöckelschuhe, legt Lippenstift auf, schminkt sich, sie ist sehr gepflegt; Stacy läuft in Tennisschuhen und Shorts herum und ist mehr der lässige Typ. Meine Beziehung zu Rhonda ist eher die von Freundinnen, wir können praktisch über alles reden, außer über mein Intimleben mit meinem Mann. Ich glaube nicht, daß es sonst irgend etwas gibt, über das wir nicht schon gesprochen hätten. Stacy ist amüsant, es ist ein Vergnügen, mit ihr zusammenzusein, sie bringt mich immer zum Lachen und hat viel Sinn für Humor. Sie ist die Freundin, mit der ich Spaß habe, sie ist mir nicht so vertraut wie Rhonda. Wenn ich Spaß haben will, treffe ich mich mit Stacy, wenn ich über etwas reden will, treffe ich mich mit Rhonda.«

Nancy Hernandez hat drei Töchter, Yesenia, dreiundzwanzig, Veronica, zwanzig, und Omara, sechzehn. Sie sagt: »Meine älteste Tochter und ich sind wie die Kletten, wir kleben förmlich aneinander. Mit Veronica kann ich wunderbar reden. Ich nenne sie mein Beruhigungsmittel – immer wenn ich mich über etwas aufrege, schafft sie es, mich wieder zu beruhigen, sie setzt sich mit mir hin und versucht herauszufinden, warum dieses oder jenes passiert ist. Sie hilft mir, meine Probleme zu lösen. Omara ist mein Wirbelwind. Obwohl sie dieses Jahr recht ruhig gewesen ist.«

Maureen E. erzählte uns, daß ihre älteste Tochter Cathleen, achtunddreißig, verheiratet ist, ein Kind hat und seit einigen Jahren 500 Kilometer entfernt lebt und daß die Beziehung deshalb nicht so intensiv ist. Cathleen war schon immer »selbständiger als meine anderen Kinder«, sagt Maureen. Zu Patricia, der jüngsten Tochter, hatte Maureen früher das vertrauteste Verhältnis, aber im vergangenen Jahr hat Patricia weit entfernt von zu Hause gelebt, und Maureen hat den Eindruck, daß sie gerade dabei ist, wichtige Entscheidungen über ihren weiteren Lebensweg zu treffen. »Aus diesem Grund bin ich etwas zurückhaltender ihr gegenüber. Sie soll erst einmal selbst Klarheit gewinnen.«

Zur Zeit fühlt sich Maureen ihrer mittleren Tochter Margaret am nächsten. »Wir haben uns vor kurzem am Telefon gestritten, sie hat dann später noch mal angerufen, und ich habe ihr gesagt, es täte mir leid, daß es soweit gekommen ist. Aber ich habe ihr auch gesagt, daß sie die einzige von den dreien ist, bei der ich so weit ginge. Ich würde das als Kompliment bezeichnen, weil ich ihr all das sagen kann, was ich meinen beiden anderen Töchtern nicht sagen würde. Es ist wohl so, daß ich mich ihr momentan näher fühle und dadurch offener sein kann. Wir haben den gleichen Sinn für Humor. Ich glaube, wir bewundern uns gegenseitig. Ich bewundere an ihr eine Menge der Eigenschaften, die ich nicht habe. Sie hat viel von meiner Mutter. Ich glaube, wir haben eine gute, herzliche Beziehung, und ich kann am offensten zu ihr sein.«

In jeder Freundschaft gibt es Zeiten, in denen die Beziehung enger ist, und solche, in denen sie nicht so intensiv erscheint. Maureen meinte, daß vielleicht auch der Grad an Vertrautheit in der Beziehung zwischen der Mutter und der einzelnen Tochter nicht immer derselbe ist. Zum gegenwärtigen Zeitpunkt stehen sie und Margaret sich aus einer Reihe von praktischen und emotionalen Gründen am nächsten. In Zukunft können sich andere Umstände ergeben, die dazu führen, daß sie ein vertrauteres Verhältnis zu einer ihrer beiden anderen Töchter haben wird.

Die kommenden Jahre

Was heißt es nun eigentlich, die Freundin der Tochter zu sein? Es bedeutet, daß man in dem einen Jahr gemeinsam ein Festessen für Thanksgiving plant und zubereitet und im nächsten Jahr völlig getrennte Wege geht. Es bedeutet, daß mal die Mutter und mal die Tochter die Rechnung zahlt, wenn sie miteinander Essen gehen, und daß sie manchmal getrennte Kasse machen. Es bedeutet, daß man Ratschläge in finanziellen und beruflichen Angelegenheiten austauscht, aber die Tatsache akzeptiert, daß man einen völlig unterschiedlichen Geschmack hat, was Kleidung anbelangt.

Die Freundschaft zwischen Mutter und Tochter wird im Lauf der Zeit oft enger. In einer anerkannten Studie, die sich auf Interviews mit Töchtern im Alter zwischen fünfunddreißig und fünfundfünfzig Jahren stützt, berichteten die meisten Töchter, daß sie mit der Beziehung zu ihren Müttern im allgemeinen sehr zufrieden waren und daß die Beziehung besser geworden war, als sie auf die Dreißig zugingen.[6] Die Töchter schätzten an diesen Beziehungen das kameradschaftliche Verhältnis zur Mutter; sie erzählten, daß es für sie einen Zusammenhang gebe zwischen dem eigenen Wohlbefinden und der liebevollen Verbundenheit mit der Mutter.

Unsere Interviews konkretisierten dieses Wohlgefühl häufig aus der Sicht der Mutter. Mütter, deren Töchter erfolgreich die üblicherweise stürmischen Zeiten des frühen Erwachsenenalters überstanden hatten – die beispielsweise im Berufsleben Fuß gefaßt hatten und feste Beziehungen eingegangen waren –, erzählten uns, daß sie eine Zeit besonderer Vertrautheit mit ihren Töchtern erleben. Die Mütter führten das darauf zurück, daß sie mehr Erfahrungen mit ihren Töchtern teilen, was Freundschaften bekanntlich fördert. Constance J. sagt: »Abby und ich sind immer gut miteinander ausgekommen. Aber als sie mit einem Mann zusammenzog und schließlich heiratete, hat das unsere Beziehung verändert. Die Mutter-Tochter-Hierarchie löste sich auf, und wir wurden eher Freundinnen. Sie hat nie besonders viel von sich erzählt; wenn ich sie etwas gefragt habe, hat sie mir zwar geantwortet, aber sie wäre nie zu mir gekommen und hätte gesagt: ›Mom, ich habe gestern einen ganz tollen Mann kennengelernt.‹ Ich mußte ihr alles aus der Nase ziehen. Sie war irgendwie zurückhaltend, aber als sie heiratete, hat sich das geändert. Es war, als ob wir beide gleich wären, von Frau zu Frau.«

Die Frauen, deren Töchter selbst Kinder haben, sagten oft, daß das die Bindung zwischen ihnen mehr als alles andere festigte. Die Töchter, die an der erwähnten Studie über Mütter und Töchter teilnahmen, erzählten jedoch, daß sie sich ihren

Müttern emotional weniger verbunden fühlten, als sie selbst Kinder bekamen.[7] Bei einiger Überlegung kommt man zu dem Schluß, daß das weder ein Widerspruch ist noch eine Bedrohung für uns als Mütter darstellt. Unser Ziel war, daß unsere Töchter weniger auf uns angewiesen sind, daß sie für sich selbst sorgen können und letztlich den stärksten emotionalen Rückhalt in ihren Partnern und ihren Kindern haben – ihrer neuen Kernfamilie.

Auch wenn der Weg mit Ihrer Tochter nicht immer ganz einfach war, die Zeit arbeitet für Sie. Wenn sie erst einmal Mitte Dreißig ist, wird sie die Beziehung zu Ihnen wahrscheinlich nachsichtiger betrachten können.

Aber warum sollte man sich damit zufriedengeben? Es gibt ein weitaus lohnenderes Ziel, als von der Tochter einfach nur akzeptiert zu werden. Wir sind der Ansicht, daß Mütter und ihre erwachsenen Töchter zu einer fruchtbaren Freundschaft gelangen können, und viele Frauen, deren Berichte wir hier wiedergegeben haben, zeigen uns den Weg dahin.

Es kann nicht oft genug gesagt werden: Der Schlüssel zu einer besseren Beziehung zu Ihrer Tochter liegt darin, sie wie eine Erwachsene zu behandeln, mit allem Respekt, den Sie auch im Umgang mit Ihren engsten Freunden zeigen. Vielleicht trifft sie Entscheidungen, die völlig von denen abweichen, die Sie an ihrer Stelle getroffen hätten, aber sie ist eine eigenständige Person, und deshalb müssen Sie in besonderer Weise respektieren, daß sie manches anders macht als Sie.

Sondra L., eine sehr elegante, aufgeschlossene Frau, hat uns ausführlich von der Beziehung zu ihren beiden Töchtern erzählt. Die eine ist leitende Angestellte in einem großen Unternehmen und lesbisch, die andere gehört zur Generation X, versucht sich als Künstlerin und lebt mit einem Mann zusammen, den Sondra nicht mag. Die letzten zehn Jahre waren für Sondra nicht leicht, inzwischen hat sie aber gelernt, die Stärken der beiden jungen Frauen zu schätzen, und hat aufgehört, sie in eine

Form pressen zu wollen, die ihrem Idealbild entspricht. »Wenn man seine Töchter wie kleine Kinder behandelt«, sagt Sondra, »kann man sie wahrscheinlich an sich binden, aber ich glaube nicht, daß die Beziehung wirklich gut sein wird, solange man das nicht ändert und sie wie erwachsene Freundinnen behandelt. Man bleibt natürlich immer Mutter und Tochter, aber man muß ihnen Raum lassen, sich zu entfalten, und ich glaube, Mütter müssen lernen loszulassen, auch wenn es sehr schwer ist.«

Die Fotografin und Autorin Gay Block erzählte uns in unserem Interview, daß es ihr wegen der unglücklichen Beziehung zu ihrer eigenen Mutter schwerfalle, ihrer Tochter Alison eine gute Mutter zu sein. Nach dem Gespräch schickte uns Gay eine Aufzeichnung ihrer Gedanken dazu, wie sie nach jahrelanger Therapie und harter Anstrengung den Punkt erreicht hat, an dem sie und Alison Freundinnen sein können:

»Schon als Alison noch klein war, war sie sehr eigensinnig und selbständig. Die ganze Familie amüsierte sich über ihren Spruch ›Ich will das allein machen‹, den sie ständig wiederholte. Mit meinem Sohn Barry war es in vieler Hinsicht einfacher. Alison hatte immer ihren eigenen Kopf, und mir war klar, daß sie als erwachsener Mensch jemand sein würde, mit dem ich gerne zusammen wäre.

Als sie ungefähr neun war, hatten wir ein bestimmtes Ritual, wenn ich sie ins Bett brachte. Ich sagte zu ihr: ›Jetzt wollen wir doch mal sehen, ob wir uns einen ganz zarten Gutenachtkuß geben können.‹ Wir berührten uns leicht mit den Lippen, und ich sagte ›zarter‹, und so ging das immer weiter. Es hat uns beiden sehr gefallen. Nachdem sie mit Stéphane [mit dem sie seit 1993 verheiratet ist] zusammengezogen war, erzählte sie mir einmal, daß für sie diese Hinführung zur Sinnlichkeit sehr prägend gewesen war.

Alison und ich standen uns wirklich sehr nah. Als mich im Juni 1984 meine Freundin Debbie verließ, verbrachten wir in dem Sommer, bevor sie aufs College ging, viel Zeit miteinander. Viel zuviel Zeit, aber sie war eine große Hilfe für mich, eine Freundin. Ich brachte sie ins College, half ihr, ihre Sachen auszupacken, und wir haben oft miteinander telefoniert. Sie erzählte mir von ihrer ersten sexuellen Erfahrung, ihrem ersten Studienjahr und von all ihren Freunden und Freundinnen. Es war daher ein Schock für mich, als sie mir im letzten Studienjahr eröffnete, daß sie zu einem Psychologen ging und er ihr vorgeschlagen hatte, ein Buch über dysfunktionale Familien zu lesen. Ich war wirklich entsetzt, stritt ein bißchen mit ihr herum und ließ die Sache dann auf sich beruhen.

Mit ihrer Enthüllung begannen die Probleme zwischen uns, für die wir jetzt – acht Jahre später – langsam eine Lösung zu finden scheinen. Manchmal hörte ich in dieser Zeit ihre tonlose Stimme am Telefon, und das erinnerte mich an meine ersten Ehejahre, wie ich mich immer gefühlt hatte, wenn ich mit meiner Mutter sprach. So wollte ich nicht leben, und mir war klar, daß ich ihr irgendwann einmal das sagen mußte, was ich gerne von meiner Mutter gehört hätte: ›Es tut mir weh, wenn du so mit mir redest, und ich weiß, daß du wahrscheinlich nicht glücklich über unsere Beziehung bist. Manchmal sagst du Dinge zu mir, die mich verletzen – sie sind grausam und gemein –, und ich kann mir nicht vorstellen, daß du das gerne tust. Ich werde dich immer lieben, ich werde immer als deine Mutter für dich dasein, aber ich möchte nicht, daß wir viel miteinander reden, bevor du wirklich mit mir reden möchtest, bevor du nicht mehr böse auf mich bist.‹

Ich brauchte es nie zu sagen. Wir kamen recht und schlecht miteinander aus. Ich habe ihr bei den Vorbereitungen für ihre Hochzeit geholfen und viel Zeit und Energie investiert. Das geschah ganz bewußt, ich wußte, daß sie sauer auf mich war, weil ich mich während ihrer High-School-Zeit zuwenig um sie gekümmert hatte. Wir kamen uns in dieser Zeit sehr nah. Nach der Hochzeit versetzte sie mir wieder einen Schlag, indem sie mir vorwarf, ich hätte sie nicht in ihrem Hotelzimmer besucht – sie war in der Woche vor der Hochzeit mit ihrer Freundin ins Hotel gezogen, während Stéphane in ihrer Wohnung geblieben war –, um mir mit ihr und Caryn die Zeit zu vertreiben. Ich sagte ihr, ich dachte, sie wollte ihre Ruhe, aber wenn sie mich gebeten hätte, wäre ich sofort gekommen. Vielleicht kam mir im Umgang mit Alison oft meine eigene Unsicherheit in die Quere.

Während der folgenden zwei Jahre war sie bei einem Psychiater in Behandlung, und sie spürte, daß er ihr wirklich helfen konnte. Im letzten Jahr hatten wir mehr Abstand voneinander, weil sie mit ihrem Mann in Paris lebte, und sie ist in dieser Zeit viel reifer und unabhängiger geworden. Jedenfalls nehme ich das an, weil unsere Beziehung besser ist als jemals zuvor.

Vor kurzem haben wir uns alle auf der Hochzeit meines Sohnes getroffen. Spontan sagte ich zu ihr: ›Ich habe Stéphane sehr gern, natürlich auch um seiner selbst willen, aber vor allem, weil ich sehe, wie glücklich und schön du bist. Und es ist nicht nur dein Äußeres, deine Schönheit kommt von innen, weil du glücklich bist, weil du das Leben liebst und Vertrauen hast, und es ist toll, wenn man das von seiner eigenen Tochter sagen kann.‹ Drei Tage später, als wir uns verabschiedeten, sagte sie zu mir: ›Ich weiß, du hast mir früher schon gesagt, daß du mich liebst und schätzt, ich weiß, du hast es auch damals ernst gemeint, aber jetzt habe ich zum ersten Mal verstanden, daß du es ernst meinst.‹ Ich finde das einfach großartig, und ich habe das Gefühl, daß etwas bei ihr angekommen ist, auch wenn wir in Zukunft immer wieder mal Probleme haben werden.«

»Ich könnte mir keine besseren Freundinnen wünschen«

Shelagh C. ist zweiundsechzig Jahre alt und arbeitet als Bibliothekarin in einer Vorortgemeinde auf Long Island. Sie und ihr Mann haben sechs Töchter im Alter zwischen fünfundzwanzig und achtunddreißig und einen zwanzigjährigen Sohn, der noch zu Hause wohnt. Fünf der sechs Töchter leben nicht sehr weit von den Eltern entfernt, und innerhalb der Familie besteht nach wie vor ein enger Zusammenhalt. Eine Tochter ist Rechtsanwältin, eine studiert Jura, eine ist ausgebildete Krankenschwester und arbeitet als Pharmavertreterin, die anderen haben erfolgreiche Laufbahnen in der Wirtschaft eingeschlagen. Fünf Töchter sind verheiratet – eine hat unter Umständen geheiratet, über die Shelagh sehr unglücklich war –, die jüngste Tochter ist verlobt. Zwei leben gerade in Trennung von ihren Ehemännern und haben Shelagh, die gläubige Katholikin ist, damit einen besonders großen Schock versetzt. Einige der Töchter stehen unter dem Druck, Beruf und Kindererziehung miteinander in Einklang bringen zu müssen, was Shelagh in dieser Form nie nötig hatte. In den letzten zehn Jahren mußte Shelagh außerdem mit den Folgen eines Herzinfarktes ihres Mannes und seinem späteren Schlaganfall fertig werden und mit dem Tod ihrer Eltern und ihrer einzigen Schwester, an der sie sehr hing.

Ihr ganzes Leben lang schöpfte Shelagh Kraft aus ihrem unerschütterlichen Glauben an Gott, ihrer Fähigkeit, immer auch das Komische, oder zumindest das Menschliche, hinter allen Problemen zu sehen, und aus ihrem Selbstwertgefühl, das sie ihrer Mutter verdankt. »Ich hatte eine wunderbare Beziehung zu meiner Mutter«, erzählt sie. »Meine Mutter war eine Träumerin. Sie hatte herrliche Träume für ihre beiden Töchter. Mein Vater war immer krank, und es war ein ewiger Kampf. Er verbrachte viel Zeit im Krankenhaus und war bereits mit Anfang Vierzig Invalide. Es war nicht leicht. Aber sie hat mir diese Träume in den Kopf gesetzt, und ich konnte sie verwirklichen. Meine Schwester und ich übertrafen die Träume meiner Mutter. Sie sagte: ›Ich habe zwei kleine Mädchen in die Welt hinausgeschickt und neun Enkelkinder zurückbekommen.‹ Aber es war eine harte Zeit. Als ich soweit war, aufs College zu gehen, war meine Schwester mit der High-School noch nicht fertig. Wir besuchten diese wunderbare französische Schule, unter der Leitung französischer Schwestern. Aber der Besuch war nicht kostenlos. Deshalb arbeitete ich nachts bei Fordham, um einen Beitrag zu den Schulgebühren leisten zu können.

Meine Mutter war zweiundachtzig Jahre alt und geistig noch sehr rege, als sie starb. Sie fehlt mir. Vor vier Jahren verlor ich dann auch meine Schwester. Sie war erst dreiundfünfzig. Das hat ein Loch in mein Leben gerissen. Deshalb bin ich so froh, daß meine Töchter einander haben. Niemand kann den Platz einer Schwester einnehmen.«

Die Verbundenheit, die Shelagh mit ihrer Mutter und ihrer Schwester empfand, hat sich auf die Verbindung zu ihnen übertragen. Shelagh sieht die Beziehung zu ihren Töchtern als fortlaufenden Prozeß; während sie miterlebt, wie sie die prägenden Erfahrungen in ihrem Erwachsenenleben machen, ist sie bereit, manche der Grundsätze, die eine große Rolle in ihrem Leben gespielt haben, noch einmal zu überdenken. Obwohl sie an ihren Überzeugungen festhält und es ihr nicht schwerfällt, sie zu äußern, respektiert sie auch das, was ihre Töchter zu sagen haben. Mittlerweile vertraut sie darauf, daß sie die richtigen Entscheidungen für sich treffen können. Wenn sie sich selbst in einer schwierigen Situation befindet, verläßt sie sich auf ihre Töchter, von denen sie Zuspruch und Unterstützung erfährt. Shelagh und ihre Töchter sind ihren eigenen Worten zufolge »liebevolle Freundinnen«.

Shelaghs Fähigkeit, die Verbindung aufrechtzuerhalten, beruht auf der Bereitschaft, ihre Töchter als vielschichtige Persönlichkeiten zu verstehen und zu akzeptieren, daß sie in mancher Hinsicht anders sind als sie oder als sie es erwartet hätte. »Ich kann mich an die Zeit erinnern, als meine ältesten Töchter Teenager waren«, sagt Shelagh. »Das war wohl die schlimmste Zeit, all die Autos und die Partys, das lange Wegbleiben nachts. Mein Mann war davon überzeugt, daß es ein böses Ende nehmen würde. Immer wieder hat er das zu mir gesagt. Sein Lieblingsspruch war: ›Nachts um drei ist nur noch Gesindel unterwegs.‹ Ich habe alle möglichen Kurse besucht, von denen ich dachte, sie könnten mir helfen, mich weiterzuentwickeln und besser mit meinen Kindern zurechtzukommen. Die Kirche hat einen Kurs angeboten, in dem es um das Miteinanderreden ging – man sollte sich mit seiner Familie zu einem offenen Gespräch zusammensetzen. Ich hielt das für eine ausgezeichnete Idee, weil ich einen Sommer hinter mir hatte, in dem ich keine Nacht hatte richtig schlafen können.

Wir hatten also offene Familientreffen. Ich legte den Zeitpunkt fest. Meistens stellte ich eine Frage, und alle diskutierten darüber. Es war jedesmal eine Katastrophe, weil sich am Ende alle anschrien, herumbrüllten und weinten. Mein Mann ging aus dem Zimmer, weil er das Gefühl hatte, daß man ihn für alles verantwortlich machte. Mary Anne, der Liebling der Familie, wollte immer, daß alle glücklich sind, und brach in Tränen aus. Ich weiß nicht, ob es ihnen geholfen hat, aber es hat mir und meinem Mann geholfen, sie besser zu verstehen. Bei einem dieser Treffen sagte eines der Mädchen: ›Du hast uns in diese weißen gestärkten Kleider und in weiße Schuhe gesteckt und dachtest, wir würden unser Leben lang perfekte kleine Mädchen bleiben, aber das stimmt einfach nicht.‹ Ich dachte, das Kind macht mich da auf etwas aufmerksam, was mir selbst hätte auffallen müssen. Ich bin keine vollkommene Mutter. Ich habe keine vollkommenen Kinder. Aus diesem Grund allein war es gut.

Ich mußte lernen, auf ihr Urteilsvermögen zu vertrauen. Jetzt tue ich das. Es ist ein andauernder Prozeß. Ich wollte, ich hätte früher gelernt, ihnen zu vertrauen. Wenn ich mich früher etwas mehr zurückgehalten hätte ... Ich denke, dann wäre es mit allen besser gelaufen. Mit dem ersten Kind ist es so, als ob man ein neues Kochrezept ausprobiert. Das arme Kind. Ich glaube, ich habe alles auf Colleen, der Ältesten, abgeladen. Ich wollte, daß sie perfekt wird, weil sonst aus allen anderen auch nichts geworden wäre.«

Den größten Kummer bereiteten Shelagh die Ehekrisen ihrer Töchter – als sie Entscheidungen trafen, die Werte in Frage stellten, von denen Shelagh zutiefst überzeugt ist. Daß ihre Töchter sich zu etwas entschließen könnten, das sich grundlegend von ihren Erwartungen unterschied, merkte Shelagh zum ersten Mal, als ihre drittälteste Tochter Dolores, mittlerweile dreiunddreißig, mit neunzehn durchbrannte. »Dolores ist schon immer eigene Wege gegangen. Sie ist auch nicht so offen wie wir anderen. In manchen Situationen reagiert sie ganz anders als ihre Schwestern, und ich habe inzwischen eingesehen, daß das einfach ihre Art ist.

Sie heiratete völlig überraschend einen Mann, mit dem keiner von uns gerechnet hätte«, erzählt Shelagh. »Er ist sehr solide. Mittlerweile mag ich ihn. Aber zu der Zeit war ich der Meinung, sie sei noch viel zu jung zum Heiraten.« Eineinhalb Jahre zuvor hatte Dolores einen schweren Autounfall gehabt. Sie lag zwei Wochen lang im Koma, und die Familie befürchtete zunächst, sie würde nicht überleben. Sie konnte erst nach monatelanger physikalischer Therapie wieder zur Arbeit gehen. »Ich glaube, weil sie sich körperlich so rasch erholte, habe ich nicht bemerkt, was in ihr vorging. Ich hatte mich zu dieser Zeit um vier oder fünf andere Teenager zu kümmern. Ich habe mich nicht auf ein einzelnes Kind konzentriert. Und dann verkündete sie plötzlich, daß sie und Oscar heiraten würden. Ich fand, sie hatte sich nicht genug Zeit gelassen, wieder auf die Beine zu kommen, um so eine wichtige Entscheidung zu treffen. Außerdem kannten mein Mann und ich ihn kaum. Er kam aus einem völlig anderen Kulturkreis – seine Familie stammte aus Lateinamerika, und wir sind Iren. Deshalb war ich dagegen. Sie wollten keine große Hochzeitsfeier mit dem ganzen Drumherum, und weil sie durchbrannten, haben sie auch nicht kirchlich geheiratet.«

Obwohl es Shelagh schwerfiel, dem jungen Paar ihren Segen zu geben, hat sie die Verbindung nicht abgebrochen. »Sie lebten eine Zeitlang in einer kleinen Wohnung in Brooklyn. Ich erklärte ihnen, daß sie in meinem Haus willkommen wären, daß ich sie aber nicht besuchen würde, denn damit hätte ich das Ganze gebilligt, und das konnte ich nicht, weil sie für mich nicht wirklich verheiratet waren. Also besuchten sie uns, und mir wurde allmählich klar, daß es sich nicht nur um eine Laune handelte. Sie liebte diesen Mann wirklich. Vielleicht war ja wirklich etwas an ihm dran, und ich hatte es nur noch nicht erkannt.

Ich kann nicht behaupten, daß ich zu der Zeit glücklich war. Aber wir haben uns weiterhin getroffen. Und ein Jahr später kamen sie und sagten, sie wollten in der Kirche heiraten. Ich habe sie mit einem jungen Priester bekannt gemacht, den ich kenne und der sie dann im kleinen Kreis traute. Anschließend haben wir vierzig oder fünfzig Freunde zum Essen eingeladen, es war wirklich sehr schön.« Die kirchliche Trauung hat Shelagh eine Sorge genommen. So mußte sie zu guter Letzt auch zugeben, daß sie den Ehemann ihrer Tochter falsch eingeschätzt hatte und daß Dolores die richtige Entscheidung für sich getroffen hat.

Eine wesentlich härtere Prüfung sieht Shelagh in der Tatsache, daß die Ehen von zweien ihrer Töchter vor kurzem in die Brüche gegangen sind. Colleen, die älteste, hat ihren Mann verlassen und ist mit ihren beiden Kindern in ein Haus in der Nähe ihrer Eltern gezogen; Eileen, zweiunddreißig, steht kurz vor der Trennung. Obwohl Shelagh nachvollziehen kann, was ihre Töchter zu den beiden Männern hingezogen hatte, die sie heirateten, glaubt sie, daß beide Ehen mit der Scheidung enden werden – und sollten. »Eine Scheidung ist etwas Schreckliches. Ich glaube, ich denke jetzt anders darüber als zu der Zeit, als Dolores heiratete. Ich sehe nicht mehr alles nur in Schwarz und Weiß. Ich sehe auch die Zwischentöne. Wenn sie eine schwierige Entscheidung zu treffen haben, werde ich sie dabei unterstützen.

Bei Colleen dauerte der schlimme Zustand viel zu lange. Es ist nicht so, daß ich ihren Mann überhaupt nicht mögen würde – er ist ein sympathischer Mensch und ein guter Vater –, aber sie haben sich immer wieder furchtbar über Geld gestritten, darüber, daß er zuviel trinkt. Er dachte wohl, sie würde sich einfach damit abfinden. Er hat ihr immer mehr von ihrem Selbstwertgefühl genommen. Das hatte auch Auswirkungen auf die Kinder. Ich sah, daß vor allem das ältere allmählich zu einem Nervenbündel wurde. Als sie uns eröffnete, daß sie auszieht, konnte ich deshalb nicht mit voller Überzeugung etwas dagegen sagen.

Eileen wurde von ihrem Mann verlassen. Das kam nicht aus heiterem Himmel. Ich wußte, daß nicht alles so war, wie es sein sollte. Eileen hat lange Zeit versucht, es abzustreiten, sie tut es immer noch. Sie hat uns vieles nicht erzählt, aber weil sie so nahe bei uns wohnen, wußte ich, daß er kaum zu Hause war. Sie hat sich sehr bemüht, es zu verheimlichen und alles wieder in Ordnung zu bringen. Aber ich glaube, daß es auf eine Scheidung hinauslaufen wird.« Shelagh ist der Ansicht, daß diese Ehe am Ende ist, und verwendet ihre Energie darauf, sich um den seelischen Zustand ihrer Tochter zu kümmern. »Sie sagte zu mir, sie hoffe, daß er irgendwo Hilfe findet. Und ich fragte sie: ›Was ist mit dir? Glaubst du nicht, daß du dir Hilfe suchen solltest?‹ Sie wurde sehr ärgerlich und behauptete, mit ihr sei alles in Ordnung. Ich erwiderte: ›Ich habe ja auch nicht das Gegenteil behauptet. Ich sage nicht, daß mit dir etwas nicht in Ordnung ist. Ich meine nur, daß du dir darüber klarwerden mußt, was du bei der ganzen Sache empfindest und was du jetzt tun willst. Ich bin für dich da, wenn du mit mir reden willst, aber ich habe meine Grenzen. Es gibt Grenzen, es gibt Dinge, die du mir wahrscheinlich nicht erzählen willst und über die du mit jemand anderem reden solltest.‹ Dazu ist sie noch nicht bereit, aber ich glaube, das wird sich ändern.

Das alles war sehr schwer. Meine Töchter tun mir so leid.

Ich weiß, daß so etwas vorkommt, sicher. Ich hätte aber niemals gedacht, daß es meinen Kindern passieren würde. Ich würde am liebsten die Augen davor verschließen, aber das geht nicht. Und falls sie sich wirklich scheiden lassen und irgendwann einmal wieder jemanden kennenlernen, werde ich anders darüber denken. Früher war ich der Meinung, daß eine Ehe unauflösbar ist, aber es ist ein Unterschied, wenn es sich um Menschen handelt, die einem nahestehen. Ich hätte nie gedacht, daß ich das einmal sagen würde, aber ich hoffe, daß sie andere Männer kennenlernen und ein erfülltes Leben haben. Ich möchte nicht, daß sie allein bleiben.«

Shelagh spricht mit ihren anderen Töchtern über die Sorgen, die sie sich um Colleen und Eileen macht. »Ich weiß, wenn ich eine von ihnen anrufe und sage, daß ich mir über irgend etwas Gedanken mache, dann ruft sie sofort ihre Schwester an und erzählt ihr das. Ich finde das gut. Wir verbergen nichts voreinander. Ich weiß, daß es manchmal Dinge in ihrem Leben gibt, die sie mir nicht anvertrauen, aber wenn sie untereinander darüber sprechen können, ist das in Ordnung für mich. Ich muß nicht alles wissen.«

Über manche ihrer tiefsten Empfindungen spricht Shelagh nur im Gebet zu Gott. »Es gibt Dinge, über die ich nur gemeinsam mit Gott nachdenken kann. Über meine geistige Gesundheit oder das, was in meiner Seele vorgeht. Ich fahre zu Eileen und denke, mein Gott, warum muß dieses Mädchen soviel durchmachen? Das macht mich sehr traurig, aber ich kann mit niemandem darüber sprechen. Ich erzähle es Gott. Ich sage, das ist wirklich eine schlimme Sache. Obwohl ich glaube, daß die Mädchen wissen, daß ich mit ihnen fühle und mich um sie sorge, möchte ich es ihnen nicht in dieser Form sagen. Das ist nicht notwendig. Wenn mich irgend etwas enttäuscht und ich denke, sie könnten mir helfen, dann wende ich mich an sie.«

Der Gesundheitszustand ihres Mannes belastet Shelagh zur Zeit sehr. Nach seinem Schlaganfall vor einem Jahr hat er sich pensionieren lassen. Er war Leiter der Schadensregulierung bei einer Versicherung. Shelagh glaubt, daß er immer noch nicht genügend auf sich achtgibt. »Ich stelle fest, daß ich mit meinen Töchtern jetzt häufiger über ihren Vater spreche. Ich sage ihnen, daß er mich verrückt macht, weil er zu selten zur Krankengymnastik geht, und ich glaube, ich kann deshalb so mit ihnen reden, weil ich nicht verbittert bin. Ich spreche mehr als Ehefrau zu ihnen und nicht als Mutter. Und sie verstehen meine Gefühle besser, weil sie selbst verheiratet sind. Sie helfen mir dabei, einiges etwas positiver zu sehen. Sie sagen zu mir: ›Na ja, du hast doch gewußt, daß er das niemals tun würde, was hast du denn erwartet?‹

Als er krank wurde, haben sie mich sehr unterstützt. Holly als ausgebildete Krankenschwester war einfach wunderbar. Meistens hat sie die Gespräche mit den Ärzten geführt, und sie war mir in der ganzen Zeit eine große Stütze. Normalerweise spreche ich mit ihr über die Sorgen, die ich mir um meine Gesundheit oder die Gesundheit ihres Vater mache, weil ich glaube, daß sie besser als die anderen damit umgehen kann. Sie geht auf mich ein, wenn ich ihr etwas erzähle, ohne daß sie gleich Angst bekommt. Ich hole mir eher sachkundigen Rat als seelischen Trost. In emotionaler Hinsicht tröstet mich Deirdre. Ich kann ihr meine Ängste anvertrauen. Sie ist zwar auch sehr gefühlvoll, aber sie bricht nicht gleich zusammen. Meine Töchter geben mir im allgemeinen gute Ratschläge, oder sie machen mich darauf aufmerksam, wenn ich mich zu sehr aus dem Gleichgewicht bringen lasse.«

Kann sie ein Beispiel nennen? »Kurz nachdem meine Schwester gestorben war, hat eine ihrer Töchter geheiratet. Ich war davon ausgegangen, daß ich einspringen und bei den Vorbereitungen helfen würde. Aber es lief dann alles ganz anders, und ich war verletzt. Meine Kinder haben mir geholfen, mir darüber klarzuwerden, daß es gar nicht anders gegangen wäre. Die Kinder meiner Schwester brauchten Abstand von mir.

Meine Töchter halfen mir, meinen Gefühlen Luft zu machen, und sie halfen mir auch, diese schwierige Zeit der Veränderung zu überstehen.«

In Shelaghs Leben gibt es zur Zeit viele Veränderungen. Sie hat damit begonnen, einen Teil der Verantwortung für den Zusammenhalt der Familie an ihre Töchter abzugeben. »Ich bin an einen Punkt gekommen, an dem ich nicht mehr alles machen muß. Ich koche sehr gern, es macht mir Spaß. Ich bin sehr stolz darauf, wie gut sie kochen können. Und sie haben auch hübsche Einfälle. Jedes Jahr am St. Patrick's Day gibt es bei uns ein traditionelles Festessen. In irischen Familien wird immer groß gefeiert, und es wird von jedem erwartet, daß er etwas dazu beiträgt. Es ist wunderbar, das mitzuerleben. Meine Enkel singen und tanzen und tragen Gedichte vor. Beim letzten Osterfest bin ich mit der Frage herausgeplatzt, wie wir das Osterfest diesmal verbringen würden. Alle saßen nur da und sahen mich an, als wüßten sie gar nicht, wovon ich redete. Dann sprang Holly in die Bresche und sagte, sie würde das Osterfrühstück machen. Das brachte sie aber in Konflikt mit ihren Schwiegereltern, also sagte Deirdre, sie würde sich darum kümmern. Die beiden haben sich richtig darum gestritten. Ich sagte: ›Ich finde es toll, daß ihr einspringt und etwas für die Feiertage organisiert. Ich habe überhaupt nichts dagegen.‹ Es wurde ein großartiges Fest. Und ich fand es herrlich, einfach nur Gast zu sein.«

In den vergangenen Wochen hat Shelagh beschlossen, einen großzügigen Pensionsplan der Bücherei in Anspruch zu nehmen, obwohl sie eigentlich noch nicht aufhören möchte zu arbeiten. »Ich betrachte das nicht als Pensionierung, sondern als Veränderung in meinem Leben. Ich liebe meinen Beruf und mache meine Arbeit gern, aber ich arbeite dort jetzt seit zwanzig Jahren, und ich habe keine Bedenken, etwas Neues auszuprobieren. Ich habe in der Bücherei und in der Gemeinde genügend Kontakte geknüpft, um eine Teilzeitstelle zu finden. Außerdem gefällt mir die Vorstellung, zu Hause arbeiten zu können.«

Shelaghs Töchter erkennen, daß sie zu einer Veränderung bereit ist. »Sie wissen, daß ihr Vater demnächst fünfundsechzig wird und sein Gesundheitszustand nicht sehr gut ist und daß mir sehr daran gelegen ist, mehr Zeit mit ihm zu verbringen. Ich möchte nicht in zwei Jahren zurückblicken und denken, daß ich nicht da war, wenn er mich gerne bei sich gehabt hätte.« Zum ersten Mal in seinem Leben hat Shelaghs Mann genug Zeit, sich um seine Enkelkinder zu kümmern. »Es macht ihn richtig glücklich, für alle auf Abruf bereitzustehen. Er holt die Kinder von der Schule ab und geht mit ihnen auf den Fußballplatz. Er meinte, es mache ihm nichts aus. Aber ich werde das nicht tun, und das sollen sie auch begreifen. Ich habe ihnen gesagt, wenn ich in den Ruhestand ginge, hieße das nicht, daß ich unbegrenzt als Babysitter zur Verfügung stünde. Es wird leichter für sie sein, mich einfach zu fragen, aber ich will es nicht anders handhaben als bisher. Wir haben eine gute Vereinbarung getroffen. Wenn es sich um etwas Wichtiges handelt, springe ich ein, aber sie sollen mich nicht anrufen, wenn sie bloß zum Friseur gehen wollen. Ich muß sagen, daß ich mich niemals zu etwas gedrängt gefühlt habe. Wenn das der Fall gewesen wäre, hätte ich es ihnen gesagt. Aber jetzt ist die Versuchung für sie natürlich größer.«

Wir hatten den Eindruck, daß Shelagh deshalb so offen und ehrlich mit ihren Töchtern umgehen kann, weil zwischen ihnen ein hohes Maß an gegenseitigem Vertrauen besteht. Sie bestätigt das. »Sicher, ich habe auch Freundinnen, aber es gibt bestimmte Dinge, die ich ihnen nicht anvertrauen würde. Mit meinen Töchtern ist das etwas anderes, ich vertraue ihnen uneingeschränkt. Wir können ehrlich zueinander sein, ohne daß wir uns verletzt fühlen. Sie rufen mich oft an und erzählen mir, was bei ihnen gerade passiert – sei es nun etwas Schönes oder etwas Schreckliches. Sie laden mich zu sich ein. Sie kommen gerne mal auf einen Sprung bei mir vorbei.

Wir unterstützen uns gegenseitig auf wunderbare Weise. Es

ist so, als ob wir seelenverwandt wären. Weil wir uns so gut kennen. Was mich angeht, unterstütze ich sie nicht nur, ich bewundere sie auch. Wirklich. Wenn sie mich besuchen und eine neue Frisur haben, sage ich ihnen, wie toll sie aussehen. Ich freue mich immer, wenn ich sie sehe. Und ihnen geht es genauso. Es ist nie langweilig, wenn wir zusammen sind. Zur Zeit könnte ich mir keine besseren Freundinnen vorstellen.«

Einige Wochen nachdem wir Cathy Ravella interviewt hatten, über deren Beziehung zu ihrer Tochter Erica wir im vorangegangenen Kapitel berichtet haben, erhielten wir folgenden Brief:

Liebe Susan, liebe Marilyn,
ich habe über das Interview nachgedacht und muß noch etwas hinzufügen. Ich grüble immer noch über die Bedeutung des Wortes Freundin nach, insofern es für mich und meine Tochter gilt.

Ich spüre sehr stark die Kontinuität in der weiblichen Linie meiner Familie. Ich habe meine Großmutter Kate (nach der ich benannt bin) nie kennengelernt. Sie starb in der Woche, in der ich geboren wurde.

Meine Mutter beschrieb sie als »starke« Frau. Erica liebte ganz besonders ein Foto meiner Großmutter, das gemacht wurde, als sie ein junges Mädchen war. Sie sitzt auf einem Pferd und hält ein Gewehr in der Hand. Als Teenager hat Erica sich möglicherweise mit ihr identifiziert. Ich habe mich ganz sicher mit meiner Mutter identifiziert. Ich weiß nicht, ob Erica sich mit mir identifiziert, aber auf jeden Fall mit meiner Mutter. Ist die Reihe damit vollständig? Unter den Schätzen, die ich aus Afrika mitgebracht habe, befindet sich eine Puppe, die Erica im Alter von zwei Jahren anläßlich der Zeremonie zu ihrer »Namensgebung« bekommen hat. Genauer gesagt, es ist Lotian, der »Geist ihrer erstgeborenen Tochter«.

Es war eine wunderschöne Zeremonie beim Stamm der Pokot in Nordkenia. Ich weiß, daß tief in mir etwas darauf wartet, daß Lotian in die Welt eintritt.

Für alle Großmütter liegt die Zukunft in dieser Generation, die ihre Linie weiterführen wird, und auch ich fühle mich ihr verbunden. Ich hoffe, ihr versteht, was ich sagen will.

Mit freundlichen Grüßen

Cathy Ravella

Unsere persönliche Reise

Als wir in dem Alter waren, in dem unsere Töchter jetzt sind, hielten wir unsere Mütter in Armeslänge auf Abstand, weil sie in uns nichts anderes sahen als ein Spiegelbild ihrer selbst. Unsere Entscheidung, ein anderes Leben zu führen, als sie erwartet hätten, faßten sie als Beleidigung auf und nicht als Ausdruck unserer eigenen Persönlichkeit. Ihre ständige Mißbilligung machte es uns schwer, ein Gefühl dafür zu entwickeln, was es heißt, erwachsen zu sein. Obwohl unsere Mütter in ihrer Art und ihrem Wesen ganz verschieden waren, haben uns beide nicht verstanden, wenn wir versucht haben, ihnen zu sagen, sie sollten uns so sehen, wie wir waren. Sie waren auch nicht bereit, uns sehr viel von ihren innersten Gedanken mitzuteilen. Jedes Gespräch wurde überschattet von all den Dingen, die unausgesprochen blieben oder falsch verstanden wurden. Vermutlich waren sie genauso verletzt und verwirrt wie wir. In späteren Jahren waren wir nachsichtiger gegen unsere Mütter, aber wir kamen ihnen nicht näher.

Obwohl wir uns bemühten, zu unseren Töchtern Beziehungen aufzubauen, die enger waren als die zu unseren Müttern, hatten wir Angst, daß die gelegentlichen Spannungen mit ihnen zum Dauerzustand werden würden, wenn wir ihnen zuwenig Beachtung schenkten, und daß unsere Töchter dann genauso gering von uns denken würden, wie wir von unseren Müttern gedacht hatten.

Während der Arbeit an diesem Buch haben wir beide angefangen, die Beziehungen zu unseren Töchtern mit anderen Augen zu sehen. Wir versuchen uns vorzustellen, wie unser Verhalten auf sie wirkt, und uns zu fragen, ob wir sie wirklich wie erwachsene Frauen behandeln, die sie mittlerweile sind, oder immer noch wie Kinder, die sie einmal waren.

Wir unterscheiden uns zwar in der Form des Umgangs mit unseren Töchtern, aber wir sind beide nur allzu schnell bereit, unsere Meinung zu äußern, ganz gleich, ob sie uns darum gebeten haben oder nicht. Uns ist klargeworden, daß dieses Verhalten immer noch die Spuren eines mütterlichen Rollenmusters trägt, von dem sich Frauen mit erwachsenen Töchtern lösen sollten.

Als unsere Töchter erwachsen wurden, hielten wir es anfangs für das beste, uns zurückzuziehen, unseren Töchtern keine Ratschläge mehr zu erteilen und unseren Impuls im Zaum zu halten, ihnen zu allem unseren Standpunkt darzulegen. Aber wir kamen sehr schnell zu der Überzeugung, daß Schweigen keine Lösung ist. Wir wollten uns zwar mit unseren Ratschlägen, Meinungen und Beurteilungen zurückhalten, aber gleichzeitig wünschten wir uns, in einer Form, die dem neuen Status unserer Töchter angemessen war, über unsere tiefsten Empfindungen und Sorgen sprechen zu können. Dieses Bedürfnis hat uns veranlaßt, uns stärker darauf zu konzentrieren, wie unsere Worte aufgenommen werden. Wir haben festgestellt, daß wir andere Worte wählen und unsere Töchter uns eher zuhören, wenn wir nicht versuchen, sie in ihrem Verhalten zu beeinflussen, sondern einfach nur sagen, was wir für richtig halten.

Wir waren beeindruckt von Frauen, die gut mit dem Wissen zurechtkommen, daß sie ihr Pensum als Mutter erfüllt haben, daß sie ihr Möglichstes getan haben, ihre Töchter auf das Erwachsenenleben vorzubereiten, und daß es nun an ihnen liegt, was sie daraus machen. Auch wenn diese Mütter mit einer Entscheidung ihrer Töchter nicht einverstanden sind, können sie akzeptieren, daß es für die Töchter die richtige Entscheidung ist, weil sie einem Bedürfnis entspricht, das sie möglicherweise einfach nicht verstehen können. Falls sich später herausstellen sollte, daß es doch ein Fehler war, war es wohl nötig, daß die Töchter ihn machten. Diese Mütter unterstützen ihre Töchter, sie trösten sie, aber sie fühlen sich nicht dazu veranlaßt, einzugreifen und ihnen zu sagen, was sie tun sollen.

Diese Haltung hat immer mehr Bedeutung für uns gewonnen, weil wir gerade versuchen, unsere Rolle im Leben unserer Töchter neu zu definieren. Wir haben einen langen Weg hinter uns. Mittlerweile sind wir überzeugt, daß unsere Ratschläge oft nutzlos sind, auch wenn unsere Töchter uns darum gebeten haben. Sie lernen nur dann, erwachsen zu werden, wenn sie ihre Probleme selbst lösen und dabei notwendigerweise Fehler machen, aus denen sie lernen können. Weil wir uns in Temperament, Verhalten und Lebenserfahrung von unseren Töchtern unterscheiden, können wir gar nicht wissen, was das Beste für sie ist.

Mit ebensoviel Erstaunen wie Freude haben wir festgestellt, daß wir die Verbindung zu unseren Töchtern nicht verlieren, wenn wir die überholte Vorstellung aufgeben, in manchen Bereichen die Kontrolle über sie behalten zu können, sondern daß die Bindung dadurch sogar stärker wird. In unseren Töchtern erwachsene Freundinnen zu haben ist eine weitaus größere Bereicherung für uns, als wir uns hätten vorstellen können. Als Mütter hatten wir uns darauf konzentriert, was im Leben unserer Töchter passierte, weil wir das für eine angemessene Art hielten, die Bindung zwischen Eltern und Kindern aufrechtzuerhalten. Inzwischen schätzen wir jedoch die stärkere Wechselseitigkeit unserer Beziehungen. Wir haben gelernt, sie mehr an unserem Leben teilhaben zu lassen – an den guten und schlechten Nachrichten, an alltäglichen Ereignissen genauso wie an unseren grundsätzlichen Gedanken zu unserer Arbeit, unseren Freundschaften und allem anderen, über das wir uns Sorgen machen. Wir haben Geschichten aus unserer Vergangenheit und Erinnerungen aus ihrer Kindheit wieder ausgegraben, über die wir jetzt leichter reden und die unsere Töchter besser aufnehmen können als früher. Wir haben es gelernt, sie um Rat zu fragen und uns ihre Meinung anzuhören. Weil sie uns so gut kennen, sind sie oft zu einer tiefen Einsicht fähig. Aufgrund ihrer Jugend und ihrer demgemäßen Erfahrungen nehmen sie einen anderen Standpunkt ein und können uns deshalb manchmal überzeugende Vorschläge machen, auf die wir selbst niemals gekommen wären.

Doch auch wenn wir die besten Absichten haben, läuft nicht immer alles glatt – wenn wir oder sie etwas getan oder gesagt haben, was verletzend war oder falsch verstanden wurde. Wir gehen über solche Vorfälle jedoch nicht einfach hinweg, sondern versuchen, sie zu nutzen, um die Kommunikation zwischen uns zu verbessern, um unseren Töchtern zu sagen, was ihr Verhalten für uns bedeutet hat, und herauszufinden, was unser Verhalten für sie bedeutet hat.

Keine von uns mußte mit einer schweren Krankheit oder dem Verlust des Partners fertig werden wie so viele Frauen aus unserer Generation. Wenn man darüber hinaus das Alter und die Lebenserfahrung unserer Töchter berücksichtigt, ist es wahrscheinlich verständlich, daß wir noch immer den größeren Teil der Sorge übernehmen. Unsere vier Töchter sind dabei, sich ein unabhängiges Leben einzurichten, sie haben Freunde, auf die sie sich verlassen können. Die drei ältesten haben Fuß im Berufsleben gefaßt. Bis jetzt ist jedoch keine unserer Töchter verheiratet, keine hat Kinder. Bis sie eigene Familien gründen, sind ihre Eltern und Geschwister ihre einzige Familie. Sie wenden sich häufiger an uns, wenn sie Zuspruch und Unterstützung brauchen, als wir uns an sie. Doch selbst das ändert sich langsam, da sie auch im emotionalen Bereich immer mehr die Verantwortung für ihr Leben übernehmen.

Unser Gefühl sagt uns, daß wir wohl niemals ganz die Erwartung aufgeben werden, daß unsere Töchter zu uns kommen, wenn etwas Wichtiges in ihrem Leben passiert, aber unser

Verstand sagt uns, daß sie sich in zunehmendem Maß auf ihre Partner verlassen werden und auf andere Menschen, die sie lieben – vielleicht ihre Schwestern –, um sich die Unterstützung zu holen, die sie früher ausschließlich von ihrer Mutter bekamen. So sollte es unserer Meinung nach auch sein. Wir hoffen, daß es uns in den kommenden Jahren gelingen wird, mit unseren Töchtern echte wechselseitige Beziehungen aufzubauen, Beziehungen, die von Gleichheit, Vertrautheit und der Fähigkeit, füreinander zu sorgen, geprägt sind. Wir freuen uns auf eine lebenslange liebevolle Freundschaft.

Dank

Dieses Buch verdankt seine Glaubwürdigkeit den einhundertunddreizehn Müttern, die uns an ihren aufrichtigen Gedanken und tiefen Empfindungen über die Beziehung zu ihren Töchtern teilhaben ließen. Wir hoffen uns dieses Vertrauens mit der Ernsthaftigkeit, mit der wir es behandelt haben, würdig zu erweisen. Für einige dieser Frauen war es zweifellos schmerzhaft, uns ihre Geschichten zu erzählen. Wir sind jeder Mutter für ihre Offenheit und Bereitschaft dankbar und würden hier gerne jede einzelne namentlich aufführen. Da aber viele darum gebeten haben, anonym zu bleiben, ist uns das leider nicht möglich.

Wir möchten aber auch alten und neuen Freunden danken: Beth Curry, Eileen Dever, Betty Hartog, Bettyann Kevles, Zane Kotker, Sally McMillen, Barbara Richert, Nellie Lou Slagle, Susan Tully und Mary Willis. Sie haben uns bei der Suche nach Frauen geholfen, die bereit waren, mit uns ein Gespräch zu führen.

Von Anfang an haben wir uns im Rahmen dieses Projekts um die Unterstützung von Fachleuten bemüht, um das Material, das wir in unseren Interviews gesammelt haben, zu analysieren. Besonderen Dank schulden wir Dr. Stefan Stein, Professor für klinische Psychiatrie am New York Hospital-Cornell Medical Center, dessen Ermutigung zu Anfang des Projekts uns darin bestärkt hat weiterzuarbeiten; wir danken Dr. Margarita Alvarez und Raquel Limonic, klinische Psychologinnen am Latino Mental Health Program von der Abteilung für Psychiatrie am Cambridge Hospital und der Harvard Medical School, die uns die besonderen Probleme erläutert haben, mit denen Mütter aus anderen Kulturen in unserer Gesellschaft konfrontiert sind; Dank gilt auch Meryl Siegel, Finanzberaterin und ausgebildete Psychotherapeutin, die wir als eine unserer Interviewpartnerinnen kennenlernten und an die wir uns wandten, wenn es um die Frage ging, wie Mütter und Töchter ihre Differenzen über finanzielle Angelegenheiten beilegen können.

Ganz besonders möchten wir zwei Frauen für ihre unschätzbare Hilfe während der gesamten Arbeit an dem Projekt danken. Kurz nachdem wir uns ans Werk gemacht hatten, trafen wir zufällig eine ehemalige Kommilitonin vom College, Dr. Phoebe Kazdin Schnitzer. Sie wurde in Harvard in Psychologie promoviert, ist klinische Therapeutin und Ausbildungsleiterin an der Judge Baker Children's Center-Manville School in Boston. Phoebe Kazdin Schnitzer half uns, einige der psychologischen und philosophischen Dimensionen des Projekts, das wir in Angriff genommen hatten, zu verstehen. Sie verfügt über die wunderbare Fähigkeit, rein theoretische Überlegungen in eine klare, allgemeinverständliche Sprache zu bringen. Immer wieder fragten wir sie nach neuen, ergiebigeren Möglichkeiten, wie eine Mutter gegenüber ihrer Tochter Themen anschneiden kann, mit denen sie bislang Schwierigkeiten hatte. Phoebe Kazdin Schnitzer machte uns auch mit einer ihrer Kolleginnen bekannt, deren theoretische Arbeit sie sehr schätzt.

Sie empfahl uns Dr. Kathy Weingarten. Wir waren schon durch ihr letztes Buch auf sie aufmerksam geworden: »The Mother's Voice«. Auch Kathy Weingarten wurde in Harvard in Psychologie promoviert. Sie ist Assistentin in der Abteilung für Psychiatrie an der Harvard Medical School und führt gleichzeitig eine Praxis. Zu den beruflichen Interessensgebieten von Kathy Weingarten zählen die Rolle der Mutter, Erfahrungen von Müttern, die Rolle der Frau in der Familie und der Nutzen des Erzählens für die Therapie – Interessen, die sich mit unseren decken. In ihrer klinischen und theoretischen Arbeit der letzten

Jahre hat sie sich auf die Anwendbarkeit postmodernen Denkens auf die Forschung über das Leben von Müttern spezialisiert. Sie interessiert sich für die Frage, wann man Müttern Gehör schenkt und wann nicht, und zeichnet die Geschichte von Frauen nach, die zum Verstummen gebracht wurden, weil die Gesellschaft Müttern keine Stimme läßt.

Während der Zeit, in denen wir die Interviews machten, wandten wir uns regelmäßig an Kathy Weingarten, um unsere Erkenntnisse zu überprüfen und die Fragen, die wir den Frauen stellten, zu modifizieren. Einige Male trafen wir uns persönlich, oft telefonierten wir. Sie schickte uns Kassetten, auf denen sie uns ihre Überlegungen zu unserer laufenden Arbeit mitteilte. Wir zeigten ihr unsere erste Interpretation eines Großteils der Interviews, den ersten vollständigen Entwurf des Buches und den letzten Entwurf vor Drucklegung. Bei jedem Schritt, den wir unternahmen, veranlaßte sie uns dazu, unser Material und unsere Überlegungen noch einmal zu durchdenken, und führte uns zu einem, wie wir meinen, wesentlich profunderem Verständnis des Themas, als wir es ohne sie erreicht hätten. Dr. Kathy Weingarten schulden wir unseren tiefsten Dank.

Wir möchten außerdem Linda Gottlieb danken, Zane Kotker, Hugh Nissenson, Natalie Robins und vor allem Carole Kismaric, deren Anmerkungen zu einer frühen Fassung unseres Manuskriptes uns halfen, unsere Gedanken zu klären und unsere eigenen Positionen zu einem wesentlicheren Bestandteil des Buches zu machen.

Unsere Agentin Pam Bernstein und deren Assistentin Donna Dever ermutigten uns weiterzumachen, als die Idee zu unserem Projekt konkreter zu werden begann, und gaben uns wertvolle Anregungen. Pam ist im gleichen Alter wie wir und hat eine komplizierte Beziehung zu ihrer Mutter. Sie bestand im besonderen darauf zu untersuchen, ob sich emotionale Muster von Generation zu Generation wiederholen oder verändern. Donna ist Mitte Zwanzig und bestärkte uns in unserer Überzeugung, daß Töchter daran interessiert sind, die wahre Stimme ihrer Mütter zu entdecken.

Vom ersten Tag an, an dem wir die Leute vom William-Morrow-Verlag kennenlernten, motivierte uns ihre Begeisterung für unser Projekt. Wir sind sehr dankbar für die feinfühlige Bearbeitung des Buches durch unsere Lektorin Claire Wachtel und für die fachkundige Unterstützung ihrer Kollegen William Schwalbe, Cheflektor, Tracy Quinn, Lektoratsassistentin, Ann Cahn, Lektorin, Lisa Queen, Leiterin der Rechteabteilung, Jacqueline Deval, stellvertretende Leiterin der Marketingabteilung, Karen Auerbach, Pressefrau, und Chris Welch, Herstellerin.

Vor allem aber wollen wir unseren Töchtern Sarah und Phoebe Jonas und Kate und Kore Nissenson danken, die unsere Schwächen toleriert und uns gestattet haben, von einigen unserer Probleme zu erzählen. Durch den Umgang mit ihnen haben wir an unserer Mutterrolle eine wachsende Freude, und sie sind uns auf halbem Weg als Freundinnen entgegengekommen.

Wir haben in diesem Buch die vollen Namen von Frauen im Zusammenhang mit deren Geschichten genannt, wenn sie uns die Erlaubnis dazu gaben. Die Verwendung einer Initiale für den Nachnamen verweist darauf, daß eine Frau, die wir interviewt haben, darum gebeten hat, ihre Privatsphäre zu schützen. Wir haben solchen Frauen und deren Töchtern auch Pseudonyme für die Vornamen gegeben und in manchen Fällen auch Einzelheiten in ihren Geschichten geändert, wenn sonst ihre Anonymität gefährdet gewesen wäre.

Anmerkungen

Mütter und Töchter – Ein schwieriges Verhältnis

1 Terri Apter: Secret Paths. New York 1995, S. 20.

2 Marianne Walters: »Mütter und Töchter«, in: Marianne Walters, Betty Carter, Peggy Papp, Olga Silverstein: Unsichtbare Schlingen. Die Bedeutung der Geschlechterrollen in der Familientherapie. Eine feministische Perspektive. Stuttgart 1991, S. 61–89, hier S. 85.

3 Carol Gilligan: In A Different Voice. Cambridge 1993, S. xxiii.

4 Ebd. S. 23.

5 Kathy Weingarten: The Mother's Voice. New York 1994, S. 194–206.

6 Siehe hierzu Calvin A. Colarusso und Robert A. Nemiroff: Adult Development. New York 1981, S. 35–42, 48f.

7 Evelyn Bassoff: Mothers and Daughters. New York 1988, S. 222.

8 Dem liegt eine Untersuchung aus den Jahren 1952 bis 1962 in Kansas City zugrunde, die in Bernice L. Neugarten und Howard Berkowitz: Personality in Middle und Late Life (New York 1964) veröffentlicht wurde. Die Befunde wurden in Bernice L. Neugarten: »Toward a Psychology of the Life Cycle« in W. C. Sze (Hg.): The Human Life Cycle zusammengefaßt (New York 1975, S. 379–394).

9 Terri Apter: Secret Paths, S. 23f.

10 Ebd., S. 32.

Die Bürde der Vergangenheit

1 James Garbarino, Edna Guttmann und Janis Wilson Seeley: The Psychologically Battered Child. San Francisco 1986, S. 231.
2 Hope Edelman: Töchter ohne Mütter. Vom Verlust der Geborgenheit. München 1995, S. 311–341.
3 Alice Miller: Das Drama des begabten Kindes. Frankfurt a. M. 1982, S. 175.
4 Ivan Boszormenyi-Nagy und Geraldine Spark: Unsichtbare Bindungen. Die Dynamik familiärer Systeme, Stuttgart 1981, S. 226.
5 Ivan Boszormenyi-Nagy und Barabara Krasner: Between Give and Take. New York 1986, S. 189.
6 Ivan Boszormenyi-Nagy und Geraldine Spark: Unsichtbare Bindungen, S. 210.
7 Evelyn Bassoff: Mothers and Daughters, S. 241 f.
8 Ivan Boszormenyi-Nagy und Geraldine Spark: Unsichtbare Bindungen, S. 121.
9 Evelyn Bassoff: Mothers and Daughters, S. 224 f.
10 Terri Apter: Secret Paths, S. 276.

Lebensweise und Gewohnheiten der Tochter

1 Siehe hierzu Naomi Wolf: Der Mythos Schönheit. Reinbek bei Hamburg 1991.

Das Liebesleben der Tochter

1 Kathy Weingarten: The Mother's Voice, S. 107.
2 Siehe hierzu Susan Faludi: Backlash. Die Männer schlagen zurück. Reinbek bei Hamburg 1995, S. 31–86.
3 Marianne Walters u. a.: Unsichtbare Schlingen, S. 75 ff.
4 Ebd., S. 75.

Wenn die Tochter zu Hause lebt

1 Monica McGoldrick: »Women Through the Family Life Cycle«, in: Monica McGoldrick, Carol Anderson und Froma Walsh (Hg.): Women in Families. New York 1991, S. 218.
2 Siehe hierzu Monica McGoldrick, John K. Pearce und Joseph Giordano: Ethnicity in Family Therapy. New York 1982.
3 Beverly Greene: »African-American Women«, in: Lillian Comas-Diaz und Beverly Greene (Hg.): Women of Color. New York 1994, S. 14.

Kann sie für sich selbst sorgen?

1 Lillian Comas-Diaz und Beverly Greene: »Women of Color with Professional Status«, in: Lillian Comas-Diaz und Beverly Greene (Hg.): Women of Color, S. 348.
2 Zahlen vom März 1995, U.S. Bureau of Labor Statistics.
3 Siehe hierzu Betty A. Rubin: »Tapping into the Fast-Growing Women's Market«, in: *Private Asset Management*, 2. Juli 1995, S. 9.
4 Vgl. The *New York Times*, 3. März 1996, I, S. 28.
5 *Newsday*, 5. März 1996, B, S. 18.

Veränderungen in Ihrem Leben

1 Letty Cottin Pogrebin: Getting Over Getting Older. Boston 1996.
2 Siehe hierzu Monica McGoldrick: »Women Through the Family Life Cycle«, in: McGoldrick u.a.: Women in Families, S. 200–226; Rosalind C. Barnett und Martha Carroll Sherman: »Relationships Between Older Parents und Their Adult Daughters and Their Influence on Parents' Health«, Wellesley College Center for Research on Women, Arbeitspapier Nr. 238, 1991; Abigail M. Lang und Elaine Brody: »Characteristics of

Middle Aged Daughters and Help to Their Elderly Mothers«, in: *Journal of Marriage and the Family*, Februar 1983, S. 193–202.

3 Lang und Brody, ebd., S. 193–202.

4 Interview der Autorinnen mit Andrew Scharlach, Professor der Soziologie an der University of California in Berkeley, 5. August 1996.

5 Lang und Brody: »Characteristics of Middle Aged Daughters and Help to Their Elderly Mothers«, S. 196.

Die eigenen Erwartungen und das Leben der Tochter

1 Siehe hierzu u.a. Monica McGoldrick: You Can Go Home Again. New York 1995, S. 21–33, 85–125.

2 Lillian Comas-Diaz und Beverly Greene: »Women of Color with Professional Status«, S. 347–367.

3 Siehe hierzu u.a. Monica McGoldrick, Nydia Garcia-Preto, Paulette Moore Hines, Evelyn Lee: »Ethnicity and Women«, in: Monica McGoldrick u.a.: Ethnicity in Family Therapy, S. 169–199; Alice Walker: Auf der Suche nach den Gärten unserer Mütter. München 1987.

Die eigene Rolle im Leben der Tochter neu bestimmen

1 Naomi Lowinsky: The Motherline. Los Angeles 1992, S. 55.

2 Evelyn Bassoff: Mothers and Daughters, S. 221.

3 Naomi Lowinsky: The Motherline, S. 56.

Die Schuld hinter sich lassen

1 Nancy Chodorow: Das Erbe der Mütter. Psychoanalyse und Soziologie der Geschlechter. München 1985, S. 15f.

2 Ebd., S. 12.

3 Ebd., S. 15.

4 Grace K. Baruch: »Reflections on Guilt, Women, and Gender«, Wellesley College Center for Research on Women, Working Paper Series, Nr. 176, 1988.

5 Adrienne Rich: Of Women Born. New York 1976, S. 223

6 Nancy Chodorow und Susan Contratto: »The Fantasy of the Perfect Mother«, in: Barrie Thorne (Hg.): Rethinking the Family. Boston 1992, S. 191–211.

7 Grace K. Baruch: »Reflections on Guilt, Women, and Gender«, S 7.

8 Kathy Weingarten: The Mother's Voice, S. 52.

9 Naomi Lowinsky: The Motherline, S. 58 ff.

10 Alice Miller: Das Drama des begabten Kindes, S. 21.

11 Kathy Weingarten: The Mother's Voice, S. 178/179.

Die eigene Stimme zum Ausdruck bringen

1 Kathy Weingarten: The Mother's Voice, S. 180.

2 Carol Gilligan: Die andere Stimme. München 1984, S. 17.

3 Ebd., S. 89.

4 Carol Gilligan: In A Different Voice. Cambridge 1993, S. xxi.

5 Ebd., S. ix.

6 Carol Gilligan: Die andere Stimme, S. 209.

7 Carol Gilligan: In A Different Voice, S. xiii.

8 Siehe hierzu Kathy Weingarten: The Mother's Voice, S. 178–186.

9 Mary Field Belenky u. a.: Das andere Denken. Frankfurt und New York 1989, S. 189.

10 Ebd.

11 Ebd., S. 189–192.

1 Naomi Lowinsky: The Motherline, S. 54.
2 Kathy Weingarten: The Mother's Voice, S. 167–171.
3 Letty Cottin Pogrebin: Among Friends. New York 1987.
4 Lucy Rose Fischer: Tochter bleibst Du immer. München 1991, S. 30, 84–89.
5 Victoria Secunda: When You and Your Mother Can't Be Friends. New York 1990, S. 314.
6 Grace Baruch und Rosalind Barnett: »Adult Daughters' Relationships with Their Mothers«, in: *Journal of Marriage and the Family.* August 1983, S. 601–606. Baruch und Barnett berichten jedoch auch, daß die Schwierigkeiten in einer Beziehung oft zunehmen und die positiven Aspekte in den Hintergrund treten lassen, wenn die Mutter alt und gebrechlich wird.
7 Ebd.

Literatur

Apter, Terri: Secret Paths. Women in the New Midlife. New York 1995.

Barnett, Rosalind C.: »Adult Daughters and Their Mothers. Harmony or Hostility?« Wellesley College Center for Research on Women, Working Paper Series, Nr. 209, 1990.

Barnett, Rosalind C. und Martha Carroll Sherman: »Relationships Between Older Parents and Their Adult Daughters and Their Influence on Parents' Health«. Wellesley College Center for Research on Women, Working Paper Series, Nr. 238, 1991.

Baruch, Grace K.: »Reflections on Guilt, Women, and Gender«. Wellesley College Center for Research on Woman, Working Paper Series, Nr. 176, 1988.

Baruch, Grace und Rosalind Barnett: »Adult Daughters' Relationship with Their Mothers«. *Journal of Marriage and the Family.* August 1983, S. 601–606.

Bassoff, Evelyn: Mothers and Daughters. Loving and Letting Go. New York 1988.

Bateson, Mary Catherine: Composing a Life. New York 1990.

Belenky, Mary Field u.a.: Das andere Denken. Frankfurt und New York 1989.

Boszormenyi-Nagy, Ivan und Barbara Krasner: Between Give and Take. A Clinical Guide to Contextual Therapy. New York 1973.

Boszormenyi-Nagy, Ivan und Geraldine Spark: Unsichtbare Bindungen. Die Dynamik familiärer Systeme. Stuttgart 1981.

Chodorow, Nancy: Das Erbe der Mütter. Psychoanalyse und Soziologie der Geschlechter. München 1985.

Chodorow, Nancy und Susan Contratto: »The Fantasy of the Perfect Mother«, in: Barrie Thorne (Hg.): Rethinking the Family. Some Feminist Questions. Boston 1992.

Colarusso, Calvin A. und Robert A Nemiroff: Adult Development. New York 1981.

Comas-Diaz, Lillian und Beverly Greene: »Women of Color with Professional Status«, in: dies. (Hg.): Women of Color: Integrating Ethnic and Gender Identities in Psychotherapy. New York 1994.

Edelman, Hope: Töchter ohne Mütter. Vom Verlust der Geborgenheit. München 1995.

Faludi, Susan: Backlash. Die Männer schlagen zurück. Reinbek bei Hamburg 1995.

Fischer, Lucy Rose: Tochter bleibst Du immer. München 1991.

Garbarino, James u. a.: The Psychologically Battered Child. Strategies for Identification, Assessment, and Intervention. San Francisco 1986.

Gilligan, Carol: Die andere Stimme. München 1984.

Gilligan, Carol: In a Different Voice. Cambridge 1993.

Greene, Beverly: »African-American Women«, in: Lillian Comas-Diaz und Beverly Greene (Hg.): Women of Color. Integrating Ethnic and Gender Identities in Psychotherapy. New York 1994.

Jordan, Judith V.: »Empathy and Self Boundaries«. The Stone Center, Wellesley College, Works in Progress Series, Nr. 16, 1984.

Lang, Abigail M. und Elaine Brody: »Characteristics of Middle-Aged Daughters and Help to Their Elderly Mothers«. *Journal of Marriage and the Family.* Februar 1983, S. 193–202.

Lerner, Harriet: The Dance of Intimacy. A Woman's Guide to Courageous Acts of Change in Key Relationships. New York 1989.

Lowinsky, Naomi: The Motherline. Every Woman's Journey to Find Her Female Roots. Los Angeles 1992.

McGoldrick, Monica: You Can Go Home Again. Reconnecting with Your Family. New York 1995.

McGoldrick, Monica u.a.: Ethnicity in Family Therapy. New York 1982.

McGoldrick, Monica u.a. (Hg.): Women in Families. New York 1995.

Miller, Alice: Das Drama des begabten Kindes. Frankfurt a. M. 1979.

Miller, Jean Baker: Toward a New Psychology of Women. Boston 1986.

Neugarten, Bernice L.: »Toward a Psychology of the Life Cycle«, in: W. C. Sze (Hg.): The Human Life Cycle. New York 1975, S. 379–394.

Neugarten, Bernice und Howard Berkowitz: Personality in Middle and Late Life. Empirical Studies. New York 1964.

Pogrebin, Letty Cottin: Among Friends. Who We Like, Why We Like Them, and What We Do About It. New York 1987.

Pogrebin, Letty Cottin: Getting Over With Getting Older. An Intimate Journey. Boston 1996.

Rich, Adrienne: Of Women Born. Motherhood as Experience and Institution. New York 1976.

Scarf, Maggie: Intimate Worlds. Life Inside the Family. New York 1995.

Secunda, Victoria: When You and Your Mother Can't Be Friends. Resolving the Most Complicated Relationship of Your Life. New York 1990.

Walker, Alice: Auf der Suche nach den Gärten unserer Mütter. München 1987.

Walters, Marianne u.a.: Unsichtbare Schlingen. Die Bedeutung der Geschlechterrollen in der Familientherapie. Eine feministische Perspektive. Stuttgart 1991.

Weingarten, Kathy: The Mother's Voice. Strengthening Intimacy in Families. New York 1994.

Wolf, Naomi: Der Mythos Schönheit. Reinbek bei Hamburg 1991.